企业社会
责任治理

数字化时代企业社会责任的范式转换

阳 镇◎著

经济管理出版社
ECONOMY & MANAGEMENT PUBLISHING HOUSE

图书在版编目（CIP）数据

企业社会责任治理：数字化时代企业社会责任的范式转换/阳镇著 . —北京：经济管理出版社，2023.10
ISBN 978-7-5096-9260-8

Ⅰ.①企… Ⅱ.①阳… Ⅲ.①企业责任—社会责任—研究 Ⅳ.①F272-05

中国国家版本馆 CIP 数据核字（2023）第 179720 号

责任编辑：谢　妙
责任印制：黄章平
责任校对：张晓燕

出版发行：经济管理出版社
（北京市海淀区北蜂窝 8 号中雅大厦 A 座 11 层　100038）

网　　址：www.E-mp.com.cn
电　　话：（010）51915602
印　　刷：唐山昊达印刷有限公司
经　　销：新华书店
开　　本：720mm×1000mm/16
印　　张：19.25
字　　数：389 千字
版　　次：2023 年 10 月第 1 版　2023 年 10 月第 1 次印刷
书　　号：ISBN 978-7-5096-9260-8
定　　价：98.00 元

·版权所有　翻印必究·

凡购本社图书，如有印装错误，由本社发行部负责调换。
联系地址：北京市海淀区北蜂窝 8 号中雅大厦 11 层
电话：（010）68022974　邮编：100038

目 录

理论基础篇：企业社会责任治理的理论基础

第一章 企业社会责任治理：成因、模式与机制 …… 3
  一、企业社会责任治理研究的现状及反思 …… 4
  二、企业社会责任治理的成因 …… 8
  三、企业社会责任治理：模式与机制 …… 16
  四、结语 …… 26

第二章 平台企业双元属性下的企业社会责任治理模式创新
  ——理解数字化平台的新视角 …… 28
  一、引言 …… 28
  二、数字化平台情境下平台企业的双元性 …… 30
  三、平台双元属性下平台企业社会责任治理模式创新 …… 38

第三章 互联网平台型企业社会责任创新及其治理：文献演化的视角 …… 45
  一、引言 …… 45
  二、平台型企业社会责任实践的全新内涵与表征 …… 47
  三、平台型企业社会责任实践的范式创新与特征解构 …… 52
  四、平台型企业的社会责任实践异化行为的治理逻辑 …… 57
  五、研究小结 …… 64

第四章 平台型企业社会责任治理：理论分野与研究展望 …………… 66
    一、引言 ……………………………………………………………… 66
    二、平台型企业的内涵与社会责任新变革 ………………………… 68
    三、平台型企业社会责任治理：理论分野与特征差异 …………… 75
    四、平台型企业社会责任治理的影响效应 ………………………… 83

第五章 数智化时代的算法治理
    ——基于企业社会责任治理的重新审视 …………………… 86
    一、引言 ……………………………………………………………… 86
    二、数智化时代企业社会责任治理创新与变革 …………………… 88
    三、数智化时代的算法治理：一种全新的企业社会责任治理对象 …… 90
    四、企业社会责任治理视角下算法治理逻辑的重新审视 ………… 93

理论应用篇：企业社会责任治理理论的情境应用

第六章 算法治理的理论分野与融合框架 ……………………………… 101
    一、引言 ……………………………………………………………… 101
    二、算法技术的特殊性以及算法治理的理论逻辑 ………………… 102
    三、多重理论视角下的算法治理：理论分流与焦点议题 ………… 104
    四、算法治理的多理论融合框架：基于创新链与价值链的双重视角 …… 107

第七章 数智化时代的企业社会责任创新与治理 ……………………… 111
    一、引言 ……………………………………………………………… 111
    二、数智化时代的突出经济变革与全新社会问题 ………………… 113
    三、数智化时代企业社会责任的创新与变革 ……………………… 120
    四、数智化时代的算法治理范式
        ——基于企业社会责任治理的视角 ………………………… 127
    五、研究小结 ………………………………………………………… 130

第八章 平台经济背景下的企业社会责任治理 ………………………… 133
    一、引言 ……………………………………………………………… 133

二、企业社会责任治理研究的现状及反思 ………………………………… 134

三、平台经济背景下企业履责范式及行为表现 …………………………… 136

四、平台企业社会责任治理：模式选择与路径机制 ……………………… 139

实证检验篇：企业社会责任治理的驱动机理检验

第九章 企业社会责任治理的政府注意力演化
——基于1978~2019年《政府工作报告》的文本分析 ………… 149

一、引言 ……………………………………………………………………… 149

二、研究的理论基础 ………………………………………………………… 152

三、研究设计 ………………………………………………………………… 161

四、中央政府推进企业社会责任的注意力演化过程 ……………………… 166

五、未来推进企业社会责任管理与实践的思考与建议 …………………… 178

第十章 监管距离与企业社会责任 …………………………………………… 183

一、引言 ……………………………………………………………………… 183

二、制度背景与研究假说 …………………………………………………… 185

三、研究设计 ………………………………………………………………… 189

四、实证结果及解释 ………………………………………………………… 191

五、进一步分析 ……………………………………………………………… 195

六、异质性讨论 ……………………………………………………………… 197

七、研究结论与启示 ………………………………………………………… 200

第十一章 制度的合法性牢笼：媒体关注会驱动人工智能企业履行社会责任吗？ ……………………………………………………… 202

一、引言 ……………………………………………………………………… 202

二、理论分析与研究假设 …………………………………………………… 206

三、研究设计 ………………………………………………………………… 212

四、假设检验与结果分析 …………………………………………………… 216

五、研究结论与启示 ………………………………………………………… 236

第十二章　企业家综合地位、家族涉入与企业社会责任
　　——来自中国民营企业调查的微观证据 ············· 240

　　一、引言与文献综述 ····························· 240
　　二、理论分析与研究假设 ························· 243
　　三、研究设计 ·································· 247
　　四、假设检验与结果分析 ························· 251
　　五、研究结论与启示 ····························· 263

第十三章　社会信任有助于企业履行社会责任吗？
　　——基于中国 A 股上市公司的实证检验 ············ 267

　　一、引言 ······································ 267
　　二、研究设计 ·································· 268
　　三、实证结果 ·································· 273
　　四、研究小结 ·································· 280
　　五、研究展望 ·································· 281

参考文献 ·· 283

理论基础篇

企业社会责任治理的理论基础

第一章　企业社会责任治理：成因、模式与机制[*]

自谢尔顿（1924）提出企业社会责任（Corporate Social Responsibility，CSR）这一概念以来，社会责任理论与实践发展到今天已有近百年的时间。在 CSR 1.0 时代，学术界主要集中于企业要不要履行社会责任、企业为什么需要履行社会责任等问题开展讨论。在这一阶段，Bowen（1950）正式提出了企业社会责任这一概念，提出企业是社会责任的承担主体、企业社会责任的实施者是企业的管理者，但是企业社会责任的履行动机是出于自愿原则。此后学者围绕企业社会责任的概念开展了大量的学术讨论。在 CSR 2.0 时代，学术界由对企业社会责任概念的争辩转向了关注企业内部管理过程，以社会责任回应的视角去解答企业对待社会责任的态度不尽一致，不同的社会责任回应也会导致不同的回应绩效。在 CSR 3.0 时代，学术界试图将企业社会责任与企业社会责任回应二者的理论结合起来，由此诞生出社会责任绩效，Carroll（1979）构建了一个企业社会责任绩效框架模型，将企业社会责任、企业社会责任议题管理、企业社会责任回应构建成一个企业社会责任绩效模型，在企业社会责任维度中分为经济责任、法律责任、伦理责任与资源责任，在企业社会责任议题管理维度中分为生产者安全、劳工实践等议题，在社会责任回应维度中分为反应型、防御型、适应型与主动型。此后到 21 世纪，学术界继续围绕企业社会责任绩效开展了大量的实证性研究，Porter 和 Kramer（2011）提出企业社会责任的履行在于创造共享价值，这也标志着企业社会责任步入 4.0 时代，企业社会责任不再是单纯的一种社会回应、一种获得责任经济绩效的过程，而是在于为企业的利益相关方搭建"渔场"、创造综合价值。

然而不容忽视的现实是，在企业社会责任理论不断向前演进时，企业社会责任实践却迟迟落后于理论发展的步伐，尤其是当前我国企业整体上处于一个转型的时期。一方面，由于我国正处于经济转型的过程中，企业所面临的社会问题比

---

[*] 本文原载于《南大商学评论》2017 年第 4 期，有修改。

较严重，主要表现为企业经济价值与社会价值创造的冲突性、企业使命的迷失等，尤其是在企业效益下滑期，相当一部分的企业被短期利益所驱动，缺乏企业使命与企业社会精神，从而出现履责缺失缺位，因而对于企业社会责任的治理也就越发重要。另一方面，在这一过程中所面对的资源约束、环境难题与伦理困境越来越突出，同时企业的利益相关方对企业的约束也越来越大。从企业内部来看，由于企业对其社会属性认知不清，责任意识淡薄与责任管理的乏力，企业往往对社会责任履责实践缺乏应有的行动，从而出现大量的社会责任缺失现象与伪社会责任行为；从企业外部来看，由于政府部门监管缺失与相关制度的不完善，企业社会责任寻租现象层出不穷，甚至难以分辨，企业社会责任的实践远远未达到企业利益相关方的期望与理论界所倡导的效果。因而，企业社会责任亟须由企业或政府的个体单边推进式管理转向社会责任治理。对于企业社会责任治理问题的研究，有利于在理论层面上分析企业社会责任治理的成因，即从企业社会责任认知角度、企业社会责任行为角度、企业社会责任环境角度回答为什么需要企业社会责任治理，重点对企业社会责任履行过程中的社会责任缺失、伪社会责任、社会责任寻租、社会责任评价等行为进行系统阐述，在此基础上探讨企业社会责任的主要治理模式，以及从治理主体、治理目标、治理手段、治理模式选择等方面探究对企业社会责任行为现象的分类治理机制，从而规范企业社会责任履责实践，促进企业的经营决策行为符合利益相关方的期望与权益，确保经济、社会和环境综合价值的最大化。

一、企业社会责任治理研究的现状及反思

（一）企业社会责任治理研究现状

自企业社会责任这一概念被提出以来，逐渐引起了学术界的关注，但是国内对于企业社会责任问题的研究于 20 世纪 90 年代才正式进入学术视野，尤其是进入 21 世纪以来由于大量的企业社会责任缺失丑闻曝光，环境问题、消费者权益、股东权益等企业利益相关方的问题此起彼伏，国内对于企业社会责任问题的研究也进入了一个高潮。

治理理论源于政治学与公共管理中的政府管理理论，自世界银行首次使用"治理危机"后被广泛运用于管理学的其他领域研究中，治理理论已经在经济学与社会学等其他社会科学研究中得到了广泛且深入的应用。Kooiman（1993）认为治理可被视为公共力量与私人力量的互动总体，以一定制度作为背景解决社会

问题或创造社会机会。实际上，企业社会责任行为实践的实质是企业社会属性的发挥，以解决社会问题或创造社会机会，从而实现企业经济属性与社会属性的功能的发挥。然而在企业社会责任实践领域，长期以来由于推进企业社会责任管理与实践、规范企业社会责任行为的制度供给的主体力量是政府，但由于企业社会责任的内在模糊性，在企业微观个体层面，企业社会责任制度和实践开始呈现出多样性，甚至在一定程度上出现了倒退。尤其是近年来对企业社会责任实践的悲观情绪有所蔓延，很大程度上是由于在社会责任认知上对企业社会责任的概念与边界认知模糊、在企业社会责任行为上对社会责任行为异化认知缺失、在社会责任履行环境上对企业社会责任制度环境认识不足所致。正是基于这一背景，客观上要求企业社会责任实践本身需要社会责任治理理论加以回应。国内外学术界对于社会责任治理的研究主要集中于公司治理与社会责任治理理论的融合性问题，也就是以社会责任理论嵌入公司治理理论而形成的企业社会责任治理。Amiram（2008）认为以"安然事件"为代表的社会责任缺失现象引发了公司治理理论研究的变革，随着以"安然事件"为代表的社会责任缺失现象越发严重，公司治理理论的关注点也由此从集中于探讨委托代理问题转向关注企业社会责任信息披露、运营透明度以及企业商业伦理等企业社会责任治理问题。Mason 和 Simmons（2014）提出在公司治理中嵌入企业社会责任，可以平衡股东和其他相关者的利益。Richards 和 Zen（2016）探讨了企业社会责任的路径，认为企业社会责任治理不仅需要企业文化等软结构，更需要硬性治理结构如外部规制作为支持。

而国内外学术界对于企业社会责任治理的专门研究尚处于起步阶段，国内学者张兆国等（2016）探讨了如何将企业社会责任整合于公司治理之中，认为公司治理理论需要突破"股东至上"的逻辑走向利益相关方治理，将企业社会责任与公司治理进行整合研究，从而建立与企业社会责任发展相适应的企业治理机制。在对供应链社会责任治理的相关研究中，李金良和乔明哲（2010）认为企业社会责任治理是由企业所处外部环境的驱动力和企业自身内部管理的拉动力组成的合力产生的。这与企业自身资源、战略和组织制度等因素都紧密相关。李金华和黄光于（2016）认为当前国内企业社会责任表现不容乐观，改善企业的社会责任履行状况显得十分必要，在借鉴国际供应链社会责任治理的有关经验的基础上提出一种供应链社会责任的整合治理模式。此外，国内外学者集中于从社会责任信息披露这一视角研究企业社会责任治理问题。陶文杰和金占明（2012）基于我国 A 股上市公司发布的社会责任报告研究了社会责任信息披露与企业财务绩效的关系，研究发现社会责任信息披露能够对企业财务发挥制约与促进作用，从而达到信息披露治理的目的。杨汉明和吴丹红（2015）以制度理论分析了企业社会责任信息披露的动因以及企业社会责任信息披露的路径选择过程，研究发现我国企业社会责任信息披露存在行为、质量、机构相似的状况，也就是说企业社会责任信息披露行为亟待治理；而对企业社会责任治理机制的系统性研究相对匮乏，林建宗（2011）对企业社会责任内部治理机制进行了专门性的研究，并构建了由内部治理机制、外部治理机制、协调机制、动力机制和信息机制组成的企业内部社会责任综合治理机制框架。阳镇和许英杰（2017）探讨了"互联网+"背景下企业在社会责任战略、社会责任履行理念、社会责任履行工具、社会责任落地议题等方面的变革趋势，并认为在"互联网+"背景下对履责平台（虚拟平台与实体平台）的责任监管成为社会责任治理的重要内容。曾珍香等（2017）从企业内部视角探讨了责任治理机制与企业社会责任表现以及社会责任报告的关系，从利益相关方合作机制、企业社会责任内部文化机制、组织结构以及信息披露机制等方面评价了企业社会责任的治理水平，并认为目前我国还没有成熟的企业社会责任治理机制来指导企业的社会责任管理与实践。

总体来说，目前社会责任治理问题引起了学术界的足够重视，但是研究成果相对匮乏。国内外学者对于企业社会责任治理的专门研究主要体现在供应链社会责任治理、社会责任信息披露价值效用以及社会责任内部治理机制等问题上。但是对于企业社会责任治理的必要性，尤其是对于社会责任治理的现有模式的梳理与归类，对于各类社会责任异化行为的治理机制与工具的研究相对缺乏。

（二）企业社会责任治理反思：责任管理的引申与范式转换

企业社会责任管理作为一种新的管理模式，李伟阳和肖红军（2010）认为企业社会责任管理是以负责任的价值追求作为自身行为的内在动因，以实现企业的社会功能，进而最大限度地实现经济、社会和环境的综合价值。然而现实是企业管理模式类型各异，且始终处于动态调适与变化之中，并非所有的企业均采纳或认可社会责任管理模式，这实质上决定了企业推进社会责任管理的个体单边管理模式难以实现社会价值的统一与协调，这种内生性动力的缺失需要外部力量驱动，因而政府对企业社会责任进行管理具有必要性，企业社会责任管治过程实质是政府对公共社会价值的抉择，为企业在经济价值、社会价值、环境价值等综合价值创造过程中发挥责任远景描绘、履责市场规则制定以及履责实践协调的多元功能。然而，无论是企业单边推进社会责任管理的"企业自治中心论"，还是以政府为推进与管理主体的社会责任管理的"政府主导论"，都有其不可避免的缺陷，寻求二者与社会的合力是企业社会责任治理的最终走向，因而多元中心论即网络节点式的中心社会责任治理整合了前两种主导力量，在网络结构中各个与企业社会责任管理与推进的主体利益相关者、社会公民、社会组织与政府通过网状的共享治理结构达成良性互动，各方力量相互依赖以形成推进社会责任管理与实践的整体行动与价值共识。

从制度视角来看，企业社会责任治理是一个包含除履责非正式协议与社会责任实践正式制度之外，通过打造一个基于企业利益相关方等多方网络成员共同参与的责任愿景与履责价值观以及组织体系的制度结构体系，塑造企业履责的可靠性、透明性以及可持续性，从而推进企业经济行为符合社会期望，规范企业社会责任履责实践，促进企业的经营决策行为符合利益相关方的期望与权益，确保经济、社会和环境综合价值的最大化。因而企业社会责任治理是对传统社会责任管理的延续与引申，更是推进企业履责生态圈良性发展的一种范式转换。企业社会责任治理打破了传统企业社会责任单边管理或政府单边推进的过程，其旨在打造一个社会责任价值共享生态圈，不同的价值偏好与价值诉求主体以合作、共享与信任作为基本的治理机制，从而促进企业最大化实现以经济价值、社会价值与环境价值构成的综合价值。因此，笔者试图从主体、客体、角色定位、驱动力量等方面将社会责任管理与社会责任治理范式进行系统归纳，如表1-1所示。

表1-1 社会责任管理与社会责任治理范式的比较

要素	社会责任管理	社会责任治理
主体	企业或政府单一主体	企业、政府、利益相关者以及社会公民与组织共同参与
客体	国有企业 价值领先型企业 行业主导型企业	大、中、小、微型企业 平台企业
目标	单一社会、经济价值创造	经济价值、社会价值与环境价值构成的综合价值的创造
驱动力量	工具理性驱动 制度规制驱动	多元利益主体价值创造驱动
角色定位	单一管理者或推进者	共同管理、监督与决策者
管理结构	链条式单向度管理	网络状节点式管理
决策模式	规则命令式	多元主体协作共享式
管理模式	目标管理 指令式管理	基于情感与价值认同的价值观管理 网络式社会责任平台管理
适用边界	组织的利益相关方	基于价值创造网的企业社会责任商业生态圈

由表1-1可以得知，在传统社会责任管理范式下，管理主体主要是企业或政府的单一主体，履责客体主要是国有企业、价值领先型企业或行业主导型企业，这类企业往往意识到或基于能力的外溢效应重视企业履责实践。同时，政府推进

履责管理与实践的主体也恰恰是围绕这类企业而开展的,其驱动力量来自以商业目标或经济价值为目的的工具主义履责,在工具理性下主要表现为企业承担社会责任是为了改善企业的财务绩效,维护公司的品牌形象与企业声誉,获取市场竞争优势。工具理性下甚至出现大量的伪社会责任行为或社会责任寻租现象。企业、政府在社会责任生态圈中的角色定位为单一的管理者或推进者,从而其管理的结构也是基于自身行业价值链条的单向度管理,企业社会责任决策模式依赖于外部环境的制度规则,如强制性的社会责任报告或相关披露要求,因此传统的企业社会责任管理模式是基于契约利益关系的企业内外部利益相关方的目标管理、指令式管理。

而在社会责任治理范式下,管理主体则转变为由企业、政府、利益相关者以及社会公民与组织共同参与的管理主体,企业履责客体方面转变为商业网络生态圈内的各类企业,管理的目标由单一的经济价值或社会价值创造目标向涵盖经济价值、环境价值与社会价值的综合价值转变。企业履责的驱动力量来自于网络式多元参与主体的价值创造驱动。在履责管理或实践过程中,企业或政府的角色定位由单一的管理者或推进者转向共同参与者、协作者与决策监督者,决策模式由规则命令式转向多元利益主体共同参与、共同协作、平等共享的多元主体协作共享式,由传统的基于契约利益关系的企业内外部利益相关方的目标管理、指令式管理转向基于情感与价值认同的利益相关方的价值观管理。通过企业责任价值引领,超越经济单一价值创造的观念,从而塑造基于经济、环境与社会综合价值创造的理念,促进不同利益相关方的整合性资源形成合作,打造透明化的责任价值观管理的新管理模式,以提升企业社会责任管理绩效。

二、企业社会责任治理的成因

国外学者 Frynas(2010)认为企业社会责任治理机制对企业行为具有重要影响。然而从我国企业社会责任现实来看,引入西方的企业社会责任理论和实践可在一定程度上解决我国企业社会责任管理与实践过程中需要的理论基础问题,但不管在认知层面、实践行为层面还是环境层面都存在一定局限。

(一)认知层面:企业社会责任认知模糊且存在争议

企业社会责任理论尽管由 CSR 1.0 时代发展到了 CSR 4.0 时代,但对企业社会责任概念与内容边界、企业社会责任绩效理论尚存在广泛的争议。从企业社会责任实践层面上看,国际组织、协会通过建立普适性的社会责任倡议指南,集中倡导企业重视与接受企业社会责任理念，认识到企业的经济活动实质上包含着对环境与社会的影响，尤其是通过跨国公司这一载体实现社会责任倡议的全球影响，包括联合国负责任投资原则、全球报告倡议组织（GRI），以及国际社会责任流程标准如 SA 8000、ISO 26000 等。尽管每一种社会责任倡议指南都基于自身的治理定位提出了企业与利益相关方对话沟通与合作的方法，进而建立了可持续的企业社会责任自组织网络，但是这些倡议往往带有一定的独立性与外生性。尽管有些企业在一定程度上接受或采纳了某些社会责任管理与实践的倡议指南，但是企业面对纷繁复杂的社会责任指南往往加剧了其选择与信任的混乱，因而围绕国际社会责任指南与标准的社会责任治理在一定程度上协同了企业对社会责任的认知，通过建立非正式的制度围绕某一社会责任议题开展企业社会责任管理，尝试在实践层面上弥合理论界对企业社会责任诸多内容存在的争议，这也推动了企业社会责任的管理流程、实践工具与策略的标准化进程，但是出于自身的道德、合法性与社会责任效应认知，企业却难以与这些指南达成一致。

尽管发达国家的企业管理制度及责任标准，以及 GRI、ISO 26000 的发布为我国企业社会责任建设提供了文本参考，也从整体层面上推动了我国企业社会责任认知水平的上升，但是长期以来我国企业存在对社会责任本质的认知缺位现象，从而诞生出诸如"赚钱论""工具论"与"公共物品论"等错误认知，这些错误认知在很大程度上源于对企业社会责任概念边界的模糊认知。尤其是理论界对于企业社会责任绩效的探讨仍然存在难以弥合的争议，大量的实证研究表明，企业社会责任能否给企业带来足够的绩效尚存在难以统一的因素，尤其是对于企业经济绩效与企业社会责任关系的探讨，由于选取的样本不同，其行业特征、绩效指标、企业生命周期等存在各种程度的差异，导致的后果是得到正相关、不相关甚至负相关的不同结论，企业社会责任实践指导思想难以统一，使得企业对社会责任实践绩效难以产生信任机制。在企业社会责任概念与边界认知模糊、企业社会责任本质认知缺位、企业社会责任绩效缺乏信心的背景下，企业甚至在社会责任行为实践过程中随意修改调整社会责任表述，使其成为企业谋利的工具，从而为企业社会责任行为异化埋下了伏笔。

（二）实践层面：企业社会责任行为的异化

1. 企业社会责任缺失行为

在企业的运营过程中，企业不负责任的行为直接或间接地给企业的员工、消费者、供应商、社会环境等多元社会主体造成了严重的危害，如企业为消费者提供假冒伪劣产品、为员工提供恶劣的工作条件等直接给社会主体造成了严重伤害；还有的企业利用自身产品或资源的垄断性获取不正当利润，间接地扰乱了市场秩序，破坏了商业生态圈。

从企业社会责任缺失的定义来看，Armstrong（1977）是较早提出企业社会责任缺失行为的学者，其认为企业社会责任缺失是企业没有考虑对不同相关方的影响而做出的次优决策，以牺牲利益相关方的利益而获取企业自身利益的行为。Lange、Washburn（2012）将企业社会责任缺失与企业社会责任行为严格对立，责任行为是给社会与环境带来益处的行为，而企业社会责任是能够给社会环境带来益处的行为，企业社会责任缺失行为则是给社会环境造成危害的行为。笔者认为企业社会责任缺失行为是指其经营决策过程中给其利益相关方带来潜在或现实的损失或危害，降低社会福利的企业行为。Lin-Hi 和 Muller（2013）进一步将企业社会责任缺失进行了分类，认为企业社会责任缺失行为主要分为故意缺失行为与无意缺失行为：故意缺失行为主要是企业为获取经济价值而故意采取对企业利益相关方的不利行动，主要表现在提供假冒伪劣产品、降低员工待遇或福利等行为；无意行为则是非企业主观引发而实际却对企业的利益相关方造成了损失或伤害。

从企业社会责任缺失动因来看，是组织外部所面临的宏观社会责任环境、组织内的治理结构以及微观层面的个体因素所导致的结果。从组织外部所面临的宏观社会责任环境来看，Gonin（2012）认为由于组织所面临的社会责任履责环境在很大程度上具有不确定性，企业所面临的个性化、全球化以及高度专业化的商业环境逐步与社会责任规范相脱离。尤其是当前社会责任履责标准不一，缺乏国际性通用的应用标准，对企业社会责任的履责标准也更多地处于探索阶段。如国内《中国工业企业社会责任管理指南（2015）》《中国对外矿业投资社会责任指引》《中国电子信息行业社会责任指南》《乳制品企业社会责任指南》等，这些社会责任指南在内容层面上更多的是对责任类型的描述，缺少企业社会责任履行操作、评价等具体性的标准，这使得企业组织在面对不同的行业政策规制，以及外部环境的竞争程度具有差异的情况下，无法采取标准化的企业社会责任行为，也就是无法对自身的管理过程与运营实践过程进行责任标准化，尤其是在组织所面临的行业中出现不良的利益价值观引导时，组织可能在竞争过程中采取同质行为，从而产生并在一定程度上加剧了企业社会责任缺失行为。从组织内的治理结构来看，Bell（1971）指出经理人业绩考核的唯一指标是经济目标，而企业所创造的社会价值等指标则被排除在考核体系之外。现代公司的治理结构主要由董事会、经理人与股东大会所构成，其治理结构下的委托代理关系的目的在于确保股东经济价值的最大化，也就是说利润成为现代公司治理结构下的唯一使命追求。与此同时，组织结构的集权性或分权性同样触发企业社会责任缺失行为，由于在不同结构下的管理幅度与管理层次不同，管理控制的难度也有差异，管理者所追逐的责任目标可能最终在执行过程中并不一致。Pearce（2011）认为组织结构中集权程度越高，对组织中的管理者与领导者的监管与制约程度则越低。从微观的个体因素来看，组织的管理者或领导者的个人特征可能直接引发企业社会责任缺失行为，如管理者的受教育背景、任职年限以及年龄等的个体特征差异，在企业做出经营决策过程中具有不同的责任倾向与责任态度，因而产生社会责任缺失行为的概率也相应提升。与此同时，企业员工对于企业社会责任的认同感、对于道德伦理等的责任态度与认知水平会在其实际工作过程中影响到企业社会责任行为。Felps（2006）研究发现，员工在生产过程中容易出现消极怠工行为，进而影响到企业的产品和服务质量，最终会产生企业社会责任缺失行为。

从企业社会责任缺失的后果来看，企业社会责任缺失行为造成的后果主要体现为财务效应与非财务效应：财务效应主要表现为企业自身的经济价值、对企业利益相关方的财务效应；非财务效应主要表现为对企业自身品牌声誉、对企业的利益相关方造成的非财务效应。当然，这种影响可能是长期的也可能是短期的。首先从企业自身的声誉与价值来看，经济价值主要表现在经济利润的损失甚至引起企业的破产衰亡，尤其是对于面向更为广泛的社会公众的上市公司而言，上市公司的逃税避税行为、资本"漂绿"、不正当的商业竞争等企业社会责任缺失行为一旦曝光，将直接影响股东或投资者对企业的信心，从而引起股价的变动，降低公司的经济价值。在品牌声誉方面，当消费者感知到企业的社会责任缺失，或接触到有关企业的社会责任信息负面报道时，则会降低对企业的忠诚度，并可能在消费者群体中产生扩散行为，影响企业的品牌声誉。就企业的利益相关方而言，企业社会责任缺失行为可能引起内部利益相关方员工的工作态度变化，尤其是当企业出现对员工的社会责任缺失行为时，其直接影响员工的工作满意度以及成就感，引发员工的离职倾向从而产生员工的离职行为；而对企业的外部利益相关方（投资者、消费者、政府、社区等）而言，Groening（2013）研究发现企业社会责任缺失行为如逃避企业税收等，可能遭到政府的批评甚至处罚，而投资者可能出现减持股票等行为。Frooman（1997）以元分析方法探究了企业社会责任缺失事件造成的后果，研究发现企业社会责任缺失事件会给涉案企业利益相关方带来严重的负面影响，尤其是企业的股东会遭受严重的损失。

2. 企业伪社会责任行为

企业伪社会责任行为（包括企业伪善行为）是企业社会责任实践过程中亟须辨识与矫正的行为之一。肖红军等（2013）认为企业伪社会责任行为就是企业虚假的或伪装的社会责任行为。也就是说，企业并非出于真实的对利益相关方负责任的目的而产生的责任言行不一致的情况，企业在实际运营管理过程中背离了其社会责任的承诺或理念宣传，向企业利益相关方展现虚假的负责任形象，呈现出"承诺负责任、社会责任思维融入企业运营与管理"的责任形象，而实际在运营过程中却没有采取对企业利益相关方负责任的行为。就目前我国社会责任所处的发展阶段而言，企业展示社会责任信息的主要载体与窗口是企业官方网站的履责信息、企业社会责任年度报告或借助网络媒体、自媒体等方式对企业社会责任履行理念、实际行动进行定期宣传与报道，然而在企业的实际管理决策或运营实践过程中则没有遵循社会责任报告、宣传报道中的责任理念，或者没有进行相应的社会责任实践活动，由于信息不对称的原因，造就了其实现了对利益相关方的责任履行与责任承诺假象，从而树立了企业的良好社会责任形象。

从其动因来看，企业伪社会责任行为的动因主要来源于主观与客观两大方面，主观原因主要表现为组织逐利压力与利益相关方的诉求冲突。一方面，在"经济人"假设下企业的一切行为以获得最大的经济利润为目的，由于企业履行社会责任需要付出一定的经济成本，而伪社会责任行为能够最大程度地降低企业履责的成本，因而选择了采取虚假责任承诺、责任形式化的社会责任表现。与此同时，企业选择真实的社会责任行为并不一定带来经济收益，也就是说企业期望通过社会责任履行以带来企业价值提升的期望存在不确定性，出于企业"经济人"的本性，机会主义的倾向会被最大程度激发，从而产生伪社会责任行为。另一方面，就企业的利益相关方而言，利益相关方理论认为与企业成长和发展相关的各个要素都是企业需要关注的对象，企业的追求是最大程度上获取利益相关方的诉求或期望的满足。然而不可忽视的是，企业利益相关方的利益诉求、期望要求往往具有不一致性，因而在某一决策过程中利益相关方之间的诉求与期望可能产生矛盾或冲突，而企业在经营管理决策过程中不可避免地需要平衡利益相关方的诉求，满足更多利益相关方的期望，从而有效化解利益相关方之间的价值冲突，企业出于整体性的考虑，认为采取伪社会责任行为能够在最大程度上虚假式地满足企业利益相关方的期望。客观原因主要体现在组织内外部缺乏社会责任制度约束，由于国外与国内对企业社会责任的制度约束仍然停留在指南层面，对企业社会责任行为与企业伪社会责任行为缺乏界定与区分，在制度层面上的供给不足与相关部门的监管缺失缺位造成了企业伪社会责任的大量出现。此外，由于责任信息不对称的存在，企业社会责任的很多议题领域都具有较多的专有知识和辨识上的困难性，信息不对称现象非常普遍（肖红军等，2013）。比如，企业发布社会责任报告就属于信息不对称领域，因为公众并不知道发布社会责任报告的企业是否真正履行社会责任。与此同时，企业通过社会责任报告或其他载体与利益相关者交流时，表达上的语言艺术、与利益相关方沟通的次序也会影响到利益相关方对企业社会责任的感知，企业选择的沟通工具不当、表达方式不当可能造成企业利益相关方的错误感知，从而使得利益相关方认为企业存在伪社会责任行为。

3. 企业社会责任寻租行为

企业社会责任寻租具有较大的隐蔽性，但其造成的后果却不容忽视。肖红军、张哲（2016）首次对企业社会责任寻租行为进行了界定，认为企业社会责任寻租是寻租主体假借社会责任名义向具有优势的组织（公权力、公信力）寻求利益交换，从而产生对企业利益相关方的利益伤害行为。当企业认识到在市场中企业社会责任行为能够带来其需要的经济绩效或非经济价值时，企业有可能向那些能够影响企业社会责任绩效的公共权力主体（政府）或非公共权力主体（社会责任评价组织、研究机构）追寻经济租金；加之企业履行社会责任需要一定的成本，而成本的付出是否带来责任绩效具有很大的不确定性，因此企业可以通过寻租来获取相应的利益交换。

从企业社会责任寻租的具体表现形式来看，由于企业可能与不同的社会主体进行寻租活动，因而可以划分为企业与政府之间的社会责任寻租、企业与社会组织之间的社会责任寻租，以及企业与企业之间的社会责任寻租。企业与政府之间的社会责任寻租体现为企业向有关政府监管部门的政治"献金"，从而寻求企业与政府的政治关联，获得政府的支持，如获取政府的相关补贴或相关特殊政策照顾。企业与社会组织之间的社会责任寻租是企业与社会责任评价机构、组织、行业协会、新闻媒体等社会组织之间的寻租活动，获得高于企业实际社会责任表现的社会责任报道、社会责任评级与评价。企业与企业之间的社会责任寻租是指企业向处于行业价值链条的中心企业进行责任寻租，这些中心企业往往具有较好的责任口碑或责任绩效，企业通过与这类中心企业达成寻租同盟，标榜自身拥有与这类中心企业相似的"责任标签"，导致产生劣币驱逐良币的责任市场逆向选择效应，从而影响产业链条、价值链条的可持续的商业责任生态圈的构建。

从企业社会责任寻租的后果来看，寻租主要给寻租方、被寻租方以及整个责任环境造成了不良影响。就寻租方企业而言，如果企业将用于寻租的资源用于企业社会责任管理或实践活动，其最终会增进社会整体福利；而将其用于寻租则会造成企业资源的浪费，从社会价值创造角度来看则毫无意义，最终降低了社会福利的整体水平。就被寻租方而言，会降低公权组织的公信力，由此产生企业利益相关方与社会公众对这类公权组织的不信任，改变企业利益相关方对企业社会责任履行的评价偏好，当利益相关方不再认可企业社会责任的优秀表现时，哪怕是企业真实存在优秀的社会责任表现，也会使企业履行社会责任的动力减弱，导致社会责任整体发展的倒退。

(三) 环境层面：企业社会责任外部评价乱象丛生

企业社会责任评价是推进企业履行社会责任的重要手段与方式，也是检验企业内部社会责任管理成效的必要手段。正是出于企业改进其责任管理的必要性，目前国内各行业协会组织、研究机构甚至政府组织对于企业社会责任评价都开展了广泛而丰富的评价排名活动。如表1-2所示，相比于国外20世纪90年代以来的《财富》杂志全球500强企业社会责任排名、KLD指数、道琼斯可持续发展指数等社会责任评价标准指数而言，国内各界对企业社会责任评价研究相对较晚，评价企业社会责任的主体主要是研究机构与行业协会。就研究机构对中国企业社会责任评价而言，其中较为全面并具有较大影响力的是中国社会科学院经济学部于2009年推出的中国企业社会责任发展指数，该指数是以市场责任、社会责任、环境责任以及责任管理为构面的"四位一体"的理论模型，并构建了47个行业的分指标体系，但其主要反映的是企业社会责任披露程度，在一定程度上缺乏对企业履责实践与管理的真实度的全面考察。行业协会对企业社会责任评价具有代表性的则是由中国企业管理研究会与北京融智企业社会责任研究院共同研究制定的中国上市公司社会责任能力成熟度指标，该指标形成了社会责任理论与战略、社会责任推进管理、经济价值创造能力、社会价值创造能力、环境价值创造能力以及合规透明运营能力的企业社会责任能力成熟度评价钻石模型。诚然，社会责任评价具有一定的必要性，但评价主体的公正性、评价标准指标体系的合理性、评价方法的科学性都有待进一步完善。

表1-2　国内外企业社会责任评价方式

类别	评价名称	评价主体	评价客体	评价指标体系	评价方法
国外社会责任评价	全球500强企业社会责任排名	《财富》杂志	全球500强企业	公司战略、公司治理、利益相关方参与、运营绩效	专业人员赋值评级
	KLD指数	KLD公司	美国企业	利益相关方（社区、员工与环境），社会关注焦点	专业人员赋值评级
	道琼斯可持续发展指数	道琼斯公司	上市公司	公司治理制度、股东、工作时间	同行业优选法问卷调查

续表

类别	评价名称	评价主体	评价客体	评价指标体系	评价方法
国内社会责任评价	中国企业社会责任发展指数	中国社会科学院经济学部	中国100强企业	责任管理、市场责任、社会责任、环境责任	专业人员赋值评级
	中国上市公司社会责任能力成熟度	中国企业管理研究会 北京融智企业社会责任研究院	上市公司	社会责任理论与战略、社会责任推进管理、经济价值创造能力、社会价值创造能力、环境价值创造能力、合规透明运营能力	专业人员赋值评级
	金蜜蜂中国企业社会责任报告指数	《WTO经济导刊》	各行业企业	责任战略利益相关方参与、信息披露责任竞争力	专业人员赋值评级

资料来源：笔者整理而成。

从评价主体的公正性角度来看，由于缺乏对评价主体的制度性约束，对其评价的范围边界缺乏相应的界定，导致评价结果缺乏公正性与客观性，使得真正在社会责任管理中表现良好的企业未能获得相应的评价绩效，从而产生社会责任评价过程中劣币驱逐良币的逆向选择效应，不仅误导了企业的利益相关方，而且打击了企业社会责任履行的热情，甚至引起企业社会责任的倒退，因而亟须相关制度、规制来约束与整顿企业社会责任领域的评价机构、评价行为，维护企业社会责任评价领域的市场秩序，推进企业社会责任生态圈的良性发展。

从评价方法与模式来看，肖红军（2014）将企业社会责任评价模式归纳为"三重底线"模式、"金字塔"模式、"利益相关方"模式、"主要议题"模式、"交叉复合"模式和"单一替代"模式。这六种模式存在不同的优缺点，对于选取何种评价方法缺乏统一标准，更为严重的是，由于目前对企业社会责任评价的各类主体对各类评价模式的理论基础认知程度不一，且在实际操作过程中选取考察要素的侧重点也不尽相同，导致企业社会责任的评价体系与方法被误用，评价结果失真；甚至由于评价机构的趋利行为而选取功利化的评价指标，导致评价结果误导公众、误导企业，进一步引起企业对社会责任管理模式与社会责任实践的质疑，降低了企业对履责的热忱与积极性，从而可能引发企业社会责任实践运动的倒退。因此对于企业社会责任评价的方法与模式亟待理论界与企业界的进一步沟通与反思，使评价模式能够客观全面地反映企业社会责任水平与价值创造效应。

三、企业社会责任治理：模式与机制

（一）企业社会责任治理模式

对于治理一词的界定，全球治理委员会认为治理是各种公共的或私人的个人和机构管理其共同事务的诸多方式的总和。治理在一定程度上是解决不同利益偏好或利益驱动型主体冲突并协调采取联合持续的行动。对于企业社会责任而言，尽管企业与各类社会主体、利益相关方等存在价值趋同的一面，但更多的是存在价值差异的一面，故而企业在履行社会责任过程中不可避免地出现责任异化现象，主要表现为企业社会责任缺失行为、伪社会责任行为。与此同时，政府在社会责任领域中使用公权力不当或权力滥用而引发的监管缺位、错位现象日益突出，从而在社会责任领域中表现为企业社会责任寻租行为屡屡出现与企业社会责任评价市场混乱。对于企业社会责任治理模式而言，其是解决某一特定主体下如何治理社会责任的认知、行为与环境问题，因而企业社会责任治理实质上是多个构面的治理。首先是企业社会责任认知层面的治理，这在"认知层面：企业社会责任认知模糊且存在争议"中有相应阐述；其次是企业社会责任实践层面的治理（也就是针对企业社会责任所出现的异化行为的治理）；最后是企业社会责任环境层面的治理。

1. 企业社会责任的"个体自治"

在管理领域，自我治理的形式不再局限于企业内部治理机制的构建，也可能在此过程中寻求联盟组织形成更为广泛的自治共同体，即企业社会责任治理的实质就是企业履责的自组织网络，它是一个围绕共同利益、目的，由企业个体组成的介于"公域"与"私域"之间的多元且自主的领域。企业社会责任的"个体自治"的内容边界[①]主要是基于目前国际国内所提出的社会责任倡议与指南，如ISO 26000《社会责任指南》对企业与组织利益相关方的界定，对组织承担责任内容的阐述。然而，现实是目前我国企业缺乏系统化、流程化与规范化的企业社会责任个体自治机制来引导企业做出社会责任管理与实践决策，企业的社会责任

---

① 学术界目前对于企业社会责任边界尚未形成统一的说法，大多是从法律视角与内容视角去阐释，李伟阳（2010）认为企业社会责任的边界是对企业行为的性质认定与内容构成的界定。

愿景、企业社会责任战略目标与企业内部组织结构缺乏匹配性的机制构建，因此在企业社会责任"个体自治"的模式中，需要重新审视组织内外部治理机制与社会责任制度的构建与匹配，从而实现社会责任真正内嵌于企业的治理结构与制度体系之中，实现企业内部社会责任管理与实践过程中的全员参与、全过程融合与全方位覆盖的社会责任个体内部治理体系。

企业社会责任"个体自治"模式，主要是通过现代公司的内部委托代理关系形成的内部治理机制以及企业个体与企业外部利益相关方形成的外部治理机制来实现。内部治理机制来自于公司股东会、董事会、监事会的内部治理，内部治理依赖于企业社会责任制度的构建，即对股东大会、董事会与监事会的责任边界进行明确的划分与界定，进而从企业的战略制定层、运营执行层以及企业的监督保障层面构建企业的社会责任制度，将企业社会责任融入组织战略、组织运营以及组织保障中。在组织战略制定的过程中，识别组织的战略性利益相关方，确定组织与利益相关方的战略依存关系，进而制定企业的战略使命与战略规划；在运营执行层面，则是建立责任管理组织职能架构，明确企业内部各职能部门的责任权限与边界；在监督与保障层面，则是在董事会、监事会或经理层设立社会责任机构或岗位负责社会责任规划、执行与监督工作，跟踪了解企业各职能部门的社会责任决策执行情况，同时建立企业内部责任激励约束制度，鼓励企业内部的各层次员工有效参与企业的社会责任管理过程或实践议题，提高企业内部各层次员工参与组织的社会责任管理与实践的积极性。通过企业社会责任内部治理机制的实施，企业应该将CSR逐步内化到企业的运作体系、文化与价值观之中，使社会责任成为企业文化、战略和运营的组成部分，通过建立全面的企业社会责任管理体系，实现企业社会责任的内部治理。

企业社会责任"个体自治"模式的外部治理机制来自于企业对外部利益相关方的价值定位，即企业对外部利益相关方的识别、分类管理、沟通与回应机制，以实现对企业外部利益相关方期望的调适与满足。在识别利益相关方方面，主要是基于企业自身的社会责任管理过程维度、社会责任议题实践维度以及利益相关方角色维度实现对利益相关方的有效识别，也就是说企业的利益相关方在经营管理过程（计划、组织、执行与控制）以及责任议题实践过程中（议题规划、议题执行与议题评估）扮演着不同的角色（如影响者、决策者、执行者），从而识别出与企业社会责任管理有直接关系、影响重大的利益相关方，而且还能够识别出与企业自身社会责任管理仅存在间接关系或潜在关系的利益相关方。在分类管理方面，不同的利益相关方对企业的影响力大小存在差异，对企业的作用关系也不同。从关系来看，可能与企业存在直接的或者间接的关系。从影响力来看，可能与利益相关方的关系存在重大影响或边缘影响。根据影响外部利益相关方的划分维度的两大因素，对利益相关方进行分类管理。在沟通与回应机制方面，一是利益相关方信息管理环节分析，这是该模型建立的依据和逻辑链条；二是利益相关方诉求分析，在沟通回应的不同阶段企业对所要回应的不同层次的利益相关方的诉求进行分析；三是企业沟通与回应方式分析，即选取何种沟通与回应方式渠道；四是企业回应的具体策略分析，这是企业回应可采用的具体方式方法与程序设计（见图1-1）。

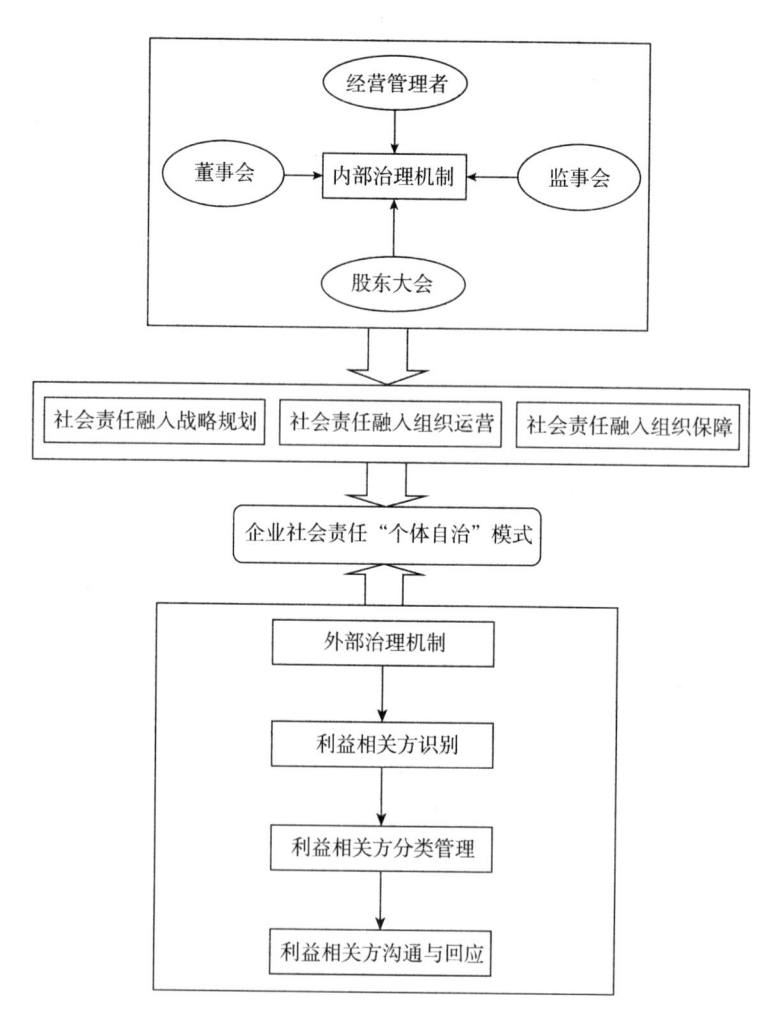

图1-1 企业社会责任"个体自治"

2. 企业社会责任的"政府治理"

政府是引导与平衡企业发挥经济价值创造与社会价值创造这一双重功能的重

要外部引导者与管理者，在企业社会责任治理角色演绎中发挥着企业社会责任制度供给的重要功能，通过规范企业运营与责任实践，为企业社会责任管理与实践提供良好的外部环境。企业社会责任政府治理模式主要是基于政府是公共领域价值提供者与社会领域价值创造者这一天然使命，从而在企业社会责任治理过程中发挥"元功能"，元治理强调政府在社会责任治理体系中发挥社会责任战略愿景规划、社会责任制度供给、社会责任实践行动协调等重要作用。

在企业社会责任治理过程中，政府及其相关部门扮演着社会公众利益的角色以及监督者、推进者的角色，因而政府在监管并推进企业社会责任过程中，主要的考量因素应当是社会价值与社会收益，对于个体价值与社会价值的权衡将决定其对社会责任推进与监管的力度。对于企业社会责任缺失现象，要加强企业社会责任法律、规则及相关标准建设，由于法律法规能够直接对企业的经营行为进行硬性约束，这些硬性约束涵盖产品质量、企业竞争、消费者权益、劳工安全以及保护等各个方面的法规约束，加强对不守法企业的惩处力度，使得企业在经营决策过程中必须考虑其是否符合相关法律规制要求。同时，在企业社会责任评价方面，为有效治理企业社会责任寻租行为，一方面需要最大程度减少寻租的制度空间，有必要完善企业社会责任履行的相关评价程序规定，加快完善企业社会责任评价制度标准建设，规范评价企业社会责任绩效，帮助企业的投资者、消费者精准识别企业履责的效度与信度，从而降低社会责任领域的模糊性，减少寻租的空间；另一方面是规避自身的设租行为，由于政府部门公权力的运用不当是产生社会责任设租的根源，因此需要对社会责任公权力进行治理，需要公权力主体调整公权力干涉企业社会责任的权力边界。在公共政策制定方面，政府部门一方面有必要加快对国际社会责任标准如 ISO 26000、联合国全球契约、全球报告倡议组织等相关社会责任标准倡议的理念吸收；另一方面应加快制定符合我国企业实际的企业社会责任政策倡议，加强对企业社会责任意识的培育和宣传，完善社会责任国内规范建设，尽快与国际社会责任规范、倡议接轨。

3. 企业社会责任的"多中心网络治理"

实践表明，以企业自我为中心的个体治理模式依赖于企业自身社会责任制度构建的主动性与完善性，并非所有企业都主动认识到需要构筑企业社会责任制度，将社会责任融入企业运营与管理过程中，因而单纯地靠企业"个体自治"模式不能彻底解决企业的社会责任缺失行为与伪社会责任行为，而政府对企业社会责任治理依赖于政府部门公权力的边界限度与制度约束，在企业社会责任领域公权力的处理不当，如社会责任权力过度干预、干预方式不得当、执行信息不公开，都可能无法彻底解决企业社会责任缺失、企业社会责任寻租等行为，因而靠企业社会责任个体自治以及政府对企业社会责任进行治理都不能完全有效地解决企业社会责任缺失、伪社会责任行为以及社会责任寻租问题。因此寻求他者力量以实现合力成为一种理性选择，将各种社会组织、各类利益相关方纳入企业社会责任治理。

网络化治理本身蕴含着以多方网络为节点的合作主导逻辑，在社会责任多中心网络治理中，网络成员对相关社会责任主题或议题以及关键性的社会责任管理决策活动进行合作。在制度意义上，企业社会责任多中心网络治理基于网络成员合作的主导逻辑，通过建立正式与非正式制度为企业与社会性利益相关方搭建网络合作机制，将企业社会责任的目标、方法和实践技能等与社会性利益相关方协同化，从而达到企业社会责任内部认知与外部期望的调适与整合；在企业自身的战略意义上，企业社会责任多中心网络治理指的是通过建立一个更为有效的社会责任战略，企业将自身网络结构中的社会性利益相关方与公共利益相关方纳入战略管理的框架之中；在企业自身功能意义上，企业社会责任多中心网络治理的目标在于将多元化社会性治理主体的不同优势与知识能力最大程度地在企业履责管理与实践过程中整合从而创造协同效应，尤其是在企业处理社会责任议题、开展日常运营与管理的过程中培育共同的履责价值观。

多中心网络治理模式基于企业与社会性利益相关方的网络结构，整合了企业个体自我治理的企业中心模式与政府治理的公共权力主导模式两种对企业社会责任的治理模式，不仅承认企业自身在社会责任治理过程中发挥着重要作用，也承认政府对于约束与规范企业社会责任履行具有重要的意义，企业、政府及社会性利益相关方的三种治理主体有机结合，形成企业社会责任协同治理的战略合作伙伴关系，其合作伙伴式的治理网络立足于各方治理主体的多元优势，进而搭建出全面的治理网络。各个多元治理主体之间通过共享公共权力的良性互动形成社会责任治理网络。与此同时，企业社会责任治理过程中的多元参与主体通过资源的相互依赖与互动，培育出共同治理价值观，形成一套解决社会责任缺失行为、伪社会责任行为以及社会责任寻租行为的方式。

从多中心的网络社会责任治理机制来看，多中心网络治理成员基于非正式的协调关系形成规范与共享的价值观，尤其是企业本身履责的显性与隐性知识在网络结构中吸收、调节企业的履责资源与履责行动；而正式的治理机制基于各方治理成员建立了形式化的网络交互方式后，通过建立成员之间的标准，共同参与建立特定性行业与企业的履责报告系统、履责评价标准、履责议题实践程序与机制，从而定义了多中心网络成员明确的交互方式，包括企业本身的社会责任领导指挥结果、社会责任激励与调适系统以及社会责任实践操作标准流程。与此同时，也包括积极构建一个基于共同的责任愿景的履责组织平台或联盟，从而优化网络节点中的中心成员在知识资源与信息方面的网络化共享。具体而言，在多中心网络治理模式中，从力量结构构成来看，政府作为外部治理的主导性力量，为企业社会责任的长效治理和可持续发展奠定了制度基础；企业作为治理的主体和"治理受体"，应做好内部企业责任管理制度自治工作；作为第三方治理主体力量的社会性利益相关方，如社会公众、新闻媒体、公共协会组织等，以一般性交流互惠与选择性监督为准则构建网络化沟通关系，通过构建信任机制促进企业与其协调和沟通，从而有利于解决企业面向社会集体行动的决策的真实性、一致性与科学性。在治理的过程中，要允许不同利益的代表参与企业运营与决策的沟通、交流、协商以及谈判，充分表达各自的意见。而新闻媒体对促进企业对社会责任的认知、扩大对社会责任的宣传、引导各类企业关注自身的社会责任发挥着不可替代的作用。同时，其对企业社会责任缺失事件、寻租事件、伪社会责任行为的曝光，揭露缺乏社会责任感的企业，发挥了社会舆论对于企业社会责任行为的正面引导作用，并引起公众对企业社会责任的关注与评价。与此同时，公共协会组织作为评价社会责任绩效的第三方机构，定期开展各类企业的社会责任履责绩效评价，并公开发布社会责任评价操作流程与相关指标数据，形成社会责任评价操作报告，使第三方力量成为企业社会责任治理主体的重要组成部分，推动和引导企业重视社会责任制度建设以及社会责任履行实践。通过三方的协同合作治理，构建出完整的企业社会责任多中心治理模式。

由于在多中心的网络社会责任治理中，各方网络节点成员的社会责任关注议题与社会责任资源存量不一致，决定了社会责任多中心网络治理中社会责任能力发展具有不平衡性，尤其是处于非节点中心的网络成员缺乏社会责任的相关显性或隐性知识，因而其参与整个社会责任网络生态圈的治理规则与制度构建的意愿与能力也较低，因此在多中心的网络社会责任治理模式中，处于中心节点的网络成员需加强与处于非中心节点网络成员的社会责任沟通与交流，鼓励网络密度范围内的成员对于社会责任知识的共享与学习，从而实现社会责任知识在以节点成员为中心的范围内进行扩散与传播，实现社会责任知识的网络化获取与共享，促进节点成员在网络密度范围内社会责任知识管理体系的构建，进而提升网络成员的社会责任履责管理与实践能力。尤其是在多中心网络治理模式中，各网络成员所联结的利益相关方具有差异性，因而每一网络节点成员面临的社会责任实践议题与利益相关方期望存在偏差，需要积极组建基于共性利益相关方的网络节点成员的社会责任利益相关信息交流与共享网络平台，这一方面能够促进共性利益相关方的网络节点成员分享履责经验，实现履责资源能力的网络社会化整合，促进各个网络节点的成员主体间的履责实践行为有效衔接，促进多中心、多主体、多环节的价值诉求整合与嵌入，实现社会责任知识的溢出效应；另一方面促进网络节点成员对共性利益相关方的社会责任信息的公开透明化表达，提升网络节点成员的社会责任履责管理与实践能力的透明度，促进网络成员对共性利益相关方的社会责任问题的主动性披露，创造网络节点成员之间的共性利益相关方的信任机制，从而产生社会剩余增加的网络扩散效应。多中心网络化社会责任治理的技术实现机制在于通过互联网、云计算、大数据等网络平台技术实现网络多中心节点的价值偏好取向的协调与统一，实现社会责任行为的知识资源与信息的网络化共享，并通过互联网技术实现网络成员主体履责的最佳路径，实现网络社会化资源的整合。

4. 企业社会责任治理模式的比较与评析

笔者选取三种企业社会责任治理模式进行比较与评析，如表1-3所示。从治理主体来看，企业社会责任"个体自治"模式依赖于企业微观个体，治理的手段在于建立企业社会责任内部管理模式，因而在此背景下其协调的方式依赖于内部各个职能部门、组织成员之间共同的准则与规则，其管理模式的建立在很大程度上是为了实现组织的经济价值，这是企业社会责任"个体自治"下组织最终的使命，正是出于"经济人"角色的最大程度发挥，以实现经济价值的最大化为目标，其主要的机制是基于市场价格的成本机制与竞争机制，因而在此过程中单纯地依靠企业社会责任"个体自治"容易导致企业社会责任市场失灵，产生企业社会责任缺失、企业社会责任寻租等行为。

表1-3 三种企业社会责任治理模式的比较

区别要素	企业社会责任"个体自治"	企业社会责任"政府治理"	企业社会责任多中心网络治理
治理主体	企业个体	国家与各级政府	价值创造商业生态圈成员
治理手段	企业社会责任管理模式	社会责任制度与规则	价值共识
协调方式	内部共同准则与规则	科层权威、命令式协调	自组织协调
价值取向	经济价值	社会价值	综合价值
主要机制	基于市场价格的成本机制、市场竞争机制	基于政府公权力的监督机制、协调机制	基于价值共创共享的网络信任机制、声誉评价机制
环境特点	竞争性	稳定性	权变性
治理成本	低	高	中
典型不足	社会责任市场失灵	科层政府失灵	网络治理失败
易产生的行为	企业社会责任缺失、企业社会责任寻租	企业社会责任寻租	价值协调与共享冲突

企业社会责任"政府治理"实质上是利用其在社会责任市场的公权力，通过出台各类企业社会责任制度与规则，以协调企业与社会资源，从而快速实现企

业的社会价值创造，在这一过程中主要是通过政府公权力下的监督机制与协调机制来实现，因此其治理成本相对较高，甚至无法及时有效监督各类企业的履责实践，尤其是当公权力边界缺乏界定或权力干预方式不当时，可能加剧企业社会责任寻租现象。

企业社会责任多中心网络治理则是以企业价值创造商业生态圈成员为治理主体，各主体尽管有着各自的价值偏好与价值诉求，但是可通过自组织的协调方式以及基于价值共创与共享的网络信任机制来实现动态多元的各类价值主体的利益诉求与价值期望。这一治理模式也有其缺陷，主要存在价值协调与共享的冲突，容易导致网络治理失败。

（二）企业社会责任异化行为的分类治理机制

尽管推进企业社会责任与塑造良好的企业履责生态圈需要由单一的企业社会责任管理或政府社会责任制度供给向企业社会责任治理转型，治理的模式由单一的企业自治、政府治理走向网络多元化治理模式，但不管是企业社会责任的"个体治理"还是企业社会责任的"政府治理"，都难以完全规避所有的企业社会责任异化行为（企业社会责任缺失、伪企业社会责任行为、企业社会责任寻租等），尤其是由于企业社会责任缺失行为、伪社会责任行为、企业社会责任寻租行为的成因与后果不同，治理的机制也应有所差异，对于企业社会责任异化行为的治理机制仍需进一步分析研究，因而需要从治理主体、治理客体、治理目标、治理手段等方面探究企业社会责任异化行为的分类治理综合机制（见表1-4）。

表1-4 企业社会责任异化行为的分类治理综合机制

区别	企业社会责任缺失	企业伪社会责任行为	企业社会责任寻租行为	企业社会责任评价
治理主体	政府、利益相关方为主体；企业协同参与	利益相关方为主体、政府与企业协同参与	政府、利益相关方为主体；媒体与社会公众协同参与	政府、利益相关方为主体；企业协同参与
治理客体	企业	企业	政府（公权力主体）、企业、社会组织（公信力主体）	社会责任市场评价机构
治理目标	培育企业履责动力	削弱或消除伪社会责任行为动因	消散社会责任租金	社会责任评价行为标准化
治理手段	政府制度规制与宣传贯彻、利益相关方沟通、责任型领导、媒体曝光	企业内部治理、外部制度约束	政府自我约束、正式制度约束、利益相关方监督、媒体曝光	政府与社会责任研究机构出台的评价标准；加强与国际成熟社会责任评价标准的融合

续表

区别	企业社会责任缺失	企业伪社会责任行为	企业社会责任寻租行为	企业社会责任评价
治理焦点	履责负面清单	利益相关方满意度	破解社会责任寻租的隐蔽性	企业与利益相关方认可度
治理机制	监督机制、激励机制	评估机制、监督机制	监督机制、协调机制、声誉机制	评估机制、监督机制、声誉机制
治理模式	企业个体"自治"、政府治理	企业个体"自治"、政府治理	多中心网络治理	政府治理

资料来源：笔者整理而成。

对于企业社会责任缺失行为而言，由于责任缺失的原因是组织外部所面临的宏观社会责任制度环境、组织内部的治理结构以及微观层面的个体因素所导致的结果。例如，缺乏外部环境相应规制、组织内部缺乏对责任管理与企业本质属性的认知、组织中的领导者与管理者缺乏良好的责任态度倾向，从而引发企业社会责任缺失，给企业利益相关方与社会环境带来严重危害。因此对于企业社会责任缺失行为的治理主体应当是政府与企业的利益相关方，治理的主要目标在于规避企业社会责任缺失行为，并引导企业培育内生性的履责动力。在组织外部所面临的宏观社会责任制度环境方面，政府需加强社会责任宏观制度供给，尤其是对于特定行业、公共属性与社会价值突出的行业，应进一步加强社会责任标准建设，推进企业社会责任负面清单制度建设，并适当出台鼓励企业履行社会责任的相关产业政策，对企业社会责任管理与实践表现优异的企业在财政、税费以及激励性补贴方面给予一定的产业政策支持；在组织内部治理结构方面，企业需进一步反思其自身的本质属性，认识到企业的本质是基于利益相关方的契约关系而形成的复杂联结，认识到企业运营过程是与利益相关方之间创造互惠价值的过程，构建面向企业利益相关方的社会责任管理机制，推进企业的股东价值最大化的治理结构转向以经济价值、社会价值与环境价值为构成内容的综合价值最大化的治理结构，从而实现在企业运营过程的各个环节中充分考虑企业的利益相关方的利益与社会价值创造；在组织内部微观个体尤其是领导与管理层的责任态度倾向方面，组织中的领导者应由传统的伦理型领导、服务型领导或变革型领导向责任型领导转变，组织的领导者通过创造一种共享的氛围，共享的对象是组织内部与外部的利益相关者，从而建立一种开放、共享的组织共享文化。组织的领导者通过构建价值共享平台，组织内部与外部的利益相关者能够参与组织决策、计划的相关流程，明晰组织在运营中各个环节的价值流向，例如，组织中的成员在做出决策时不仅要考虑组织内部其他成员的利益，也要考虑组织外部利益相关者的利益与期望，通过一种合意性的利益共享机制创构，追求组织的利益相关方的利益动态平衡，从而实现责任型领导。对于企业社会责任缺失行为的治理重点应当是加强负面责任清单制度建设，对于责任缺失并给社会环境带来严重危害的企业应当给予惩治，因而对于企业社会责任缺失行为的治理机制主要是外部监督机制与激励机制。

对于企业伪社会责任行为而言，企业伪社会责任行为与企业社会责任缺失行为具有明显的区别，企业伪社会责任行为的出现意味着企业已经意识到企业需要承担责任，或已经承担了部分社会责任。由于伪社会责任行为能够最大程度地降低企业履责的成本，因而选择了采取虚假责任承诺、责任形式化的社会责任表现，同时企业的利益相关方的利益诉求、期望要求往往具有不一致性，企业出于整体性的考虑，认为伪社会责任行为能够在最大程度上虚假式地满足企业利益相关方的期望。此外，由于社会责任制度标准的模糊性，对企业社会责任行为与企业伪社会责任行为缺乏界定与区分，在制度层面上的供给不足与相关部门的监管缺失造成了企业伪社会责任行为的大量出现，因此对于企业伪社会责任行为的治理应当以企业利益相关方为主体，政府协同参与，治理的目标在于削弱或者消除企业伪社会责任的内在动因与外部条件，因此治理的方式主要是企业内部治理与外部制度约束。在内部治理方面，企业应最大可能地规避机会主义倾向，企业经营目标的调整不再聚焦于企业的短期绩效目标，而是着眼于企业的可持续发展，尤其是针对企业短期利益导向实施企业内部治理模式的变革，将利益相关方参与机制纳入企业治理与企业运营过程中来，保障企业的利益相关方尤其是战略型利益相关方参与并评估企业的重大决策，因而治理的重点在于企业利益相关方的满意度，从而最大可能地保障企业运营决策的真实性与一致性。在外部制度约束方面，重点在于改变目前社会责任标准与指南的通用性局面，各行业企业需以行业特征属性加快企业社会责任标准的建设，建立企业社会责任评级或认证制度，从而消除社会责任标准的模糊性与信息不对称性，将真实的社会责任行为与伪社会责任行为严格区分。

对于企业社会责任寻租行为治理而言，相较企业社会责任缺失与伪社会责任行为，一个显著的差别就是企业社会责任寻租的主体更为多元化，主要表现在企业与政府之间、企业与社会组织之间、企业与企业之间责任寻租，因此治理方式需要从三方面入手。面对企业与政府之间的寻租，由于这类寻租在很大程度上是为了获取政企关联、资源配置倾斜，通过行贿、游说等方式寻求政府政策照顾，从而获得额外市场竞争收益甚至垄断收益，因此治理这类寻租行为需要政府明确自身的权力与责任边界，调整公权力的干预边界。同时，就权力的干预形式进行调整，应该由财政手段干预转向声誉等级间接激励手段。就企业与社会组织之间的责任寻租来讲，其中的社会组织主要是市场中的企业社会责任评价机构，这类社会组织往往具有一定的公信力与行业影响力，因而对具有公信力的社会组织进行治理就显得极为关键，采取的治理手段主要是企业利益相关方与社会的公众监督。通过企业利益相关方公开评价、新闻媒体集中披露等方式分散公信力，拓宽社会组织等公信力主体的范围，从而有效治理寻租。对于企业与企业之间的责任寻租，这类企业寻租的目的在于依附于履责绩效领先型的企业，使其自然地贴上同等的责任标签，从而获取市场绩效，因此对这类寻租的治理方式主要是曝光治理，利用新闻媒体的传播力与监督力，加大对这类责任领先型企业的常态化跟踪，尤其是加大对这类企业的合作伙伴的关注力度，一旦发现相应的责任寻租事件便进行重点曝光报道，降低责任领先型企业的市场声誉，形成声誉的扩散治理效应。

对于企业社会责任评价治理而言，由于目前评价企业社会责任履行绩效并发布各类企业社会责任排行榜的主体是市场中的社会责任评价机构，这类机构以社会责任研究机构、管理咨询公司、行业协会组织为主，因此治理的客体也必然是企业社会责任评价组织，对企业社会责任评价治理的主体是政府部门与企业利益相关方，企业在此过程中协同参与。由于目前缺乏统一、科学的社会责任评价标准，导致企业社会责任评价形成"公说公有理，婆说婆有理"的混乱局面，甚至一些社会责任评价组织机构利用其公信力捞取企业社会责任租金，营造社会责任绩效优良的虚假局面，帮助企业获得相应的市场声誉与市场绩效，因而对企业社会责任评价治理的目标在于社会责任评价行为的标准化，政府需要通过吸收国际与国内企业社会责任评价组织的成熟度较高、认可度较广的社会责任评价标准，以加快本国各行业企业社会责任评价标准制定进程，实现国际评价标准与国内评价标准的融合，实现企业社会责任履行绩效的精准评估，帮助市场中的消费者、投资者、社会公众正确识别社会责任表现优异的企业，从而进一步对企业履责发挥助推作用。

四、结语

尽管企业社会责任理论思想发展已近百年，但与理论发展相对应的事实是企业履责过程不尽如人意。治理在一定程度上是解决不同利益偏好或利益驱动型主体冲突并协调采取持续联合的行动。对于企业社会责任而言，尽管企业与各类社会主体、利益相关方等存在价值趋同的一面，但是更多的是价值差异的一面，从而企业在履行社会责任过程中不可避免地出现责任异化现象，主要表现为企业社会责任缺失行为、伪社会责任行为。与此同时，从社会责任治理模式来看，在基于政府治理的社会责任治理模式中，由于政府在社会责任领域中公权力使用不当或权力滥用引发的监管缺位错位现象日益突出，从而在社会责任领域中表现为企业社会责任寻租行为屡屡出现与企业社会责任评价市场乱象丛生，这在客观上要求对企业社会责任实践过程中所出现的异化行为进行分类治理。企业社会责任治理实现由管理向治理思维的逻辑转变，是对传统社会责任管理的延续与引申，更是推进企业履责生态圈良性发展的一种范式转换。笔者剖析了社会责任管理与社会责任治理的差异，归纳、总结、分析了企业社会责任缺失行为、伪社会责任行为、社会责任寻租行为的前因后果；梳理了目前社会责任治理的模式及企业社会责任"个体自治"与社会责任政府治理；提出了社会责任多中心网络化治理模式，认为社会责任治理的企业或政府的"单中心"治理模式需要向基于商业生态圈中社会责任网络中心节点成员的"多中心"治理模式转变，多中心网络化治理更加侧重网络节点成员之间与网络联结密度范围内的成员之间的社会责任信息与知识的共享与流动，对于重塑网络成员的社会责任价值共识、社会责任战略目标以及社会责任管理实践的流程再造具有重要作用。与此同时，在多中心网络化社会责任治理模式中，要求网络节点成员之间对社会责任管理与实践进行更加紧密的合作与分工，从而实现企业履责的治理主体多中心、治理结构多元化与治理过程的协同化。最后，笔者从治理手段、协调方式、价值取向等方面比较了三类社会责任治理模式，认为不管是企业社会责任的"个体自治"还是企业社会责任的"政府治理"，都难以完全规避所有的企业社会责任异化行为，尤其由于企业社会责任缺失行为、伪社会责任行为、企业社会责任寻租行为的成因与后果不同，治理的机制也应有所差异，主要体现在治理主体、治理客体、治理目标、治理方式、治理焦点等方面。但对于企业社会责任异化行为的治理机制仍需进一步分析研究，笔者从治理主体、治理模式、治理目标等方面探究了企业社会责任异化行为的分类治理综合机制，这些研究有利于规范企业社会责任履责实践。

第二章　平台企业双元属性下的企业社会责任治理模式创新

——理解数字化平台的新视角*

一、引言

企业社会责任思想与实践经历近百年的演化，正迈入基于 Porter 和 Kramer（2006，2011）提出的战略性企业社会责任的 CSR 3.0 时代以及基于价值共创与共享的 CSR 4.0 时代。这意味着企业社会责任实践不仅是企业回应利益相关方价值诉求、创造社会影响或社会绩效以及防范社会风险的重要工具，而且可以作为一种为利益相关方搭建场域、创造综合价值与共享价值的共创共享平台（肖红军，2017）。企业社会责任治理作为企业社会责任管理的一种新的理论范式转向，一方面能够最大程度地基于相应的制度安排激发各类企业履行社会责任以参与公共社会治理的意愿与动力；另一方面能够最大程度地规避企业社会责任缺失与异化行为。新一轮工业革命下，数智技术催生了以数字化平台①企业为主导的共享经济、平台经济等新型经济业态，极大地改变了人类的生产与生活方式。不管是共享经济还是平台经济，其立足的组织载体都是平台企业。平台企业基于服务主

---

* 本文原载于《财贸研究》2021 年第 12 期，有修改。

① 本书所指的"平台"（Platform）是在新一轮工业革命背景下以数字化、网络化与信息化技术为基础的"互联网平台"。基于互联网的"平台"区别于线下的产品开发平台、技术平台或者项目平台，其能够在双边市场中连接双边用户，传统的单边市场逐步形成双边市场。立足于"互联网平台"的平台经济、共享经济属于新一轮工业革命下的经济形态，属于平台经济范畴。但是，"平台"本身并不新奇，古老的集市、现代的商贸交易场所、投融资中介都是我们熟悉的"平台"，这些"平台"也可以称为"平台型经济"，但"平台型经济"并不是数字化与互联网情境下的"平台经济"，"平台经济"区别于旧的"平台型经济"，是只有与数字化技术（移动互联网技术与大数据等信息技术）深度融合之后，作为全新的生产力组织方式的"平台经济"才应运而生。

导逻辑，通过搭建数字化平台交易与互动界面，作为双边市场中的链接侧，吸引双边市场中的消费者用户与供给者用户进入平台从而创造平台企业商业生态圈。平台企业基于特定的价值主张，通过设置平台接口和资源开放度、平台内交易与互动规则等，实现平台内交易与互动行为的标准化，推动双边成员在平台企业商业生态圈内进行价值创造。因此，对于企业社会责任治理情境而言，传统企业社会责任治理范式如个体内部式企业社会责任治理与企业间的企业社会责任治理被数字化情境所颠覆，立足于数字化平台的平台企业商业生态圈情境成为企业社会责任治理的全新情境。实质上，在数字化时代，平台企业已成为驱动经济社会发展的主要微观组织，它们在各类行业中广泛渗透，基于独特的平台商业模式创造了巨大的经济价值，同时也基于独特的动态化商业生态圈资源以及所链接的社会生态圈资源，有效参与公共社会治理，推动社会公共问题的解决。

从不同情境下企业社会责任治理的主要范式来看，企业社会责任治理的整体范式已经由企业个体主导的原子式、供应链主导的线性式、产业集群主导的联动式向互联网平台企业主导的商业生态圈式转变。在互联网平台情境下，平台企业基于特殊的同边与跨边网络效应最大程度地集聚各类社会主体的经济社会资源，相应地，平台双边用户成为推动社会责任治理微创新的全新主体；并且，移动数字技术成为企业社会责任治理推动公共社会问题解决的全新工具，同时企业社会责任治理范式也逐步向数字平台主导的生态圈式治理转变。这意味着在组织运营管理过程中，一方面，平台企业作为独立意义上的企业组织对内外部成员，包括组织的员工、供应商、股东、政府社区与环境等实施社会责任实践行为，符合传统企业的一般社会责任实践过程。平台企业通过与组织内外的利益相关方建立互惠互利的影响与信任关系，形成利益相关方对平台企业一致性的价值创造期望，进而通过独立个体意义上的平台组织内的社会责任管理与社会责任议题实践，为平台组织内的利益相关方创造综合价值。另一方面，基于平台价值主张而进入平台商业生态圈的双边成员在进行价值共创的过程中，平台企业会不自觉地在所搭建的平台商业生态圈中形成平台领导权与平台治理权（Eisenmann et al.，2011；刘林青等，2015），并以此为基础完成平台商业生态圈的聚合、扩网与迭代升级。这一路径超越了传统企业基于独特个体经济社会属性下的"平台—社会"的嵌入路径，是涵盖基于"平台个体—平台商业生态圈—社会"的多重嵌入路径，创造了平台商业生态圈综合价值与共享价值的共创效应。

从这个意义上来说，单从传统的企业个体独立属性出发，审视平台企业社会责任实践以及其对平台商业生态圈的复杂嵌套关系的社会责任治理，显然会衍生出两大问题：其一，难以准确解释平台企业在商业生态圈内承担的多种角色，主要包括平台商业生态圈的界面搭建者、领导者、治理者等；其二，难以解释近年来在平台场域内出现的多种类型的企业社会责任缺失与异化行为,包括平台企业个体的社会责任缺失与异化、平台内双边用户的社会责任缺失与异化,以及平台个体与平台内用户混合的社会责任缺失与异化,这三类行为都不同程度地与平台企业存在内在关联。因此,在未厘清平台企业特殊属性的前提下,即独特的平台属性所牵引或者衍生的独特企业社会责任主体、独特的企业社会责任管理角色与相应的治理功能定位等未能清晰界定的前提下,从平台企业社会责任实践行为的后果层面探讨平台企业社会责任治理犹如无源之水、无本之木,且容易导致平台企业对自身社会责任认知和社会责任定位不清,同时使得平台企业在全新的组织管理情境中应承担何种社会责任、如何进行组织的社会责任管理以及在整个平台生态圈内如何构建社会责任治理机制缺乏相应的理论遵循。

因此,有必要跳出传统企业社会责任治理框架,立足于平台企业全新的运营管理情境、全新的治理场域、全新的治理功能与相应的治理角色,重新审视数字化平台企业的社会责任实践。笔者认为需要以平台企业独特的双元性跨越解释平台企业在复杂动态场域内的多类角色与功能。平台企业独特的双元属性决定了其社会责任治理不同于一般性的传统企业(阳镇和许英杰,2017),因而有必要重新建构平台企业的社会责任治理目标、治理角色以及治理过程。基于此,笔者以组织双元理论为基础,首先全面回顾组织双元理论所包含的组织情境、组织结构与组织领导过程的悖论,在此基础上重新诠释平台企业双元理论,以进一步理解平台企业社会责任治理的角色定位与功能基础,具体体现为平台企业基于独特的平台双元属性开展企业社会责任治理创新;其次立足于平台双元属性重点讨论平台企业社会责任治理过程中的多重范式选择,包括基于平台企业领导人的责任型领导赋能式、基于平台双边用户主导的用户参与共创式、基于平台企业商业生态圈的撬动与牵引式,为理解数字化背景下平台企业的特殊性以及平台企业社会责任治理的特殊性提供全新的理论框架,为理解数字化背景下层出不穷的平台企业社会责任缺失与异化问题的底层逻辑提供全新的理论视角,为构建更加全面、系统与高阶的新型平台企业社会责任治理范式提供具体的模式选择,最终推动平台企业向共益型组织转化升级(肖红军和阳镇,2018a)。

二、数字化平台情境下平台企业的双元性

(一)组织双元性的理论回顾

组织双元性(Ambidexterity)是组织科学研究的重要理论分支。追溯双元性

的基本内涵，Duncan（1976）率先将"双元性"应用于组织的运营管理过程中，认为企业必须拥有应对当前环境的适应能力以及未来环境的变革能力，通过对"稳定"与"变革"两种具有相悖性质的组织能力予以整合，可以提高组织的"灵活性"与"稳定性"。组织双元性的一个基本理论前提是组织处于复杂多变的外部环境之中，尤其是组织在面对新兴技术变革、商业社会化、国际化竞争、生存制度逻辑冲突以及员工个体行为目标多样化的过程中，组织双元性日趋明显。在组织管理过程中，组织面临着诸多的管理"悖论"（Lewis，2000）。典型的体现是，一个基于市场逻辑主导下的组织，其必然以获取最大化的经济价值或商业利润为目标，但是在商业环境日趋社会化以及组织在经济价值创造过程中利益相关方的价值诉求逐步多元化的情境下，单一市场逻辑主导已逐渐转变为以市场逻辑嵌入社会逻辑或者双元制度逻辑的共生共融。因此，组织的领导者或管理者需要平衡相应的双元制度情境。组织双元性强调组织在面对动态环境、竞争手段、组织间关系以及利益相关方价值诉求等复杂情境时要学会适应、取舍与平衡，进而实现组织应对环境的动态性、适应性与引领性（周俊和薛求知，2009）。比如，组织在创新与学习的过程中，必须基于自身的技术资源优势权衡探索性创新（Exploration）与开发性创新（Exploitation）两种策略行动。前者是指组织基于高风险承担属性开发新的市场机会，开展相应的实验、搜寻以及创造新知识、新流程的活动；后者则是指组织基于现有的资源存量与能力优势对当前的组织结构、产品服务以及相应的技术状态予以渐进式改良的活动（March，1991）。探索性创新与开发性创新都具有一定的情境适用性，前者要求组织对环境的模糊情境予以充分评判，进而有效配置组织资源、建构组织的长期发展能力，后者要求组织具备对资源的充分利用能力与相应整合能力。因此，组织需要在特定的时空、结构与制度场域层面综合评判、平衡利用两种创新方式，从而打破"能力陷阱"与"创新陷阱"（March，1996）。

本质上，组织双元性不仅是组织的一种重要行为特征，更是组织的一种情境因素。在组织行为层面，组织双元性是组织基于两种不同的行为理念与模式（探索性与开发性）实现对市场竞争力获取与维持的过程，旨在保持组织的动态能力与可持续竞争能力。而双元情境则聚焦于组织整体层面的制度情境、绩效情境与利益相关方社会网络情境等。双元情境强调组织在发展过程中必须有效整合差异化的情境主体、情境因素以及情境资源，以实现差异化情境之间的兼容（Gibson and Birkinshaw，2004）。目前，学术界对双元理论尚未形成统一的解读视角，主要包括学习观、战略观以及社会网络观等多重视角。从组织学习的视角来看，组织双元性强调对组织两种不同学习方式的适应与平衡，进而形成相应的学习能力与创新能力；从组织的战略管理过程来看，组织双元性强调在一定的战略空间维度实现多种战略发展模式的平衡;从组织与利益相关方形成的社会网络关系来看,组织双元性强调在复杂的利益相关方网络中,对具有异质性价值诉求的利益相关方予以整合,进而形成基于组织的价值共创的社会网络。

(二) 双元性组织的建构方式

双元理论主张组织主动建构双元型组织以适应双元情境。从双元性组织的建构过程来看,主要存在结构型双元、情境型双元与领导型双元三种建构方式(见表2-1)。结构型双元的建构方式强调组织对相应的职能结构予以整合,由于组织内部各模块结构之间存在一定的专业化分工,组织可以根据外部的管理悖论形成差异化的组织结构,进而减少因管理悖论引致的组织内部门、模块或者人员冲突与碰撞而带来的组织资源耗散。比如,组织针对新的市场开发机会,单独建立新的组织单元、组织团队与组织部门,或者以非正式组织的形式专门应对外部模糊情境带来的创新压力,开展相应的组织开发式(利用式)学习或者探索性创新,进而实现组织机械式结构与有机动态式结构的双重互补与动态平衡(Duncan, 1976)。因此,基于空间型的结构分离方式(即主结构与子结构的划分)有助于实现组织新旧资源的开发与利用,促进不同结构之间的成员与业务范围协同互补(Tushman and Reilly, 1996)。在结构型双元的建构方式下,组织中的跨职能部门之间的资源相互隔离、互不干扰,对于组织成员双元能力的素质要求相应也较低。

情境型双元不同于结构型双元将组织的内部结构予以分解从而应对充满矛盾的组织环境,其强调将组织的各个业务单元、职能模块与资源要素视为整体,强调组织内部各部门的协同性、资源的互补性以及模块之间的内在关联性。因此,情境双元强调在组织的整个业务单元范围内同时展现组织应对外部管理悖论的一致性(Alignment)和适应性(Adaptability),立足组织内的综合双元情境,培育组织整体、组织成员的双元能力,最终实现组织双元目标。在情境双元的建构方式下,组织不仅需要考虑各部门之间的资源利用与价值目标的异质性,更要强调战略设计层面的综合性与战略柔性的张力(Gibson and Birkinshaw, 2004)。具体方式是营造适当的双元情境,比如,在绩效层面综合权衡组织的整体经济绩效与社会绩效,以实现跨组织单元、跨部门、跨团队之间的价值创造过程的有效整合;在基于技术逻辑导向进行产品研发时,将基于市场逻辑导向的营销部门的价值诉求整合到产品的设计与开发中,同时将企业品牌、利益相关方的社会环境价值诉求融入产品的设计与推广中,进而实现多元逻辑情境的混合化,通过培育不同部门组织成员的双元能力以打造双元型员工,通过打造组织的混合情境以推进异质性或相互矛盾的部门目标之间的协同性、互补性与合作性(Birkinshaw and

Gibson，2004；肖红军等，2019a）。

领导型双元是指以组织战略决策的关键个体为逻辑起点，通过个体层次的双元领导力的构建来寻求组织战略决策与运营管理过程中的柔性与张力，以克服组织战略决策过程中所面临的冲突性、糅杂性与嵌套性。领导型双元强调组织的领导者与管理者在组织双元情境与员工双元能力培育过程中扮演主要支持型角色，认为组织的领导者是组织结构双元与情境双元的直接建构者，因此培育领导者的双元能力是实现组织结构双元和情境双元选择与切换的必要条件（Smith and Tushman，2015），组织内的领导者需一心多用，且具备应对多重复杂角色与冲突角色的中和能力。在双元领导策略下，组织双元能力依赖于组织领导者在外部复杂环境情境中的价值获取能力与目标整合过程中的矛盾处理能力，这种矛盾处理能力主要体现为在动态竞争环境下组织领导者解决部门之间资源整合（现有资源与未来潜在资源获取）、组织目标整合（经济目标与社会环境目标）以及复杂战略情境下情境融合（透明情境与模糊情境）的能力。

表2-1 双元理论下双元性组织的构建方式

建构方式	理论解释来源	主要途径	关键特征
结构型双元	组织学习理论	基于结构空间分离策略，将组织机械式结构与动态创新式结构有机结合，实现组织内的资源稳态与应对组织创新不确定性的双元模块单元	组织结构之间的专业性、互补性与协同性
情境型双元	组织情境理论、动态能力理论	将组织的业务单元视为整体，以整体性的方式建构组织的双元情境，强调组织整体的价值目标、组织文化以及思维方式的双元性，培育组织整体成员的双元能力	组织情境要素的识别能力与组织成员的动态能力
领导型双元	组织领导特质理论、高阶梯队理论	将组织领导者与高层管理团队视为双元战略决策的核心单元，领导者与高层管理团队具备进行目标感知、资源获取以及战略决策的双元能力，能够立足战略决策实现组织内双元能力的传导	领导者的双元领导地位获取与管理团队的矛盾、冲突与悖论的处理能力

资料来源：笔者整理而成。

（三）平台企业双元性的新诠释

随着新一轮工业革命的持续向前演化，传统工业经济时代下的组织载体被极大程度地颠覆，突出地表现为以人工智能、大数据与互联网为关键技术支撑的平台技术成为平台企业创造巨大经济价值的技术基础。① 平台企业作为互联网情境下的新组织载体，基于互联网平台链接双边市场极大地颠覆了传统企业的运营管理过程，基于平台价值主张聚集与整合相应的经济与社会的外部资源，与进入平台的双边市场用户共同创造价值（阳镇，2018）。在独特的平台情境下，平台企业不仅仅作为一种独立的个体组织而存在，拥有传统企业的一般性组织内结构与利益相关方（如组织内领导与员工、支撑平台运营的外部股东以及社会环境等），更为重要的是其还在相当程度上扮演着双边市场乃至整个社会生态圈中的资源链接者、资源整合者、资源撬动者等多重角色，平台利益相关方边界也相应扩展到平台链接的生态圈边界，平台双边用户成为平台企业独特的利益相关方。相应地，这种多重角色也催生了平台参与市场竞争的多重范式，其中最为显著的是基于平台商业生态圈整体参与市场竞争，这种立足生态圈竞争的竞争环境被称为"超竞争"环境（肖红军，2015）。因此，平台企业兼具个体的独立属性与耦合组织的双元属性。也就是说，平台企业在运行过程中，既需要基于独立个体属性参与市场竞争，面对独立运营过程中的经济性利益相关方与社会性利益相关方，形成"平台企业个体—社会"为嵌入社会路径的逻辑链，也需要基于商业生态圈的平台公共属性有效整合商业生态圈的资源要素实现整体性的社会嵌入，形成"平台企业—平台商业生态圈—社会"为嵌入社会路径的逻辑链。同时，平台企业在价值创造过程中，既要独立地领导平台内的价值创造成员参与市场竞争以实现市场适应与市场引领，也要对平台内的双边用户以及公共场域内的参与者进行动态治理（包括平台企业个体自我治理以及平台内的用户治理）。总体上，平台企业双元性主要包括平台运营角色双元、平台制度逻辑双元、平台功能双元以及平台价值创造双元等多重双元属性。

1. 平台运营角色双元：平台独立运营个体与商业运作平台的双元耦合组织

平台企业角色双元主要体现为平台企业具有私人属性下的独立运营个体角色以及平台公共场域下的商业运作公共平台角色两类，它们彼此关联、相互耦合。就前者而言，与传统企业类似，平台企业尽管基于互联网平台链接双边市场形成独特的平台商业模式，但是其仍然具有独立法人意义上的个体私人属性，这种私人属性主要体现为平台企业具有独立的产品生产与服务供给功能。一方面，平台企业向双边市场提供"平台"，由此基于独立私人属性衍生出的社会功能便是平台企业为链接的双边市场提供安全、可靠、便捷以及开放的平台，并向社会提供高质量的平台服务。也就是说，区别于传统企业的一般性产品或服务，平台企业所搭建的"平台"便是其提供生产与服务功能的直接体现，"平台"的各类功能

---

① 平台技术是一个综合性的技术概念，融合了移动互联网、算法、大数据等数字技术。

模块、技术组件以及运营支撑团队构成平台企业独立运营过程中的核心要素。另一方面，平台企业在向双边市场提供相应"平台"产品服务的过程中，也能直接或间接地参与到平台内卖方用户（供给侧用户，包括各类企业）的产品供给过程之中，如京东平台尽管链接了市场中的各类商家用户，向商家用户提供"平台"（即平台这一产品以及相应的平台服务），但是其自身也拥有能够向市场提供相应产品或服务的直营体系，即以平台企业独立个体参与提供和"平台"本身无关联的产品或服务的过程。

就后者而言，平台企业以独特的"平台"链接双边市场的需求侧用户与供给侧用户，基于同边与跨边网络效应包络各类经济性与社会性主体，最终形成平台商业生态圈。在这一商业生态圈中，平台企业的角色超越了一般传统企业的独立个体角色，其是平台公共场域即平台商业生态圈内的资源聚合与配置者，在资源配置过程中需要对不同类型的组织成员予以生态领导、关系协调，进而实现价值共创。在商业运作平台的角色下，平台企业超越了一般意义上的传统企业的生产角色，其与平台网络场域的组织成员之间尽管不存在产权或者劳动雇佣隶属关系，但是平台企业基于自身在商业生态圈内的核心型企业的领导角色，会不自觉地形成面向生态圈内公共场域的领导力，通过激活圈内核心型用户的网络效应，实现平台增长、用户价值共创，以及形成依托于平台用户的商业生态系统与创新生态系统（罗珉和杜华勇，2018；Eisenmann et al.，2011）。因此，从平台角色来看，平台企业在运行过程中必然会形成双元型的管理构架。这意味着平台企业立足独立个体角色下的组织内管理模式难以移植到基于双边市场的平台商业生态圈情境之中，相应地，平台独立运营个体所面对的利益相关方分类方法、价值回应与管理方法在平台企业作为商业运作平台角色下也不适用。面对两类相互权衡甚至相悖的平台角色，平台企业需要基于充分的战略弹性与管理弹性面向双元角色建立双元管理构架，在平台企业运营过程中形成双元管理决策体系，以此完成平台企业双元角色功能的互相嵌入与互相协同。

2. 平台制度逻辑双元：市场逻辑与社会逻辑的双元共生

组织制度主义认为组织所处的不同制度场域决定企业面临不同的行为约束，制度逻辑决定了组织场域的"游戏规则"，并产生了趋同性的制度感知行为（Dimaggio and Powell，1983）。一般而言，在组织场域内，制度逻辑主要包括市场逻辑、社会逻辑、宗教逻辑以及技术逻辑等，多种逻辑之间呈冲突、竞合、替代与融合等不同的交互状态（Thornton and Ocasio，2008）。不同的制度逻辑会形成差异化的制度感知，并通过制度趋同与合法性传导实现组织与制度的共生共演（Suchman，1995；Kodeih and Greenwood，2014）。从平台所处的组织场域来看，其面临两类不同制度逻辑主导的组织场域。第一类是平台企业作为独立个体的私人属性下的"经济人"。市场逻辑主导下的"经济人"角色会自发式调节平台企业个体资源参与平台场域的资源配置（汪旭晖和张其林，2015；李广乾和陶涛，2018），即通过平台企业私人属性下的双边市场定价结构、交易与技术策略等多种方式，确保平台企业在参与平台市场竞争的过程中获取私有性经济价值与衍生性社会环境价值。但是，基于市场逻辑主导的平台私人制度场域也会加剧平台经济权利的"无限扩张"，如百度的"竞价排名"无视平台私有性经济价值创造所应承担的社会责任，从而导致"魏则西事件"的社会悲剧。第二类是平台企业基于商业生态圈搭建公共交易市场即双边市场形成社会逻辑主导的公共场域。在这一公共场域中，平台企业不仅仅是公共场域内多元经济性与社会性主体的链接者，具有降低公共交易市场的信息不对称以及减少双边市场失灵等基本能力，其在社会逻辑主导下更多的是扮演"社会人"以及"共享人"等角色（李广乾和陶涛，2018）。因此，平台企业承担着对平台公共场域内社会责任治理的责任，主要体现为对平台内的双边用户行为施加影响，如通过平台责任领导力、平台内部社会责任治理制度与机制有效规避平台公共场域内利益相关方的机会主义行为，最大程度地提升公共场域内多元社会主体解决社会环境问题的聚合力、向心力与影响力，创造基于平台价值共创与共赢的综合价值与共享价值。

3. 平台功能双元：平台领导与平台治理的双元互动

平台功能双元意味着平台企业不仅在其搭建的平台商业生态圈内具有平台领导力，而且平台企业能够以平台领导权实现商业生态圈的扩网、聚核以及迭代升级等，即平台企业不仅具备对商业生态圈的经济性领导，而且具备社会性的生态治理功能，平台领导与平台治理成为平台独特的双元功能。具体来看，在平台情境下，平台企业通过搭建互联网平台交易与互动界面，基于服务主导逻辑，作为双边市场中的链接侧，吸引双边市场中的消费者用户与供给者用户进入平台从而形成平台企业商业生态圈（Platform Business Ecosystem）。在平台企业基于价值主张带领进入平台商业生态圈的双边成员进行价值共创（Value Co-creation）的过程中，平台企业也逐步在其搭建的平台商业生态圈内收获了平台领导权（罗珉和杜华勇，2018；刘林青等，2015）。Gawer 和 Cusumano（2008）进一步提出两种平台领导力策略：一是"取心"策略，即开发一个全新的平台，挖掘新的蓝海；二是利用现有竞争优势进行"倾斜渗透"策略。实质上，平台企业主要基于平台领导权（Platform Leadership）完成商业生态圈的聚合、扩网与迭代升级。比如，基于平台构架与模块的技术领导搭建开放式创新网络；基于平台制度领导制定平台内用户之间的交易制度与协调机制，规范用户之间的交易与互动行为，协调多元经济性与社会性主体的价值创造活动。

平台企业在拥有商业生态圈平台领导权的同时，也相应地具备了对平台商业生态圈的治理权。治理权的演化和实现与平台商业生态圈的成长演化周期息息相关。在平台商业生态圈的成长期（即形成与扩展阶段），由于平台商业生态圈面临着用户规模扩张与资源包络的现实需要，这一阶段的治理焦点主要体现在两个方面：一是对平台商业生态界面接口进行治理。通过对平台界面接口的开放度治理有效吸纳与包络各类异质性用户，使平台商业生态圈内的竞争强度与资源结构松弛度维持在最高水平。二是对平台价格进行治理。通过对平台价格的治理有效规避平台内用户机会主义倾向引发的社会责任缺失或异化行为。比如，通过调整双边用户的交易费用（注册费、运营管理费、服务费、利润分享等），阻止具有潜在的机会主义倾向交易者，提升平台的社会责任声誉；并进一步通过科学设定平台交易过程中面向用户的系列服务费用参数，提高平台企业的经济利润（Roger and Vasconcelos，2014）。在平台商业生态圈的成熟稳定期，平台企业的社会责任治理重点在于激活平台生态圈内各主体参与公共社会治理的意愿与动力，以匹配平台逐步扩张的经济权利，主要实现过程是充分利用自身的用户基数承担责任型领导下的平台社会责任实践嵌入者与新创者角色，适时地嵌入、嫁接以及搭建新的社会责任实践议题界面或者社会创新与履责平台（肖红军，2017）。比如，淘宝平台通过在双边用户交易界面中嵌入"公益宝贝计划"，撬动平台内的多元社会主体共同面对和解决公共社会问题，即体现为社会责任实践议题的嵌入；而支付宝则是通过在2020年推出"生态共治"（Ecosystem Co-governance），使得其所链接的商业生态圈内的合作伙伴不再只是被约束者，他们同样拥有平台公共场域内的政策制定权和话语权，在相互依存的商业生态系统中分享权力，服务商、商户、消费者等共同参与商业生态圈治理，即体现为搭建新的治理平台。

4. 平台价值创造双元：平台综合价值与共享价值的双元延扩

平台企业在价值创造层面具有平台综合价值与共享价值创造的双元耦合性，且在耦合状态下甚至能够生成第三种独特的价值目标。从价值创造的角度来看，平台企业之所以能够获取巨大规模经济效应与范围经济效应的内核在于其拥有独特的"用户—平台—用户"的新型价值共创范式（肖红军等，2020b），体现为平台综合价值与共享价值双元绩效。一方面，平台企业具备独立个体属性下的个体综合价值创造功能，基于服务主导逻辑（Service Dominant Logic，SDL）为进入平台内的双边用户（消费需求者与供给生产者）提供一种可信任、安全、高效的交易与互动平台，成为双边市场中各类用户价值创造的链接侧，并以其独特的平台包络战略形成多样化与异质性的平台商业生态圈。本质上，平台商业生态圈的价值创造是由平台企业主导的商业生态圈内各类生态位成员之间的价值捕获、价值交互、价值创造与价值分配的过程（冯华和陈亚琦，2016），在这一过程中平台企业不仅能够为双边用户节约交易成本，还可以为不同用户之间实现资源的互补与协同创造条件，最终与平台用户共同创造综合价值。另一方面，平台企业以生态圈的方式嵌入社会，形成"平台—平台商业生态圈—社会"的独特嵌入路径。在基于商业生态圈的形式嵌入社会的过程中，平台企业不仅仅是商业生态圈内双边用户社会责任行为的推动者，还是平台内社会责任资源的整合者与撬动者。因此，在平台企业基于商业生态圈整体嵌入社会的过程中，其价值创造绩效不仅包括商业生态圈创造的综合价值总量，还包括向商业生态圈嵌入的社会生态系统创造的共享价值增量。

三、平台双元属性下平台企业社会责任治理模式创新

平台企业双元属性是平台企业区别于传统企业运营管理的核心特征。在平台企业社会责任治理过程中，基于传统企业属性审视平台企业社会责任缺失与异化行为呈现明显的不适性，平台企业需要立足于自身在商业生态圈的公共社会属性，以商业生态圈的公共治理者为逻辑起点承担对双边用户行为的社会责任治理责任。因此，在平台双元属性下，针对平台企业社会责任缺失与异化行为的多层次性与嵌套性问题，平台企业社会责任治理具备了全新的模式选择。

（一）不同平台属性下平台企业社会责任治理模式的多重性

由于平台企业自身所处的行业属性、平台企业自身的责任价值取向、基于平台的平台商业生态圈内的用户资源基础以及平台内用户的社会责任认知与行为意愿存在多重差异性，平台企业立足于双元属性在实施平台企业社会责任治理的过程中具备多种模式选择。笔者依据平台属性以及平台企业责任型领导实施情境的差异性，将平台企业责任型领导分为三种主要模式（见表2-2）。第一种模式聚焦于平台组织经济属性与社会属性的独立性，即立足于平台企业是类似于传统企业的独立的价值创造组织与法人实体。基于个体独立属性，平台企业社会责任治理主要是面向独立组织个体内的社会责任认知嵌入、管理嵌入与议题嵌入。第二种模式聚焦于平台企业所打造的开放性、跨边性双边平台。平台的开放性与双边性使得平台企业的组织边界具有动态性，而平台开放度的选择在一定程度上是平台企业组织边界动态延扩的主要参数（王节祥，2017）。正是基于平台交易服务的开放性使得平台企业的利益相关方与传统企业的利益相关方发生了主体重构与边界重构。其中，主体重构主要体现在平台企业的双边用户成为主要的利益相关方，而边界重构取决于链接用户的社会网络效应，包括同边用户之间的网络效应

与跨边用户之间的网络效应（阳镇，2018）。基于此，平台企业能够基于核心型的双边用户，即这类用户（供给侧用户与需求侧用户）在平台内拥有较为全面的社会责任认知理念以及较大的社会影响力，能够对其他的同边供给侧或需求侧用户，或跨边用户产生责任认知与责任行为的传导，形成"平台个体+核心型用户"的双边用户参与共创式。第三种模式聚焦于平台的创新属性。平台创新属性意味着平台企业不仅能够实现平台数字技术创新、模块集成、功能创新以及开放式创新环境下的用户创新，还可以通过多重创新推动平台商业生态圈内的用户资源聚合与整合、生产要素创新与优化以及履责能力整体提升。平台创新属性要求平台企业充分发挥其在商业生态圈内主要生态位上的领导权（辛杰，2015），不仅要扮演好责任型平台链接者与构架界面搭建者的角色，更要成为立足于平台商业生态圈的治理者、社会责任实践撬动者以及社会责任实践平台新创者等，即通过商业生态圈的整合式与动态化创新形成"平台个体+平台商业生态圈"的撬动与牵引模式，最终实现生态圈整体式嵌入社会。

表2-2 平台企业责任型领导不同模式下的核心特征

特征	模式选择		
	平台独立个体下的领导人赋能式	"平台个体+核心型用户"的双边用户参与共创式	"平台个体+平台商业生态圈"的撬动与牵引式
平台属性	平台独立性（经济属性与社会属性复合的独立组织）	平台开放性与双边性；平台跨边性	平台创新性
领导行为	打造平台个体社会责任管理模式	基于关键用户打造正向社会网络效应	实现平台企业社会责任生态圈的构建与升级
聚焦情境	平台个体组织内	平台组织内与平台组织外的关键性社会利益相关方	平台商业生态圈
资源基础	资源存量较低	资源存量中性	资源存量较大
社会影响力	弱	中	强
平台功能	"平台"仅是平台企业的产品	"平台"是链接社会双边用户的开放接口	"平台"是实现社会资源优化配置的社会平台
平台企业社会责任角色定位	生产者：提供优质可靠的平台产品与服务	搭建者：双边市场用户的行为互动的平台搭建者；治理者：平台链接用户社会责任行为的治理者	撬动与整合者：平台商业生态圈内经济性与社会性资源的整合优化与撬动组合者；新创者：社会资源优化配置平台的新创者与引领者

续表

特征	模式选择		
	平台独立个体下的领导人赋能式	"平台个体+核心型用户"的双边用户参与共创式	"平台个体+平台商业生态圈"的撬动与牵引式
嵌入社会方式	以平台组织个体嵌入社会	以关键性利益相关方（核心型用户）嵌入社会	以生态圈方式整体嵌入社会
适用阶段	平台企业的初创期	平台企业的成长发展期	平台企业的成熟稳定期
传导形态	平台企业个体领导者的影响力以及单向传导	平台企业与核心型用户所链接的关键性利益相关方双边互动传导	平台企业立足于平台商业生态圈的网络化、生态化传导

资料来源：笔者整理而成。

（二）平台企业领导人的责任型领导赋能式

在平台双元属性下，平台企业不仅是独立运作的微观法人组织，更是在其打造的商业生态圈内的"领导主体"，由此平台领导呈现出双元性。也就是说，一方面，平台领导者面临着与独特个体属性下的利益相关方主体的沟通与价值协调过程，以组织个体为情境的平台责任型领导要求平台企业的领导者对组织成员的社会责任行为予以规范和协调，旨在对个体链接的各类利益相关方尽责，形成"平台领导人—平台企业内外部利益相关方"，即"平台企业领导者—员工""平台企业领导者—外部利益相关方"等多元路径。另一方面，平台企业在商业生态圈中处于主要生态位，平台领导者在这一生态位中能够有效领导平台企业对其他生态位成员开展负责任的商业行为，形成"平台领导者—平台—卖方（企业）""平台领导者—平台—买方"等多元领导协调路径，进而实现对平台情境下的平台双边乃至多边用户商业行为与社会责任行为的治理。

因此，在平台双元属性下，传统领导者的角色定位发生了颠覆性的改变，体现为平台领导者不仅是平台企业立足于个体私人属性下的独立价值创造个体与经济人，更是在平台公共场域内的公共治理者与社会人。这意味着平台领导者不仅要基于个体的经济利益导向实现平台的商业或者经济型使命，更要基于平台企业所处的平台商业场域实现公共社会使命，完成对平台商业生态圈内不同生态位成员的公共治理与公共创新，即平台企业基于类政府主体的公共治理权限对平台公共场域内的双边用户进行有效赋能与治理（肖红军，2020a）。就前者而言，独立个体属性下的平台领导者需要基于责任型领导力重塑平台企业个体的社会责任认知与社会责任战略导向，构建基于平台独立个体的组织内社会责任管理模式，即以平台独立组织个体的形式对组织内的员工与组织外的政府、社区与环境产生正向影响,具体方式是优化自身的产品与服务,即提升"平台"链接与服务的安全性、可靠性、延展性。并且,从利益相关方的定位与联结方式来看,独立个体属性下的利益相关方联结方式表现为平台企业以独立个体属性为逻辑起点,通过个体内的责任型领导,着力构建与平台企业所提供的产品即"平台"的利益相关方之间的互惠关系,并通过践行平台独立个体属性为利益相关方边界的社会责任管理议题以及"平台"链接的产品与服务相关联的社会责任实践议题,形成平台企业独立个体意义上的责任型领导行为,最终实现平台个体组织与内外部利益相关方的综合社会契约(Donaldson and Dunfee,1994)。平台个体内责任型领导赋能的社会责任治理的重点在于,保证平台企业所提供的产品与服务符合法律底线、经济性利益相关方的价值期望以及社会性利益相关方对平台个体所提供的"平台"的社会影响的期望。就后者而言,平台企业责任型领导所聚焦的领导环境主要是平台场域下的商业生态圈,旨在通过责任型领导力的建构或实践,推动平台商业生态圈内平台双边用户社会责任行为的可持续(肖红军,2020a),即通过具体的责任影响、责任制度、责任规制、责任文化以及责任治理等责任型领导行为,动态影响平台商业生态圈内双边用户的责任期望、责任认知、责任文化与责任行为,推动平台场域内双边用户社会责任行为的可持续。

(三)平台企业基于双边用户主导的用户参与共创式

区别于独立个体属性下的平台企业社会责任治理,基于"平台个体+平台内核心型用户"的双向互动领导模式(见图2-1)将平台场域内的社会责任领导者与社会责任治理主体等角色予以扩展,立足于平台双元属性,聚焦于平台链接属性下的核心利益相关方——核心型用户(Core Users)(阳镇,2018;徐晋和张祥建,2006)。在平台搭建的双边市场内,同边用户与跨边用户能够基于网络效应与用户创新效应进行同边传导与交叉影响(陈劲和李佳雪,2020;徐晋和张祥建,2006),进而以双边用户的社会影响力嵌入社会,形成"平台个体+核心用户"的用户参与共创模式。然而,在网络平台运营实践中,平台接口的开放性使得进入双边市场的用户基数呈指数级增长态势,而双边用户(供给侧用户与需求侧用户)又会基于自身的网络联结强度与社会影响力形成异质性的同边网络内的联结密度。其中,核心型或者领先型用户具有较大的网络联结强度与密度,能够基于自身独特的社会网络对链接平台的其他缝隙型用户实施影响,甚至主导平台场域的交互规制与需求内容(王楠等,2019),最终引领整个平台场域的创新与迭代。数字化平台企业可以借助数字化技术准确计算供给侧用户与需求侧用户的网络节点大小与平台场域内的节点影响力,进而对不同边的核心型用户与缝隙型(边缘型)用户施加精准影响(王节祥等,2020)。同时,无论是供给侧的核心型用户还是需求侧的核心型用户都能够对其网络联结范围内的缝隙型用户实施影响,包括社会责任行为传导与社会责任意识重塑,进而形成类似于企业间领导模式下的"核心型用户参与共创式"的平台企业社会责任治理范式。

```
┌─────────────────────────────────────────┐
│     平台企业独立个体属性下的平台组织      │
│        ( 领导者 ) ──→ ( 员工 )           │
└─────────────────────────────────────────┘
                    ⇕
┌─────────────────────────────────────────┐
│     平台双元公共与开放属性下的平台公共场域内    │
│              ( 平台企业 )                │
│       ↓          ↓          ↓          │
│  [核心型用户1]←→[核心型用户2]←→[核心型用户n] │
└─────────────────────────────────────────┘
```

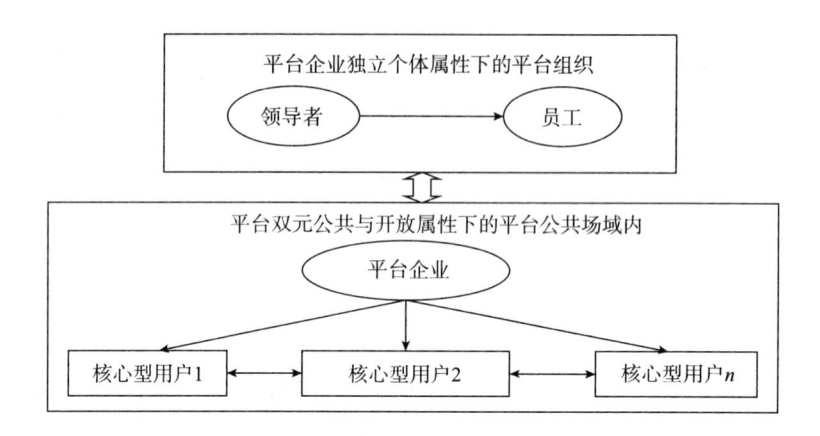

图 2-1　基于"平台个体+平台内核心型(主宰型)双边用户"的双向互动领导模式

在这一范式下,平台企业与平台内的核心型用户形成了双向互动的用户共创模式。具体而言,一方面,平台企业通过对核心型用户的责任制度规制与激励机制建构,基于数字化手段捕获、了解与整合链接平台的核心型用户的责任价值取向、责任行为意愿与价值创造偏好,进而形成"平台企业→核心型用户→缝隙型用户"的社会责任治理行为传导逻辑链。基于"平台个体+平台内核心型用户"的用户参与共创模式,既能充分发挥平台企业个体在平台场域内的社会责任领导与治理的优势,形成"平台个体式社会责任治理+平台用户社会责任治理"的双层治理构架,又能有效促进利益相关方(双边用户)主动参与平台责任型领导行为。另一方面,平台企业在平台商业生态圈内处于核心枢纽型地位,其可以基于自身在商业生态圈中的责任型制度领导力和平台内经济性与社会性资源的整合领导力选择相应的平台企业社会责任管理与实践战略。其中,责任型制度领导力是指平台企业构建并实施面向商业生态圈的社会责任治理体系,主要包括审核与过滤机制、责任愿景认同卷入机制、责任型运行规则与程序、责任型评价与声誉机制,以及责任型监督与惩戒机制等(汪旭晖等,2020;阳镇,2018)。责任型制度治理有助于确保平台商业生态圈内的各类用户价值创造过程符合法律底线、社会期望,以及平台共赢、共创与共享的基本要求。此外,基于"平台个体+平台内核心型用户"的双向互动模式不仅是平台企业个体与平台内双边用户的责任治理行为的双向传导,也是双边用户之间的相互传导过程,即用户之间通过同边与跨边网络效应产生责任价值取向、履责实践意愿以及综合价值共创的传导效应,实现真正意义上的生态圈用户社会责任共治。但是,基于"平台个体+平台内核心型用户"的双向互动模式也有其适用范围。比如,在平台商业生态圈尚未完全成熟的情况下,用户基数处于动态变化之中,稳定性相对较差,平台企业个体难以在商业生态圈内产生更为高阶且广泛认同的责任价值观,从而无法有效引领与支配平台内核心型用户的责任实践行为。需要说明的是,只有当基于平台组织个体的责任型治理行为与基于平台商业生态圈的社会责任治理行为相互耦合时,才能实现"平台企业+平台商业生态圈"责任价值创造行为的动态调适,推动传统的经济性平台组织的价值创造目标由单维向多维转变。相互耦合与动态调适不仅有助于规避平台企业个体作为独立组织参与平台内用户之间的社会责任寻租与缺失等行为,还可以规避平台商业生态圈内双边用户之间的社会责任异化行为,进而推动平台商业生态圈的价值创造目标与平台企业个体的价值创造目标相互契合,最终实现"平台企业+平台商业生态圈"的共生共赢式的综合价值与共享价值创造目标。

(四)平台企业商业生态圈的撬动与牵引式

基于"平台企业+平台商业生态圈"的混合迭代式不同于平台独立个体下的领导人赋能式与"平台企业+关键利益相关方"的双向互动式,混合迭代式下的平台企业责任型领导实施过程中的情景与战略都出现了颠覆性的变化(见图2-2),主要体现为平台企业将自身的管理情境有效嵌入平台企业所搭建的商业生态圈内,并根据商业生态圈的构架主体分工,在商业生态圈中扮演核心型成员的重要角色。在责任型领导的具体实践中,平台企业具备社会责任生态优化者、社会责任资源要素整合分配者、社会责任实践关系协调者等多重互补或协同角色(罗珉和杜华勇,2018)。混合迭代模式下的责任型领导依赖于平台商业生态圈的责任整合领导力,聚焦于平台商业生态圈的资源基础。相比于平台企业基于双边核心型用户主导的用户参与共创式,平台企业在商业生态圈内不再对不同生态位成员的具体资源与功能进行严格区分,而是基于整合型领导与生态化治理对平台内的基础性资源予以集聚、整合、优化与扩散,并形成相应的责任领导与责任治理行为的战略弹性框架(辛杰,2015),在社会责任治理创新上主要体现为平台企业商业生态圈的撬动与牵引。

平台企业商业生态圈的撬动与牵引具体体现为平台企业能够有效洞察商业生态圈内的组织成员的社会责任认知、社会责任实践意愿与驱动力,并基于平台企业自身的社会责任实践偏好与平台商业生态圈所处的生命周期,实施基于平台商业生态圈的差异化社会责任实践范式。第一种方式是平台企业立足于平台内资源

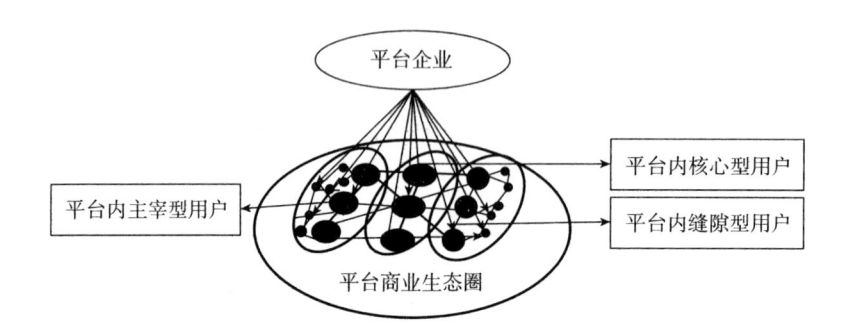

图 2-2 基于"平台企业+平台商业生态圈"的混合迭代式

的挖掘与整合，形成平台撬动式的社会责任实践范式，撬动平台生态圈内的各类用户、组织与成员在互动交易过程中参与相应的社会责任实践议题。第二种方式是在平台企业具有完善的社会责任认知的前提下，且平台商业生态圈的用户基数与社会影响力都足够成熟的情境下，平台企业以转换战略与新创战略实施责任型领导行为，为商业生态圈内的成员组织起到示范效应，激发它们接受甚至主动寻求社会责任规则导入和嵌入的意愿（肖红军，2017）。需要说明的是，新创战略的实现关键在于搭建全新的履责平台主体架构，创建生成全新的履责平台网络，以引领平台商业生态圈向社会资源配置平台转换或搭建全新的社会责任实践平台。而且，在"平台企业+平台商业生态圈"的撬动与牵引模式下，平台企业在整合与撬动资源的过程中也会重塑原有商业生态圈的界面构架、内部规则体系、制度逻辑以及网络联结方式，从而实现商业生态圈向社会责任生态圈的迭代升级与创新转化。

第三章　互联网平台型企业社会责任创新及其治理：文献演化的视角*

一、引言

进入 21 世纪，随着移动互联网、大数据、人工智能等数字化技术的加速渗透，人类社会正在经历着一场平台革命。在早期，平台多用于研究产品开发、技术组件集成等领域，运用"平台"来描绘一系列的新产品，其是一个基于核心技术在内的共同产品元素的集合概念，而基于互联网数字化技术的互联网平台则是为平台开发、构架搭建以及界面组件提供了一种开放式的网络环境；在后期，纯技术视角的"平台"逐步向生产与消费领域演化，体现为基于互联网的平台型企业能够超越传统资源配置的时空限制，基于平台技术与数字技术跨组织边界、跨时间边界以及跨国家边界来开展社会生产、分配、交换与消费活动，传统的单边市场逐步扩展为双边或多边市场，由此掀起了整个社会生产力的新一轮增长。相应地，平台型企业成为平台经济运行的主要微观组织载体，本章特指具有开放性、双边性以及跨边网络效应的互联网平台型企业（以下简称平台型企业）。从企业社会责任的视角来看，平台经济背景下传统组织运行范式在一定程度上被平台战略、平台组织管理以及平台商业模式等重构，组织内平台化以及构建全新的平台型企业成为最主要的微观组织表征。相应地，企业社会责任实践也必然伴随着组织范式的变革发生系统性变化，企业社会责任实践具有了新的组织载体以及全新的社会责任实践范式。具体来看，不同于传统企业，平台型企业的社会责任实践情境立足于平台型企业搭建的双边市场，以解决某一特定的商业与

---

* 本文原载于《科学学与科学技术管理》2021 年第 10 期，有修改。

公关社会问题为目标,将传统社会责任实践范式下的松散型微观市场主体集聚于某一平台或者界面,形成平台社会责任生态圈,进而形成基于"平台型企业个体—社会""平台内用户—社会"或"平台型企业—平台商业生态圈—社会"的多重嵌入社会的基本路径。相应地,平台型企业的社会责任实践范式既超越了传统的以单个企业(国有企业、民营企业、中小微企业)为个体的原子式履责[①],也超越了以供应链或产业价值链为责任传导机制的线条合作式履责,而是基于平台商业生态圈实现综合价值与共享价值的共创、共享、共益。

值得关注的是,从平台型企业社会责任实践来看,近年来平台型企业社会责任缺失与异化行为呈现井喷态势。企业社会责任缺失与异化行为与企业负责任行为相反,是指企业在运营管理过程中由于企业内个体(管理者、员工等)的机会主义倾向、企业本身的市场逻辑主导衍生出的"社会脱嵌"以及外部企业社会责任制度环境的不健全等多重因素引发的企业社会责任行为背离了利益相关方综合价值导向,最终导致企业与负责任行为轨迹偏离,在行为实践层面主要体现为直接损害利益相关方利益的企业社会责任缺失行为、向外部公信力与公权力组织寻租衍生的企业社会责任寻租行为,以及"说一套,做一套"欺骗、粉饰利益相关方及营造企业社会责任假象的企业伪社会责任行为。在平台情境下,平台型企业如搜索平台、金融平台、外卖平台、直播平台与网购平台所出现的社会责任缺失与异化行为具备全新的表征,体现为平台主体与平台主体之间、平台主体与平台内用户之间、平台内用户个体的社会责任缺失等多种社会责任缺失与异化表现类型[②],不同程度地给经济社会带来负外部性,不利于平台情境下综合价值与共享价值创造的可持续。从目前对于平台情境下平台型企业以及企业社会责任理论实践研究进展来看,学术界对于平台经济下的新组织、新战略、新商业模式等话题进行了大量的研究,且大都从平台经济学的视角集中于研究平台型企业的内部定价策略、管理模式变革、商业模式创新等经济价值创造层面的研究议题。尽管有相关研究关注到了平台型企业社会责任实践的特殊性以及范式建构问题,但对平台型企业社会责任实践范式创新的主要表征、模式以及实现机制等依然缺乏深度梳理与解构,对平台型企业社会责任实践呈现的各类异化问题也缺乏深层次的理论归因与破解框架,这样产生的后果是难以为平台型企业社会责任实践提

---

① 原子式的企业社会责任实践意味着企业识别社会问题、确定企业社会责任管理与实践议题以及开展企业社会责任管理与实践活动皆以企业个体为逻辑元点,推动社会问题解决的相应履责资源与组织成员皆以企业个体的资源与成员为基本构成,与组织外的其他社会主体或利益相关方难以形成相应的合作机制、协同机制以及互补机制等,企业社会责任管理与实践呈现出的是独立个体式。

② 平台主体间的社会责任缺失事件如搜索平台百度"魏则西事件",网购平台的假货伪货丛生,外卖平台上的"三无卖家"与"黑外卖"。

供理论指导框架,加剧了微观层面平台型企业在具体开展社会责任实践过程中产生的相应实践范式选择困惑,为在宏观制度层面与中观社会生态与社会认知层面如何激励与治理平台型企业社会责任实践、推动平台型企业社会责任实践行为的可持续带来了相应的理论与认知困惑。

沿着上述研究缺口,本章主要以文献归纳[①]与逻辑演绎的方式,将平台经济背景下的全新微观组织平台型企业作为研究对象,系统梳理与探究平台型企业社会责任实践的全新实践范式创新,一方面包括平台型企业社会责任实践的全新情境、全新内涵以及全新的影响因素,以促进学术界更好地理解平台经济背景下平台型企业社会责任实践的特殊性;另一方面针对平台型企业社会责任实践过程中出现的诸多异化行为,寻求匹配平台独特情境(生态圈情境)与独特属性(双元属性)下的社会责任治理的全新逻辑框架,构建以平台双元属性为逻辑元点的分类整合式治理的新框架,最终实现平台型企业商业生态圈向平台型企业社会责任生态圈的系统性转换。本章的研究贡献在于:在理论层面有助于学术界与企业界重塑对平台型企业社会责任实践范式的认知,促进平台型企业面对新的平台情境能够更好地促进企业社会责任实践以创造合意的综合价值与共享价值;在实践层面能够为平台型企业与政府部门基于新的社会责任治理逻辑规避平台型企业社会责任缺失与异化,更好地明确自身在平台社会责任治理过程中的功能定位、治理角色、治理议题与机制,最终推进平台商业生态圈综合价值创造的可持续。

二、平台型企业社会责任实践的全新内涵与表征

(一)平台型企业的内涵与分类

从微观市场的运行主体而言,平台经济催生了以互联网平台为基础的平台型企业。平台型企业作为平台经济背景下的一种全新的组织形态,目前学术界对平台型企业存在三种视角的理解:第一种是从双边市场的角度,双边市场是指市场中的需求侧与供给侧处于同一平台场域之中,链接双边市场的平台型企业能够实现对双边用户的总价格不变,但是能够调节不同边的价格结构(供给侧与需求侧

---

① 文献检索来源主要是基于 Business Source Complete、Econlit、Emerald Journals、Jstore、Proquest 和 Web of Science 等外文数据库,以及国内的中国知网、万方数据库、国家哲学社会科学学术期刊数据库等主要中文数据库对平台经济(Platform Economy)、共享经济(Shared Economy)、平台型企业(Digital Platform/Platform firm/Platform Enterprise)、可持续性(Sustainable)与企业社会责任(Corporate Social Responsibility)等关键词进行筛选与搭配。

的价格分配比例，$P=P_d+P_s$），进而形成非中性价格结构调节不同边用户的需求与参与程度的变化。平台型企业是链接双边市场的网络链接侧，通过搭建双边市场服务于互动界面，为双边市场用户创造交易、沟通与互动的市场网络空间，也是创造双边市场价值的独立组织载体。同时，在双边市场理论下，区别于传统的单边市场内的同边网络效应，平台型企业具有交叉网络外部效应包络双边用户并激活用户。相应地，双边市场视角下平台型企业具备同边网络效应、交叉网络效应（跨边网络效应）、价格非中性结构等多重特征。第二种是基于商业生态圈（Business Ecosystem）的视角界定平台型企业，认为平台型企业立足形成平台基础构架构建了全新的平台商业生态圈，是商业生态圈中的主要生态位成员，是平台商业生态圈内服务传导的核心组织，其他各类组织成员在平台界面中形成交易互动的动态网络关系。商业生态圈的演化与扩展与平台型企业拥有的平台领导权（Platform Leadership）息息相关，在平台商业生态系统中引导着平台内多边市场主体进行资源互动与要素流动，引领平台商业生态圈的成长与演化。第三种是从组织价值创造的视角解析平台型企业的新内涵，认为平台型企业基于用户主导的价值共创逻辑，改变了原有的价值创造过程中消费者与生产者之间的静态关系，即由传统企业的"企业—顾客"的静态式价值传递或价值创造转变为更加动态化与复杂多元的"消费者用户—平台型企业—生产者用户"价值创造范式。

相应地，学术界对于平台型企业也存在多种分类方式，且主要基于平台型企业的竞争与开放度、平台型企业的所有权性质、平台型企业的功能与作用、行业归属，以及平台型企业内用户的特点以及基于产业经济学视角下的平台分类。总之，平台型企业与传统企业一个根本性的不同在于平台型企业基于自身搭建的互联网平台界面，以平台为链接侧有效链接了市场中的供给侧与需求侧，既是商业生态圈内价值创造的主体，也是商业生态圈内链接平台双边用户的价值链接与传导主体。平台型企业通过搭建平台构架、互动规则与交易机制，从而吸引外部的中小微企业进入平台参与价值共创活动，从而实现了传统企业未曾实现的巨大网络效应，进一步衍生出同边网络效应与跨边网络效应。本章的研究特指具有双边市场属性、开放性的互联网平台型企业。

（二）双边互联网平台型企业的社会责任实践的新内涵

平台型企业在运营管理过程中具备区别于传统企业的全新特征，主要体现为跨边网络效应塑造的利益相关方结构、平台界面塑造的社会场域重塑企业与社会关系之间的链接形态与链接方式，由此学术界对平台型企业社会责任实践的内涵理解主要呈现出两种解读：一种解读聚焦于平台型企业社会责任实践过程视角；

另一种解读既聚焦于平台情境下企业与社会关系的新变化,又聚焦于平台型企业基于何种方式与社会产生相应链接关系。前者关注于平台型企业社会责任实践过程中的履责对象与相应维度的变化,后者关注平台型企业与社会产生关联的具体方式。

1. 基于利益相关方主体视角的平台型企业社会责任实践的新内涵

从利益相关方主体的视角来看,企业社会责任实践本质上是围绕着企业的利益相关方开展相应的社会责任管理与实践议题以创造综合价值。在平台经济背景下,平台型企业的履责实践的实践情景、实践主体、实践对象以及实践内容都发生了颠覆性的变革。从实践情景来看,平台情境成为平台经济下的重要实践情境,其超越了传统供应链、集群组织与联盟组织所形成价值链、价值网络中的社会责任实践情景。在平台情境下,基于双边市场所形成的链接侧即平台型企业成为社会责任实践的新组织载体;平台型企业社会责任实践的对象即所面对的利益相关方主体产生了重大变革,利益相关方理论认为企业履责实践所面对的多元社会主体包括企业的供应商、顾客、内部员工、社区与政府。肖红军和阳镇(2020a)认为其所面对的利益相关方成员超越了传统企业,平台型企业由于链接了市场的双边用户群体而形成双边市场结构,区别于传统企业以股东、员工、消费者、供应商以及社区环境为构成的利益相关方主体边界,平台内的双边用户成为平台型企业的重要利益相关方。从社会网络视角来看,双边用户在平台场域中的不同连接强度(强关系与弱关系)以及网络位置(网络中心位置与网络边缘位置)决定了其在平台场域中的商业影响力与社会影响力,由此对平台型企业的价值创造行为产生了关键性的影响。因此,平台型企业运营过程中的多元参与主体构成了共生共演的生态圈网络,使得平台型企业社会责任内容维度不仅具备一般传统企业意义上的基于面向传统利益相关方的社会环境维度,更包含对平台双边用户承担社会责任,形成多主体的圈层式与嵌套式的利益相关方网络结构。在一定程度上,平台型企业内的双边用户规模与数量决定了平台型企业的生死存亡,从资源基础观的视角,平台型企业的用户资源成为平台型企业的重要质量参数。

因此,利益相关方视角下平台型企业社会责任实践的内容对象、实践议题以及主体边界具有了较大程度的变化。就平台型企业社会责任实践的内涵而言,阳镇(2018b)认为平台型企业的社会责任实践的履责对象与履责内容不仅涵盖了与传统企业一致的基于独立经营实体所面对的员工、股东、政府、社区以及社会环境等多元利益相关方主体的责任内容,即对支撑平台型企业运营的员工、股东以及外部政府、社区承担社会责任。基于利益相关方主体视角下的平台型企业社会责任实践的具体方式则是通过平台型企业在独立个体的社会责任管理模式建构，即聚焦平台独立属性以平台型企业个体为元点，在平台个体组织内面向平台型企业运营管理过程的利益相关方主体（包括股东、平台内员工、平台组件供应商、技术服务商、社区、政府与环境等）实施组织内的责任型领导行为、员工社会责任行为、组织内责任创新行为以及面向外部利益相关方承担相应的社会责任议题（如政府纳税、社会公益慈善），使得平台型企业在独立运营过程中，组织管理与业务实践（提供平台产品与平台服务）符合"三重底线"，以及符合利益相关方"社会期望"。更为重要的是，基于平台所搭建的商业平台承担对平台界面链接的市场双边用户的社会责任治理，基于平台公共场域内的社会责任治理基础设施建构以及实施社会责任治理机制，以确保对平台商业生态圈内的双边用户的交易与互动行为与社会行为真正负责任。并且社会责任治理机制的具体实现则是通过平台界面的审核机制、考核激励机制与声誉评价机制实现对平台内双边用户的社会责任治理。

2. 基于企业与社会关系视角的平台型企业社会责任实践的新内涵

企业社会责任实践实质上诠释的是企业为何与社会存在关系、企业与社会存在何种关系、以何种方式与社会形成关系三大问题。在企业与社会存在互嵌关系的理论前提下，企业以何种方式与社会相互关联、影响社会、嵌入社会是企业社会责任内容维度生成的重要逻辑起点之一。对于企业与社会之间的不同关系认知与存在关联方式的差异深刻影响着企业社会责任的基本认知与相应的内容维度。实际上，企业与社会之间的关系主要是基于企业的经济属性嵌入社会进而形成"社会市场"，以及基于企业的社会属性嵌入市场形成"市场社会"。相应地，企业社会责任实践本质上是一种兼具经济与社会复合属性的企业行为，既包括基于经济性元素的社会性行为如在公共社会领域创造经济价值，也包括纯粹意义上的社会性行为如开展慈善活动或提供公共产品与服务等，企业也以社会责任实践的方式嵌入社会或者融入社会。但是，在实际的企业运营过程中，由于企业对社会责任实践的认知理念、制度安排、实践方式都存在较大程度的差异，导致企业在社会责任实践中存在多重逻辑，较为普遍的是道德逻辑（包括自愿性、慈善性义务行为）、竞争工具逻辑（包括社会风险防范、社会压力回应等）和价值共创与共享逻辑（包括社会福利、综合价值与共享价值最大化），由此形成不同企业社会责任逻辑起点下的企业社会责任内容结构。在不同的社会责任逻辑之下，肖红军和阳镇（2018a）认为企业与社会之间的关系大体存在"脱嵌分离式""嵌入式"与"共生融合式"的多种企业与社会关系。

从嵌入性理论来看，自战略性企业社会责任（Strategic Corporate Social Responsibility）概念提出以来，即 Porter 和 Kramer（2006）提出企业社会责任应当成为企业嵌入社会的一种具体战略选择，由此形成企业与社会的嵌入性关系。在实际的企业运营管理过程中，企业大都以个体原子式为逻辑起点，将企业社会责任作为一种企业个体参与市场竞争的战略工具，通过社会责任认知要素嵌入、社会责任管理嵌入与社会责任实践议题嵌入等多种嵌入方式使得企业的日常运营管理与实践行为符合社会期望，由此形成企业个体与社会之间的"嵌入性"关系。而平台型企业相较于传统企业，其在嵌入社会开展相应的社会责任实践过程中最明显的差别在于：平台型企业不仅可以以平台型企业个体角色为元点，基于个体组织内社会责任管理与开展相应的社会责任议题嵌入社会，也能够立足于平台公共社会属性下的平台商业生态圈，以生态圈的方式嵌入社会。在平台商业生态圈中，其社会责任实践目标主要是通过为生态圈内的组织与成员创造综合价值与共享价值，推进平台商业生态圈的可持续发展，形成自我组织、自我生长与自我进化迭代的可持续商业生态圈。因此，在平台型企业基于平台商业生态圈嵌入社会的情境下，其社会责任实践的内容维度也与平台型企业所产生的网络效应的规模紧密相关，这与 Davis（1960）所提出的"责任铁律"相吻合[①]，即平台型企业的社会责任实践内容与实施程度必然与平台型企业的社会影响力（网络效应的社会规模）一致。

（三）平台型企业社会责任实践的动态性表征

正是在平台网络效应（同边网络效应与跨边网络效应）的情境下，由于平台型企业边界的动态性，使得平台型企业社会责任的实践强度也就具有异质性。从平台型企业的组织边界来看，由于平台型企业基于平台链接的双元市场在网络情境下同时具有跨边传导效应与同边传导效应，因而平台型企业在运营成长过程中的组织边界扩展与迭代在一定程度上与平台所链接的双边用户的网络效应紧密相关。并且，平台型企业网络外部性存在正负效应、同边与跨边效应、直接与间接等多种类型。也正是由于网络效应的存在，使得平台型企业对于社会环境的影响区别于传统企业的利益相关方边界具有动态性，其平台型企业的成长与社会责任实践能力的优化迭代实质上伴随着平台商业生态圈内的网络效应的迭代、扩展与收缩的过程。

一般而言，在平台型企业成长初期，由于平台型企业搭建的商业生态圈尚未稳定，平台内的双边用户尚处于市场搜索或迭代优化之中，即平台商业生态圈内的双边用户尚处于增长与扩张的过程之中，此时根据 Carroll（1979）的社会责任

[①] Davis（1960）提出企业的社会责任与其社会权利应相匹配，一般而言，企业在社会中的社会权利即拥有的社会影响力越大，其承担的社会责任边界应该越广泛，即能力越大，社会责任实践的议题、社会责任实践的范围与强度应相应提高。

内容金字塔模型，平台型企业主要聚焦于经济价值创造导向下的经济责任，寻求基于双边市场快速扩展自身的生态规模，通过双边市场下特有的价格策略（用户补贴、零门槛市场进入）以及非价格策略（用户技术锁定、提高用户转换成本、用户行为惯性与依赖）等具体性策略完成经济价值创造目标，实现商业生态圈的经济影响力的最优化。随着平台型企业搭建的商业生态圈逐步进入稳态结构，意味着平台内的双边用户的数量、资源类型与结构逐步稳定，平台型企业的商业影响力也达到最佳状态，此时平台型企业社会责任实践的内容维度超出了一般意义上的经济价值导向，而是基于商业影响力寻求在整个社会生态圈中创造更加多的综合价值与共享价值，如通过设置平台内的社会责任议题实践界面，寻求商业元素更广泛地嵌入社会环境价值，或基于平台内的双边用户资源，撬动平台内双边用户贡献爱心资源、经济资源与社会网络资源，主动自发式地参与到平台搭建的综合性社会问题解决过程之中，逐步实现平台型企业商业生态圈向平台型企业社会责任生态圈的转换与升级。

三、平台型企业社会责任实践的范式创新与特征解构

平台型企业通过搭建平台链接界面，能够将具有不同价值偏好（经济价值、社会价值与环境价值）的市场双边用户群体集聚于平台场域，形成基于平台履责界面的平台型企业社会责任生态圈。目前学术界对平台型企业社会责任实践范式的解析主要存在履责平台化与平台化履责两种全新实践范式，前者聚焦平台型企业在生态圈内的平台领导权，发挥其所在生态位的社会责任实践的主引擎的重要功能，整合生态圈内异质性用户的经济性与社会性资源，推动商业生态圈内多元主体共同参与解决相应的公共性与社会环境问题；后者跳出了平台商业生态圈这一组织场域，搭建全新的履责平台场域（社会创新平台）来解决某一特定的社会性问题，超越传统企业个体为元点的社会责任实践的层级边界。

（一）平台型企业社会责任实践的范式创新：履责平台化与平台化履责

1. 履责平台化（Fulfill Responsibilities on Platforms）

履责平台化意味着平台型企业自身作为社会责任实践的新组织载体，其通过"负责任"的交易互动规则与机制构建，从而影响平台内的买方用户对平台内的众多中小微企业的多元市场主体形成一致性的社会期望。通过平台这一基本的载体，发挥对平台内卖方（中、小、微企业）的责任孵化与催化作用，即以平台

型企业为基本载体作为社会责任实践的撬动机，形成推动平台内多元社会主体参与社会问题，实现经济、社会与环境综合价值创造的目标构建。因此，在平台型企业社会责任的实践界面，基于平台商业生态界面，以履责平台化的社会责任实践范式实现处于平台商业生态圈中的不同产业链条、价值链条的异质性成员整合社会化资源来解决某一特定的社会性问题，本质上属于一种嵌入整合式的社会责任实践范式。但是，在履责平台化这一范式下，平台企业立足平台运营业务范围与企业社会责任实践议题的关联程度存在多种企业社会责任实践模式。一种模式是将纯粹的平台商业界面嵌入相应的社会责任实践议题，即利用平台界面的基础性功能，开展与平台型企业商业运作领域关联度较低的社会责任实践议题，主动寻求社会议题接入平台界面之中，实现平台内商业运作下的经济价值创造与社会问题解决过程中的社会价值创造的相互融合，进而符合 Porter 和 Kramer（2011）所倡导的企业社会责任实践本质上是创造共享价值（Shared Value），当企业的商业运作与企业在竞争环境中面对的社会问题相互结合时，便会出现最好的企业社会责任实践。典型的如在电子商务平台中，淘宝平台的商业交易界面通过设置公益宝贝计划，公益宝贝计划所涵盖的社会责任议题主要包括教育助学、扶贫助困、救疾救灾、动物保护、环境保护以及残疾人就业与公益创业帮扶等涵盖经济、社会与环境价值的综合价值创造的社会责任议题实践领域。在移动社交平台中，新浪微博作为国内最具影响力的社交舆论平台，通过开发相应的企业社会责任议题，借助平台型企业独特的同边网络效应与跨边网络效应，在 2011 年开发出微博公益的内嵌式社会责任议题实践平台，推出的社会责任议题实践项目包括"免费午餐""随手拍解救被拐儿童"等具有社会责任意义上的社会公益项目，聚焦于特定的社会问题实现平台型企业的履责平台化。

另一种模式是平台型企业开展与自身平台商业运作领域关联度较高的社会责任议题，主要体现为推动解决平台内的相关产业链或价值链（价值网络）中所面对的社会问题。在外卖平台中，美团外卖基于平台商业运作领域中面对的环境问题（平台内用户过度使用餐具与塑料包装），美团外卖平台率先推出外卖行业首个"无需餐具"选项，并将每月的最后一天设为美团外卖"环保日"，鼓励平台内的消费者用户在日常的每一天不忘环保，并于 2017 年 8 月发起了外卖行业首个关注环保的行动计划——"青山计划"①，促进平台内的商家用户与消费者

---

① 在外卖平台中，其商业运营过程中面对的社会责任议题集中体现为用户订餐交易过程中带来的一次性塑料餐具、餐盒等外卖垃圾问题，美团外卖的"青山计划"聚焦于环保理念宣导、环保路径研究、科学闭环探索、环保公益推动四大方面，充分融入了美团外卖对业务全流程环境影响的思考，实现了平台商业运作与社会环境问题解决的相互融合。

用户环保意识的提升，在平台内的每一次订餐交易中都能参与解决环境问题。同时，美团外卖平台从平台内的供给侧用户即外卖商家入手，于2018年启动了"青山合作伙伴计划"，进一步联合平台内的商家与合作伙伴共同参与环保行动，其关注环保的态度和力量延伸到上下游各个环节，实现相应社会问题的解决。因此，基于履责平台化的方式一方面实现平台内的供给侧用户群体在参与平台经济价值创造的同时，又能够主动引导平台内需求侧的用户在商业交易过程中参与到其设置的社会责任议题实践的社会环境价值的创造中，进而形成了基于平台型企业已有商业界面嵌入社会责任议题实践的界面，最终实现了平台型企业在经济价值创造的过程中同时创造了经济、社会与环境价值的综合价值与共享价值。

因此，笔者认为，选择履责平台化这一全新的平台型企业社会责任实践范式其具体性的企业社会责任议题实践模式具有多重性，按照Poreter和Kramer(2006)对企业社会责任议题的分类观，将企业社会责任议题分为单纯的社会性议题（与企业运营管理的关联度极低）、基于企业价值链的社会性议题（与企业运营管理的关联度极高）、基于外部竞争环境中的社会问题（与企业运营管理的关联度高），平台型企业基于履责平台化的全新企业社会责任实践范式，能够基于平台内的用户基数与社会资源存量撬动平台内的多元社会主体主动参与到一般性的社会问题或平台型企业商业运营领域、外部竞争环境中的社会问题的解决过程之中。

2. 平台化履责（Implementing CSR by Platformization）

基于平台链接的主体在企业社会责任实践过程中所面对的经济社会问题不再是单一企业所面对或能解决的，其面临的社会问题具有双边或多边的特征。也就是说，企业履行社会责任不仅仅是以企业所在的行业价值链为履责成员的选择对象，对于面临的社会环境问题的解决方式也不仅仅是聚焦于企业个体链接的上下游供应链成员的企业间链式单向度解决模式，而是通过基于互联网平台，包括组织内的社会责任资源集聚平台以及组织外的社会平台，通过平台链接各类经济性与社会性的成员参与解决相应的社会问题，以社会化动员与社会化资源整合的方式推动相应社会环境问题的解决。因此，通过搭建基于某一社会环境问题导向的社会责任实践平台，将具有不同社会、经济与环境价值创造偏好与需求的多元社会主体最大程度地以"社会问题导向—社会资源整合"为原型搭建履责平台，从而吸引具有相应偏好的多元社会性主体参与到解决某一社会环境问题的过程之中。尤其是平台型企业能够基于平台内的互联网技术实现各方社会参与主体的互动与沟通以及资源的共益与共享，从而实现社会性资源与要素的重新组合与配置，并基于平台的特定社会责任实践规则与目标，形成解决社会问题的共同逻辑与整体性行动，实现多元社会成员的资源互补与要素耦合，最终形成解决社会问题的一整套共同认同的方案，从这个意义上看，平台化履责成为了企业履行社会责任的新范式。

基于平台化履责的社会责任实践新范式的运作过程的核心在于整合平台内双边用户以及平台外多元社会主体的经济社会成员的比较优势与资源力量，基于平台型企业内双边用户个体所面对的利益相关的多方网络群体，形成基于平台内核心用户成员的优势资源的耦合分工与协同合作，搭建涵盖平台内与平台外多元社会主体所构成的新的网络化社会责任实践平台界面，从而超越了传统企业社会责任实践所面对的利益相关方边界。从企业社会责任实践所承载的责任内容与层次来看，根据Carroll（1979）的社会责任金字塔模型，平台型企业置于底层以上的责任内容（经济责任、慈善责任、社会伦理责任）是基于平台型企业自身所处的经营业务、网络位置以及商业生态圈的用户资源基础，实现其在设置社会责任议题过程中发挥其商业生态圈的综合性社会责任议题的优势；更为关键的是，平台型企业通过平台商业生态圈内多元社会主体参与平台化履责的社会责任实践范式下的社会化分工以及平台商业生态圈内的社会责任制度（正式与非正式制度、显性与隐性制度文化）建构，孵化与催化平台内多元社会主体参与平台化履责的情感归属与工具归属，进而基于新的社会责任实践平台界面为社会生态圈创造更为广泛、更加多元与更加高阶的综合价值与共享价值。例如，腾讯平台在自身商业生态圈巨大的用户基础上搭建新的社会化履责平台"腾讯乐捐"，通过互联网技术手段实现社会责任议题实践过程的"开放、透明与便捷"，并且利用腾讯平台已有的社会影响力号召整个社会生态圈中社会主体成员人人参与社会责任实践，而非单一性基于平台型企业个体或腾讯商业平台中的双边用户，将商业生态圈的履责成员边界扩展至基于整个社会生态圈中的多元社会主体共同解决面临的经济、社会与环境等综合性议题。腾讯乐捐平台包含了项目展示、捐款、善款公开与个人中心四大核心界面模块，契合了社会责任议题实践过程中的全员参与、全方位覆盖以及全过程透明的社会责任实践理念。

（二）平台型企业社会责任实践新范式下的特征解构

平台型企业社会责任实践新范式下具备了全新的社会责任实践特征，其突出地体现为四大层面。

第一，平台型企业社会责任实践管理与实践行为的双元结构。一方面，平台型企业能够立足于与传统企业类似的组织内的社会责任管理与实践，围绕特定的社会责任战略目标，动员平台个体组织内各部门、团队与个体成员的经济性与社会性资源，开展相应的社会责任管理嵌入与社会责任议题实践活动。平台型企个体社会责任管理与实践必然会影响平台内个体对于企业社会责任的感知，进而影响到平台内用户（平台内买方、平台内卖方与平台运行支持型用户）的社会责任管理与实践的态度与行为。也就是说，平台型企业的社会责任实践的主体是一种基于平台型企业的个体型社会责任行为，但是这种个体型社会责任行为又混杂了平台内买方与卖方的群体性社会责任行为。另一方面，平台型企业的社会责任管理的主体形成了复杂的利益相关方网络关系，尤其是平台型企业内的卖方用户既存在同行业的竞争关系，也存在与平台型企业整体本身的合作关系，还包括平台型企业整体对平台内双边用户的影响与监督治理关系，这也决定了平台型企业可以通过声誉机制对平台内企业用户与微观个体进行社会责任管理，如通过设置准入门槛、评价星级门槛、信息披露门槛对责任缺失型或责任寻租型的平台用户进行有效的监督甚至予以市场惩治。因此，从平台型企业社会责任实践绩效的影响因素来看，双元视角下的平台型企业社会责任实践绩效一方面与平台型企业自身的社会责任基础设施与社会责任治理能力息息相关，另一方面与平台内双边用户的社会责任认知、用户规模与网络结构息息相关。

第二，平台型企业社会责任行为的网络外部性。平台型企业最大程度地集聚了具有不同价值偏好（经济价值偏好、社会价值偏好、环境价值偏好）的经济社会主体，具有不同价值偏好的社会主体在平台内发挥竞争效应、互补效应与耦合效应。对于平台型企业的社会责任行为本身而言，其社会责任实践行为依托于平台内的双边市场用户群体，从而形成平台型的社会价值生态网络。处于同一生态网络中的群体成员之间能够相互影响，进而平台型个体的社会责任行为能够将社会价值生态网络成员的不同生产要素、社会责任实践隐性与显性知识、关键节点信息的私有性资源要素最大程度地转化为平台网络内的公共性资源要素，产生资源要素的互补耦合即相互依赖，最终基于解决某一社会问题而产生由于网络群体扩大提升社会价值的创造效应，形成平台型企业个体社会责任实践行为传导平台内双边用户的网络外部效应。网络效应的大小决定了平台型企业的社会责任实践行为在解决社会问题的不同阶段的特点及其具体价值效应。

第三，高阶价值共享成为全新特质。不管是履责平台化还是基于平台化履责，其社会责任实践过程都需要平台型企业为本体，通过聚合不同价值偏好（经济价值偏好、社会价值偏好与环境价值偏好）的社会性利益相关方群体，为解决经济、社会与环境问题提供全新更大范围、更高层次的综合价值共创与共享平台。而在平台型企业中，通过共享型的交易机制构建与界面准入规制选择，平台型企业将商业价值与社会环境价值追求的双边市场用户群体与社会性利益最大程度地集聚于平台之中，以其基本的商业业务运营作为实现社会环境需求的基本依托，从而在解决经济需求的同时对社会环境产生正的外部效应与社会环境的净效益，而平台型企业内的买方用户与卖方用户则是平台型企业价值创造的共享主体。在一定程度上，平台型企业契合了共享价值理论的基本内涵[①]，平台型企业基于多元价值主张搭建平台界面，其在价值主张生成与价值创造过程中隐含地假设了进入平台界面的多元社会主体具有异质性与多维性的价值主张与价值创造诉求。在平台型企业的价值偏好层面，平台型企业天然地包络了具有经济价值、社会价值与环境价值的多元价值偏好，因而平台型企业社会责任实践主要是为了实现不同价值偏好的共享型整合，创造共享价值。

第四，价值创造的全方位超越。基于平台化履责与履责平台化的社会责任实践范式对传统社会责任实践范式下的价值创造产生了全方位的超越，主要表现在价值创造主体、价值创造范畴、价值创造途径等方面。在价值创造主体方面，以平台型企业为核心的平台商业生态圈成为价值创造的新主体，进而超越了第一次工业革命以来的工厂制与第二次工业革命以来的公司制主导的个体式与企业间的综合价值创造主体。在价值创造范畴方面，表现为传统企业社会责任实践的价值创造范畴仍然是以市场逻辑下的经济价值最大化为元点，其嵌入的社会环境价值本质上是具有附属性或者工具性的价值创造导向，难以创造相对均衡以及更高阶的综合价值与共享价值，但是平台型企业社会责任实践的价值创造范畴由传统的纯粹经济价值转向涵盖经济价值、社会价值、环境价值的平台网络综合价值与共享价值。在价值创造途径方面，立足于履责平台化与平台化履责两类企业社会责任实践范式，其实践过程由传统强调生产专业化和社会化分工转向强调与平台生态网络圈内各要素成员的相互合作、相互协同与互补，以实现基于平台商业生态圈内的社会化资源整合；价值分工方式由原来的零和博弈模式转向平台价值共赢、共享、共创与共益模式。

四、平台型企业的社会责任实践异化行为的治理逻辑

平台型企业社会责任治理能力成为影响平台型企业社会责任实践绩效的关键性因素，在平台型企业社会责任实践过程中，平台情境下社会责任实践主体的多

[①] 正如 Porter 和 Kramer（2011）所提到的那样，当一家公司把核心竞争力集中在解决社会问题的解决方案上，从而也为其股东创造利润时，就会出现最好的企业社会责任实践。共享价值理论认为企业应该更广泛地考虑利润之外的社会利益与公共价值创造，在企业从事经济价值创造的过程中为社会所面临的共同问题做出应有的贡献。

层次性与嵌套性，区别于一般传统企业社会责任治理对象、治理逻辑与治理模式，需要基于全新的平台双元属性（平台私人属性与平台公共社会属性），以分类整合式治理的全新治理逻辑重新建构平台型企业社会责任治理框架，实现平台型企业社会责任生态圈的可持续。

（一）治理的社会责任异化行为：平台情境下异化实践主体的多层次性与嵌套性

由于平台型企业的社会责任实践区别于以往的单个企业个体的社会责任行为，平台型企业具有双边或多边市场特征，能够最大程度地会聚卖方与买方、供应商与顾客，从而发生多边关联行为。一定程度上，平台型企业与平台内双边用户形成社会责任行为与社会责任实践绩效的耦合体。但不容忽视的现实是，平台型企业的社会责任异化行为也因此具有了新的表现形式，主要表现为平台型企业社会责任实践异化的多层次性与嵌套性，体现为平台型企业个体主导的社会责任缺失与异化、平台生态系统内的双边用户主导的社会责任缺失与异化以及平台型企业与平台双边用户混合型社会责任缺失与异化三种层次，主要分为平台型企业之间的社会责任行为异化事件，如以平台之间的流量交易、用户信息交易为表现的平台型企业之间的社会责任寻租以及以平台型企业之间垄断定价、虚假宣传、价格同盟为表现的社会责任缺失事件，破坏了平台型企业社会责任生态圈的竞争秩序；平台型企业与平台内用户之间的社会责任寻租事件，如平台内的一些新兴用户急于获取需求侧的用户流量，从而向平台方进行社会责任寻租，如以"百度魏则西事件"为代表的平台型企业与平台内广告商进行责任寻租，通过设置竞争排名而产生社会责任缺失与寻租异化事件；平台内卖方用户与买方用户之间的社会责任寻租，如淘宝购物平台内卖方用户通过与买方用户达成责任寻租获取虚假好评与虚假声誉，通过刷单刷信誉等方式形成虚假的社会责任实践绩效，进而侵害平台型企业内其他用户的利益，并影响到平台型企业的可持续成长。

目前，学术界对于平台型企业社会责任异化行为频频出现的原因，主要从三种视角予以解释：第一种视角是立足于外部的制度环境视角，认为目前规范平台型企业社会责任实践的正式制度严重匮乏，具体体现为激励、引导与规范平台型企业社会责任实践的诱导性与强制性社会责任制度安排处于相对空白的状态，相应的制度供给部门如政府对于平台经济下的平台型企业尚处于不断地认知理解过程之中，且传统社会责任规制如《消费者权益保护法》《反垄断法》等法律制度供给在全新的平台经济下呈现出极大的不适应性，导致制度供给不足使得平台型企业社会责任缺失与异化行为难以得到消解，需要全新的平台监管制度治理平台型企业社会责任异化行为；第二种视角则从平台型企业独特的双边市场特征视角认为平台型企业基于互联网情境的虚拟性与独特的双边市场结构突破了传统的官僚式组织，基于"赢者通吃"形成了独特的平台权力，平台领导者基于独特的平台领导权受到平台的网络自增强效应和"赢者通吃"规律驱动，往往采取"尽快长大"战略，由此平台领导更多地聚焦于如何"赢"得竞争、如何快速获取双边用户、如何增加商业盈利，因此受到资本逐利和"尽快长大"的市场逻辑驱动，容易诱发平台型企业个体的机会主义倾向、道德风险、集体非理性，且相应地随着权力的无限扩张，平台逐渐主宰市场的运行，而传统监管体系无法进入平台自留地，进而形成监管的"黑箱"，导致其社会责任行为的异化；第三种视角则是从平台商业生态圈的结构进行分析，认为平台情境下平台型企业本身所构成的商业生态系统使得平台内的各类双边用户改变了传统的单向度的线性关系，生态系统内成员间的关系日趋复杂化与非线性化，相应地平台生态系统内的不同生态位成员的机会主义倾向形成的网络交叉传染效应导致平台内单一用户成员的社会责任缺失与异化行为被生态圈式放大，且平台型企业作为生态圈中的领导者则可能对此较少关注，或者有较大的容忍区间甚至出现社会责任"寻租"与"共谋"现象，表现为平台领导者对平台商业生态系统及其所处生态位成员的领导错位，导致平台型企业社会责任缺失与异化行为。

（二）治理的逻辑元点与演化情景：构建平台型企业社会责任生态圈

阳镇和许英杰（2017）认为企业社会责任治理的关键在于协调企业社会责任实践主体的责任认知，协调社会责任实践主体的社会责任实践行动，激发社会责任实践微观市场主体真正做到以负责任的方式参与解决社会问题，规避企业的社会责任异化行为（企业社会责任缺失行为、企业伪社会责任行为、企业社会责任寻租行为）。而平台型企业的社会责任治理的逻辑元点在于打造一个可持续的平台社会责任生态圈。从平台型企业社会责任治理的元目标来看，肖红军和阳镇（2020b）认为平台型企业社会责任治理存在两大层面的目标：第一大层面的目标是促进平台型企业可持续地产生正向的外部性行为，最大程度地激发平台型企业履行社会责任创造基于经济、社会与环境为构成的综合价值与共享价值的最大化；第二大层面的目标是对以平台型企业为载体的多元复杂性场域内的组织成员社会责任缺失与异化行为予以治理，进而最大程度地规避平台场域内各类组织成员的社会责任机会主义倾向，避免平台商业生态圈的价值损毁，最终打造一个具有可持续性的平台社会责任生态圈。因此，从实现过程来看，通过构建平台生态圈内共同社会责任目标，推动平台内双边用户主体与平台型企业形成一致性的经济、社会与环境价值偏好或期望，最终形成基于平台型企业社会责任生态圈内的具有众多的共生关系的双边用户群体（中、小、微企业与个体用户）所构成的社会责任共同体。在平台型企业社会责任生态圈中，由于平台内的双边用户群体具有异质性，主要表现在社会责任认知、社会责任实践意愿、社会责任实践能力等方面具有较大的差异，而平台型企业作为平台内社会责任生态圈的主导成员，能够在社会责任生态圈中发挥社会责任实践协调、机制构建与价值创造的重要功能，从而形成平台社会责任生态圈内的履责主体、履责对象、履责议题与履责环境之间的自组织式的生态网络空间，且生态空间内的处于不同价值链条的各用户主体能够通过自我调节、知识共享、协同合作最大程度地将自身所拥有的社会责任履责信息、履责知识与履责要素内嵌于或转化为平台生态圈的公共性资源之中。

根据 Moore（1993）对生态系统成员分类的方法，将商业生态圈中的各类组织成员分为主要生态位以及扩展型生态位两种，即由核心型组织成员为网络中心构成主要生态位以及由外部政府、社会组织以及研究机构等构成的扩展型生态位。主要生态位是商业生态圈中运作的主引擎，而扩展型生态位主要是整个商业生态系统有效运转的环境支持系统。在主要的生态位系统中，即在平台型企业的社会责任实践界面系统中，平台型企业内双边用户群体由于网络节点大小与联结密度的差异，一般分为核心型双边成员、主宰型双边成员与缝隙型双边成员。其中，平台内核心型成员居于平台社会责任生态系统的中心位置，是带动其他同类价值链条的生态位双边成员社会责任管理与实践的引擎，拥有整个平台商业生态圈系统的平台领导权，基于平台领导的实质选择权灵活应对环境不确定性，构建平台战略弹性，牵引与撬动生态位其他成员（主宰型与缝隙型）获取平台商业生态系统的非对称收益。从这个意义上，笔者认为平台型企业社会责任生态圈的主要目标演化在于平台内双边用户成员的个体价值创造，也囊括了平台型企业整体层面的综合价值（经济价值、社会价值与环境价值）创造，社会责任实践界面的驱动力量由传统的工具理性驱动或外界的制度规则驱动，转向了以双边成员为构成的多元社会主体价值创造驱动以及平台型企业整体层面的平台价值共享与共赢驱动。在适用边界层面，平台型企业社会责任生态圈区别于传统企业社会责任生态圈，其立足于平台所搭建的履责界面或全面的履责平台，基于平台履责界面包络全新的平台商业生态圈内的多元经济性与社会性主体，成为平台型企业社会责任生态圈构成的主体边界（见图3-1）。

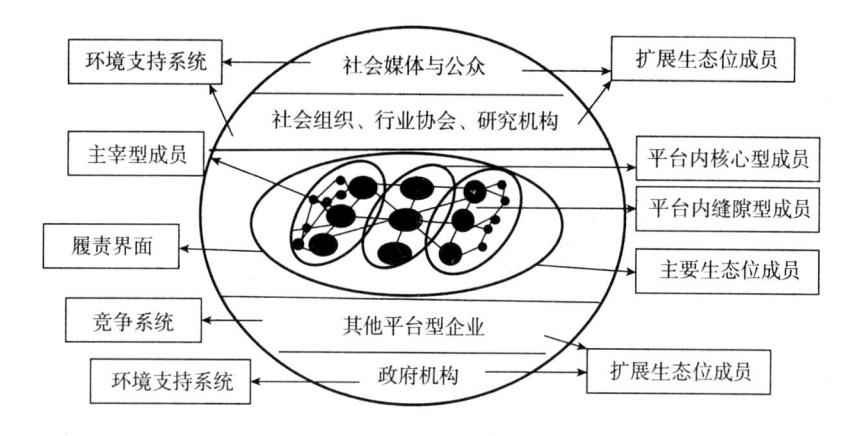

第三章 互联网平台型企业社会责任创新及其治理：文献演化的视角

图 3-1 平台型企业的社会责任生态圈

资料来源：阳镇等（2020）。

（三）治理逻辑的总体实现：基于平台双元属性的分类整合式治理

平台型企业社会责任治理离不开对平台属性的清晰识别，异质性的平台属性会产生差异性的平台型企业社会责任治理逻辑元点。平台型企业社会责任实践的独特性在于其社会责任实践情境与社会责任实践内容的双元性，体现为平台型企业具备一般性传统企业的个体组织场域，在个体私有属性主导下，支撑平台型企业运营与管理的员工、技术/组件供应商、社区与政府等多元利益相关方成为平台型企业社会责任实践的对象范围，基于平台个体私人属性为平台个体价值创造过程中链接的利益相关方创造综合价值。但更为关键的是，平台型企业基于互联网平台所搭建的双边市场形成公共性的平台场域，在平台场域中，由于平台型企业包络了双边市场中的不同价值链、价值网的双边用户以及组织，即平台内仍然存在着同一产业链条的相互互动与交易程度较为密切的用户主体群落，从而形成了平台场域内的价值链网络。不同的价值链网络之间通过节点用户或平台型企业自身而产生关联行为，且双边市场中的不同类型的组织成员在平台场域中基于自身的资源能力与行为偏好形成不同的网络节点，并基于网络节点形成不同双边用户之间的关键节点用户、关键种群。因此，笔者认为对于平台型企业所搭建的公共场域内用户的社会责任治理的一种重要治理思路应当回归平台型企业的独特属性，方能厘清治理平台型企业各类不同层次的社会责任缺失与异化行为，进而基于分类整合式治理思路推进异质性网络节点双边用户的社会责任治理。

分类整合式治理的主要体现是对于平台型企业社会责任实践主体对象、治理方式选择以及治理机制构建不同类型的社会责任异化行为的综合分类治理框架（见图3-2）。一定程度上，平台型企业即是平台公共场域内的公共性主体，也是自身市场行为的私人性主体，平台私人市场属性与公共价值属性是相互交织且密不可分，进而生成平台型企业社会责任治理的异质性治理逻辑。在对平台型企业社会责任缺失与异化行为的治理中，平台型企业的社会责任治理的逻辑包含了公共性治理逻辑与市场组织的市场治理逻辑，因而在治理方式上既包含了平台内的公共性治理方式（针对平台内双边用户），也囊括了平台外部市场的外部治理方式（针对平台型企业个体），并主要通过平台内与平台外治理方式的结合（整个平台商业生态圈），实现平台内双边用户成员与平台型企业自身的分类整合式治理，最终实现平台型企业社会责任生态圈的不断向前演化与创新。

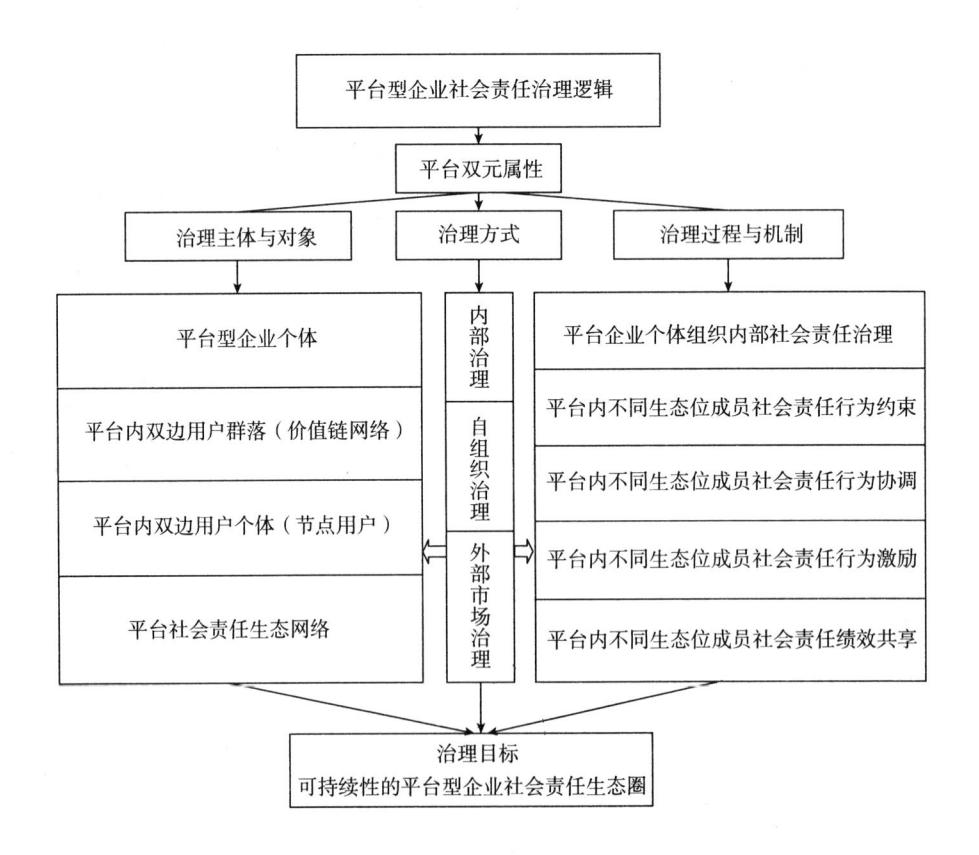

图3-2 基于平台双元属性的平台型企业社会责任的分类整合式治理框架

第三章 互联网平台型企业社会责任创新及其治理:文献演化的视角

具体来看,由于平台场域内存在不同类型的社会责任异化行为(平台个体主导的企业社会责任缺失与异化、平台内用户主导的社会责任缺失与异化以及平台与用户复杂嵌套的社会责任缺失与异化等多种类型),需要针对不同的层次对象的社会责任异化行为采取不同的治理方式。在私人属性主导下,平台型企业在运营管理过程中会逐步形成"赢者通吃"的平台私有竞争逻辑,引发一系列平台竞争下"排他性交易""数据垄断"与恶性竞争等平台型企业社会责任缺失行为。因此,立足于平台个体的私有属性,平台型企业社会责任治理的重点在于规范平台型企业参与双边市场中用户资源竞争的经济性行为,避免平台型企业由于经济价值创造导致空前膨胀,利用双边市场理论下独特的跨边网络效应与技术锁定效应产生以平台型企业个体为主体的恶性竞争行为(数据垄断、价格垄断、用户垄断)。对于平台型企业个体的社会责任治理需要基于平台内用户倒逼式监督评价以及外部社会场域中的公共社会性治理主体(政府、社会组织以及公众)对平台型企业个体的价值创造行为予以监督,通过外部性的社会责任治理主体实施正式的治理机制如面向平台型企业运营管理的法律法规、行业规范,以保障平台型企业个体的价值创造行为符合法律底线与社会公众期望。

进一步聚焦于平台这一公共组织场域内,平台型企业社会责任治理逻辑的实现过程更多地需要基于平台型企业所打造的内部社会责任自组织治理机制,实现商业生态圈内用户(用户个体、用户种群、用户群落)社会责任行为的引导、孵化、催化与监督。基于生态圈内的各生态位网络节点用户的影响力、聚合力、扩散力的异质性,平台场域内的双边用户产生社会责任异化行为对于平台型企业以及平台所链接的商业生态圈乃至社会生态圈的影响程度的差异性,进而对平台场域内不同网络节点的双边用户形成分类差异化的治理逻辑,打造不同节点的用户主体之间基于平台互动参与产生合作与协同机制与相互监督制约机制。具体表现为平台型企业内的用户成员之间在互动合作过程中,一方面需要构建有效的机制激励这些关键节点的用户主体,使其他用户主体对其产生更多的联结,从而扩展企业社会责任生态圈的网络规模;另一方面是增进平台内用户之间的社会责任知识以及要素资源的共享行为,产生合作并共享剩余。因此,平台型企业需要构建企业社会责任绩效的平台内共享机制,平台内双边用户成员之间在平台内的社会责任行为的贡献参与程度决定了双边用户成员获取平台型企业社会责任绩效份额的能力和权力。对于平台型企业的社会责任治理机制而言,更需要建立社会责任绩效的分配与共享机制,进而影响平台场域内各节点双边用户与用户之间的社会责任行为关系的紧密性以及平台场域内用户群体(同一价值网络)与平台整体社会责任生态网络之间社会责任目标、行为与关系的紧密互嵌程度与可持续程度，实现基于平台公共属性下的公共场域内社会责任行为的可持续。

五、研究小结

自企业社会责任概念被提出以来，企业社会责任的内容维度与具体实践方式饱含争议，一度成为无法检验的"伪命题"。实质上，企业社会责任内容维度的争议性与模糊性不仅局限于传统企业，这一分歧也延续在数字化平台经济时代。尤其是平台经济背景下面对全新的组织载体与企业运营管理过程的深刻变革，学术界对平台型企业社会责任实践的内容维度、实践范式以及相应的社会责任治理模式依然出现多重分歧，这不仅加剧了平台型企业在开展企业社会责任实践过程中的认知与行为困惑，平台型企业社会责任缺失与异化行为难以得到有效识别，难以明晰平台型企业社会责任缺失与异化行为的治理主体、治理客体以及治理范式，也为政府与社会公众在涉及平台型企业社会责任缺失与异化行为的治理过程中增加了较大认知与行为困惑。实质上，从企业社会责任实践的角度来看，平台型企业社会责任实践过程中的履责主体、履责过程、履责的利益相关方边界以及基于企业社会责任实践链接社会的具体方式呈现出较大的特殊性，尤其是平台型企业能够基于独特的双元属性形成以"平台个体—社会"与"平台型企业—商业生态圈—社会"两者嵌入社会的社会责任实践路径。更进一步地，平台型企业社会责任也具备了"履责平台化"与"平台化履责"这两类社会责任实践范式创新抉择，两类实践范式创新下的平台型企业社会责任实践绩效受到两类主要因素（平台因素与用户因素）的影响，其中，平台因素表现为平台型企业自身搭建的企业社会责任基础设施、平台型企业对用户社会责任行为的治理能力；用户因素则体现为平台内用户的规模数量与结构特征。

近年来，平台型企业呈现出的平台型企业、平台内双边用户与"平台型企业+平台双边用户"三大主要类型的平台型企业社会责任缺失与异化行为，其背后的原因可以归结于制度规制缺失或失效、双边市场下平台权利的无限扩张与商业生态圈结构下的平台领导失效三类。

笔者认为平台型企业社会责任缺失与异化行为的治理离不开对平台属性的清晰识别，异质性的平台属性会产生差异性的平台型企业社会责任治理逻辑演化情景与逻辑元点，前者主要体现为打造一个可持续性的平台社会责任生态圈；后者体现为平台型企业社会责任治理逻辑元点需要基于平台个体组织场域下的个体私有属性与基于平台公共组织场域下的公共社会属性的双元属性实现个体理性与公共社会理性的相互耦合，公共性治理逻辑也囊括了市场组织的市场治理逻辑，通过平台市场治理（双边市场治理）、内部自组织治理（商业生态圈的生态位自组织治理）以及外部公共社会治理实现了平台内与平台外治理方式的结合，最终实现平台型企业社会责任生态圈的不断向前演化与创新。

第四章　平台型企业社会责任治理：
理论分野与研究展望[*]

一、引言

21世纪以来，随着人工智能、大数据、机器学习等新兴技术在经济社会中的广泛渗透，传统组织载体与商业模式受到较大程度的颠覆（冯华和陈亚琦，2016），适应互联网经济与平台经济发展需要的平台型企业成为快速崛起的新型组织形态。相较于传统企业，平台型企业的独特之处在于基于互联网平台链接双边市场用户，通过平台价值主张聚合与包络用户，生成同边网络效应和跨边网络效应，创造链接价值、互动价值与个性化服务价值，形成"用户—平台—用户"的新型商业生态圈价值共创范式。虽然全新的平台组织情境推动价值创造方式由传统的价值链、价值网、价值星系向基于平台的商业生态圈（生态系统）大步迈进（肖红军，2017；龚丽敏和江诗松，2016；金帆，2014），但平台型企业个体的社会责任缺失与异化事件、平台内双边用户的社会责任缺失与异化事件以及平台个体与平台内用户混合的社会责任缺失与异化事件层出不穷（肖红军和李平，2019），平台型企业社会责任治理变得极为迫切。由此，针对平台型企业社会责任治理的三大基础问题，即治理什么、如何治理和治理效应亟须进行研究。

平台型企业社会责任治理作为一个极具中国情境与特色的学术话题，近年来，学术界关注到了平台型企业社会责任的特殊性以及平台型企业社会责任治理的复杂性，对平台型社会责任管理与实践主体、社会责任实践范式、社会责任治理范式与相应实现机制等问题进行了一定程度的研究（肖红军，2017；阳镇，2018；阳镇和许英杰，2017）。面对全新的平台组织情境，以平台为链接侧，形

---

[*] 本文原载于《西安交通大学学报（社会科学版）》2019年第6期，有修改。

成基于平台型企业个体与平台内双边用户以及生态圈整体的耦合体组织，市场中的双边用户以价值共创与价值共享为目标形成了平台生态网络（谢佩洪等，2017）。在特殊的平台情境下，平台型企业较之传统企业的社会责任内容维度在一定程度上得到颠覆，具体体现为平台型企业不仅仅是具有作为传统企业个体意义上的企业社会责任内容维度，更为重要的是其基于平台商业生态圈的方式嵌入社会并影响社会，在平台商业生态圈情境下，商业生态圈内的组织成员对平台型企业社会责任行为也具有双向传导效应，表现出平台型企业社会责任的多层次性、包络性与嵌套性（肖红军和李平，2019）。但是，在全新的平台情境下，在平台型企业社会责任治理过程中，基于不同的社会责任治理主体具有多重社会责任治理模式、治理机制与治理工具选择。在基于不同的主体的社会责任治理模式下，平台型企业社会责任治理所产生的效应也难以统一，如何对层次各异的平台型企业社会责任缺失与异化行为进行治理，学术界仍然缺乏统一的理论逻辑认知。由此导致的后果是：一方面，对于平台型企业而言，其对在独特的平台情境中究竟扮演着何种社会责任治理角色、发挥何种社会责任治理功能以及如何建立相应的社会责任治理机制缺乏统一的理论框架；另一方面，对于政府而言，政府如何有效地、动态地参与到平台型企业社会责任治理过程中，实施相应的行为监督与治理，实现政府与平台型企业之间治理意愿、治理要素与治理能力的替代、互补、分化与共演，缺乏相应的理论指导，使得平台型企业社会责任缺失与异化问题久久难以破解。

因此，基于国内外平台型企业社会责任的相关理论与实证研究的系统梳理[①]，首先，笔者对平台型企业社会责任问题的特殊性进行解析，包括基于企业社会责任基础性理论的平台社会责任异质性与双元性。其次，笔者对近年来平台型企业社会责任缺失与异化行为的治理研究进行了系统梳理与述评，发现学术界对于平台型企业社会责任治理问题研究主要存在双边市场理论下的平台型企业社会责任治理、商业生态圈下的平台型企业社会责任治理以及公共选择与治理理论下的平台型企业社会责任治理。更进一步地，笔者对平台型企业社会责任治理的影响效应进行了述评，发现学术界将平台型企业社会责任治理的影响效应归结于平台型企业个体视角、平台内双边用户感知与行为视角以及"平台—用户"耦合视角三种。最后，基于平台型企业社会责任已有研究的不足，笔者对未来推进平台型企业社会责任的理论与实证研究提出了前景展望。本章在理论层面，对平台型企业的社会责任相较于传统企业社会责任的超越性与特殊性问题进行了研

---

① 国内主要数据库包括中国知网、万方数据库、国家哲学社会科学文献中心学术期刊数据库等。国外主要数据库包括 Web of Science、Springer、Jstor、Emerald、Wiley、Science Direct 等。

究，以理清平台型企业独特的利益相关方主体结构、独特的社会责任管理与实践情境以及独特的社会责任内容维度，明晰平台型企业社会责任治理的前置性理论逻辑。在实践层面，对平台型企业社会责任治理的理论基础与影响效应进行了系统梳理，有利于推动政府与学术界能够明晰自身在平台型企业社会责任治理过程中的角色定位、功能作用、主要机制与影响效应，为推进平台型企业商业生态圈向社会责任生态圈演化提供理论参考。

二、平台型企业的内涵与社会责任新变革

21世纪以来，在"互联网+"、人工智能以及大数据等新兴技术范式对经济社会的深入影响的背景下，在经济形态层面一个显著的变革是人类由传统工业经济时代下的供应链组织、产业集群组织与企业联盟组织向平台经济、共享经济下的平台组织迈进（Grewal et al., 2010）。在平台情境下，平台型企业作为一种基于互联网平台链接双边市场用户的特殊组织，其区别于一般性的传统企业，在企业运营过程中的利益相关方主体、企业与社会关系以及企业的边界等方面都存在较大的差异，学术界对平台型企业的内涵理解与社会责任的变革构面进行了一定程度的研究。

（一）平台型企业的内涵

平台型企业作为一种新经济、共享经济与平台经济下的微观组织载体，学术界对于平台型企业的内涵理解也经历了一个时序性的推进过程。在早期，平台多用于研究产品开发、技术组件集成等领域，运用"平台"来描绘一系列的新产品，是一个基于核心技术在内的共同产品元素的集合概念。[①] 从技术层面来看，网络环境是平台开发的一种先决环境，需基于互联网、大数据技术、模块化构架技术等一系列技术元素与技术组件，平台内的其他元素都是基于核心技术和界面构架相互联系形成的可变性的技术元素。此后，随着新一轮工业革命的深入演化，基于技术视角的"平台"逐步演化并向生产交易领域演化，体现为基于互联网平台的平台型企业逐步成为互联网经济时代下的主要微观组织载体，传统的单边市场逐步扩展为双边或多边市场（Rochet and Tirole, 2006）。在双边市场理论下，平台型企业不仅是基于互联网界面链接市场供需双方的链接侧，更具有自主制定平台双边用户价格结构的独立组织，具有非中性的定价结构（供给侧与需

---

① McGrath M. E. Product Strategy for High-Technology Companies [M]. Homewood: Irwin, 1995.

求侧的价格分配比例，$P = P_d + P_s$）、跨边网络效应，即处于同一边的用户所得到的价值收益会随着另外一边的用户基数的增长而上升[①]。

基于平台独特的网络效应，随着双边市场下的平台型企业的商业影响力逐步扩大，意味着平台链接的双边市场中的具有生产、消费、交换与分配的经济性与社会性主体基数越来越大，平台型企业基于特有的包络战略（包络各类经济社会主体、包络各类经济性与社会性资源与要素）形成了独特的平台商业生态圈。在平台商业生态系统中，其主要的构成成员主体是平台创建者（平台型企业）、平台提供者、供给侧用户、需求侧用户以及支持型用户。平台型企业在平台商业生态圈中作为生态系统中的主要生态位成员，是平台商业生态圈内服务传导的核心组织（武柏宇，2017），其他各类组织成员以平台型企业为主导形成相互交易、相互协作与互补耦合的动态网络关系，在平台商业生态系统中引导着平台内多边市场主体进行资源互动与要素流动，进而引领平台商业生态圈的成长与演化（肖红军和李平，2019；阳镇和许英杰，2018）。更为重要的是，在平台商业生态圈视角下，平台型企业的价值共创由产品主导逻辑转向了服务主导逻辑，平台型企业的用户主导的价值共创也应运而生（Prahalad and Ramaswamy，2000）。由此来看，平台型企业由传统企业的"企业—顾客"的静态式价值传递或价值创造转变为更加动态化与复杂多元的"消费者用户—平台型企业—生产者用户"价值创造范式（见图4-1）。

（二）平台型企业社会责任的新变革

在平台情境下，平台型企业作为一种基于互联网平台链接双边市场用户的特殊组织，其区别于一般性的传统企业，在企业运营过程中的履责主体、利益相关方主体边界、企业与社会之间的链接关系以及企业的边界等方面都存在较大的差异，基于企业社会责任的基础性理论问题，平台型企业社会责任相对于传统企业社会责任而言呈现出异质性与独特的双元性。

1. 平台型企业社会责任的异质性

从企业社会责任的基础性理论来看，包括由谁负责、对谁负责、负责什么、负责到什么程度（周祖城，2017）。对于平台型企业而言，回答上述问题以厘清平台型企业社会责任基础性理论问题可从三个层次予以展开：首先，区别于传统企业，需要明晰平台情境下平台型企业社会责任的主体地位，即平台型企业到底

[①] 如在淘宝平台中，平台内商家用户的行业分布越广，相应的商家用户数量越多、商品种类越齐全，对于需求侧买方用户的效用也就随之上升，买方用户在平台内拥有更多的购买选择权与相应的服务体验；反之，对于商家用户而言，买方用户数量越大，其潜在的获得需求端的价值效用也越大。

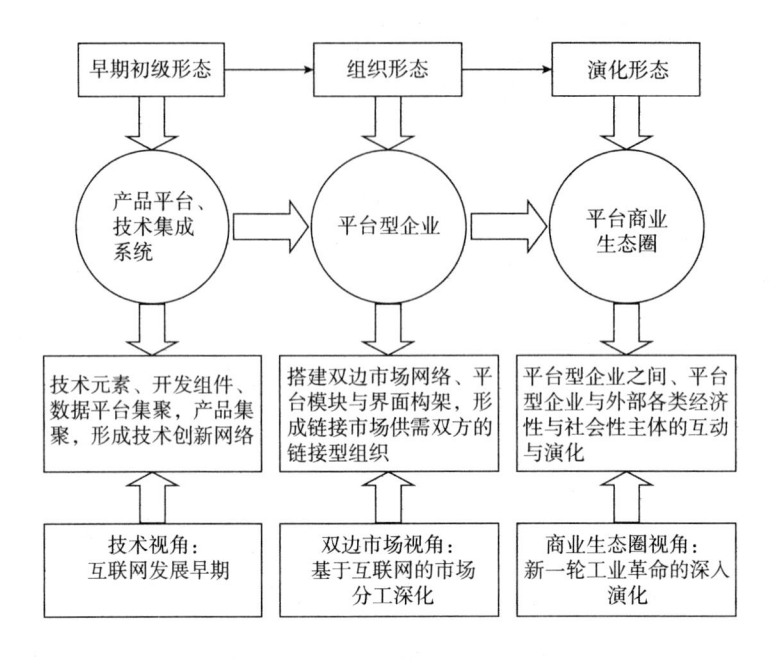

```
早期初级形态  →  组织形态  →  演化形态
    ↓              ↓            ↓
产品平台、      平台型企业     平台商业
技术集成                      生态圈
系统
    ↓              ↓            ↓
技术元素、开发组件、  搭建双边市场网络、平   平台型企业之间、平台
数据平台集聚，产品集  台模块与界面构架，形   型企业与外部各类经济
聚，形成技术创新网    成链接市场供需双方的   性与社会性主体的互动
络                   链接型组织            与演化
    ↑              ↑            ↑
技术视角：       双边市场视角：    商业生态圈视角：
互联网发展早期   基于互联网的市场  新一轮工业革命的深入
                 分工深化          演化
```

图 4-1　平台型企业内涵的演化过程

是社会责任管理与实践的主体还是对平台内双边用户社会责任行为实施影响的主体；其次，平台型企业作为社会责任管理与实践的新组织载体，其应该对谁负责（利益相关方主体）、如何负责（企业与社会的链接方式）；最后，在明晰了对谁负责的基础上，需明确负责到何种程度（企业能力边界）。

因此，从第一个层次来看，回答平台型企业在平台场域中到底是企业社会责任管理与实践的主体还是对双边用户社会责任予以影响的主体这一问题，需要基于平台型企业在平台场域中的角色予以清晰识别。一方面，平台型企业与传统企业具有一致性的企业法人地位，即具有独立运营的个体组织。从这个程度上讲，平台型企业具有平台独立属性地位，在平台独立属性下，平台型企业个体嵌入社会的主要方式是基于嵌入理论，主要是通过平台型企业个体独立运营下的组织内的社会责任认知嵌入、社会责任管理嵌入以及社会责任议题嵌入等多种方式，实现社会责任认知、战略与实践融入平台型企业作为独立个体的运营管理与日常实践过程之中（肖红军和李平，2019）。另一方面，平台不仅是企业独立运营下的"产品与服务"，更是链接平台型企业与社会之间的重要组织场域，平台型企业的"平台"兼具产品意义上的"经济人"角色与链接社会场域下的"社会人"角色（李广乾和陶涛，2018），独特的平台公共属性使得平台型企业区别于传统企业，在链接社会的过程中依托于"平台"这一公共场域形成公共社会属性，在公共社会属性下平台型企业以平台商业生态圈的方式嵌入社会，即"平台型企业—商业生态圈—社会"的影响路径，因此，平台型企业社会责任的内容就涵盖了引导与满足平台商业生态圈内组织与成员的社会责任期望，并对平台商业生态圈内的组织与成员的经济性与社会性行为进行监督与治理，进而促使平台商业生态圈向平台型企业社会责任生态圈的转化与升级（肖红军和李平，2019；阳镇，2018）。

从第二个层次来看，平台型企业作为一种基于互联网平台链接双边市场用户的特殊组织，其区别于一般性的传统企业，不仅拥有与传统企业类似的具有独立运营个体意义上的利益相关方主体，更为重要的是基于互联网平台的链接属性对市场中的双边用户予以聚合，形成基于平台型企业主导下的平台商业生态圈（Jacobides et al.，2018），并在平台商业生态圈中形成核心型双边用户、主宰型双边用户以及缝隙型双边用户等多种异质性的利益相关方主体（Iansiti and Levin，2004）。因此，针对平台型企业运营过程中所面对的利益相关方主体的特殊性，平台型企业不仅具有传统意义上支撑企业独立个体运营的利益相关方，如平台型企业的内部员工、顾客、政府、社区与环境等，更为重要的是平台型企业基于"平台"的开放属性所形成的平台商业生态圈中的利益相关方主体，即平台所链接的双边市场的用户成为平台型企业重要的利益相关方主体（阳镇，2018）。在一定程度上，平台用户成为决定平台生死存亡的关键性利益相关方，用户（包括供给侧用户与需求侧用户）在平台场域内的社会责任行为也是平台运营与发展的重要质量参数（徐晋和张祥建，2006）。因此，平台组织场域内存在社会责任实践主体的多元性、利益相关方关系的多层嵌套性[①]，使得平台型企业社会责任治理问题具有较大程度的异质性与复杂性。

从第三个层次即平台型企业的组织边界来看，由于平台型企业基于平台链接的双元市场在网络情境下同时具有跨边传导效应与同边传导效应，因而区别于传统企业，平台型企业在运营成长过程中的组织边界扩展与迭代在一定程度上与平台所链接的双边用户的网络效应紧密相关，且平台型企业网络外部性存在正负效应、同边与跨边效应、直接与间接效应等多种类型（Katz and Shapiro，1985）。总之，正是在平台网络效应（同边网络效应与跨边网络效应）的情境下，由于平台型企业边界的动态性，使得平台型企业社会责任的实施强度也具有异质性。

---

① 主体多元性表现为平台型企业的组织场域内存在庞大的用户基数（需求侧用户与供给侧用户），同时又存在与支撑平台运营管理的相应的平台组件供应商、技术服务商、平台个体内的组织成员、股东以及外部政府、社会环境等。而关系的多层次表现在平台型企业与需求侧用户、平台型企业与供给侧用户、平台型企业与其他支撑型用户、组件、技术供应商、社区政府等形成嵌套性的多重交叉影响关系。

一般而言，处于平台型企业成长初期，其主要聚焦于经济责任，即如何迅速扩展平台双边市场的网络规模，具体可以通过技术依赖、用户锁定等方式创造平台型企业所期望的经济价值（Tiwana et al., 2010）。随着平台型企业的网络规模逐步进入稳态，也意味着平台型企业所搭建的平台商业生态圈的边界扩展强度进入稳定成熟期，平台型企业的社会影响力与社会期望也随之达到顶峰。因此，平台型企业在这一阶段下的社会责任内容聚焦于更大范围的社会生态圈中创造社会价值，如具体体现为通过平台的公共属性与用户资源实施平台化履责，撬动平台内的用户社会责任期望、社会责任实践所需资源，创造基于平台网络效应的综合价值与共享价值（肖红军，2017）。

2. 平台型企业社会责任的双元性

（1）平台型企业社会责任情境的双元性。平台型企业社会责任情境双元意味着平台型企业管理与实践情境超越了一般性传统企业社会责任管理与实践的一元情境。具体来看，一方面，平台型企业作为具有传统意义上的独立个体角色，其社会责任管理的情境存在于传统企业组织内的社会责任管理中，拥有传统型企业运营管理过程中的一般构架，包括战略制定构架、组织管理构架以及业务实践构架等。如美团平台的组织管理构架是采取相应的事业部制，各个事业部负责平台型企业个体运营过程中相应的运营管理与业务实践，具体则包括面向组织内员工的社会责任制度体系、面向股东的组织内社会责任治理体系与面向社会的平台型企业个体社会责任披露体系。因此，在面向平台组织个体运营管理的一元情境下，平台型企业社会责任管理与实践的对象局限于平台个体运营过程中涉及的组织内员工、股东以及支撑平台运营管理的外部供应商、社区与政府等，在企业社会责任实践过程中，其社会责任实践的战略制定、社会责任制度安排以及社会责任议题选择皆以平台型企业个体为实践主体，平台型企业之间也存在着与传统企业类似的个体嵌入性关系，即平台型企业的个体运营管理与业务实践过程必然嵌入于社会之中，形成平台型企业对社会的影响，反过来社会也会对平台型企业的运营管理形成相应的社会期望，由此形成基于平台型企业与社会的"综合契约"互嵌式关系（Granovetter, 1985）。

另一方面，平台型企业在互联网平台所搭建的双边市场交易互动界面的基础上，大量的市场双边用户基于平台形成的价值主张形成行为响应，汇聚于这一双边平台网络场域之中。由此，平台型企业在运营管理中就衍生出了独特的平台公共场域社会责任管理与实践情境。在平台独特的公共场域的情境下，尽管平台型企业与平台网络场域内的组织或个体成员不存在产权隶属或产业链上下游关系，但是，平台型企业基于公共商业场域内的核心型企业的领导角色，形成面向平台公共网络场域的社会责任管理与实践体系，打造面向核心利益相关方即双边市场用户的平台网络效应，实现平台个体资源增长、用户经济与社会环境价值共创的独特商业生态系统（罗珉和杜华勇，2018；Eisenmann et al.，2011）。从这个意义上看，在独特的平台公共网络场域情境下，平台型企业基于商业生态圈的形式嵌入社会的过程中，其社会责任实践范式具有了多重选择，主要体现为社会责任实践角色的多重选择，不仅可以作为商业生态圈内的双边用户社会责任行为的推动者，还能够成为平台内社会责任资源的整合与撬动者。相应地，平台型企业可以采取合作自履范式（直接执行主体—整合商业生态圈资源）、社会履责撬动范式（服务推动主体—撬动商业生态圈资源）多种范式（肖红军，2017）。因此，从平台社会责任管理与实践的情境来看，平台型企业在运行过程中必然形成双元型的管理构架与社会责任实践体系，意味着形成平台型企业基于独立运营个体角色下面向平台型企业个体组织内的管理模式难以移植到基于双边市场中的平台商业生态圈情境之中，存在社会责任管理与实践的双元情境悖论（见表4-1）。

表4-1 平台型企业社会责任内容与实践的双元性

特征 \ 社会责任情境	平台型企业独立个体情境	基于平台公共网络场域的社会责任管理与实践情境
平台属性	平台独立属性	平台公共属性
平台角色	"平台"产品意义上的"经济人"角色	商业生态圈内的"社会人"角色
平台功能	独立运营主体组织	商业生态圈内的资源聚合与整合
立足载体	平台型企业独立组织个体	平台型企业与平台商业生态圈的耦合体
嵌入社会的方式	平台型企业个体式嵌入社会	平台商业生态圈式嵌入社会
社会责任内容	向平台型企业所提供产品与服务（平台产品与平台服务）过程中直接或间接相系的利益相关方创造涵盖经济、社会与环境的综合价值，保证自身的产品"平台"符合"三重底线"与社会期望	为生态圈内的组织与成员创造综合价值与共享价值，推进平台商业生态圈的可持续发展，形成自我组织、自我生长与自我进化迭代的可持续商业生态圈
平台型企业社会责任实践角色	直接的、具体的执行主体	平台内社会责任资源的整合与撬动者
平台型企业社会责任实践立足资源	平台型企业个体组织内资源	平台商业生态圈内用户资源与社会资源

续表

特征 社会责任情境	平台型企业独立个体情境	基于平台公共网络场域的社会责任管理与实践情境
平台型企业社会责任实践范式选择	平台自履（实际落实者、具体执行者）	合作自履式（直接执行主体—整合商业生态圈资源）、社会履责撬动式（服务推动主体—撬动商业生态圈资源）

资料来源：笔者整理而成。

（2）平台型企业社会责任内容维度的双元性。从理论层面来看，自企业社会责任概念提出以来，学术界对企业社会责任的内容维度仍然存在分歧，分歧的背后实质上是企业对于自身属性与利益相关方主体边界界定的异质性认知所致（李伟阳，2010）。在传统个体型企业组织所面对的利益相关方主体视角下，企业社会责任将企业利益相关方分为经济性利益相关方与社会性利益相关方，由此基于企业组织个体所面对的利益相关方属性（经济属性或社会环境属性）对社会责任内容维度予以明确（Freeman，1984）。基于企业组织个体的社会责任内容维度模型中有Carroll（1979）提出的包括企业经济责任、法律责任、社会责任与道德伦理责任的企业社会责任金字塔模型，Sethi（1975）提出的企业社会责任的同心圆模型以及Elkington（1998）提出的社会责任三重底线模型。不同模型对社会责任的具体内容维度进行了分解以及边界界定，即以企业的经济责任、法律责任以及社会环境责任等不同层级予以呈现。

但是，平台型企业作为一种基于互联网平台链接双边市场用户的特殊组织，其区别于一般性的传统企业，在基于平台公共社会属性下的平台商业生态圈以生态圈的方式嵌入社会，即在平台商业生态圈中，其社会责任内容主要是通过为生态圈内的组织与成员创造综合价值与共享价值，推进平台商业生态圈的可持续发展，形成自我组织、自我生长与自我进化迭代的可持续商业生态圈（刘江鹏，2015）。因此，从平台利益相关方主体视角来看，平台型企业社会责任的内容维度既包括传统企业利益相关方主体意义上的经济责任、社会责任与道德慈善责任，也包括了基于独特的平台链接属性形成的平台双边用户下的公共性利益相关方网络，即平台双边用户社会责任内容维度与平台型企业个体的社会责任内容维度形成双元互嵌的耦合体，意味着平台型企业社会责任内容维度不仅聚焦平台型企业个体运营管理过程中的利益相关方主体意义上的经济责任、法律责任与道德慈善责任，也需要承担对平台内用户的社会责任治理责任，即基于平台型企业社会责任治理责任推动平台产品与服务合乎用户的社会期望，最终基于"平台—用户"的价值共创形成平台价值的共赢责任。

三、平台型企业社会责任治理：
理论分野与特征差异

平台型企业所搭建的商业生态圈的稳定与可持续性以及能否实现由商业生态圈转型为平台型企业社会责任生态圈，受到平台型企业内双边用户个体在平台商业生态圈内社会责任行为的影响。一定程度上平台型企业与平台用户之间形成社会责任耦合体，主要体现为企业社会责任声誉耦合体与企业社会责任治理共同体（汪旭晖和张其林，2017）。平台型企业社会责任治理是平台型企业基于公共属性以商业生态圈的方式嵌入社会的一种社会责任内容与相应实践，其本质目标在于两大层面：第一大层面的目标是促进平台型企业可持续地产生正向的外部性行为，最大程度地激发平台型企业履行社会责任创造基于经济、社会与环境的综合价值与共享价值的最大化；第二大层面的目标是对以平台型企业为载体的多元复杂性场域内的组织成员社会责任缺失与异化行为予以治理，进而最大程度地规避平台场域内各类组织成员的社会责任机会主义倾向，避免平台商业生态圈的价值损毁。近年来产生了大量的平台型企业社会责任行为异化事件，学术界对于平台型企业社会责任治理的内容与机制解读尚存在多种视角，其视角的演进也与平台型企业的发展演化脉络息息相关。在每一种理论视角下，平台型企业社会责任的主要治理主体、治理对象、治理机制以及治理目标都存在较大的异质性。

（一）双边市场理论下的平台型企业社会责任治理

双边市场理论是基于互联网信息经济学下的重要理论，其理论内核在于区别于传统企业所面对市场的单边性（即消费侧或面向供给端），而平台型企业基于网络平台实现市场需求侧与供给侧的双边用户的有效链接与聚合，平台型企业成为双边市场的搭建者与运营管理者。双边市场区别于传统市场，其能够产生独特的交叉网络外部性，网络外部性是双边市场的一个本质特征（Katz and Shapiro，1985），网络外部性主要体现为直接网络外部性与间接网络外部性，前者是使用产品或服务的用户所获得的消费者剩余与同样使用这类产品或服务的其他用户的数量呈现正相关，而间接网络效应是只有将具有互补性的产品与服务结合使用才能产生消费者剩余（Katz and Shapiro，1985）。正是由于双边市场理论下平台的交叉网络外部性存在（直接网络效应与间接网络效应、同边网络效应与跨边网络效应），使得平台型企业所链接的任意一边市场内的用户都能产生外部效应。在双边市场理论视角下，平台型企业社会责任治理主要聚焦于双边市场内交易主体产生的外部性行为的治理。因此，企业社会责任行为本质上是一种正的外部性行为，基于双边市场下的跨边网络效应使得平台内任意一边用户的社会责任缺失与社会责任异化行为都会造成极大的负外部性传染，即基于平台产生双边市场交叉传染，如近年来大量的平台内用户与平台方的数据交易、流量交易所产生的平台方与平台内供给侧用户之间的社会责任寻租（阳镇和许英杰，2017），对整个平台所链接的双边市场的可持续健康发展带来了负面影响，甚至对整个双边市场所嵌入的社会造成了负面危害（肖红军和李平，2019）。

因此，在双边市场理论下，平台型企业社会责任治理的主要主体便是平台型企业，治理对象则是平台型企业所链接的双边市场用户。更为重要的是，在双边市场理论下打破了传统单边市场中的价格理论，企业所提供的产品与服务的数量与收益不仅与其价格与产品属性相关，而且受到双边市场下的交叉网络效应下的价格结构的影响。在双边市场条件下，一方面，平台型企业基于价格弹性，通过调节不同边的定价机制来获取最高的生产者剩余，最终形成非中性的价格结构。由此来看，基于平台价格策略成为平台型企业社会责任治理的重要方式，即平台型企业可以通过价格补贴与优惠激励平台内双边用户的责任型交易与互动行为，使得平台型企业内的双边用户的社会责任行为与平台型企业的价值创造目标相一致，进而创造双边市场条件下的最优消费者福利。另一方面，在非价格治理机制方面，平台型企业社会责任治理实现过程依赖于排他性合同治理（Armstrong and Wright, 2007）、技术锁定治理（Fudenberg and Tirole, 2000）、平台开放度治理机制（王节祥，2017）等实现平台内双边用户行为符合平台型企业的经济价值创造期望。因此，在双边市场理论下，平台型企业社会责任治理目标主要聚焦于平台用户的消费者福利侵害等负外部性问题，双边市场内的双边用户的社会责任行为治理主体则是平台型企业，治理手段主要通过外部竞争法律规制、平台内的价格治理策略、平台内双边用户的赋权赋能（数据赋权与监督赋能）对双边市场条件下的平台型企业的社会责任行为予以监管与治理，以保障双边市场的竞争秩序有序与可持续（程华，2014；刘重阳和曲创，2018）。

但不容忽视的是，在双边市场理论下，由于交叉网络效应、价格非中性结构，以及互联网平台的技术锁定效应等特征存在，平台型企业的寡头垄断也逐步成为平台型企业社会责任治理的重要内容（苏治等，2018）。平台型企业的寡头垄断主要是基于平台的网络效应使得平台内用户一旦进入该平台，平台型企业可以通过技术锁定等方式使得其面临较大技术转换成本，同时平台型企业基于网络外部性易于利用捆绑搭售方式实现消费者锁定，如淘宝捆绑支付宝、微信捆绑微信支付等产品服务，进而基于无限扩张的平台权利与"赢者通吃"的平台竞争范式逐步形成平台型企业的寡头垄断（冯然，2017）。更有甚者，平台型企业在双边市场理论下的用户争夺（用户资源、用户流量、用户注意力）成为平台经济竞争的关键。基于此，大量的平台型企业在经济竞争空前膨胀的导向下，漠视了平台型企业个体对主要利益相关方即双边用户的社会责任（包括平台型企业对用户以及用户在平台中相应的社会责任）。如腾讯与今日头条的"头腾大战"、360与腾讯QQ的"3Q"大战等一系列平台恶性竞争事件严重侵害了用户福利，在电子商务平台中，淘宝平台和京东商城不惜采用用户搜索降权、取消资源位等手段来强迫本平台商户不得在其他平台开展经营活动，一系列平台型企业主体之间的恶性竞争事件本质上属于企业社会责任缺失行为（肖红军和李平，2019），进而大大约束了平台商业生态组织场域中的企业竞争秩序并降低了消费者整体福利。总体来看，在双边市场理论下，平台型企业能够基于经济性制度规制或经济性的手段，如双边定价策略，对平台内双边用户社会责任行为予以影响与治理，但是对平台型企业个体而言，由于双边市场独特的网络效应，使得其在平台经济价值导向空前膨胀的情况下，带来的平台垄断、平台主体之间的"二选一"等恶性竞争行为的负社会外部性问题缺乏相应的解决之道。

（二）商业生态圈视角下的平台型企业社会责任治理

商业生态系统理论由 Moore（1993）结合自然生态理论与共同演化理论系统提出，认为商业生态系统是基于核心企业组织围绕商业价值网络内其他组织成员构成的竞争合作体系、创新协调系统以及共同演化系统，具有能力互补、资源共享、价值共创与共生演化等多重特征。在商业生态系统中，存在不同的生态位成员，主要是核心企业主导下的主要生态位，在主要生态位中主要包括核心企业、主宰型企业以及缝隙型企业（Iansiti and Levien，2004），不同类型的企业在生态位中所扮演的功能角色以及运行的机制不尽相同。[1] 在商业生态系统的运行过程中，处于同一生态位的不同组织成员可能因目标的不一致性而产生不利于商业生态系统内的资源整合、资源协同与资源互补的机会主义行为，甚至对整个商业生态系统的稳定可持续发展造成负面影响。因此，Vos（2006）进一步提出了商业生态系统治理（Business Ecosystem Governance）的概念，认为商业生态系统治理的目标在于协调生态系统内的不同生态位成员形成共同的价值创造目标，为处于不同生态位的组织成员设计激励机制与战略愿景以促进其实现共同目标，提升生

---

[1] 核心企业主要是指商业生态系统的主体，在商业生态系统中带领主要生态位的其他组织成员实现价值共创；而主宰型企业则是指在商业生态系统中占据较大的市场势能，拥有核心能力，能够在商业生态系统中提供关键性资源；缝隙型企业主要是指在商业生态系统中的某一细分市场中占据一定的市场份额，且能够在商业生态系统中提供一定的互补性资源。

态系统内的资源共享、要素互补以及内部的动态创新能力,并通过商业生态系统的治理机制设计,最终平衡商业生态系统内部的种群结构与利益相关方关系(Wareham et al., 2014)。

在商业生态圈视角下,平台型企业基于互联网平台形成独特的平台商业生态系统,且扮演着聚合、联动与影响平台内众多组织成员社会责任行为的核心企业(Moore, 2006)。从核心企业的功能出发,Iansiti 和 Levien(2004)认为在商业生态治理中,核心型企业理应成为商业生态圈治理的关键,即通过核心型企业的治理行为推进整个商业生态系统的健康发展。因此,在商业生态圈视角下,平台型企业成为平台商业生态圈的治理主体,在整个商业生态系统下是社会责任行为治理的主要引擎(肖红军和李平,2019;辛杰,2015),治理对象则是商业生态圈中的其他组织成员(主宰型卖方、主宰型买方、缝隙型卖方、缝隙型买方)。就平台型企业社会责任治理过程而言,平台型企业应当利用在平台商业生态圈内的影响力、控制力,发挥对生态位内其他组织成员的社会责任治理功能,协调商业生态圈内的资源分配、要素共享与价值分配以实现商业生态圈的共同社会责任愿景,推动商业生态圈内的组织成员的社会责任行为秩序稳定,避免某一用户的机会主义行为产生平台网络传染效应,从而产生平台价值损毁(经济价值与社会价值)。具体治理机制则是通过平台型企业个体的责任管理机制、平台商业生态圈的责任愿景认同卷入机制、责任型运行规则与程序、责任型评价与声誉激励机制、责任型评价与惩戒机制实现对平台内不同组织成员的社会责任行为的治理(肖红军和李平,2019;阳镇,2018)。同时,在商业生态圈视角下,还存在扩展型生态位内以政府、竞争系统以及公民社会构成的商业生态圈的治理主体,其主要是通过社会责任外部制度规则影响平台商业生态圈内的主要生态位成员在商业生态圈内的相应社会责任实践行为,尤其是核心型成员平台型企业的社会责任行为,主要治理机制则是通过社会责任制度与社会责任能力共演机制实现扩展生态位成员对主要生态位成员的社会责任行为的跨生态位互治,最终形成主要生态位与扩展型生态的平台型企业社会责任生态化治理立体网络(肖红军和李平,2019)。因此,在商业生态圈视角下的平台型企业社会责任治理囊括了平台型企业个体的社会责任行为治理与平台内不同生态位中双边用户的社会责任行为治理。

(三)公共治理理论下的平台型企业社会责任治理

公共治理理论起于20世纪70年代,其出现的背景在于西方福利国家面临市场失灵与政府双重失灵的困局,需由政府的管理行为向治理行为转变。治理被定义为各种公共与私人机构管理其共同事务的诸多方式的综合。公共治理理论最为显著的特征是治理主体由传统的政府单一治理主体向涵盖政府组织、市场企业组织以及公民社会组织等多重治理主体与治理格局转变,且不同的治理主体在治理过程中强调资源的共享性、沟通高效性以及协调合作性,形成多元治理主体为解决同一公共性与社会性问题的整体方案,并最终形成解决公共社会问题的自组织网络。在公共治理理论下,平台型企业社会责任治理的治理主体具有多元性,且依据多元化的治理主体能够形成多元化的治理模式。

其中,第一种模式是以政府治理主体为中心的原子式社会责任治理模式,在政府主导下的平台型企业社会责任治理模式下,其治理对象则是平台型企业个体,立足于政府元治理理论下的企业社会责任制度供给者、社会责任实践协调者以及社会责任行为监督与评价者等多重治理角色(肖红军和李平,2019;阳镇和许英杰,2018),通过制定平台型企业的社会责任治理机制,基于科层命令与行政协调的方式对平台型企业商业运营过程中的价值创造过程予以治理,尤其是对平台型企业在价值创造过程中可能带来的负外部性问题予以重点治理,以及为推进平台型企业履行社会责任提供良好的外部环境支持。在政府主导的原子式社会责任治理模式中,对于平台型企业社会责任缺失与异化行为的治理的核心在于明确不同行业类型中的平台型企业的"底线责任",一方面是根据不同类型的平台型企业的社会责任缺失与异化行为的危害性程度制定相应的社会责任法律规范体系及监督与惩戒体系,从而保障平台型企业的社会责任行为符合"三重底线";另一方面是通过制定相应的激励制度推进平台型企业增进社会责任行为的意愿与动力,推动平台型企业主动参与到相应的公共性与社会性的议题之中,从而创造高阶层面的共赢价值与共享价值(肖红军和李平,2019)。

第二种模式是基于平台型企业个体自治式的社会责任治理模式,本质上仍然属于公共治理理论中依赖于市场企业主体为中心的"个体式治理",平台型企业个体自治的前提在于平台型企业充分认识到"平台"的公共社会属性,在平台场域中不仅仅是作为创造经济价值的"经济人",而且是推进平台场域内的其他组织成员创造公共社会价值的"社会人",兼具"经济人"与"社会人"双重角色(李广乾和陶涛,2018)。因此,从制度逻辑的视角来看,平台型企业是兼具市场逻辑与社会逻辑的双元混合型组织(Haigh and Hoffman,2012),因此基于平台型企业个体社会责任自治的主要实现机制是通过建立融合平台市场逻辑与平台社会逻辑的双元混合逻辑共生下的社会责任内部治理体系,具体则是通过社会责任的认知性嵌入(嵌入平台个体与平台内双边成员)、制度性嵌入(社会责任制度)与社会责任议题嵌入,避免平台型企业日常商业运营的"社会脱嵌",最终向双元制度逻辑平衡共生下的共益型企业迈进,以创造涵盖平台商业运营过程中的经济、社会与环境构成的综合价值与共享价值(肖红军和阳镇,2019a)。

第三种模式则是基于公民社会组织主导下的社会治理，平台型企业社会责任的"社会治理"模式中的治理主体是公民社会组织，治理对象则是平台型企业个体，公民社会下的平台型企业社会责任治理主要的实现机制在于外部社会组织对于平台型企业社会责任行为的社会期望与价值诉求引导机制、利益相关方参与机制与外部监督惩戒等治理机制对平台型企业社会责任缺失与异化行为予以重点治理（阳镇和许英杰，2018）。具体实现方式则是通过外部性的社会责任倡议指南、社会责任舆论引导、社会责任标准与社会责任评价等治理工具对各类平台型企业的社会责任行为施加影响，促使平台型企业社会责任行为符合社会期望，并基于社会压力与社会性利益相关方参与机制推进平台型企业向高阶层次的平台化履责的社会责任实践范式转换（肖红军，2017）。总之，在公共治理理论下，对于平台型企业社会责任治理的模式选择具有多元性，基于政府、社会与公民组织多重社会责任治理主体形成多中心治理网络（阳镇和许英杰，2018），着力构建以平台型个体私人自治与政府公共监管为辅的新型平台型企业社会责任治理格局（王勇和冯骁，2017）。

（四）多种理论下的平台型企业社会责任治理的特征述评

不同理论视角下的平台型企业社会责任治理机制与实现过程具有异质性（见表4-2）。在双边市场理论下，对于平台型企业社会责任行为的治理主要聚焦于平台内双边用户经济价值创造行为，治理的机制主要是基于价格机制，如通过独特的双边市场理论下的平台非中性的价格结构，对不同边的用户的社会责任行为予以激励影响。在非价格治理机制方面主要通过平台接口的开放度控制，即通过技术治理实现进入平台内双边用户成员的数量规模控制与责任门槛控制，进而实现平台内双边市场用户的责任门槛与责任属性的优化控制，协调双边用户成员的资源要素规模，最终向最优的双边市场规模目标迈进（郑称德等，2016）。因此，在一定程度上，在双边市场理论下对于平台型企业社会责任治理实质上是对平台内双边用户经济价值创造行为的治理，即治理主体是平台型企业，治理对象是平台内双边市场用户。

表4-2 不同理论视角下的平台型企业社会责任治理特征差异

特征	双边市场理论下的平台型企业社会责任治理	商业生态圈下的平台型企业社会责任治理	公共治理与选择理论下的平台型企业社会责任治理
理论基础	双边市场理论、平台经济理论	商业生态圈理论	公共治理理论

续表

特征	双边市场理论下的平台型企业社会责任治理	商业生态圈下的平台型企业社会责任治理	公共治理与选择理论下的平台型企业社会责任治理
治理主体	平台型企业	主要生态位中的平台型企业、扩展型生态位中的组织成员	平台型企业、政府公共组织、公民社会组织
治理对象	双边用户的经济行为	生态圈内不同生态位成员（包括平台型企业与其他不同生态位中的双边用户）的社会责任行为	平台型企业的社会责任行为与平台内用户的社会责任行为（包括经济行为与社会行为）
治理机制	价格机制（调节双边用户的价格结构）、平台接口技术机制（接口的开放度治理）	主要生态位的自组织治理机制：责任愿景卷入机制、责任运行规则与程序、责任监督与评价、责任声誉与激励机制 扩展型生态位：外部制度共演机制与能力共演机制	①平台型企业的个体社会责任治理机制（社会责任认知嵌入、社会责任管理嵌入与社会责任议题嵌入） ②政府元治理下的社会责任治理机制（制度规制推进机制、监督与评价机制以及激励机制） ③公民社会组织的社会责任治理机制（舆论引导与标准推进机制、社会监督与评价机制）
治理目标	间接敦促平台用户达成相应的一致性协议与规则，促进平台价值共创，最终促进双边市场的经济价值创造最大化	推进平台商业生态圈向平台型企业社会责任生态圈升级转化	确保平台型企业的价值创造行为符合"三重底线"与社会期望
治理模式	基于双边市场的市场型（价格）治理	基于商业生态圈的社会责任生态化治理	基于多治理主体的多中心网络化治理
治理边界	双边市场用户构成的市场边界	商业生态圈内不同生态位成员构成的生态圈边界	公共性利益相关方构成的主体边界
理论视角的局限性	平台型企业自身的社会责任缺失与异化行为难以得到治理	扩展型生态位对主要生态位成员的社会责任行为约束效率较低，同一生态位内的核心型/主宰型成员能够对缝隙型成员发挥治理作用，但是缝隙型用户对其他成员的治理效应较低	公共治理过程中主体分离与资源割裂，产生治理"碎片化"

资料来源：笔者整理而成。

但是，基于双边市场的平台型企业社会责任治理的局限性在于由于平台跨边网络效应，平台型企业规模呈现出无限扩张的欲望，因此平台型企业为争夺用户基数开展相应的提高平台内双边用户的转换成本，通过技术锁定、排他性协议获取平台型企业个体的规模优势,最终导致平台型企业自身的社会责任缺失与异化行为,产生诸如平台恶性竞争与垄断行为,进而降低了社会的整体福利。因此,在双边市场理论下,对于平台个体的社会责任行为治理呈现较大程度的忽视,未能将非平台型企业之外的外部治理主体纳入治理机制实现之中。

而基于商业生态圈理论,平台型企业社会责任治理则立足于平台型企业商业生态圈的内部治理结构,将平台型企业商业生态圈进行生态位解构(主要生态位与扩展型生态),进而对平台型企业社会责任的治理主体进一步扩充,即在主要生态位之中的平台型企业是商业生态圈中社会责任治理的主引擎,基于社会责任愿景卷入、责任制度与规则、责任评价与监督以及声誉激励等治理机制发挥对主要生态位成员中的主宰型卖方、主宰型买方、缝隙型卖方与缝隙型买方等商业生态圈内成员社会责任行为的治理效应。同时,扩展型生态位成员也能够基于社会责任互动共演机制在社会责任外部制度共演与能力共演下形成协同治理机制(肖红军和李平,2019),最终推进平台商业生态圈向平台型企业社会责任生态圈的转换升级(辛杰,2015),但是,在商业生态圈理论视角下,平台型企业社会责任治理的有效性严重依赖于主要生态位成员社会责任治理的资源、意愿与能力,扩展型生态位成员由于其在商业生态圈中的社会责任治理资源与能力偏低,对主要生态位成员的社会责任异化行为的约束效应仍然有待进一步增强。

在公共治理理论视角下,学术界将平台型企业的社会责任行为治理视为多主体的多中心网络治理过程(阳镇和许英杰,2018)。基于平台型企业个体社会责任自治、政府社会责任元治理以及公民社会组织治理等多中心治理模式有效推进平台型企业、政府与社会之间的行为互动,形成平台型企业社会责任治理的共同体结构(浮婷和王欣,2019)。在这一过程中,多个治理主体之间形成治理权力、治理资源共享的社会责任治理网络,培育出统一地面向平台型企业价值创造行为的共同社会责任治理价值观,最终规避与解决平台型企业在价值创造过程中产生的社会责任缺失与异化行为,确保平台型企业在日常运营管理过程中的价值创造行为符合社会预期,创造基于经济、社会与环境的综合价值与共享价值(阳镇和许英杰,2017)。但是,基于公共治理理论下的平台型企业社会责任治理也存在一定的局限性,即多中心治理主体之间可能产生较大的协调难度,尤其是多主体之间的治理资源共享过程中的碎片化风险,进而导致治理责任相互推诿产生的治理失效局面。

四、平台型企业社会责任治理的影响效应

在平台型企业社会责任治理过程中,基于不同的社会责任治理主体具有多重社会责任治理模式、治理机制与治理工具选择。因此,在不同的平台型企业社会责任治理模式与治理机制下其产生的效应也难以统一。近年来,学术界对于平台型企业社会责任治理的影响效应集中于探讨对平台型企业社会责任声誉与平台内双边用户社会责任感知与价值共创行为的影响,集中体现为平台型企业个体视角、平台内双边用户视角、"平台—平台内用户"双元结合视角三大层面。

(一)平台型企业个体视角:平台型企业社会责任治理与平台个体声誉

从平台型企业个体社会责任声誉来看,平台型企业基于平台链接界面集聚了大量的卖家与买家用户,由此形成动态化的平台边界扩展过程(李海舰和陈小勇,2011)。由于在平台界面内,平台内买方用户会在与平台内卖方用户的交易与互动过程中形成对平台内卖方用户的社会责任形象与社会责任声誉的认知与评价,最终形成平台卖家的群体性声誉(Nosko and Tadelis,2015)。同时,基于平台个体与平台内双边用户(卖家用户与买家用户)会形成平台型企业个体的社会责任声誉整体认知,即对平台社会责任制度的合理性、平台交易规则的公平性与平台内交易互动数据的安全性等整体性的平台社会责任声誉认知与评价,平台型企业个体的社会责任声誉与平台内卖家社会责任声誉二者之间相互依赖与相互影响,最终形成平台个体社会责任声誉与平台内卖家社会责任声誉的双元耦合体(汪旭晖和张其林,2017)。因此,平台型企业社会责任治理机制的设计尤其是对于卖方用户社会责任行为的治理机制关系到平台型企业个体的社会责任声誉,即平台内某一卖家的社会责任声誉损毁会导致平台型企业个体的社会责任声誉损毁。

同时,平台个体的社会责任声誉损毁如平台内的审核机制不完善导致平台内买方用户由于抵制平台个体而造成平台内的卖方用户集体社会责任声誉损毁(肖红军和李平,2019;汪旭晖和张其林,2017;阳镇,2018)。因此平台型企业的社会责任治理机制的主要影响范围在于平台内的社会责任声誉分享主体——平台内卖方用户(供给侧用户),平台型企业社会责任治理尤其是针对供给侧用户的社会责任行为治理有助于提高平台内买方用户对于平台个体与平台内卖方群体的社会责任整体声誉,从而获得更高的市场经济价值(李小玲等,2014)。汪旭晖和郭一凡(2018)研究表明,平台型企业的个体声誉对于平台内卖方绩效与顾客

关系质量具有正向影响，平台内顾客关系在平台型企业声誉与平台内卖方用户经济绩效之间产生中介作用，进而有助于形成"平台社会责任个体声誉—平台内用户间关系治理—平台内卖家绩效"的正向传导循环格局。

（二）平台内双边用户视角：平台型企业社会责任治理与平台内双边用户信任

在平台双边市场理论与平台商业生态圈的视角下，平台型企业的社会责任治理主要是平台型企业对平台内双边用户（不同生态位成员）的社会责任行为的治理（阳镇，2018；阳镇和许英杰，2017）。在具体治理机制上，包括平台型企业的责任愿景卷入机制、责任型门槛认证机制、社会责任行为声誉激励机制、社会责任评价与监督机制以及社会责任信息披露机制等（肖红军和李平，2019；张新红等，2017）。由于平台型企业作为一种新经济形态的组织载体，在信任情境层面，基于互联网平台型企业下的信任环境、信任方式以及信任风险都产生了显著的变化，信任环境更为动态化、多元化，信任主体包含了平台方的信任、平台内供给侧的信任以及需求侧的信任，具体表现为平台需求侧对平台的信任、平台型需求侧对平台供给侧的信任、平台供给侧对平台的信任、平台供给侧对平台需求侧的信任等多种类型（Hawlitschek et al.，2016）。在信任方式上表现为认知信任与情感信任两种类型，对平台型企业主要表现为认知信任，对平台内供给侧用户主要表现为情感信任（Yang et al.，2016）。

因此，随着信任的情境发生显著性改变（李立威和何勤，2018），基于新的信任制度环境下，社会责任治理机制本身作为一种平台内治理制度环境，越来越多的研究逐步关注于治理机制的影响效应，且集中关注对平台双边内用户信任的影响（王玮和陈蕊，2013）。一些研究集中于探讨基于平台方的社会责任信息披露的"透明度治理"对平台内供给侧用户信任的影响。如在P2P网贷双边平台中，平台方的信息披露程度越高，其作为一种社会责任信号有助于降低信息的不对称程度，有助于投资者用户进入平台，从而提升平台的成交量（杨虎锋和张依凡，2019）。也有学者聚焦于平台社会责任治理机制对平台需求侧用户的平台信任的影响，在共享经济的情景下，共享平台的社会责任治理机制中的反馈机制、审核与认证机制、隐私保证机制、争议解决机制均对消费者信任产生显著的正向影响。相对于外部的治理机制而言，平台内的社会责任治理作为一种具有内部化的自组织治理，有助于形成平台社会责任声誉，进而对平台消费者用户产生情感依恋与用户信任（贺明华和梁晓蓓，2018）。

（三）"平台—平台内用户"双元结合视角：平台型企业社会责任治理与"平台型企业—平台双边用户"价值共创

从平台型企业社会责任感知与用户价值共创行为来看，平台型企业社会责任治理意味着平台型企业具有较好的平台支持质量。基于平台支持质量能够为市场的双边用户提供公平、公正与安全高效的交易环境，既有助于平台内用户形成对平台的社会责任感知，包括公平感知、信任感知与归属感知，又有助于在平台动态化的价值创造范式即"供给侧用户—平台型企业—需求侧用户"中形成价值共创公民行为（杨学成和涂科，2018）。基于平台商业生态系统的感知价值能够对平台内用户进入平台参与平台购买等价值共创活动产生锁定效应（李震和王新新，2016）。刘凤军和张梦洋（2019）实证研究了互联网理财平台中的用户社会责任感知对理财平台的使用意愿的影响，发现消费者权益责任感知、平台型企业管理运营责任感知以及慈善捐赠感知对平台消费者用户使用理财平台意愿具有正向显著影响。

同时，平台型企业作为平台商业生态圈这一公共组织场域的治理主体，其在治理商业生态圈内的双边用户行为时存在多种治理手段，其实施社会责任治理手段与用户参与平台价值共创行为得到了学术界的广泛关注。具体来看，社会责任声誉治理作为一种有效手段，在平台型企业社会责任声誉治理过程中，主要存在两种治理策略，即事前控制策略与事后救济策略。汪旭晖和王东明（2018）的研究结果表明，平台型企业基于事前控制的声誉治理策略能够显著地提升用户的社会责任感知声誉。也有学者关注到平台型企业成长过程中的用户规模扩大，尤其是卖方用户的规模扩张引起的平台社会责任属性下的"质量"压力，平台型企业基于排序治理（如质量排序、竞价式排序、信用与声誉排序、综合排序等）等不同治理方式对平台型企业内的消费者用户的满意度以及平台内厂商用户的产品质量具有不同影响。其中，尽管基于竞价排名式的治理方式对平台型企业个体获取高额利润具有直接效应，但是在社会责任治理效果上劣于质量优先排序，会导致平台内厂商整体性的产品质量下滑（王宇等，2019）。

第五章 数智化时代的算法治理
——基于企业社会责任治理的重新审视*

一、引言

20世纪90年代以来，新一轮工业革命下的大数据、移动互联网、云计算以及人工智能等数字信息技术席卷全球，逐步将人类社会带入基于移动互联网与人工智能引领的平台经济时代与智能社会。相应地，数字技术也对整个经济形态、产业生产效率及微观企业创新与变革带来了全新的机遇，典型地体现为：第一，在经济形态层面，共享经济、平台经济与新经济成为引领未来经济社会转型的全新经济形态。2020年中国信通院发布的《中国数字经济发展白皮书（2020年）》显示，2019年我国数字经济占GDP比重已达36.2%。第二，在产业赋能方面，技术驱动下的数字技术的高度扩散性与渗透性，使得传统产业内的劳动生产率与资本有机构成不断提高，数字技术不同于前两次工业革命的高度"赋能效应"，推动了传统产业的转型与升级。第三，在微观企业层面，主要是基于互联网平台链接双边与多边市场的平台型企业与基于人工智能技术驱动的人工智能企业。《全球人工智能发展报告（2018）》显示，2009~2018年，中国累计新增AI共3362家，占亚洲累计新增AI企业总数的75.20%，占全球新增总数的23.78%；一大批数字化平台企业如阿里巴巴、京东、百度、腾讯与滴滴等正引领着微观组织的数字化创新与数字经济形态的演化。

不容忽视的现实是，在数字化技术全面驱动经济形态与产业组织创新迭代的过程中，一系列新的社会问题也不断显性并有待解决。不管是在平台经济领域还是人工智能领域，一系列平台企业的社会责任缺失与异化问题不绝于耳（肖红军和李平，2019），人工智能企业算法服务过程中的算法歧视、算法偏见与算法垄

---

* 本文原载于《经济社会体制比较》2021年第3期，有修改。

断等现象层出不穷。① 从这个意义上讲，人工智能技术中的算法不仅仅是一种基于计算机的自动决策与自动推理分析程序，更是在广义层面成为构建社会秩序参与社会治理的一种具有人类理性的智能模型，因此算法的构建规则作为社会运行中基础性规则对社会性利益相关方产生了广泛的影响，算法治理也成为数智化时代突出的研究议题（Gillespie，2014）。目前学术界针对人工智能算法治理的研究包括三大视角：第一种视角是从科技哲学的视角研究算法伦理问题，从技术人工物结构和功能的二重性讨论技术与人的主体性的协同，如荷兰学派的威伯·霍克斯和彼得·弗玛斯从科技哲学的角度认为面对人工智能技术需要发挥人的主体性，反思人工智能技术的道德原则以理性对待（陈凡和徐佳，2014）。第二种视角是从公共管理（公共治理）视角出发，认为算法是影响社会的重要社会治理规则，算法治理需要立足公共政策规制及算法开发设计的标准体系，从人工智能的认知教育（潜在社会风险教育）、算法伦理原则（算法使用机构责任、鼓励可解释算法研发、算法审查要求、实时检查责任）与政策优先级（算法影响范围的分级公共政策）探讨算法治理的公共政策（孙庆春和贾焕银，2020；贾开，2019；贾开和蒋余浩，2017）。第三种视角是法学的视角，探讨算法作为一种数字人格的法律主体地位的正当性问题以及算法行政的问责法律规制问题（虞青松，2020），认为算法治理的关键在于明确算法的解释权，在立法层面构建限制和弱化版本的算法解释权在算法治理中的重要地位（张欣，2019）。不难看出，已有的研究忽视了人工智能企业在算法治理过程中的主体地位，实质上，企业依然是算法开发、设计与应用的主体，即算法作为内嵌于企业产品与服务的重要技术元素，企业在算法的开发、设计、优化与应用的过程中依然发挥着主导性作用，既有研究忽视了人工智能技术与算法治理过程中的企业社会责任治理内容与治理重点变化。

实质上，企业社会责任治理理论作为传统单边企业社会责任管理的延续与引申，其旨在以如何实现企业社会责任管理与实践行为的可持续，本质目标在于一方面最大程度地激发企业参与解决社会问题满足利益相关方价值诉求的意愿，激励企业利益相关方做出对社会负责任的行为；另一方面在于规避一系列基于机会主义下的企业社会责任缺失与异化问题（肖红军和李平，2019）。基于此，笔者首先从企业社会责任治理的理论出发，探讨数智化时代企业社会责任治理的创新与变革；其次分析算法治理作为一种全新的企业社会责任治理对象衍生出一系列

---

① 2017年9月，《人民日报》连发三篇评论，对基于人工智能技术驱动下的算法自动推荐个性化内容的互联网业态提出了批评，其为吸引用户的注意力资源导致所推荐内容的低俗性、虚假性，一味迎合用户而使得人工智能企业与算法应用的平台企业走向低俗、庸俗与媚俗，引发社会公众对人工智能算法的信任危机以及人工智能技术的重新反思。

的新型企业社会责任治理重点议题；最后就企业社会责任治理的视角探讨了算法治理的全新逻辑。本章的研究贡献在理论层面为数智化背景下的算法治理提供了新的理论逻辑，算法治理成为数智化时代企业社会责任治理的突出内容维度。在实践层面，本章为数智化时代企业社会责任治理的全新治理内容指明了基本方向，平台企业社会责任治理与算法技术引发的算法治理成为未来人工智能实现可持续发展的关键。

二、数智化时代企业社会责任治理创新与变革

（一）企业社会责任治理的理论基础

自谢尔顿（1924）提出企业社会责任概念以来，企业社会责任的演化逻辑大致走过了基于商人个体的社会责任、基于企业为主体的社会责任、基于战略竞争工具导向的嵌入式社会责任以及基于价值共创与价值共享逻辑导向的平台价值共创共享式社会责任（肖红军和阳镇，2018a）。在上述理念认知与逻辑起点下，企业社会责任逐步被嵌入（认知性嵌入、管理嵌入与议题嵌入）企业的战略制定、运营管理与业务实践体系中，寻求企业经济属性与社会属性之间的互嵌融合，新古典经济学范式下的以经济价值最大化导向的股东利润最大化企业管理模式逐步向基于综合导向的全面企业社会责任管理模式转变（李伟阳和肖红军，2010）。但基于嵌入式的企业社会责任单边管理难以摆脱企业社会脱嵌的弊病（刘德鹏等，2017；肖红军，2020a），内在的原因在于可持续导向的企业家精神缺乏、企业基于市场逻辑的本源性利己主义、高管战略管理过程中的委托代理问题以及机会主义行为等问题（肖红军，2020a），导致企业单边社会责任管理过程中存在不可避免的社会脱嵌问题，进而诱发一系列企业社会责任缺失与异化行为，包括企业社会责任缺失行为、伪企业社会责任行为与企业社会责任寻租行为（肖红军和阳镇，2019b；肖红军和张哲，2016）。

正是由于企业单边原子式、嵌入式社会责任管理模式难以走出企业社会责任实践异化困局，学术界逐步基于企业社会责任治理的视角探寻推进企业社会责任可持续性之路。企业社会责任治理的本质是在一定的制度场域下，企业的多元利益相关方通过打造一个公共治理场域，在这一场域中，各类企业社会责任治理主体（企业、政府组织、社会组织与社会公众等）共同实施相应的企业社会责任治理机制（包括企业社会责任正式治理机制与非正式治理机制），对企业的社会责任认知理念与管理实践予以规制、规范与影响，进而有效约束企业的机会主义

行为,使得企业真正做到对社会负责任,实现企业创造涵盖经济、社会与环境的综合价值的可持续(阳镇和许英杰,2017)。实质上,从制度环境的变迁来看,推动企业社会责任治理的强制性、规范性与认知性制度不断涌现,并正在逐步成为世界范围内的主流企业社会责任治理制度范式(肖红军和阳镇,2019b)。因此,在企业社会责任治理的逻辑转向之下,企业社会责任治理的目标至少包含两个层次:基于制度场域中的正式制度与非正式制度,基于制度合法性压力有效塑造组织场域中的企业社会责任行为的可持续性,通过打造一个利益相关方共同参与的企业社会责任治理系统,一方面激发各类企业增进社会福利履行社会责任的意愿与动力,另一方面最大程度地规避企业社会责任缺失与异化行为。

(二) 数智化时代的企业社会责任治理新变革

迈入 21 世纪以来,人类社会悄然发生着新一轮的颠覆性技术变革,人类社会也逐步向数字与智能社会加速迈进。但是,数智化时代产生的新社会问题亟待企业社会责任治理层面予以解决。企业社会责任治理一系列新的创新与变革突出地表现在以下三大层面:

首先,企业社会责任治理主体的创新与变革。在数智化时代平台型企业与人工智能企业成为全新的企业社会责任治理主体。就前者来看,平台型企业的特殊性在于其在双边市场理论下有效链接双边用户从事价值共创的新型链接系统,进而能够打造一个基于平台企业的公共商业交易场域,在这一独特性的场域之内,平台型企业在平台公共场域内扮演"类政府"角色,从这个意义上讲,平台企业成为全新的企业社会责任治理主体,能够基于平台的商业影响力与平台领导力对进入公共商业交易场域内的经济社会主体施加影响,有效治理平台内的双边用户的社会责任行为,推动整个商业生态系统的价值创造的可持续(肖红军和李平,2019;阳镇,2018);就后者来看,人工智能企业的特殊性在于其基于算法服务于其他各类企业,为商业生态系统的其他企业提供算法赋能服务,从这个意义上讲,人工智能企业基于算法有效链接社会并赋能社会,成为全新的治理社会、提高社会运转效率的新型组织。

其次,企业社会责任治理内容的创新与变革。传统企业社会责任治理的内容本质上是企业个体在机会主义倾向下做出的背离社会价值导向与利益相关方综合价值期望的社会责任缺失与异化行为,治理的内容重点在于如何规避企业高管战略层面(公司治理层面)的机会主义倾向与企业运营管理过程中的社会责任实践的可持续性问题;但是在数智化时代,企业社会责任治理的重点已经发生两大层面的转变:第一大层面为数字化平台企业内的双边乃至多边用户的社会责任行为具有高度的网络效应与社会效应,平台双边用户的社会责任行为成为平台企业社会责任治理的重要内容（肖红军和阳镇，2020a）；第二大层面为在数智化背景下人工智能企业的算法成为一种独特的产品与服务，由于算法高度的专业化与"黑箱"属性，算法自动决策与分析带来的社会负面问题屡屡出现，如智能机器人在工业制造领域的"伤人事件"、在自动驾驶过程中交通事故的道德伦理判断等社会伦理问题广泛存在。尤其是算法高度的不透明性，不少数字化企业在市场逻辑主导下利用算法产生相应的算法垄断、算法共谋、算法歧视与偏见等一系列社会负面问题，基于算法衍生的全新企业社会责任缺失与异化问题成为数智化时代企业社会责任治理的全新内容。

最后，企业社会责任治理范式的创新与变革。由于数字化平台型企业成为全新的微观组织载体，传统企业间关系逐步被基于数字化平台型企业所打造的平台商业生态圈所颠覆（冯华和陈亚琦，2016），企业嵌入社会的路径相应地也发生了较大程度的转变，即从"企业—社会"逐步转变为兼具"企业—社会"与"企业（用户）—平台（平台商业生态圈）—社会生态圈"的双元嵌入路径（肖红军和阳镇，2020b）。相应地，依托平台企业为企业社会责任治理引擎，即立足于平台企业在平台商业生态圈内的平台领导权（罗珉和杜华勇，2018），平台企业能够通过嵌入相应的社会责任制度与社会责任实践议题实现对平台内多元社会主体社会责任认知的引导与价值宣传，基于平台责任审核制度、平台社会责任激励制度、平台声誉制度与平台惩戒制度实现对平台商业生态圈的社会责任治理，并发挥生态圈内不同生态位之间的社会责任行为的互嵌与互治功能，形成全新的基于平台生态圈的平台企业生态化治理范式（肖红军和李平，2019）。

三、数智化时代的算法治理：一种全新的企业社会责任治理对象

（一）数智化时代算法的技术逻辑

随着基于物联网、互联网、云计算、大数据与区块链等新一轮科技革命下的数字化底层技术的加速运用，不管是传统企业还是互联网企业（互联网平台企业与人工智能企业）都在一定程度上运用了嵌入算法的相关产品或者服务，尤其是对人工智能企业而言，算法成为人工智能企业直接性的产品与服务，实现对传统企业的深度赋能，重塑整个行业乃至社会的生产效率。数智化时代的数字业务通过将物理世界与多个物理过程和应用程序的数字网络合并，进而创建一个全新的

基于数字化技术的数字生态系统，这些物理过程和应用程序嵌入了用于感知和交互的智能技术。从这个意义上看，以算法、算力与大数据为内核的智能技术逐步地将人类带入"人工智能社会"。基于自动化与智能化的全新人工智能行业与智能化决策系统能够创建各种流程的虚拟系统进行自动计算、自动分析与自动决策，从而在无须人工干预的情况下做出明智的分散决策。例如，Google 的无人驾驶汽车使用专有算法，将物理对象与传感器相连，以收集数据并将所有内容组合到软件中，以进行传输应用。同样，高频交易使用独特的算法来驱动更高的回报生成决策。以算法为核心技术的人工智能重新定义了传统人性假设，新型"智能人"决策系统将彻底颠覆传统的经济人、社会人甚至共享人。总之，在全新的技术逻辑下，算法能够实现人类未曾实现的精准预测、自动化生产、刑事审判、数据自动分析与自动推理以及道德推理等一系列全新的算法应用场景创新。

（二）数智化时代算法的社会问题与治理重点

1. 算法霸权与算法垄断

算法霸权最早来自于哈佛大学的数学博士凯西·奥尼尔（Cathy O'Neil）的《算法霸权》一书中，该书提出了算法的大规模应用对社会产生的负面危害，这种破坏性是基于算法的无限扩张的社会权利。其内在原因在于算法的运行尤其是自身的逻辑，而应用算法的利益相关方难以对算法的自动推理与决策过程带来相应的干预与控制，导致算法在推理过程中会进行自动学习、自我巩固、自我适应与自我发展，算法自动决策过程中的社会权力也越来越大，成为一种独特的"权力"。尤其是从国家治理的角度来看，数字化平台企业成为一种独特的国家治理微观主体，平台企业基于其在社会的商业影响力与平台商业生态圈的独立领导力发挥对平台所链接的社会的治理效应。正因为大量的企业应用人工智能企业所开发设计的算法，算法渗透的商业场景与社会治理场景也不断扩张，如传统的公共治理平台嵌入相应的人工智能算法自动采集社区居民数据、社区选举、社区安防、社区救济以及档案的自动分类等都是基于算法应用的社会治理场景体现。

但是，在算法深度应用与赋能的过程中，算法基于独特的技术优势实现了传统治理主体的治理权力的转移，算法成为拥有传统治理主体类似的决策权、控制权与高度的社会影响力，算法建构者在特定的动机下会产生算法操纵带来的算法霸权。尤其是算法高度的知识复杂度，导致算法的设计过程被少数掌握人工智能算法开发技术的数字化企业与人工智能企业所主导，主导着算法的设计和研发工作，国家治理、市场治理、社会治理和企业内部治理过程中使用的人工智能算法应用产品与服务平台也被少数掌握算法的企业、企业研发团队与科学家所垄断，少数掌握算法的企业可能在资本逻辑的驱动下为了实现特定目标，会利用算法上的优势来对国家治理和社会管理的过程实施严格的控制，进而衍生出少数企业利用算法进行权力操纵与推行数字霸权（陈鹏，2019），甚至算法在国际化背景下能够重塑国家之间的政治关系，对民族国家的政治主权带来较大的冲击①。从这个意义上讲，算法独裁与算法垄断也由此成为国家治理体系中的治理重点。

2. 算法歧视与算法伦理

从算法的建构与运行过程来看，由于算法本身的自动推理与决策需要高度依赖特定的数据范围的多样性与异质性，即算法需要通过对过去发生的事件、人物以及后果等信息数据进行加工处理，形成相应数据记忆下的固定模式特征，进而基于机器学习与人工对算法进行训练，实现算法的自动推理程序不断优化。从这个意义上讲，算法自动推理与自动决策带来的负责任的价值效应的前提便是数据采集与数据标准的真实性、全面性、公平性与公正性。但是，在现实的商业环境中，由于数据获取的过程中本身就带有人的价值因素，尤其是对于一些文本型数据的加工与处理过程更包含人的价值因素与利益导向，一旦数据采集过程中具有相应的歧视性、排他性的意图，在算法设计之前的数据采集环境就为算法歧视埋下了隐患，算法歧视和偏见使得算法自动推理结果也相应地会产生很大的偏误，难以保证自动推理与决策效果的公平与公正性，导致算法产生的决策效果破坏了社会公正与社会伦理。

实际上，算法歧视与偏见问题在多个应用场景中有广泛的体现，在人工智能算法渗透的新闻行业中，算法歧视性结果非常明显：许多新闻社使用新闻机器人来产生财经新闻，股市数据自动翻译成文本，显然会给相应的新闻媒体与股民带来巨大的伦理挑战。比如，美国部分法院运用的犯罪风险评估算法 COMPAS 是保密的，被告无法质疑其得分的计算过程，但算法判定的黑人犯罪的概率远远高于白人。ProPublica 是一家产生调查性新闻的非营利新闻编辑室，发现 COMPAS 分数被证明在预测暴力犯罪方面非常不可靠（Angwin et al.，2016）。从这个意义上看，算法歧视与算法偏见也由此成为企业社会责任治理中的治理重点。

3. 算法"黑箱"

算法"黑箱"意指算法设计与算法开发中的高度不透明性。从企业社会责任的视角来看，企业社会责任的重要理念之一便是企业所生产的产品及提供的服务对利益相关方保持较高的透明度，进而打造一个与利益相关方高度透明的企业运营管理空间，创造一个与利益相关方信息共享与价值互惠的信任环境，最终促进企业与社会环境的和谐共生。但是，人工智能企业或者互联网平台企业所提供

---

① 正如克里斯托弗·斯坦纳在《算法帝国》中所言"掌握了数据就意味着掌握了资本和财富，掌握了算法就意味着掌握了话语权和规制权"。

的算法服务或者其产品在嵌入算法服务的过程中,算法将相应的决策信息环节推入了一个不可控的"黑箱",即人工智能企业与互联网平台企业一旦嵌入了相应的算法,算法自动计算、推理与决策的过程将难以观测与把握。①

从知识产权的角度来看,算法的源代码信息披露成为企业社会责任披露中的"悖论",一方面企业社会责任导向下要求企业提供高度透明的产品与服务信息,即人工智能企业需要向利益相关方披露相应的算法决策过程,尽可能地让企业的利益相关方知晓算法使用过程中带来的潜在或者现实的负面影响;但另一方面由于算法实质上是人工智能企业与数字化平台企业的核心技术之一,具有高度的知识产权属性与商业机密性,即使是在人工智能企业内部,算法的设计与开发也仅仅是少数研发团队所掌握的相应技术参数,算法的高度复杂性使得研发团队也未必能完全掌握。相应地,社会公众由于知识距离过大导致更加难以掌握算法的自动推理过程,对于算法的源代码的理解具有高度的"黑箱"属性,算法解释具有高度复杂的不确定性,其他利益相关方主体难以清晰观察人工智能企业或者应用算法企业所嵌入的算法涵盖的特定的价值取向与企业的利益因素,导致基于企业社会责任导向下的算法披露处于"悖论"之中。立足于算法的高度"黑箱"属性,数字化平台企业能够在市场逻辑主导下,利用算法产生一系列商业盈利行为,并利用算法的技术外衣掩盖自身的企业社会责任缺失与异化行为,如搜索平台的竞价排名、新闻媒体平台中的虚假新闻推送、外卖平台中的用户消费隐私与消费足迹的隐私破坏等一系列企业社会责任缺失行为。因此,数智化时代的算法透明度治理成为企业社会责任治理的重点内容之一。

四、企业社会责任治理视角下算法治理逻辑的重新审视

(一)企业与社会关系的新逻辑:算法能否成为链接社会的"类企业"社会主体

考察企业社会责任治理的逻辑起点需要回归企业与社会之间的关系定位,即

---

① 算法的不透明性不仅是时间问题,也是涵盖人类认知局限性的问题:庞大的代码和运算规则集在人类的视觉上极难审查,尤其是当预测涉及概率的复杂组合时,算法运行观测过程的困难不仅归因于庞大的代码量或运算步伐,还归因于算法的源代码结构,即结构不良的代码无论其可访问性如何,仍然不透明。同样,计算机科学家和社会学家珍娜·伯瑞尔(Jenna Burrell)总结提出了"技术文盲"的领域,指出编写和阅读代码是大多数人无法获得的专业技能,即对算法的开发设计与运算过程难以理解,造成算法处于一个"黑箱"状态。

回答企业与社会存在何种关系，在不同的关系定位下企业社会责任治理的必要性与合法性也存在差异。从企业与社会的关系视角来看，企业基于经济属性与社会属性的不同逻辑元点会形成异质性的企业与社会之间的链接关系，具体包括企业的商业场域完全脱离社会场域的"企社分离关系"和基于企业社会责任嵌入式实现管理嵌入、议题嵌入与认知嵌入的"企社嵌入关系"，打造基于市场逻辑与社会逻辑双元混合的运营逻辑下的混合型组织，组织的使命追求也变得相对混合，在社会嵌入的方式下企业与社会之间形成交叉性的融合场域（肖红军和阳镇，2019a；邓少军等，2018）。

区别于传统企社关系的逻辑起点依然是立足企业为主体链接的社会场域中的利益相关方范围，在数智化时代，算法成为一种区别于企业战略决策者的独立推理与自动决策的全新主体。在一定程度上，算法已经成为脱离企业之外的单独性的社会要素与生产要素，能够改变甚至替代原有的法律规制而成为社会治理的依据（孙庆春和贾焕银，2020）。在算法自动分析、自动推理与自动决策的过程中，实质上算法便在一定的应用场景之下，基于自身的决策独立性创造相应的经济价值与社会价值。从这个意义上讲，区别于企业基于社会责任嵌入方式有效链接社会，算法不管是在前期的数据采集还是建模开发与设计过程中，都被赋予了人的价值导向，但是在算法运行过程中，算法推理与决策过程便不再被人控制，而是算法基于决策结果控制"人类"，能够基于独立的决策分析能力有效地配置相应的经济资源与社会资源，成为具备社会权利的一种独特性"类社会"主体。相应地，具备社会权利的社会主体也必然需要承担相应的社会责任，即满足与契合Davis（1960）提出的"社会权利—社会责任"的责任铁律。在算法成为独立的具备社会权利或者"法人地位"的"类企业"决策主体的情境下，传统的基于企业为治理对象的企业社会责任治理便演变为基于算法为治理对象的算法治理，算法建构与开发过程中的透明度治理、算法创新过程中的责任创新治理以及算法应用过程中的算法社会环境影响评估成为算法治理的重要议题。更进一步地，由于算法具备社会权利，将以全新的形式嵌入社会并影响社会，将算法治理的治理主体场域放置于算法应用与渗透中的社会场域之中，传统基于算法开发企业的个体责任式创新与社会责任治理逐步演变为多边式的平台生态化治理，即社会用户、政府与社会组织以及算法研究机构形成了一个算法治理的平台生态圈，基于跨生态位互治与网络化共治推动解决一系列算法决策衍生的企业社会责任缺失与异化问题。因此，在企业与社会关系视角下，算法能否具备社会权利成为企业社会治理视角下算法治理的逻辑起点之一。基于此，本章推演出以下命题：

命题1：数智化时代，企业社会责任治理视角下的算法治理的逻辑起点需要重新审视算法与企业、算法与社会之间的关系，算法具备社会权利成为链接社的"类企业"社会主体是基于企业社会责任治理视角下算法治理的逻辑起点之一。

（二）企业社会责任管理与实践决策主体合法性的新逻辑：智能机器人能否成为新型企业社会责任实践决策主体

合法性被普遍认为是组织的当前行为适当或可以接受的普遍假设（Dimaggio and Powell，1983；Scott，2001），算法治理作为嵌入算法决策主体的一种行为也需要具备相应的合法性前提。自企业社会责任的合法性确立以来，即企业履行社会责任成为被相应制度规范与社会认可的一种状态，企业社会责任管理与实践的背后是企业战略决策者的有效决策与整个组织内部系统的有效配合，包括企业内部合法性与外部利益相关方合法性。相应地，企业社会责任治理的主体包括基于企业个体（内部治理机制）为主体的原子式治理，即企业内部通过制定相应的企业社会责任治理机制；也包括外部社会场域中的利益相关方对企业社会责任决策行为外部的压力式治理，保证组织的社会责任管理与实践行为和决策行为具备内部与外部双重合法性（阳镇和许英杰，2017；阳镇等，2020）。

传统企业社会责任管理与实践决策主体本质上是企业家或者高管团队，而数智化时代人工智能机器人成为具备自主决策的全新主体，与其他技术相比，算法被称为具备企业战略的决策者与实施参与者的全新决策主体（Tufekci，2015）。根据社会技术研究（STS）学者 Madeleine Akrich 所言，技术的设计是对技术在物质和非物质参与者网络中的工作方式的预测。算法在既定的考虑因素模型下能够基于相应的数据集进行自动分析与自动决策，做出符合社会价值导向与利益相关方价值期望的决策。相应地，一旦被嵌入算法的"智能机器人"作为独立的决策主体获得社会合法性，便有了相应的追责治理过程，即算法决策带来的负面社会问题需要追溯承担责任的主体与问责治理机制。一般来说，问责机制是一种制度安排（具有社会、政治或行政性质），组织或个人可以承担由组织或者个体（战略领导者、高管团队与员工）在决策过程或者决策结果层面带来的负面社会问题的责任，即具备责任决策的问责主体（Bovens，2007）。

因此，从企业社会责任管理与实践主体的角度来看，算法治理的逻辑起点在于"智能机器人"能否具备具有企业社会责任管理与实践主体意义上的社会合法性。在具备企业社会责任管理与实践主体地位的情境下，算法嵌入的"智能机器人"能否具备承担由于决策带来的负面社会影响的责任追究问题，即算法自动推理决策所面向的利益相关方能否对算法嵌入的"智能机器人"进行问责，其面向的利益相关方是否对算法决策带来的决策结果产生利益相关方认同与社会认同关系到智能机器人做出的社会责任管理与实践决策的合法性。因此，在算法具备企业社会责任管理与实践主体地位的决策主体合法性（市场合法性与社会合法性）情境下，算法嵌入的"智能机器人"已经拥有类似企业社会责任管理与决策过程中的问责机制，对于算法建构、自动决策与算法决策应用过程所带来的一系列算法歧视、算法偏见、算法霸权与算法垄断等负面社会问题的担责主体不仅包括传统意义上的企业，还包括算法嵌入的"智能机器人"成为类似企业意义上的全新决策问责主体。[①] 从这个意义上看，算法能否具备社会权利成为企业社会责任治理视角下算法治理的逻辑起点之一。基于此，本章推演出以下命题：

命题 2：数智化时代，企业社会责任治理视角下的算法治理的逻辑起点需要重新审视嵌入算法的"智能机器人"的决策主体合法性，"智能机器人"具备履责管理与实践主体的合法性成为基于企业社会责任治理视角下算法治理的逻辑起点之一。

（三）企业社会责任内容维度的新逻辑：算法治理责任能否成为企业社会责任内容模型中的全新维度

从企业社会责任内容维度来看，自企业社会责任概念被提出以来，围绕企业社会责任内容维度的争议性研究便由此开始，即回答企业到底应该承担哪些社会责任与对谁承担社会责任等理论议题。从学术界对企业社会责任的内容维度模型的研究来看，Carroll（1979）的企业社会责任金字塔模型提出企业社会责任包括经济责任、法律责任、道德伦理责任与慈善责任。美国经济发展委员会于1971年提出的企业社会责任三个责任同心圆，说明了社会对企业的价值期望。Freeman（1984）提出的利益相关方理论，则直接指出了企业社会责任管理与实践主体在于"经济人"与"社会人"的双元复合属性，企业承担社会责任的内容维度也由单纯的股东经济责任观，转向了涵盖面向员工、供应商、客户、社区、政府与环境等多元利益相关方的社会环境责任。Elkington（1998）提出了三重底线理论下的企业社会责任内容维度模型，认为企业社会责任可以分为经济责任、环境责任和社会责任。可以看出，传统企业社会责任内容维度模型基本围绕利益相关方的经济责任、社会责任与环境责任予以划分。

但是，在数智化时代，传统企业组织被基于互联网平台的平台型企业与基于

[①] 当算法具备社会权利成为独特的决策主体时，应着重区分两类企业社会责任缺失行为：第一类是基于算法机器人在技术执行过程中本身的"算法黑箱"的不确定属性，最终产生对社会应用者的决策利益受损的"意外后果"，此类社会责任缺失行为是"算法"这一"类决策"主体引发的企业社会责任缺失，对于这类算法机器人引致的社会责任缺失行为的担责主体需要追溯算法这一决策主体本身。第二类是算法机器人开发企业（人工智能企业）在开发设计与建模过程中，算法开发者的搜集数据、训练算法与优化评估算法的可能决策影响嵌入了企业自身的市场逻辑主导的利益最大化行为。

算法驱动的人工智能企业所渗透与颠覆，互联网平台型企业与人工智能企业成为链接经济社会资源的独立微观组织个体（肖红军和李平，2019）。区别于传统企业，互联网平台企业具备独特的双元属性，即一方面作为商业运作平台需要打造具有责任导向的商业公共交易市场，另一方面作为社会配置平台需要对平台所链接的社会资源予以优化配置，推动平台商业生态圈内的多元社会主体更好地承担社会责任，实现平台商业生态圈有效地嵌入社会生态圈，进而平台型企业在商业生态圈中扮演公共治理者的重要角色。相应地，企业社会责任治理责任成为平台型企业区别于传统企业社会责任内容维度的重要构成（阳镇，2018）。就人工智能企业而言，其直接性的产品与服务便是算法或者算法嵌入的相应产品与服务，但是由于算法的高度不透明性与不可控性，应用算法或算法嵌入的产品与服务的利益相关方需要更好地知晓算法决策带来的可能与潜在负面后果，避免算法应用过程中带来的算法歧视、算法偏见与算法垄断等负面社会问题。从这个意义上看，人工智能企业的企业社会责任内容维度应当涵盖对算法的治理责任，尤其是对于算法可能带来的负面后果的源头式治理责任，即更好地以技术中立系统性转向技术向善，立足于算法解释有效地向利益相关方披露算法可能带来的负面问题。[1] 因此，在企业社会责任内容维度视角下，算法治理责任能否成为企业社会责任内容模型中的全新维度是企业社会治理视角下算法治理的逻辑起点之一。基于此，本章推演出以下命题：

命题3：数智化时代，企业社会责任治理视角下的算法治理的逻辑起点需要重新审视全新微观组织（数字化平台企业与人工智能企业）的企业社会责任内容维度，企业社会责任维度中的算法治理责任是企业社会责任治理视角下算法治理的逻辑起点之一。

---

[1] 企业社会责任治理视角下的算法透明度治理包括源头与运行后果两个层面的治理：从源头层面来看，数智化企业尤其是算法开发与设计建模企业必须对算法的数据来源、数据收集标准以及基于收集数据的算法学习训练标准（数据分析处理过程）予以合规化披露。从算法的运行后果来看，算法自动化决策的不可控以及不确定性决定了需要加强对算法可能运行结果的披露，即对加强算法建模主体与其他算法嵌入产品的使用主体（利益相关方）以及所处的社会环境等层面的算法运行的结果的影响因素以及可能的结果评估进行社会化披露。

理论应用篇

企业社会责任治理理论的情境应用

第六章 算法治理的理论分野与融合框架[*]

一、引言

新一轮技术革命包括以人工智能、区块链、云计算、大数据、边缘计算、联邦学习、图计算为代表的技术的深入演化,催生了全新的数字智能经济。就人工智能而言,算法是人工智能经济领域下的核心技术或者核心要素,算法、算力和数据是构成人工智能驱动的数字智能经济与数字创新的关键基本要素。区别于算力和数据,算法具备人的创造性以及可编程性,数字智能时代下的数字经济在一定程度上被算法所设计以及影响,算法在提高生产效率、助力企业决策活动的过程中也产生了诸多的社会伦理隐忧与负面社会问题,算法设计失当与算法使用失当并存引发了诸多算法污染问题,触动着社会公众的神经并影响着社会正常生产与生活秩序,导致多次对合法性产生挑战,亟待学术界重新审视算法技术的特殊性以及治理的全新理论基础。

从算法治理的研究来看,算法治理属于一个全新的研究领域,涵盖了法学、经济学、管理学、社会学、新闻学以及技术哲学等多学科领域的综合研究。学术界围绕算法治理的研究主要包括四个层面:第一个层面是算法治理的主要议题研究,包括算法黑箱、算法歧视、算法共谋和算法操纵等,围绕上述议题针对性地开展治理机制设计与相应的规制政策设计等的研究。第二个层面是算法治理与公共规制的基本范式、主要模式以及相应实现路径的研究。第三个层面是将算法作为企业的一种全新的企业责任且引发算法责任的相关研究,包括算法责任的主体、责任对象、责任内容、责任程度与责任机制等方面的研究,围绕算法责任治

---

[*] 本文原载于《科学学研究》2023年第5期,有修改。

理为中心开展相应的治理机制设计与治理范式选择。第四个层面是将算法技术作为企业社会责任治理中的新的治理维度，纳入企业社会责任治理的内容框架。总体而言，目前学术界既未能阐明算法技术作为治理议题的特殊性的前置性逻辑起点，即需要明晰算法作为一种技术元素或者决策系统，其技术的特殊性问题；也未能搭建面向算法技术治理的综合性理论框架，难以为算法治理提供前置性的理论基础遵循，进一步导致算法治理目前处于一个多学科的杂交状态，难以寻求算法治理的理论主线。

基于此，笔者重点研究作为企业的一种技术要素，算法的特殊性问题，进而明晰以企业为算法技术开发与应用的算法治理的基本内涵与内容维度，在此基础上厘清多理论视野下算法技术治理的治理焦点与内在过程，并从企业价值链与创新链的视角提出多理论视角的融合框架，最终为算法技术治理寻求企业层面的综合性解决思路。本章研究的贡献在于在理论层面突破了算法治理的多重迷雾，从企业层面为算法技术治理提供了基础性的理论框架，在实践层面为企业与相关公共部门设计相应的算法治理政策规制提供了相应的政策参考。

二、算法技术的特殊性以及算法治理的理论逻辑

（一）算法技术及其特殊性

算法是数字经济时代下的基本技术元素以及技术基础，也是数智社会的基础语言。目前学术界对算法的定义尚未统一。其中较为广泛认知的狭义概念是算法作为一种数学模型的程序性表达，通过计算语言的设计实现特定结果的自动输出，从这个意义上讲，算法是数学模型的系统性程序设计与计算系统。但广义的算法超越了数学或者计算机范畴，在企业决策领域，算法涉入决策过程之中主要是因为其对传统理性人决策的替代或者辅助，算法扮演了企业决策的"智能机器人"角色，其理性程度取决于算法开发设计者的理性程度、算法模型训练及学习过程中的可控程度。基于此，算法不仅是一种技术元素或者计算系统，更是承担企业决策的"代理人"，在数智化时代能够实现自我决策、自我评估以及自我分类等系列过程；算法技术也不仅是作为一种传统硬科技，而是作为一种人机交互意义的独立技术系统而存在。从决策视角来看，OECD对人工智能算法进行了分类，提出监控型算法（Monitoring Algorithms）、并行算法（Parallel Algorithms）、信号算法（Signalling Algorithms）及自我学习算法（Self-learning Algorithms）。这四类算法自身拥有的决策权逐步扩大，人的控制程度以及赋能程度逐步降低。从

涉入企业决策的主要算法类型来看，主要包括定价决策类算法、推广营销类算法、排序类算法、搜索类算法、机器学习类算法、路径规划类算法、辅助决策类算法等多种类型，不同类型算法在不同的商业场景中具有不同程度的体现。

算法技术不同于一般性技术，其涉入企业技术系统之中存在一定的特殊性，其主要包括三个方面：第一，算法技术的社会嵌入性，不同于工业时代或者农业时代的技术，算法技术表现为工具理性特征，但是具备高度的社会道德与伦理属性，表现出与人的交互项以及主体性，在强人工智能时代能够单独作为独立意义上的决策人而存在，即以算法技术独立嵌入社会并影响社会，表现出强社会嵌入性（阳镇和陈劲，2021）。第二，算法技术决策结果的非价值中立性或者技术非中性。算法技术不同于一般性技术或者其他关键核心技术，算法技术具备人的道德、情感以及认知的嵌入性，能够形成一定程度的价值观，表现为算法决策过程中的参数判断、决策结果呈现的自主性，算法技术参与企业决策会形成预期和非预期的意外后果。尤其是机器学习型算法具备自我强化与学习属性，在不可预见的环境下其决策结果具有较大程度的不确定性。因此，算法技术并非完全中立的技术系统，具备一定的工具理性以及价值理性，二者之间的相互博弈会产生意外后果甚至社会风险问题。第三，算法技术的权力属性。区别于传统技术，算法技术具备一定程度上的社会权力，原因在于算法参与社会建构以及影响社会，包括影响社会的治理规制、治理系统以及参与国家治理等，尤其是在算法技术超越单一辅助决策的"代理人"属性走向"自能体"属性时（肖红军，2022），算法技术在社会中的支配权力越来越大，当算法技术从技术走向权力系统时，治理算法也成为国家治理的重要议题，形成面向算法权力的存在场域、权力范围与边界以及权力影响程度的治理。

（二）算法治理的基本内涵与主要治理维度

算法治理是以算法技术为治理对象，通过相应的治理主体开展对算法技术参与决策过程以及算法技术外部性的治理，其目的在于提高算法技术决策的公开性、透明性及可靠性，促进算法技术产生持续的正外部性。但是算法技术治理由于融合了人的因素形成了"人—算法技术决策系统"，因此算法治理不仅仅是面向技术的治理，也包括面向算法技术开发与使用的主体人以及其他社会性主体的治理。

正因为算法技术的特殊性以及治理议题的多元复杂性，算法治理的内容维度也具备多重性，其至少包括四个治理维度：第一重维度是算法技术开发中人的治理，由于算法开发与使用本质上属于人的行为，人的价值导向以及观念无形之中注入到算法运用与开发设计过程中，因此，算法治理的第一重维度是对人的治理，要求算法开发与设计者融合相应的技术工具理性与人的价值理性，确保算法运用与开发设计过程不涉及争议性伦理场景或者违背社会伦理道德。第二重维度是算法技术本身的标准治理。算法技术的形成并非一蹴而就，体现为多种技术的集合特征，包括数据标记、数据处理、数据分类以及机器学习等多种技术参数标准，任何元素或者参数的技术失范都会对算法技术产生系统性影响，降低算法参与决策结果的有效性。第三重维度是算法技术涉入企业的算法责任治理。此时算法技术已经成为企业的一种基础性技术元素或者技术系统，成为企业影响利益相关方及社会的重要工具，甚至替代企业独立开展管理决策，此时会衍生类似人决策意义上的算法责任问题，算法责任也成为企业社会责任中的全新内容维度。因此，算法治理的第三重维度是企业的算法责任治理，包括面向算法开发与应用的人工智能企业与数字企业，应确保企业开展算法开发与应用能够为企业利益相关方创造正外部性，实现企业嵌入算法的良性技术系统构建。第四重维度是算法技术涉入社会的治理，此时算法技术表现为社会技术系统，能够成为社会中的权力主体而存在，具备一定的社会意义与社会功能，因此算法治理的重要议题是确保算法权力的崛起不对人的主体性与权力性造成破坏或者削弱，形成面向算法技术权力的社会治理。

三、多重理论视角下的算法治理：理论分流与焦点议题

（一）技术治理视角下的算法治理

技术治理理论起源于西方，西方思想家培根对技术治理思想进行了探索，认为技术专家能够参与国家治理，随着技术的发展，技术专家的影响力越来越大，技术能够有效参与到现代国家建构以及社会治理之中，这一过程需要对技术的应用范畴、边界以及价值目标进行治理。从新兴技术的视角来看，新兴技术的产业与发展存在系统性以及不确定性的风险，其中一个重要的风险便是社会道德伦理以及技术负外部性问题，技术的进步存在两面性问题，即尽管可能带来经济效应与社会治理效率的改善，但是其本质上依然存在一定的技术负面效应。因此，技术治理强调的是对技术负外部性的反思以及治理，且治理的逻辑起点是善治，即构建一种和谐有序的社会关系与生产关系。当技术嵌入国家、嵌入社会以及嵌入企业生产的过程中时，如何驱动技术与国家治理、社会治理以及企业治理同频共振显得尤为重要。

在技术治理视角下，算法技术本质上属于新兴技术治理的范畴。算法技术是第三次工业革命下计算机技术与互联网技术深化发展的创新结果。在技术治理范畴下，算法治理的主体至少包括三个层面：第一个层面是以政府为中心对算法这一新兴技术的治理，其关注的主要议题是算法作为一种新兴技术可能产生的公共负外部性，因此需要进行治理与监管，并且算法技术目标主要应用在算法应用的核心场域即平台经济场域之中，平台企业是政府开展算法治理过程中重要的监管对象，即重点关注平台企业的算法技术应用对消费者福利、对社会整体福利以及公共外部性的影响。第二个层面是以社会媒体与社会公众为中心对算法技术开展社会治理，社会治理主要的机制是通过社会舆论效应以及评价引导效应引导技术应用的相关主体重视技术本身的社会伦理属性。以社会媒体与社会公众为中心的算法技术治理的焦点议题主要是技术的伦理性与道德性。比如，自动驾驶汽车的自动驾驶算法是否对人的生命安全以及社会伦理产生相应的技术风险等开展媒体舆论引导以及社会评价。第三个层面是以企业为中心的技术治理，此时技术治理主要表现为企业对技术中心的治理，包括技术竞争中心、技术功能中心、技术责任中心以及技术价值中心等的系统性治理，确保技术开发与应用过程在能够满足工具性的同时具备社会价值维度。相应地，在以企业为中心的技术治理视角下关注算法技术在技术竞争与技术应用责任等方面的负面后果。

（二）责任式创新视角下的算法治理

责任式创新理论在 21 世纪被欧洲学者所提出，其理论的逻辑起点在于围绕创新而非围绕技术，技术的产生与迭代属于创新的过程，但是创新的过程始终围绕并深刻嵌套于经济转型与社会发展过程之中。创新不仅面临市场失败，即所谓的"死亡之谷"，也面临社会失败，即创新过程中的负外部性问题，引起社会公众对技术创新的强烈质疑与社会合法性挑战。从责任式创新的理论维度来看，国内外学者对责任式创新的维度莫衷一是，包括 Stilgoe 和 Owen（2013）提出的预期（预测）、反思、包容与响应的四维度框架，Stahl（2013）提出的行为主体—活动—规范构成的责任式创新三度空间框架，Sutcliffe（2011）提出的创新的效益、创新的过程开放度与透明度、创新评价的社会合法性等维度，梅亮和陈劲（2015）提出的预测性、响应性、自省性以及包容性的四要素内容框架。总体而言，责任式创新本质上关注的是创新的过程以及创新的结果，期望创新的过程能够实现高度的开放透明以及利益相关方共同参与，尤其是对于一些具有潜在社会风险与社会伦理道德隐患的技术创新更需要引入更多的利益相关方参与集体评估。

相应地，在责任式创新视角下，算法技术治理主要表现为算法技术创新过程与结果的系统性治理,对于算法技术创新的治理主体主要是政府、企业及其他利益相关者,其中不同治理主体在算法技术创新过程中所关注的治理议题具有较大程度的差异性,具体来看:以政府为中心的责任式创新治理主要关注算法技术创新过程中的数据标准、训练标准以及决策影响评估的多维治理,协调技术参与者、技术专家以及专业性社会组织开展面向算法技术创新过程中的重大社会风险与社会伦理道德评估,通过制定统一的技术标准与治理准则等,推动开展算法技术创新的各类企业以及研究机构实施责任式算法技术创新,更好地提高算法技术创新过程的预见性、社会响应性以及结果评估的社会合法性。以企业为中心的责任式创新治理本质上属于对算法技术创新的自我治理,属于创新过程中的自我道德觉醒以及创新行为纠偏,其立足的主要机制是市场合法性与社会合法性的多重合法性倒逼机制,关注的议题主要是算法技术创新过程中可能的负外部性,通过增强算法决策结果的预见性逆向提升算法源头创新过程中的社会伦理属性以及责任属性,确保算法技术创新过程对利益相关方真正负责任。

(三) 企业社会责任治理视角下的算法治理

企业社会责任的逻辑起点是回归企业的社会价值本位或者综合价值本位,将企业看作社会的细胞以及社会资源配置的基础设施,通过企业自我社会责任认知以及外部企业社会责任舆论引导推动企业开展社会责任管理以及议题实践。然而,企业开展社会责任实践并不是持续存在的,在市场逻辑本位下存在企业社会责任的断点效应、抛锚效应以及不连续效应。基于此,企业社会责任治理是通过相关正式制度与非正式制度安排,系统推进企业开展社会责任管理与实践,最大程度地增进企业履行社会责任的意愿与动力以及最大程度地降低企业机会主义倾向,避免企业社会责任缺失与异化行为,提高企业社会责任的正外部性功能,实现企业社会责任的可持续性。从这个意义上,企业社会责任治理在算法技术应用的情境下产生了全新的企业责任即算法责任。算法责任包括算法技术作为企业决策直接执行者的责任、作为辅助决策者的算法责任与作为主要决策者的算法责任,以及在强人工智能时代作为完全决策者或者独立决策者的算法责任,在不同层次算法责任下其体现的责任主体、责任对象、责任内容以及责任程度具有较大的差异性。

综合来看,企业社会责任治理下的算法治理的核心过程表现为其以企业为中心或者企业利益相关者为中心开展对算法责任的纠偏、引导以及评价等系列功能,引导企业面向不同算法决策程度开展相应的算法责任治理活动,包括对算法决策引起的决策缺陷、系统失误、人的决策价值偏差等活动开展算法责任治理。因此,在企业社会责任治理视角下,算法责任治理成为企业社会责任治理的全新内容维度，也是数字经济时代数字企业社会责任的重点议题，需要通过企业社会责任融入机制、负责任算法开发与设计机制、算法决策过程的敏捷性治理机制以及算法决策影响的评估与问责机制等多重治理机制开展算法技术治理，实现"算法—社会"以及"企业—算法—社会"的多重嵌入社会责任的路径构建。

四、算法治理的多理论融合框架：基于创新链与价值链的双重视角

当算法成为数字经济时代下企业的一种基础性技术元素，算法必然成为技术要素或者基础性生产要素涉入企业的价值链与创新链之中，这意味着算法技术治理需要将治理层次从技术本身转换到企业层面的价值链与创新链之中，更好地透视算法技术在企业层面的价值流动过程与影响范围，评估算法对企业与利益相关方的价值影响。

（一）基于创新链视角下的算法技术治理

企业创新链是描述企业技术如何产生以及实现商业化的基本过程，具体包括企业研发设计、概念测试、生产制造以及产品化与产业化等多个阶段，创新链各个环节的传导本质是从创意想法到原型设计，最终实现技术商业化的过程，且技术商业化的载体是嵌入相应技术的产品或者其他服务等。从这个意义上讲，算法技术开发与算法技术创新过程本质上需要回归企业的创新链，从创新链的基本传导流程与基础环节重新思考企业与各类创新主体之间的关系以及企业创新的意义与价值。相应地，创新链下的算法技术治理在于融合技术创新过程论以及企业技术创新使命论等多理论视角，对算法技术创新的意义与使命、算法技术创新的基本过程、算法技术应用与产品服务的价值等多维度开展全方位的治理。从算法技术创新的意义与使命来看，算法技术的开发需要遵循意义引领下的创新范式，引导算法开发与设计人员（科学家、研究人员以及企业技术人员）明晰算法技术对社会、对企业以及对国家与人民的重大意义，避免算法技术创新使命导向偏离人本意义、偏离社会发展与进步以及偏离国家创新能力的提升。因此，聚焦意义与使命的算法技术创新链治理主要是对算法设计与开发的源头（科学家、技术人员与企业）的多重主体开展使命治理。

从算法技术创新的基本过程来看，其主要涉及对算法技术开发的数据收集与分类标记、算法模型的迭代与训练以及算法技术嵌入的产品与服务等技术创新过程开展系统性治理，尤其是在算法技术创新的基础数据方面需要强化数据收集、

数据标记以及数据分类的技术标准与社会伦理规范，提升算法技术创新过程中技术向善属性以及技术开发透明度属性，在技术创新过程中引入相应的利益相关方参与机制提升算法技术创新过程的透明度，在部分可透明领域打开算法技术创新"黑箱"，以责任式创新视野下的责任式创新治理以及企业社会责任治理视野下的算法责任治理重塑算法技术创新过程；在算法技术应用与产品服务的价值维度（产品化与商业化阶段），算法技术治理的重点是产品对企业价值、产业发展、社会伦理、社会福利等的具体影响，强化算法技术创新最终产品化的社会影响评估，即确保算法技术创新不涉及或者不违背伦理场域与破坏社会整体福利（见图6-1）。

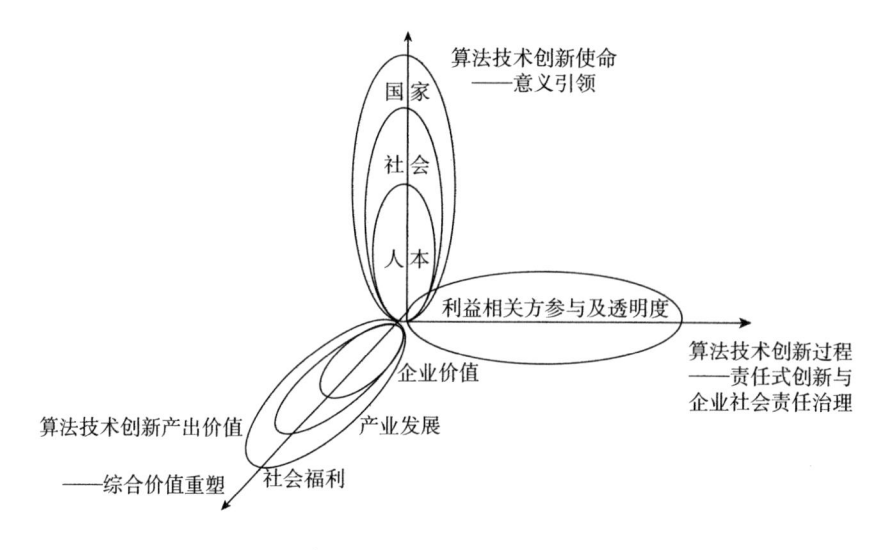

图6-1 "创新链"视角下的算法技术治理的三维框架

（二）基于价值链视角下的算法技术治理

企业价值链是描述企业价值如何产生的系列过程，具体包括企业生产活动、销售活动、管理活动以及研发活动，其主要满足市场目标实施过程中的内部价值传导活动，包括基本活动与支持活动等。当算法技术涉入企业的价值链之中，意味着算法技术能够改变企业价值创造的基本范式，如算法技术涉入生产过程，意味着具备智能意义上的智能制造范式对传统大规模流水线或者温特制的替代，其立足于智能感知、智能交互以及智能生产等与企业的销售端、设计端产生敏捷感知与数据传输，实现智能化时代的大规模定制与个性化定制等多种生产方式并存。理解价值链视角下的算法技术治理需要回归企业价值创造的基本范畴，即明晰企业为谁创造价值、创造何种价值、如何创造价值等基本问题的答案。在价值链视角下，算法治理的具体维度包括逻辑起点维度、价值创造过程维度以及价值创造结果维度三个维度（见图6-2）。具体来看，首先，算法技术治理的逻辑起点维度是确保算法技术涉入价值链过程中的综合价值最大化而非经济价值最大化，算法技术涉入尽管是企业市场逻辑下的技术选择或者技术扩散行为，但其应用到企业价值链过程中本质上属于为企业价值创造服务，其最终目标是对企业价值创造的迭代与创新。在综合价值创造导向下，算法技术开发与应用需要服从于综合价值最大化的基本目标，如面向互联网平台企业的定价类算法尽最大程度地降低"杀熟"倾向与可能性，避免消费者剩余被最大程度剥削，尽可能地减少剥削型的定价算法在消费者决策领域的开发应用。

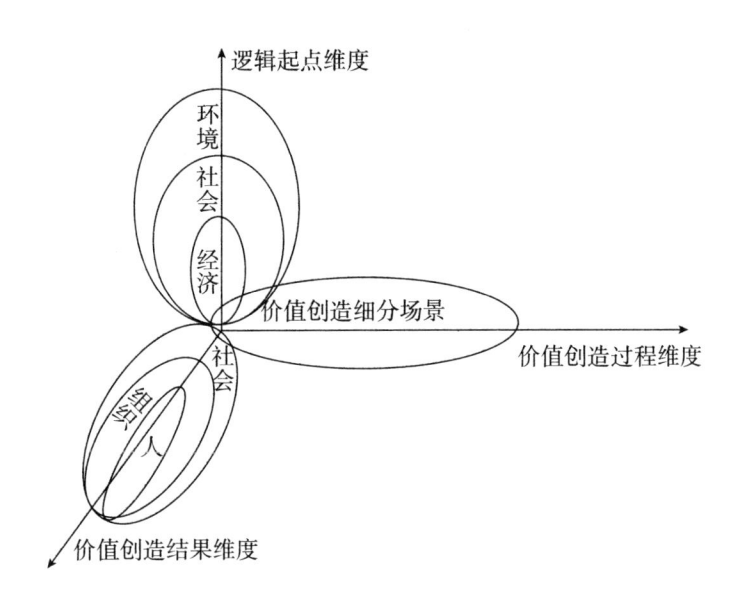

图6-2 "价值链"视角下的算法技术治理的三维框架

其次，算法技术治理的过程维度是面向企业价值创造链条的各类场景与业务的综合治理，即面向价值创造场景与细分业务为算法技术治理的治理情境，构建面向不同场景下的算法技术治理的综合治理方案。其原因在于算法技术在不同的价值创造场景以及细分业务领域中算法技术涉入的程度、算法技术应用的主要类型与对相应利益相关方的影响具有差异性，构建面向价值创造场景的差异化治理方案需要合理评估算法技术在价值创造场景中扮演的主要角色（决策主体还是辅助体)、主要功能(定价、优化、预测、计算、追踪、分类等)、主要利益相关方以及相应的影响程度(负外部性高、中、低)等,进而构建面向企业价值创造场景的算法治理框架。

最后,算法技术治理的结果维度主要是面向算法技术涉入价值链相应价值环节的具体影响,包括对人的影响(人的自主性与创新性)、对组织的整体影响(组织声誉、组织绩效等)以及对社会的影响(社会福利与社会评价),避免算法技术产生对生产环节的劳动过程过度压榨与控制、对销售服务环节的消费者剩余的剥削以及对组织管理活动中人的自主性的剥夺等负面影响。

第七章　数智化时代的企业社会责任创新与治理[*]

一、引言

新一轮数字革命下的移动互联网、大数据、人工智能、区块链等数智信息技术的发展不仅塑造了全新的经济形态，也为传统产业深度赋能，数智化时代的数字技术高度渗透性与社会化为经济社会的新一轮变革与深度大转型提供了技术基础，人类由传统工业经济时代向数字信息技术驱动的平台经济与数智社会转变（冯华和陈亚琦，2016）。在微观企业层面，数智化时代的突出产业组织与微观企业组织的变革在于平台组织引领了整个新经济的不断向前发展，平台型组织以万物互联与高度社会化的资源配置重塑了整个社会的生产率，打破了传统企业组织生产与服务过程中的时空限制，基于用户网络效应打造全新的平台商业生态圈进而创造了巨大的经济价值。尤其是数智化时代下的人工智能技术迅速发展，对传统产业进行深度赋能的同时，也与互联平台组织的网络化资源配置不断深度融合，人工智能企业成为基于算法、数据与算力驱动下的全新微观企业组织，在人工智能技术的驱动下，基于算法嵌入的产品与服务成为智能化生产与智能化决策的重要应用场景，基于机器学习、智能数据挖掘、算法分发等人工智能技术深入为各类组织的自动生产、自动决策与自动化销售提供了技术与组织支撑，"智能机器人"也成为区别于传统道德主体与法律主体的全新"行为主体"，对于"智能机器人"的监督与控制正变得可能。

但是，数智化时代也产生了大量的经济社会问题，突出地表现在平台经济领域与人工智能领域中的社会问题（肖红军和阳镇，2020b）。其中，平台经济领

---

[*] 本文原载于《上海财经大学学报》2020 年第 12 期，有修改。

域中平台型企业社会责任缺失与异化问题层出不穷（肖红军和李平，2019）。一方面体现为平台型企业在经济价值空前膨胀的市场逻辑导向下，平台个体之间基于"赢者通吃"的商业竞争逻辑引发的恶性竞争问题、平台对用户的隐私信息倒卖泄露、平台流量寻租与信用交易等平台个体社会责任缺失与异化问题（阳镇和许英杰，2019）；另一方面表现为平台型企业对平台内双边用户的责任缺失行为层出不穷，如"ofo 摩拜单车用户押金难退"、直播平台"嘿秀"女主播"脱衣服"等不雅内容，以及引诱观众使用平台道具打赏服务以吸引用户参与平台价值共创等平台用户社会责任缺失与异化问题触动社会公众的神经，并深刻影响着整个平台商业生态圈的价值创造的可持续性，引发一系列对平台经济与共享经济下商业模式的"灵魂拷问"（肖红军，2020a）；同时，在共享平台内，由于用户缺乏可持续的消费理念而引发平台价值共毁（Value Co-destruction），随之带来的问题是平台情境下的平台型企业社会责任问题成为学术界与企业界关注的焦点（肖红军和李平，2019；阳镇等，2019）。在人工智能领域，由于人工智能企业的特殊性，其在具备一般传统企业的生产运营特征之外，由于算法本身的特殊性即算法开发过程中的"黑箱"属性，导致算法使用者与算法提供者之间的信息不对称严重，产生基于算法的社会割裂与社会信任问题，人工智能下的算法自动推理与自动决策带来的社会伦理与道德规范挑战深刻拷问着人工智能社会的未来前景；同时，基于算法引发的一系列企业社会责任问题也日益凸显，包括算法歧视、算法偏见、算法共谋与算法垄断带来的社会福利损失正成为人工智能企业以及应用人工智能算法的各类微观组织面临的企业社会责任治理的全新议题（汪怀君和汝绪华，2020）。

从现有的研究来看，对于新一轮数字信息技术驱动下的技术变革引发的经济形态重塑、经济效率改善、微观企业组织变革与生产方式的变革引发了学术界的大量研究与广泛关注（王梦菲和张昕蔚，2020；陈冬梅等，2020；吕文晶等，2018），同时也有学者注意到平台组织社会责任逻辑起点与内容维度的特殊性以及平台企业社会责任治理范式的特殊性（肖红军和阳镇，2020a）。但是，鲜有研究对数智化时代的企业社会的基础性理论以及相应的实践与治理范式所带来的全新变革进行详尽分析，对数智社会下全新企业社会责任主体、企业社会责任管理与实践组织载体、企业社会责任内容维度以及企业社会责任实践与治理范式缺乏系统性分析，未形成整合性的逻辑框架。笔者基于上述研究缺口，系统研究了数智化对企业社会责任带来的创新与变革，对企业社会责任主体、组织载体、内容维度、实践范式与治理内容的深度变革进行了全方位的理论研究，尤其是对算法驱动下的企业社会责任治理由治理企业本身的社会责任缺失与异化行为转向了治理算法建构与算法应用带来的算法歧视、算法偏见、算法透明度以及算法共谋带来的社会福利损失与负面社会问题进行分析；更进一步地，立足于算法治理成为数智化时代企业社会责任治理的关键内容，基于企业社会责任治理的全新理论视角，笔者进一步提出了算法驱动下的人工智能企业社会责任治理需要基于算法设计与开发者的个体赋权治理、基于人工智能企业的利益相关方（政府、人工智能协会与应用算法企业）协同治理以及基于数智化平台企业的牵引式治理三类治理范式重塑算法治理的全新逻辑，实现数智化时代的企业创造可持续的综合价值。未来，笔者将对数智化时代企业社会责任的基础性理论与实证研究两个层面予以深化探索，进而重新认知数智化时代下企业社会责任的全新底层理论逻辑，重塑数智企业社会责任实践的制度环境以及重构数智企业社会责任评价与认知体系。

二、数智化时代的突出经济变革与全新社会问题

（一）数智化时代对传统产业的重塑与新经济形态的引领

对于数智化的定义范畴主要是从技术革命（工业革命）的视角予以解析（陈冬梅等，2020；吕文晶等，2018），认为人类社会大致经历过三次显著的整体性技术范式变迁，即第一次工业革命中的"蒸汽机"技术的机械化生产方式，推动传统农业社会中的手工作坊演变为工业经济时代的以机械化为动力系统的工厂组织，人类社会从传统农业社会逐步迈入工业社会；第二次工业革命中的发电机、内燃机、电动机等技术载体为大规模流水线生产奠定了技术基础，使人类由"蒸汽时代"迈入"电气时代"；自20世纪后期，尤其是人类步入21世纪以来，以计算机、移动互联网、大数据、区块链与人工智能等数字信息与智能技术为基础的新一轮技术变革将人类从传统的农业社会与工业社会带入"数智社会①（数字社会与智能社会）"。新一轮技术变革引发生产方式与劳动方式的根本性转换，尤其是在数智技术中，以智能化与数字化（算法、算力和数据）驱动的人工智能与大数据技术为大规模个性化定制提供了广泛的契机，重塑了传统制造行业的生产效率。相应地，基于产品主导的生产效率逻辑被基于用户主导的服务主导逻辑改变，且人工智能技术的广泛渗透性为传统产业的深度"互联网+"与人工智

---

① 数智社会的典型特征是信息与数据成为独立于第一次工业革命与第二次工业革命中的劳动、土地、资本等生产要素的新型基础性生产要素，"数字化""网络化""信息化""智能化"与"个性化"成为经济社会场域内各类组织生产、消费、交换、分配等过程的典型特征。为行文方便，笔者统一表述为数智化时代。

能赋能提供了广泛的契机。主要体现为传统产业在大数据环境下获取用户的信息变得十分简便,大大降低了传统企业与企业之间、企业与用户之间的信息不对称性,并且劳动力的高度智能化提高了人力资本的潜在产出水平,新的技术条件塑造了全新的劳动力形态,使得社会化大生产成为可能。总之,数智化时代对传统产业的生产率的重塑与改善的主要过程包括三个方面:第一,技术驱动下的数字技术的高度扩散性与渗透性,使得传统产业内的劳动生产率与资本有机构成不断提高,数字技术不同于前两次工业革命的高度"赋能效应",传统的生产产品的过程(从原材料到中间产品再到最终产品)将被数字化下的协同生产网络与数字化产业组织所颠覆,尤其是机械制造领域的数字化研发、生产与销售的网络一体化成为可能。第二,在高度开放的互联网开放式创新环境下,传统产业组织与微观企业基于产业内的协同创新、企业的研发团队的封闭式创新或者企业间的联盟式战略创新被基于大数据与互联网环境下的开放式创新所颠覆。在互联网平台驱动下的数字化平台创新生态系统为大、中、小企业的融通创新创造了广泛的契机,平台用户主导的用户创新、微创新也成为数智化时代下的全新创新范式,进一步重塑了产业组织与微观企业的创新与生产效率。第三,数智化下的新一轮技术变革重塑了整个经济运行形态,数字信息技术的核心要素是基于算法、算力与算据重构市场交易过程,打造全新商业场景与创新全新的商业模式,最终形成全新的经济运行形态。主要体现为:首先,数智化时代下的数字信息技术催生了全新的平台经济与共享经济等一系列新的数字经济形态;其次,数字信息技术重塑了厂商的市场交易过程,新古典经济学视野下的分析单元厂商会利用移动互联网平台、云计算和人工智能等数字信息技术来决策供给(产品与服务的生产数量和类型),基于海量大数据(人工智能技术对大数据进行挖掘、搜集、整合、分类、加工和处理)与智能分析实现消费者偏好的自动识别,进而实现传统厂商生产交易过程中的数字化,且传统产业与数字信息产业的产业融合度增强,边界逐步模糊(何大安和许一帆,2020)。

在数字化时代下整个经济运行形态被数字经济所颠覆,但是数字经济内部构成的边界模糊性使得目前学术界对数字经济的定义内涵与外延仍然存在一定程度的争议,所引发的后果是在数字经济测算的口径上存在难以统一的因素。中国信息通信研究院自2017年以来持续研究中国数字经济发展的基本概况,将数字经济划分为数字经济基础部分和数字经济融合部分,前者包括电子信息制造业、软件服务业及互联网行业等信息通信产业,后者是指传统产业(第一产业、第二产业与第三产业)中涉及应用数字技术所带来的生产数量和生产效率提升的增加值。中国信息化百人会基于生产法利用增长核算框架测算数字经济的基本规模。BEA认为数字经济包括基于互联网与相关通信技术的数字化基础设施、电子商务和数字媒体三大部分，根据供给使用表（Supply-use Table）与北美产业分类系统识别数字经济产品及服务的规模。金星晔等（2020）认为数字经济一方面包括数字信息技术与信息运行的基础设施环境，另一方面包括数字信息技术渗透实现了传统产业的交易方式数字化，体现为传统产业所打造的市场服务交易方式的数字化、数字化的交易内容以及生产过程的数字化。相应地，数字经济包括数字经济基础设施及服务业、电子商务、数字化信息产业与数字化生产活动四大类型。总体而言，目前数智化时代下打造的全新数字经济与智能经济的构成包括广义和狭义两个模块，狭义主要是指数字信息技术和信息运行的基础设施产业与电子商务（B2B、B2C、C2C等多种商业模式）；广义则是指涵盖数字信息技术对传统产业渗透下实现传统产业市场交易过程与生产过程的数字化所创造的价值（Barefoot et al.，2019）。从广义的全球数字经济发展态势来看，《G20国家数字经济发展研究报告（2018）》数据显示，全球有英国、美国和德国三个国家数字经济占GDP的比重超过60%；韩国、日本和中国等八个国家占比介于30%~50%；丹麦、加拿大和巴西等25个国家占比介于15%~30%。埃森哲与国家工业信息安全发展研究中心合作发布的《2019中国企业数字转型指数》研究报告也显示，2018年中国数字经济规模达31.3万亿元，已占我国GDP的1/3。从共享经济的发展态势来看，2018年我国共享经济交易规模为29420亿元，比上年增长41.6%。从狭义的数字经济基础设施（ICT行业）的规模来看，根据彭刚和赵乐新（2020）基于投入产出表的测算，2018年我国ICT行业的规模已经达到25765亿元，非ICT行业中的数字经济规模达39828亿元，分别占GDP比重的5.17%和7.99%，数字经济对GDP整体的贡献率达到25.2%。从构成来看，我国数字经济的增长主要得益于非ICT行业中数字经济的快速发展。而从单纯的共享经济与平台经济这一新业态来看，以数字经济中的共享经济为例，共享经济市场交易规模的前三位分别是生活服务、生产能力、交通出行三个领域，分别为15894亿元、8236亿元和2478亿元。从参与人数来看，共享经济领域的用户人数最为活跃，2018年我国共享经济参与者人数约7.6亿人，参与提供服务者人数约7500万人，同比增长7.1%；平台员工数为598万人，同比增长7.5%。从微观企业发展来看，全球知名调研机构IDC于2018年发布的一项调查显示，全球1000强企业中有67%的企业将数字化转型作为战略核心。总之，中国在新一轮工业革命的数字信息技术驱动下数字经济已经在全球数字经济中占据重要地位。

（二）数智化时代的全新社会问题

数智化时代下的新一轮技术革命重塑了整个经济形态，在为传统产业深度赋能的过程中也产生了大量的社会问题，在重塑社会运转效率的过程中也对社会个体、社会组织（微观企业）与社会运行带来了一系列挑战，主要包括个体、企业与社会三大层面。

1. 个体层面：个体的隐私受到全面挑战

人工智能的发展本质上是基于算法与数据驱动对经济社会中的微观个体的数据进行搜集，并通过大数据分析与机器学习、深度学习等数智化技术开展相应的自主决策与自主分析等一系列过程。因此，从数据收集的角度来看，不管是弱人工智能还是强人工智能，其首先要面对的便是满足大数据分析的三个基本条件：第一，数据海量构成大样本，需要从大量的个体中获得大规模的数据，方能更好地抽取相应的规律；第二，数据内容多样化与异质性，需要从异质性的个体、群体甚至不同种族中获取相应的基础信息，如健康医疗领域的各类患者的身体特征等信息；第三，数据保持动态实时性，意味着人工智能决策过程中的样本分析需要及时动态更新，以满足相应的决策环境与情境的变化要求（顾险峰，2016）。从我国网民规模来看，我国网民规模达8.02亿，互联网普及率为57.7%，网络支付用户规模达5.69亿，其中手机支付用户规模为5.66亿，[①] 在如此高互联网覆盖率与使用率的情境下，由于互联网的开放性以及大数据挖掘技术使得社会个体与社会用户的相应数据可能被暴露于互联网的大众视野之中，个体在互联网中的相应个人特征、消费痕迹、社交爱好、收入分布等个体隐私信息被互联网大数据技术充分地"监测"，个体的隐私数据保护成为数智化时代人工智能发展面临的突出社会问题。如在电子商务平台中，平台企业能够基于用户的个人位置、消费习惯与收入分布定向推送相应的产品与服务信息。这一过程中，用户对平台企业的数据收集可能无法被察觉。更有甚者，平台企业利用海量的用户信息进行信息倒卖或者跨平台的信息寻租，产生对消费者权益的严重侵害。总之，在数智化时代，基于人工智能对个体信息的互联监视对个体隐私保护带来了严重的挑战。

2. 企业层面：企业伦理道德主体与责任承担的模糊性

在数智化时代，典型的微观市场组织便是基于数字化技术的人工智能企业与互联网平台企业。就前者来看，人工智能企业本质上是通过算法建模与算法服务获取相应的利润，在这一过程中，基于算法开发的机器人便具有了"人"的决策能力，相应地，基于人工智能算法的"智能机器人"能够在机器学习与深度学习的过程中逐步具备自我判断意识，能够进行具备类似人的道德主体认知与道

[①] 中华人民共和国国家互联网信息办公室. 网民规模超8亿 互联网普及率57.7%——第42次中国互联网络发展状况统计报告发布 [EB/OL]．（2018-12-25）[2020-05-20]．http://www.cac.gov.cn/2018-12/25/c_1123900964.htm.

德推理的行为实体。但是目前人工智能所处的发展阶段是弱人工智能阶段,弱人工智能阶段下的智能机器人的决策行为只是单一的复制与模仿,其自我的推理能力与情感意识处于缺失状态,因此智能机器人作为具有企业理性决策主体意义上的道德组织与道德实体尚存在争议。即使人工智能技术进一步发展,人工智能下的智能机器人决策符合社会规范与社会道德的前提是人工智能具备成年人一致性的平均道德水平,显然这又会给基于人类主导的社会伦理规范带来巨大的冲击,其决策是否还在人类的预测范围内以及控制范围内便成为人工智能决策的一个巨大问题。在道德实体处于争议的状况下,一系列由人工智能企业的算法服务过程中产生的企业社会责任缺失问题也难以规避,如由智能机器人主导的智慧交通中的无人驾驶撞人、智能机器人对工人的伤害以及操作失误带来的"杀人"等问题频频出现(沈伟伟,2019)。

  同时,在面临全新的决策主体与决策环境下,企业社会责任缺失的主体范畴需要重新定义,传统企业社会责任缺失多从企业主体视角出发,认为企业社会责任缺失便是牺牲企业利益相关方的利益而做出符合自身利益最大化的行为,由此导致企业的个体行为损害了社会总体福利水平,造成社会利益受损(Armstrong,1977)。企业社会责任缺失是企业负责任行为的对立面,企业"以不负责任的方式行事",不考虑利益相关方如消费者、社区与环境的利益且对整个社会造成明显的负面影响与社会危害的企业行为(Lange and Washburn,2012;Meng et al.,2013;Lau et al.,2016)。企业社会责任缺失行为存在有意而为或者无意而为两种类型(Lin-Hi and Müller,2013),前者体现为企业基于市场逻辑导向如为节约成本有意采取的对其他利益相关者造成一定伤害的行为,如排污不达标、产品质量低劣、侵犯知识产权以及劳动合同履约不健全等社会责任缺失行为。后者主要体现为并非企业市场逻辑主导的主观意愿产生的对企业内外部利益相关方的利益损害行为,如企业在经营过程中由于员工或者个别高管的机会主义行为造成的股东、员工、社区与环境利益受损;或者企业在生产运营与管理过程中由于不可控因素、技术不可控性或者制度契约不完备性产生的利益相关方受损行为,如快递企业运输快递过程中的产品损坏、油气开采和运输过程中的泄漏、核污染、高管业绩粉饰等企业社会责任缺失行为。因此,在数智化时代下的智能算法技术带来的社会利益受损的情境中,应着重区分两类企业社会责任缺失行为,一类是基于算法机器人在技术执行过程中本身的算法"黑箱"的不确定性属性,最终造成社会应用者的决策利益受损的"意外后果",此类社会责任缺失行为是"算法"这一"类决策"主体引发的企业社会责任缺失,对于这类算法机器人引致的社会责任缺失行为的担责主体难以追溯到算法开发企业。另一类是算法机器人开发企业(人工智能企业)在开发设计与建模过程中,算法开发者的搜集数据、训练算法与优化评估算法的可能决策嵌入了企业自身的市场逻辑主导的利益最大化行为,即算法机器人设计过程与最终产品形成的过程中就存在技术恶性或者嵌入了企业不道德基因,传统的"技术中立"或者"技术向善"在市场逻辑主导下演变为算法技术恶德,内嵌了一系列算法歧视、算法偏见等隐患,最终导致利益相关方利益受损,这类基于算法机器人带来的社会责任缺失行为,其担责主体必然需要追溯算法机器人开发企业与内部开发团队本身,属于算法开发企业的企业社会责任缺失行为。从这个意义上来看,人工智能企业尚处于被社会不断认知与接受的模糊阶段,社会信任对于人工智能企业的发展也至关重要。

从法律主体的视角来看,基于《中华人民共和国民法典》中对法人的基本成立条件,即法人应当有自己的名称、组织机构、住所、财产或者经费,法人成立的具体条件和程序,依照法律、行政法规的规定。从这个意义上讲,就人工智能企业而言,显然人工智能企业作为数智化时代的全新微观企业组织,具备独立法人需要承担相应的法律责任与道德义务。但是对于人工智能企业中具有独立决策功能的"智能机器人"来说,其不具备法人成立的基本条件,一旦智能机器人基于特定的算法产生相应的决策造成负面社会问题,其责任追溯主体便产生了极大的困难。即使一些学者认为不具备生命、情感意志、道德伦理等元素也能成为法律主体,即人工智能也可以赋予相应的法律主体地位,但是其背后仍然存在难以弥合的社会问题,即赋予人工智能下的"智能机器人"法律地位是否会对人的法律主体地位带来一定程度的挑战甚至最终控制人类,一旦"智能机器人"与人的社会意志相冲突便会带来灾难性的社会后果。

3. 社会层面:社会不平等与社会矛盾激化

在数智化时代,信息与数据成为区别于新古典经济学体系中的劳动、资本与土地的独特性生产要素。从资源基础观的视角来看,数据的获取与存储成为数智化组织的核心资源,甚至被称为21世纪最为重要的"石油资源",没有数据,人工智能便是幻象。正因为数据的获取、挖掘与整合能力变得如此重要,企业掌握数据维持其在数智化时代下的竞争地位便成为关键。但现实是,由于数智化时代下算法建构能力仍然被少数群体与少数数智化企业甚至政府所掌握,相应地其便拥有了数据的垄断权限,社会公众只能被动地拥有相应的被数据获取的基本权限,但是由于掌握数据以及利用数据的企业组织与公共组织的动机难以统一。尤其是在利润最大化的机会主义倾向下,基于"数据"带来的数字鸿沟与社会不平等现象便由此产生。具体来看,第一,数智化时代下基于算法驱动的数智化企业仍然存在由于信息不完全与不对称带来的算法决策衍生的社会风险。数智化企业能够利用算法在无形中获取社会个体的信息,并利用海量个体信息进行商业活动开发相应的人工智能算法与机器学习或训练程序,导致组织和个人的信息不对称现象难以避免，数智化时代下的社会风险也由此产生。第二，数智化时代下的人工智能技术在产生传统产业的渗透赋能效应的过程中，也产生传统劳动力的替代效应，收入不平等与分配不平等被放大，体现为人工智能虽然提高了传统行业的生产率，并基于全新的经济形态重塑了社会运转效率，但同时也对传统行业中的劳动力产生了相应的替代效应，即程序性劳动者能够从人工智能企业中解放出来，相应地被替代的普通劳动者的失业问题便由此产生，其公平就业与社会再培训的社会权利受到较大的挑战，由于人工智能带来的就业两极分化必然会加剧社会收入分配的不公，拉大高级人工智能行业与一些普通传统职业的收入差距，由此产生的失业问题所引发的社会矛盾可能被放大（王林辉等，2020）。第三，人工智能的背后是算法建模与算法决策驱动，但是设计算法的研发人员与人工智能企业在机会主义倾向与利润最大化的驱动下，会导致算法的设计过程可能产生相应的社会偏见与算法歧视问题，[①] 诸如算法设计过程中的种族歧视、性别歧视、收入阶层歧视等会加剧社会不平等现象。

数智化时代下，数据与算法构建的"算法社会"仍然存在社会撕裂的潜在可能性。算法社会区别于传统工业社会或者农业社会的根本标志在于数据成为驱动企业与社会运转的关键要素，社会个体与社会公众在既定的有限信息供给中进行决策，但是算法社会下的信息供给方式已经发生颠覆性的改变，大数据环境下信息供给从有限元转变为无限元，并且社会公众、社会媒体与社会组织等的社会信息供求正在越来越由非人格供给主体即"算法"决定。算法社会下社会个体的个人信息被充分融入整个社会大数据环境后便产生了社会个体的信息高度大数据化与社会化，且算法会基于社会个体的个人偏好、个体的收入阶层、消费习惯以及性格年龄甚至种族带来完全定制化与个性化的"精准式"推送，如在新闻业态中社会公众（用户）在社交媒体中的签到、分享、发表图片和心情等动态信息可以基于算法判断出用户的兴趣爱好，社交媒体能够精准地定位推送社会用户需要的新闻信息，由此衍生出的社会问题是，社会用户基于智能算法的"个人日报"式的信息选择行为导致社会个体的日常社会生活呈现出定式化、程序化（王茜，2017）。信息环境中的大数据供给却带来了非多样化的信息，主动的信息筛选与信息选择权被算法定制化下的信息定制所吞噬，社会用户无疑进入了一个

[①] 算法歧视可能由三重因素导致：第一重因素是人为的歧视性因素，即算法的建构开发者带有歧视性动机与偏好进而影响到算法程序的不平等；第二重因素是机器学习过程中的学习因素，即机器学习过程中由于算法不透明性难以观测自我运转过程中产生的歧视，尤其是算法运行过程中的不稳定性会加剧算法歧视；第三重因素是数据收集过程中的源头歧视，即人工智能下的算法依赖海量数据的异质性，数据收集过程中的不公正现象导致了数据有偏，产生了算法学习过程中的社会歧视与社会不平等。

单一的"信息茧房"下的小圈子,① 失去更好地融入开放包容的信息与认知舆论环境,进一步加剧社会撕裂的可能性。另一种社会撕裂的表现是数智化时代下的算法建构者的社会理想是塑造"超人文化",基于全新的算法技术与信息技术实现全新的生活方式和体验,而社会普通大众难以承担"超人文化"下的社会生活方式的巨额社会生活成本。如面对 3D 打印技术与人机结合等技术的社会生活应用,社会普通阶层难以负担此类所需的社会成本(高奇琦,2019),且"超人文化"下在基于智能机器人替代传统人类劳动的过程中,超人的社会理想则是通过控制智能机器人来主宰社会,"超人文化"下的理想社会与社会大众期望的社会鸿沟增大,最终引发社会撕裂(Atkinson et al., 2006)。

三、数智化时代企业社会责任的创新与变革

数智化时代下的数字信息技术会扩散到整个经济运行领域,引发经济增长的内生驱动要素的结构性变迁,并进一步引发社会形态和生态环境的急剧变化,随之而来的是旧的社会和环境问题与新的社会问题不断涌现(如数字化转型伴生的平台垄断和隐私挑战,以及智能机器人、生命科技突破引发的伦理道德和法律争议)。企业作为开展和应用技术创新、达成经济目标和解决社会问题的重要组织载体,企业社会责任也呈现创新与变革的共演趋势(见图 7-1)。

(一)企业社会责任管理与实践主体创新

在新一轮工业革命下的移动互联网、大数据、区块链、人工智能等数智化技术驱动下,传统的基于"经济人""社会人"乃至"共享人"驱动的企业组织发生了颠覆性的变革,尤其是在算法驱动的组织下,基于智能机器人的大数据决策与分析成为智能化与数字化的典型决策过程与分析方法,传统基于"经济人"下的"经济理性"、基于社会人下的"社会理性"、基于共享人下的"双元理性"逐步转变为"智能人"。在"智能人"驱动下,机器也能以合理的成本进行决策分析,为企业的利益相关方提供相应的个性化功能、产品或服务,进而满足利益相关方的价值诉求。智能机器人在基于算法设计与算法建模的前提下,成为了自

---

① 茧房效应是美国政治学者桑斯坦在网络乌托邦中提出的概念,它指的是在互联网数字与智能时代,随着网络技术的不断演化,社会受众完全可以基于自身的喜好定制媒体信息,长期处于过度的自主选择信息的人失去了了解不同事物的能力和机会,进入到一个相对封闭与被动的信息小圈子中,导致基于信息不对称产生的社会认知分歧与社会矛盾激化,最终各执一端的小圈子带来社会撕裂与难以弥合的社会认知鸿沟。

主分析、自主决策的"智能人",智能人是基于数据驱动和算法驱动的智能决策主体。在智能化的算法驱动下,智能机器人或者智能计算机(人机系统)可以比传统企业组织中的基于人的战略决策与人工操作员更快地考虑到更多利益相关方维度价值诉求的变化以及分析主要利益相关方的价值诉求的变化轨迹,做出更加符合社会负责任的企业社会责任实践行为,并使用更准确的标准来使决策更快与更精准。从这个意义上讲,"智能机器人"成为区别于传统"经济人""社会人"或者"共享人"驱动的企业组织的企业社会责任管理与实践主体。但是,在算法与数据驱动下的"智能人"也存在一些相应的主体决策困境,即提供或者应用"智能人"开展企业社会责任管理与决策主体的微观组织无法实时检查智能机器人是否正确遵循了决策规则,因此只能指望微观组织中的技术人员、研发人员与操作员监视人工智能下的"智能人"的一些元的战略决策决定与实际的效力,决定基于"智能人"的企业社会责任战略管理与实践主体的相应战略决策能否是"可以接受的"。基于此,"智能机器人"成为企业社会责任管理与实践的全新决策主体。

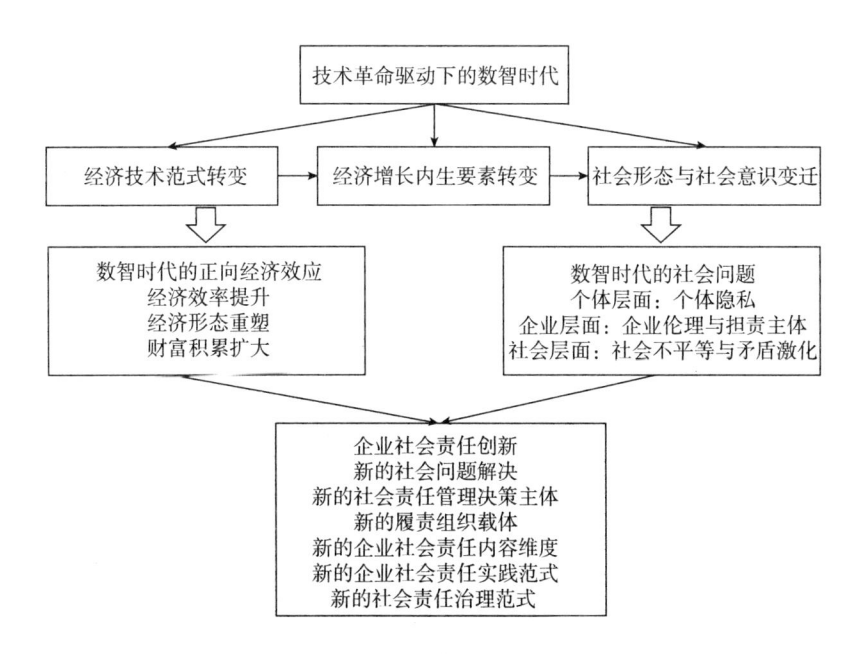

图 7-1 数智化时代企业社会责任创新与变革的研究框架

(二) 企业社会责任组织载体创新

在数字技术的深入渗透下,不管是基于数字信息技术驱动的新经济、共享经济还是平台经济，全新经济形态下的全新组织载体即互联网平台企业成为支撑整个经济社会深度变革的重要组织载体，也成为链接市场与社会的全新微观组织载体（肖红军，2020a）。相应地，企业社会责任实践组织载体也由传统企业迈向基于数字化、智能化、信息化与网络化驱动的互联网人工智能企业与平台企业。人工智能企业正成为对传统产业深度赋能的"利器"，是推动经济社会转型与解决相应经济、社会与环境问题的全新企业社会责任实践组织。同时，互联网平台企业区别与一般的传统企业，其立足于全新的互联网平台界面搭建链接双边市场用户的全新系统，成为具备独立生产与服务功能并链接双边市场用户的链接侧，能够基于互联网平台界面形成独特的双边市场或者多边市场结构。相应地，互联网平台型企业具备了传统企业未曾具备的独特特征，主要表现为：①在双边市场结构下，传统企业的单边统一定价或者分级定价模式逐步被基于双边市场的非对称定价模式取代，即价格非中性成为双边市场定价的显著标志，平台型企业能够对需求侧用户采取免费注册、免费服务以及补贴的方式吸引更多的需求侧用户进入平台参与平台的价值创造活动，但是平台型企业也能够对供给侧用户采取收取高额注册费、服务费以及共享利润等方式获取供给侧用户的价值创造绩效，形成 $P = P_s + P_d$ 的市场非中性的定价结构，由此推动需求侧用户不断激增来实现供给侧用户的激活效应。②同边网络效应与跨边网络效应并存。同边网络效应意味着不管是需求侧用户还是供给侧用户，一旦需求侧或者供给侧用户增长，基于社会网络效应会带动其所在的社会网络的其他组织成员参与到同边的消费群体或者供给群体之中；而跨边网络效应意味着一旦需求侧或者供给侧用户的增长会带动其对应边的用户增长，由此形成用户平台—用户的新型价值创造系统（肖红军和阳镇，2020b）。基于此，数智化时代下互联网平台型企业与人工智能企业成为企业社会责任管理与实践的全新微观组织载体。

（三）企业社会责任内容维度创新

自企业社会责任概念被提出以来，学术界便围绕企业社会责任的内容维度开展了大量的研究，即企业到底对谁承担社会责任、承担哪些社会责任等。从企业社会责任内容维度的研究谱系来看，尽管自企业社会责任思想提出以来，其理论发展从商人个体道德逻辑主导的企业社会责任内容观、基于利益相关方回应理论的企业社会责任内容观转变到 21 世纪以来基于企业战略竞争视角下的战略性企业社会责任观，但考察企业社会责任内容依然需要回归企业的本质，不同理论对企业的本质认识存在根本性的不一致，衍生到企业与社会关系的认知不一致（肖红军和阳镇，2019a），由此产生的企业对其所嵌入的利益相关方场域的不一致，带来了差异化的企业社会责任内容维度观。从企业性质（企业属性）的元认知出发大致存在三类逻辑主导的企业社会责任内容维度与边界观：第一类是基于经济属性主导的企业社会责任内容维度边界观，即认为企业本质上是一个经济组织，在经济利润最大化的驱动下企业社会责任被排斥在企业的日常运营活动之外，企业社会责任被视为是一种经济功能之外的附属物，如果企业需要承担社会责任，那么正如 Friedman 所言，企业有且只有一种社会责任便是为股东创造经济价值，由此企业社会责任的内容维度被限定为企业经济责任与股东责任，企业的利益相关方也有且只有一种类型便是企业的股东，其他诸如员工、社区、政府、社会组织等利益相关方被排斥在外。第二类是基于企业的社会属性主导的企业社会责任内容边界观，认为企业是一定社会场域下的微观社会单元，其在运营管理过程中与社会环境充分互动并受到社会环境的约束，尤其是组织制度主义观强调组织的日常运营受到组织场域中的其他主体的制度约束，包括规制、规范与认知等制度环境带来的显性或隐性约束，企业需要对社会场域中的其他社会主体承担相应的社会责任（Dimaggio and Powell，1983）。由此企业经济属性下的股东主导逐步演变为社会属性下的社会场域主导，社会责任内容维度也延扩至企业的社会环境责任。第三类是基于经济与社会属性下的企业社会责任观，认为企业本质上是经济与社会复合属性主导的微观组织，企业的利益相关方不仅包括传统经济性的投资者，更包括其他经济性与社会性的多元利益相关方，企业需要对员工、社区、政府、客户、供应商与社会环境等多元经济性与社会性利益相关方承担相应的社会责任。

但是，在数智化时代，突出的组织变革在于互联网平台企业与人工智能企业，由于两类组织形态的特殊性以及提供产品服务的特殊性，导致其社会责任内容维度进一步创新与变革。就互联网平台企业而言，由于其作为独立运营的市场主体，通过搭建互联网平台链接市场中的双边或者多边用户，形成基于个体独立属性与平台公共属性的双元互嵌组织，一方面，平台企业与传统企业类似，具备相应的个体属性下的经济功能与社会功能，需要对其直接提供的产品即"平台"承担相应的社会责任，即保证平台本身的安全属性以及负责任的技术创新，为社会打造一个更加安全、高效与负责任的商业运作平台（肖红军和阳镇，2020a）；另一方面，平台型企业作为公共双边市场中的链接侧，在平台形成的商业生态圈情境下，具备了相应的平台公共治理属性，需要对双边市场用户以及平台商业生态圈内的其他双边用户承担公共治理的责任（阳镇，2018），即通过责任审核机制、责任监督与惩戒机制、声誉激励机制等社会责任治理机制最大程度地保证基于互联网平台的双边用户与其他支持型用户的交易行为与社会互动行为能对社会负责任，实现平台商业生态圈向平台社会责任生态圈的转换与升级（肖红军，2020a）。从这个意义上看，平台企业社会责任治理成为数智化时代下平台企业区别于一般传统企业社会责任内容维度的显著象征。同时，就人工智能企业而言，由于人工智能企业的直接性产品与服务便是算法以及算法嵌入的相应智能程序与智能机器人，但使用算法与算法的企业与相应客户获取算法最终的决策与输出结果时，无法观测到算法正在操纵着一切，即算法运行过程中的"黑箱"属性使得基于算法的决策可能对整个政治、社会与个体的权利产生一定的损害。同时，由于算法本身缺乏基本的责任主体属性与法律地位，在法人地位缺失的情况下算法带来的负面社会问题无法精准追责，社会公众对算法设计的相应权利侵害缺乏相应的价值判断。因此，治理算法成为人工智能企业（算法开发与建模企业）乃至相应社会主体所面临的全新企业社会责任内容维度，即针对算法的源代码的社会责任披露以及算法建构与建模设计过程中的社会环境影响评估成为企业社会责任治理的重要内容维度。尤其是对算法不同运用场景下的算法应用规则与算法运行记录都需要得到相应的披露与责任界定，包括算法与算法应用场景的政治惯例、法律规范与社会伦理要求，进而实现算法责任的重新界定。基于此，数智化时代下责任治理与算法治理责任成为全新的企业社会责任内容维度。

（四）企业社会责任实践范式创新

自第一次工业革命微观企业组织诞生以来，以企业个体为原子式的企业社会责任实践范式成为沿用至今的企业社会责任实践范式，即大量的企业通过嵌入企业社会责任元素开展企业社会责任管理与实践活动，包括企业社会责任认知宣传与贯彻、企业社会责任融入组织运营管理与公司治理、开展企业社会责任议题实践等。同时，随着企业组织之间联系的日益复杂化，企业逐步由单一的原子式个体转向基于价值链与产业链、战略联盟组织的复杂社会网络关系组织，企业社会责任实践也相应地基于价值链成员、产业集群组织场域以及战略联盟单元予以整合，形成线性价值链式、产业集群网络式以及战略联盟联动式企业社会责任实践多元范式（肖红军和李平，2019）。步入21世纪的新一轮工业革命以来，企业社会责任组织载体的突出变革在于基于数字信息技术驱动的互联网平台企业与人工智能企业迅速发展，在创造巨大经济价值的同时也对传统的企业社会责任实践范式产生了颠覆性的革命。这一方面体现为平台型企业基于平台商业生态圈，通过平台撬动式即充分撬动平台商业生态圈内的双边用户以及其他支持型用户的经济性与社会性资源，通过将相应的企业社会责任实践界面嵌入商业生态圈的交易界面，进而孵化与催化平台商业生态圈内的双边用户参与基于平台共享价值与综合价值创造导向的企业社会责任实践，主动寻求以商业生态圈的整合性力量解决平台商业生态圈内多元用户主体共同面对的经济性与社会性问题，进而形成基于平台商业生态圈的企业社会责任新型实践范式（肖红军和阳镇，2020a）。另一方面体现为在数智化时代，平台型企业通过搭建全新的企业社会责任实践平台或社会创新平台，形成平台化履责的企业社会责任实践范式。在全新的企业社会责任实践平台中，平台型企业在具有可持续性企业家精神（社会企业家精神与共益型企业家精神）的导向下面向某一社会问题（某一行业性的社会问题或者综合领域的社会环境问题）开发全新的社会责任实践平台，任意社会性用户都能参与到这一具有开放性、多边性以及高度社会化的履责平台中，此时的平台型企业不仅是一种传统的商业运作平台，更是一种链接社会生态圈的社会资源配置平台（肖红军和阳镇，2020a；肖红军，2017）。基于社会化的平台充分链接多元社会主体参与到更大范围的社会环境问题的解决过程中，最终创造更加高阶的综合价值与共享价值。

（五）企业社会责任治理创新

从企业社会责任治理的角度来看，传统企业社会责任治理本质上是搭建一个多元利益相关方参与的治理场域，多类企业社会责任治理主体基于自身的治理角色与治理功能定位对企业的社会责任行为予以监督、惩戒与震慑，一方面最大程度地激励企业实施可持续的企业社会责任行为，真正做到企业行为对社会负责任；另一方面最大程度地规避企业社会责任缺失与异化行为，避免企业机会主义倾向与企业社会脱嵌（肖红军，2020b）。因此，传统企业社会责任治理本质上是以企业个体在运营管理过程中的负面社会问题为导向，通过相应的治理机制与治理工具规避企业社会责任缺失与异化行为以及保证企业社会责任行为的可持续（阳镇和许英杰，2017）。相应地，在传统企业社会责任治理范式中，由于企业间的联结形态存在差异，一般形成了多样化的企业社会责任治理范式，比较普遍的包括基于政府的原子式企业社会责任治理范式、基于供应链的线性化企业社会责任治理范式以及基于联盟与集群组织的联动式企业社会责任治理范式（肖红军和李平，2019）。但是在数智化时代，企业社会责任治理的内容发生了根本性的转变，由于全新的数智化组织载体即人工智能企业或者相当一部分的互联网平台企业，其主要的产品与服务便是算法（Algorithms）。算法相较于其他日常的产品与服务具有特殊性，广义上讲，算法是"基于指定的计算将输入数据转换为所需输出的编码过程"（肖红军，2020a）。[①] 这意味着算法不必一定是软件，并且在许多情况下，从理论上讲，它们可以由人来执行。但是，只有通过计算机执行时，它们才能作为日常决策的合理手段进行扩散。算法做出的决策存在的"黑箱"

[①] OECD 将人工智能算法分为监控式算法、平行式算法、信号式算法和自我学习式算法。

属性通常是隐性的和不可见的，由于算法本身决策的"机器"属性而非"人的情感与道德理性"，它们产生了有意和无意的社会后果（Gillespie，2017）。从这个意义上看，首先，对于数智化时代下的企业社会责任治理的首要课题便是对算法的透明度治理，即企业社会责任治理主体的治理焦点从关注企业提供产品与服务过程中的负责任程度逐步转向关注数智化企业建构开发算法以及应用算法过程中的负责任程度。其次，从算法本身的技术属性的角度出发，由于算法的广泛运用以及其设计本身过程的"黑箱"普遍存在，也相应地衍生了新的算法治理问题，包括算法歧视与算法偏见问题，并成为阻碍人工智能深度赋能社会的一大痛点与现实顽疾。算法歧视是指人工智能企业的算法或算法嵌入的产品与服务在收集、分类、生成和解释数据时产生的与人类决策主体相同的社会偏见与歧视，包括年龄歧视、性别歧视、消费歧视、就业歧视、种族歧视、弱势群体歧视等，尤其是在算法决策应用日益广泛的教育、医疗、就业、福利补贴发放、刑事判决、公共安全等重要与高价值领域，算法歧视可能会导致严重的政治风险、社会问题与道德风险（汪怀君和汝绪华，2020）。最后，市场中的微观主体能够在算法驱动下产生全新的算法共谋，共谋本身是传统企业在生产与服务过程中通过限制性的竞争协议排斥其他市场主体公平地参与市场竞争的过程，进而形成一个事实上的不完全竞争下的垄断市场，具体可以通过垄断协议、口头协议等达成共谋。在传统企业应用人工智能算法或者人工智能企业提供人工智能算法的过程中便产生了算法共谋问题。所谓算法共谋，主要是指利用人工智能算法技术，从事对市场竞争产生影响的协同行为。典型的体现是平台经营者可以通过实施人工智能算法共谋行为迅速消除彼此在市场上的竞争，持续性地提高产品或服务价格，尽可能地限制产出扩大，排挤现有竞争者，阻碍潜在竞争者进入市场，消费者的转向需求无法得到满足，只能为垄断性的高价买单。更有甚者，数智化的平台企业或者人工智能企业在市场逻辑导向下追求利润最大化可能完全忽视甚至漠视社会利益，会利用算法本身存在的决策偏差和大数据从事"杀熟"定价，根据不同的消费者"量身定制"价格，以实现利润最大化，最终获取高额垄断利润破坏社会福利（刘佳，2020）。因此，在数智化时代下，企业社会责任治理的对象与治理内容发生了根本性的转变，从传统的治理企业本身的社会责任缺失与异化行为转变为治理人工智能企业提供的算法中的"透明度"，以及治理算法应用过程中的"算法歧视与算法偏见""算法共谋"等一系列企业社会责任缺失和异化行为。基于此，数智化时代下的算法治理成为全新的企业社会责任治理内容。

四、数智化时代的算法治理范式
——基于企业社会责任治理的视角

（一）个体赋权式——基于算法开发者与科学家的责任型创新治理

由于算法本质上是少数人（算法开发研究个体、研究团队等）设计予以优化的过程，社会公众由于专业认知的局限性以及算法本身的高度复杂性，难以对算法的运行过程与内在机理具有较为深刻的理解，难以对算法的迭代运算与决策过程进行变更与实时操纵，从这个意义上看，算法研究团队与算法设计科学家占据了治理算法的源头优势，个体赋权治理在本质上赋予算法的开发者即算法研究与设计团队、科学家治理算法的权限，通过搭建相应的面向研发人员的算法治理平台，建立面向人工智能开发团队与科学家的算法治理的法律制度，规定算法开发团队应当承担的基本责任，在开展基于算法的技术创新过程中需要基于责任型创新导向充分考虑算法带来的潜在与社会负面问题（梅亮和陈劲，2015），并在不影响知识产权的情况下将算法源代码提交算法治理法律机构进行公开审查相应的伦理与道德标准，使算法开发团队能够将算法责任内嵌于算法的代码开发过程之中，并赋予算法开发者一定的新型法律治理与问责权利，获得算法自动化决策带来的社会影响的控制权与治理权。同时，赋权个体不仅是对人工智能开发团队的治理赋权，更包括对人工智能自动化决策实现过程中的核心要素即数据进行赋权，对数据来源主体意义上的个体进行治理赋权。实质上，目前个体赋权式治理范式主要存在于欧洲国家，2018年5月25日《通用数据保护条例》（以下简称GDPR）正式生效。作为欧盟在数智化时代下算法与数据治理领域出台的核心制度，该部数智化时代下的面向数据使用规范的法律对智能识别分析和自动化决策做出了规定。GDPR第22条直接赋予数据拥有者（数据使用主体）以一定的新型权利获得对自动化决策的影响和控制，数据主体有不受仅基于自动化处理（算法处理）得出结论的权利，此处的自动化处理还包括识别分析（Selbst and Powles，2017）。数据主体以知情权、访问权、更正权、删除权、限制处理权以及数据可携权等新型治理权利进而实现对人工智能算法运行（数据采集、数据模拟、数据运行与结果呈现）过程中的干预与治理。但是，基于算法的个体赋权式治理也会带来相应的弊端，即过度的分散性治理、去中心治理以及个体权益化治理不利于公共社会利益的达成，尤其是赋予数据主体的治理权限使得个体治理高度分散与社会化，这对于算法治理又带来了较大的挑战。

（二）数智化企业的牵引式——基于互联网平台企业与人工智能企业的社会责任治理

在数智化时代，算法的设计与运用主要集中于数智化下的平台经济（包括共享经济）与新经济领域，互联网平台企业与人工智能企业由于拥有海量的社会用户数据资源与算法构架能力，平台企业与人工智能企业对于算法的建模、开发、优化与应用过程起着决定性的作用，基于平台企业与人工智能企业为牵引元点实现数据治理、算法治理与用户治理三者的有机结合，最终实现数智化时代下企业社会责任治理的全新内容即算法治理（孙庆春和贾焕银，2020）。尤其是平台企业在所搭建的商业生态圈中具备核心生态位的领导权限（罗珉和杜华勇，2018）。互联网平台企业区别于一般的传统企业，其具备独特的双元属性，包括平台情境双元（商业生态圈与社会生态圈）、平台角色双元（独立运作个体与商业公共平台）、平台功能双元（平台领导与平台治理）与平台价值创造双元（平台个体经济价值与平台公共社会价值与共享价值）。基于平台的双元属性意味着平台企业在整个社会场域中形成了以平台为中心的辐射起点，形成了"用户（数据）—平台—用户（数据）"链接社会的基本关系（阳镇等，2020），平台企业能够在其打造的平台商业生态圈中具备领导、协调、治理与配置商业生态圈内多元社会主体的经济性与社会性资源，尤其是平台企业在平台公共场域内扮演"类政府角色"（李广乾和陶涛，2018），拥有对平台企业内数据使用与算法使用过程中的治理权限与义务，基于数智化企业的牵引式本质上是将算法的治理责任赋权于互联网平台企业与人工智能企业，通过平台企业与人工智能企业基于技术中立甚至彻底性转向企业技术向善的人工智能技术治理原则，与平台场域内的各类生态位成员共同建立面向受算法使用与算法决策影响群体的算法治理制度，包括算法的责任披露制度、算法透明度管理制度、算法影响的责任评估制度等面向平台场域的算法治理制度体系，尤其是对于算法透明度治理而言，针对算法知识产权的商业机密属性与数智化企业基于算法开发与算法应用可能衍生的社会负面问题，算法透明度治理成为算法治理的关键，即一方面算法开发与算法建构企业（数智化企业）尽管由于知识产权的专属性无法披露算法的完整性与具体性技术细节，但是可以从算法的源头以及算法的后果两个层面进行算法透明度治理；从源头层面来看，数智化企业尤其是算法开发与设计建模企业必须对算法的数据来源、数据收集标准以及基于收集数据的算法学习训练标准（数据分析处理过程）予以合规化披露。① 另一方面是对算法形成的设计者主体层面的透明度开展治理，即对算法开发者或者算法设计者在设计与运作过程中相关的权利与义务予以披露；从算法的运行后果来看，算法自动化决策的不可控以及不确定性决定了需要加强对算法可能的运行环境与决策结果进行评估披露，即加强对算法建模主体与其他算法嵌入产品的使用主体（利益相关方）以及所处的社会环境等层面的算法运行结果的影响因素和可能结果进行评估披露。② 立足于企业社会责任治理思维，通过平台企业牵引的社会用户与社会性利益相关方实现平台企业对不同生态位的治理责任赋权，明确不同生态位成员（技术开发者、竞争性数智化算法开发平台、需求侧应用用户、外部监管者与其他社会主体构成的主要生态位与扩展型生态位）在平台商业生态圈中所应承担的算法治理的相应权限与义务，如处于供给侧的用户能够在运用算法的过程中明晰算法源代码可能的社会影响评估结果、需求侧的用户能够对平台数据获取与算法运行享有个体的知情权与选择权甚至退出权（张欣，2019）。

（三）利益相关方协同治理式——基于人工智能企业的利益相关方的责任共治

企业社会责任中的基础性理论即利益相关方理论认为，企业在运营管理过程中面对多元利益相关的价值约束与社会期望的引导，包括企业的经济性利益相关方如员工、股东、供应商与客户等，也包括社会性利益相关方如政府、社区与环境等，两类利益相关方基于不同的合法性要求对企业的战略与运营管理行为产生影响与约束，使得企业的日常运营战略决策符合内外部利益相关方的价值期望（Freeman，1984）。从利益相关方的视角来看，对于数智化时代下的算法治理本质上是符合企业社会责任导向的，即符合企业利益相关方的责任价值诉求。具体来看，利益相关方多元共治区别于一般性的个体责任赋权治理及基于数字化平台与人工智能企业在数字化场域中的牵引式治理。多元利益相关方共治试图将各类利益相关方按照合法性的不同类型进行分类。当前针对算法带来的相应社会问题

---

① 如目前法学界对算法解释权进行了探索性研究，认为算法解释权是破解算法"黑箱"属性以及提高算法透明度的重要法律规制手段，当数据主体认为算法决策得出的结果与自己的预期不相符时，有要求对算法设计以及运行（数据的分析处理过程）进行解释的权利。设置算法解释权的目的并不是破坏数智化企业的商业机密，而是使数据主体了解与其预期不符的决策是如何做出的，根本目的是在算法设计不合理以及数据出现偏差时及时提供治理矫正。

② 算法自动决策环境层面的评估披露体现为：一方面，外部主体在算法运行过程中以何种方式参与以及影响了算法的自动化决策；另一方面，在算法决策的过程中外部因素的外部主体如何引发算法自身与自动化决策的可能后果，以及算法在生命周期内适应的主要决策情境（商业场景）与相应不同主要类型场景下产生的对算法使用者与其他社会环境可能的影响效果的披露。

尚缺乏相应的法律问责主体，尤其是对于开发的新型算法的合法性赋能成为决定算法能否深度应用的基本前提，政府基于强制合法性对人工智能算法的责任型开发要求、责任型信息披露与责任型算法决策影响评估进行制度化建构与制度化治理。同时，明确数字化平台企业在治理平台场域内由于数字信息技术带来的负面社会问题的责任主体权限。由于政府决策的相对滞后性以及基于数字化平台企业的动态能力优势，其在数字化场域中的治理工具、治理手段与治理效应更为高效，政府通过相应治理权限的深度制度赋权，有效赋予数字化平台企业的企业社会责任治理制度的合法性。

对于数字化平台企业与人工智能企业而言，需要进一步明确数字化平台中的数据收集、使用以及开放的相应制度建设，基于数字化平台企业在平台公共场域中的"类政府"主体角色有效治理平台链接者相应的社会责任行为，包括接入平台数据的供给侧用户的社会责任行为以及社会用户个体的社会责任行为，避免由于数据的滥用以及数据的寻租产生相应的社会责任缺失行为。尤其是对于人工智能企业而言，更需要深化个体的算法社会责任披露体系建设，明确算法的应用场景、涉及的决策过程与可能的决策结果，以及决策带来的社会影响的全方位社会责任披露体系建设，以"人工智能+应用与决策场景"对应用人工智能的相关企业进行社会责任治理牵引，避免算法引发的企业社会责任缺失与异化行为。对于社会组织与行业协会而言，需要进一步加强数智化时代下的数据收集与数据使用处理过程的行业性规范制度建设，基于制度合法性理论中的规范合法性倒逼行业内的人工智能企业与应用人工智能的数字化企业的算法使用、建构和应用优化过程符合行业标准规范（Scott，2001）。这一治理过程，一方面需要强化人工智能治理行业或者专业性技术协会对人工智能企业算法设计过程中的治理作用；另一方面需要媒体对人工智能引发的社会伦理问题与算法带来的相应算法歧视问题加强舆论引导，以社会规范与伦理要求进一步倒逼算法设计者、数智化企业更好地考虑算法设计开发与应用带来的相应伦理道德冲突与社会价值冲突，最终形成"政府—数智化企业（数字化平台与人工智能企业）—人工智能协会与社会组织"的利益相关方协同共治体系。

五、研究小结

随着新一轮工业革命的逐步深化，移动互联网、大数据、云计算以及人工智能的底层数字技术加速渗透经济与社会中各个领域，突出表现在对传统产业与微观企业加速数字化赋能与数字化转型的过程中，也形成了全新的经济形态与微观企业组织，以平台经济、共享经济与数字经济为核心表现的经济形态逐步成为驱动宏观经济增长的主要"引擎"，也成为提升社会运转效率、提升社会治理效能以及助推国家治理体系与治理能力现代化的重要微观组织资本。相应地，人类社会也逐步由传统的工业经济时代逐步向基于互联网平台企业与人工智能企业驱动的数字社会与智能社会转变。基于此，笔者对数智化时代新一轮技术变革驱动的全新经济变革与社会问题进行了系统梳理，其中经济变革主要体现为三大层面：第一，数智技术的高度渗透性加速了传统产业的数字赋能，以重塑传统产业的生产效率与分工形态；第二，数智技术所打造的开放式创新网络为大、中、小企业的融通创新、用户创新以及微创新等多元创新范式提供新的环境，进而重塑企业的全要素生产率以提升整个产业的创新能力；第三，数智技术也打造了全新的数智经济形态，包括共享经济、平台经济、智能经济等，成为驱动宏观经济增长与社会治理效率提升的主要力量。相应地，数智化时代系列的社会问题集中体现为个体层面中个体的隐私受到全面的挑战、企业层面的企业伦理道德主体与责任承担的模糊性、社会层面的社会不平等与社会矛盾加剧等系列社会问题。从微观视角来看，一系列新的社会问题亟待引起学术界对数智化时代企业社会责任的重视，包括企业社会责任全方位的创新以及治理的新议题。其中，数智化时代的企业社会责任创新与变革突出体现在传统企业社会责任管理与实践主体由"经济人""社会人""共享人"迈向了基于数智信息驱动的"智能机器人"，传统的经济理性与社会理性需要得到重新审视；企业社会责任组织载体由传统企业迈向了数智时代的互联网平台企业以及人工智能企业；企业社会责任内容维度中的传统企业的经济责任、社会环境责任被相应地延扩至数字化平台情境下的社会责任治理责任与算法责任；企业社会责任实践范式由传统的个体原子式、线性价值链式、集群联动式迈向了平台生态圈式；企业社会责任治理由治理企业本身的社会责任缺失与异化行为转向了治理算法建构与算法应用导致的算法歧视、算法偏见、算法透明度以及算法共谋所带来的社会福利损失与负面社会问题。

立足于算法治理成为数智化时代下企业社会责任治理的关键内容，笔者首先基于企业社会责任治理的视角，结合算法建构与算法扩散过程中的特殊性，研究了企业社会责任治理视角下算法治理的三种全新治理范式：首先基于算法设计与开发者的个体赋权治理推动算法设计与开发过程中的责任型创新，在算法的源头层面最大程度地规避算法可能带来的负面与潜在社会问题；其次基于数智化平台企业的牵引式治理，即发挥数智化时代互联网平台企业与人工智能企业为牵引元点实现数据治理、算法治理与用户治理的三者有机结合，尤其是互联网平台企业基于平台双元属性嵌入社会的独特性，能够通过牵引整个商业生态圈的多元社会主体共同解决相应的社会问题，基于平台公共场域的责任治理制度建设推动算法治理制度的系统优化，实现算法在平台商业生态圈内的各类商业应用场景过程中的不同生态位成员算法应用所应承担的社会责任；最后基于人工智能企业的利益相关方协同治理等三类治理范式，打造基于算法建构开发与应用的"企业社会责任治理共同体"，发挥数智化时代下各类利益相关方在推动算法治理过程中的资源互补、能力互嵌以及价值共创与共享的治理优势，最终形成"政府—平台型企业（数字化平台与人工智能企业）—人工智能协会与社会组织"的利益相关方协同共治体系。

第八章　平台经济背景下的企业社会责任治理[*]

一、引言

随着"互联网+"对经济社会渗透力度的逐步加深，平台化履责成为企业履行社会责任的新范式。从价值创造角度而言，平台企业集聚了大量的具有互补型或协同型的价值偏好主体，以解决某一特定的商业与社会问题为目标，将传统履责范式下的松散型的微观市场主体集聚于某一平台，从而形成了价值创造与共享的履责平台生态圈。但不容忽视的现实是，由于平台内主体成员资源、规模、关系强弱具有差异性，因而也会形成不同的平台网络类型结构，且平台经济具有开放性、双边性以及外部性等多重属性，从而影响了企业社会责任的实践行为方式。与此同时，在责任行为方面，由于社会责任认知与概念的模糊性以及政府部门对平台企业的责任监管缺失与相关制度的不完善，平台经济背景下企业社会责任异化行为具有了新的表现，因此亟待理论界寻求与平台化履责特点相符合的平台企业社会责任的治理模式与路径机制。

笔者梳理了目前企业社会责任治理的研究现状，从治理主体、客体、目标、驱动力量、角色定位与治理结构等方面比较了传统社会责任治理与平台经济背景下社会责任治理差异，并分析了平台经济背景下企业履责范式及行为特征表现，剖析了平台企业社会责任异化行为的具体特征，基于平台网络结构特征及平台企业主体与主体之间的差异性提出了三种平台企业社会责任的个体自治、政府治理与多中心网络治理的分类治理模式，并指出明确平台企业价值生态系统中的治理要素、构建面向平台企业的社会责任分类治理机制及选择面向平台企业的社会责

---

[*] 本文原载于《企业经济》2018 年第 5 期，有修改。

任治理工具等治理平台企业社会责任的具体治理路径。因而，笔者对于平台背景下的企业社会责任治理问题的研究，有利于规避平台化履责范式下平台企业履责所带来的负面与异化社会责任行为与实践，促进平台企业成为社会总体福利增值、推进企业履责生态圈良性发展的有效载体，进一步规范平台企业社会责任履责实践，确保经济、社会和环境综合价值的最大化。

二、企业社会责任治理研究的现状及反思

（一）企业社会责任治理研究现状

在企业社会责任实践领域，长期以来推进企业社会责任管理、规范企业社会责任行为实践的制度供给主体力量是政府，但由于企业社会责任的内在模糊性，在企业微观个体层面，企业社会责任制度和实践开始呈现出多样性，甚至在一定程度上出现了倒退。正是基于这一背景的需要，客观上要求企业社会责任实践本身需要社会责任治理理论加以回应。国外学术界对于社会责任治理的研究主要集中于公司治理与社会责任治理理论的融合性问题。Amiram（2008）认为以"安然事件"为代表的社会责任缺失现象引发了公司治理理论研究的变革，公司治理理论的关注点也由此从集中于探讨委托代理问题转向关注企业社会责任信息披露、运营透明度以及企业商业伦理等企业社会责任治理问题。Mason（2014）提出在公司治理中嵌入企业社会责任，平衡股东和利益相关者的利益。国内学术界对于企业社会责任治理的专门研究尚处于起步阶段，对于社会责任治理的专门研究集中于供应链社会责任治理、产业集群的社会责任治理以及信息披露治理等方面。而在平台经济背景下的企业治理相关研究中，彭本红和武柏宇（2016）认为平台企业在价值共创过程中不仅引入了价值链末端的顾客，还整合了商业生态圈内的所有物种，因此导致逆向选择与道德风险产生，这使得平台企业的商业生态圈治理显得尤为重要，他们还实证研究了平台企业价值共创中关系治理、合同治理和开放式服务创新绩效的关系。

总体来说，目前学术界对社会责任治理问题引起了足够的重视，但是研究成果相对匮乏，尤其是学术界对平台经济背景下企业社会责任治理的必要性、社会责任治理的模式与路径机制缺乏系统性的研究。

（二）平台经济背景下的企业社会责任治理范式转换

1. 由管理走向治理：推进企业履责生态圈发展的范式转换

企业社会责任管理作为一种新的管理模式，以实现企业的社会功能，从而最

大限度地实现经济、社会和环境的综合价值。然而现实是企业管理模式类型各异，且始终处于动态调适与变化之中，并非所有的企业采纳或认可社会责任管理模式，这实质上决定了企业推进社会责任管理以实现经济、社会与环境价值的个体单边管理模式面临难以统一与协调的难题，这种内生性动力的缺失决定着需要外部力量驱动，因此在企业社会责任管治过程中实质则是政府对公共社会价值的抉择，为企业在经济价值、社会价值、环境价值等综合价值创造过程中发挥责任远景描绘、履责市场规则制定以及履责实践协调的多元功能。然而，无论是企业单边推进社会责任管理的"企业自治中心论"还是以政府为推进与管理主体的社会责任管理的"政府主导论"，都有其不可避免的缺陷，寻求二者与社会的合力是企业社会责任治理的最终走向。企业社会责任治理是对传统社会责任管理的延续与引申，更是推进企业履责生态圈良性发展的一种范式转换。企业社会责任治理打破了传统企业社会责任单边管理或政府单边推进的过程，其意在打造一个社会责任价值共享生态圈，不同的价值偏好与价值诉求主体以合作、共享与信任作为基本的治理机制，从而促进企业最大化实现其以经济价值、社会价值与环境价值为构成的综合价值。

2. 平台经济背景下的企业社会责任治理：要素比较与适用边界

笔者试图从主体、客体、角色定位、驱动力量等方面将传统社会责任管理与平台经济背景下社会责任治理范式进行系统归纳（见表8-1）。在平台经济的企业社会责任治理范式下，治理主体由企业或政府单一主体转向了由企业、政府、利益相关者以及社会公民与组织共同参与的治理主体；在治理客体方面，由传统社会责任管理范式下所重点关注的以国有大型企业、行业领先企业等为中心的责任履行主体转向平台企业、平台企业与买方、平台企业与卖方、平台企业买方与卖方。治理目标由单一的经济价值或社会价值创造目标转向以履责平台为载体的涵盖经济价值、环境价值与社会价值的综合价值转变；在治理目标的行为层，平台经济背景下需要重点解决的是平台主体间的联合舞弊、平台间企业社会责任寻租、平台企业与买卖方的共谋、平台内卖方与买方的责任寻租、社会责任缺失等社会责任异化行为。与此同时，在传统社会责任治理范式下，企业的驱动力量来自以商业目标或经济价值为目标的工具主义履责驱动与外部市场责任法律规则的制度驱动，在工具理性下主要表现为企业承担社会责任是为了改善企业的财务绩效，维护公司的品牌形象与企业声誉；或是为获取市场竞争优势。而在平台经济的企业社会责任治理范式下，履责治理的驱动力量来自网络式多元参与主体的价值创造驱动以及创造平台共赢价值，治理结构由链条式单向度治理转向网络状节点式治理，决策模式由规则命令式转向平台内多元利益主体共同参与、共同协作、平等共享的多元主体协作共享式，治理的适用边界由组织的利益相关方转向基于平台价值创造网的企业社会责任商业生态圈。

表 8-1 传统社会责任治理与平台经济背景下社会责任治理的要素比较

区别要素	传统社会责任治理	平台经济背景下社会责任治理
治理主体	企业或政府单一主体	企业、政府、利益相关者以及社会公民与组织共同参与
治理客体	国有企业 价值领先型企业 行业主导型企业	平台企业 平台企业与买方 平台企业与卖方 平台内买方与卖方
治理目标	目标层：单一社会价值、经济价值创造 行为层：企业社会责任缺失、伪社会责任行为	目标层：经济价值、社会价值与环境价值综合价值创造 行为层：平台主体间的联合舞弊、平台间企业社会责任寻租、平台企业与买卖方的共谋、平台内卖方与买方的责任寻租、社会责任缺失
驱动力量	工具理性驱动 制度规制驱动	多元利益主体价值创造驱动 平台价值共享、共赢
治理角色定位	单一管理者或推进者	共同管理、监督与决策者
治理结构	链条式单向度治理	网络状节点式治理
决策模式	规则命令式	多元主体协作共享式
适用边界	组织的利益相关方	基于平台价值创造网的企业社会责任商业生态圈

三、平台经济背景下企业履责范式及行为表现

（一）平台经济背景下企业社会责任异化行为：单边传导走向双边影响

在传统的企业履责范式下，由于企业所面对的经营业务流程往往是基于供应链条的单向式责任传导，如制造企业从上游供应商处获得零部件、原材料，在生产环节将产品销售给批发商或零售商，最终经销商与零售商直接传导到顾客手中，因而从责任视角来看传统履责范式下企业只需服务好下游环节。而在"互联网+"战略深入推进的背景下，尤其是以移动互联网、云计算、大数据为技术特征的新工业革命塑造了全新的经济业态与商业模式，平台日益成为新的产业经济生产模式，其中以大数据互联网平台为基础的平台经济模式催生了新的市场微观主体类型，人类经济社会正经历着一场平台革命，平台经济模式对于企业生产与运营理念、企业战略产生了深刻且全局性的影响。实际上，"互联网+"背景下

的平台经济是通过打造网络交易空间，最大程度地集聚买卖双方数量，从而形成跨区域、跨时空的资源配置模式，产生显著的规模经济与范围经济效应。在平台经济背景下平台企业面临着平台内买方与卖方两类用户群体，因而具有了市场的双边性，不同于传统的供应链传导型的履责范式，平台企业不直接参与双边用户的交易行为，但是平台企业的声誉受到平台内双边用户的社会责任行为的影响，任意一方的社会责任缺失行为都可能对平台企业的整体社会责任形象与平台价值产生不利影响。尤其是平台企业内的各方市场主体在平台界面中的网络节点大小、联结密度有所差异，导致其履责理念与行为方式千差万别，平台内成员基于各自的利益诉求极易导致价值创造过程中履责行为的冲突性，因而平台内各成员的社会责任水平也具有异质性，对于平台经济背景下企业社会责任异化行为的治理也因此具有必然性。

（二）平台经济背景下企业平台化履责：企业履责范式的超越

从企业社会责任实践视角来看，一方面，平台经济背景下催生了新的履责载体。由于基于平台链接的主体所面对的经济社会问题不再是单一企业所面对或能解决的，其面临的社会问题具有双边或多边的特征。也就是说，企业履行社会责任以解决社会与环境问题不再是单纯的单向度的价值链解决模式，以平台连接的各方市场主体的集聚不再仅表现为经济利润导向下的商业目的，而是越来越多地表现为聚焦于社会化资源的整合来解决某一特定的社会性问题，因此从责任参与意愿的角度来看，越来越多的企业自发构建或主动参与社会型履责平台以共同解决所面对的共性社会问题，即社会型平台成为企业履责的新载体，平台化履责成为企业履行社会责任的新范式（肖红军，2017）。另一方面，平台化履责范式实现了传统履责范式的超越，主要表现在价值创造主体、价值创造范畴、价值创造途径等方面。价值创造主体由传统的企业个体或价值链成员转向以平台企业为核心的网络型价值创造主体；价值创造范畴由传统的纯粹经济价值转向涵盖经济价值、社会价值、环境价值的平台网络综合价值；价值创造途径由传统强调生产专业化和社会化分工转向强调与平台生态网络圈内各要素成员的合作以实现基于平台的社会化资源整合；价值分工方式由原来的零和博弈模式转向平台价值共赢、共享与共创模式。而实际上，平台组织实质上作为一种有机开放式的价值网络生态系统，平台范式下本身所蕴含的开放共享、共赢思维与平台思维，都意味着平台企业为平台与平台之间、平台内买方与卖方、平台与买卖方搭建开放与协作机制，而开放与协作机制的主体无疑是平台企业内的消费者、供应商、同行业企业、合作商甚至竞争者。在开放、共享、共赢的平台范式下，企业越来越重视与企业利益相关方的互利合作关系，并依托平台型社会价值创造网络解决平台内各组织与要素间关系网络的价值创造冲突。与此同时，不同成员在平台界面中的节点大小、联结密度有所差异，因而其价值贡献大小也不同。通过与利益相关方的多方合作与广泛参与其运营过程，从而打造一个以价值共创、价值共享为运营模式的可持续性的商业经济生态圈。总之，平台化的履责范式基于整合社会的优势资源与力量，以及企业利益相关的多方社会主体的分工与合作，搭建网络化履责平台，超越企业社会责任的边界。根据 Carroll（1979）的社会责任金字塔模型，置于底层以上的责任内容（经济责任、慈善责任、社会伦理责任）是基于企业自身的优势资源从而实现在履责行为过程中的社会化分工，并在分工过程中增进多方社会主体对于履责平台的情感归属与工具归属，从而发挥在平台化履责范式下的多边立体化价值创造效应。

（三）平台经济背景下企业履责异化行为及其具体表现

从行为表现来看，由于平台经济背景下平台型企业是推进平台产业发展的微观市场主体，因而对企业社会责任落实的微观市场主体由国有企业、价值领先型企业、行业主导型企业转向平台型企业，即平台型企业成为重要的履责主体，更为重要的是平台型企业的社会责任实践区别于以往的单个企业个体的社会责任行为，由于平台型企业具有双边或多边市场特征，其能够最大程度地会聚卖方与买方、供应商与顾客，从而产生多边关联行为。由于平台中单个企业成员在网络中所拥有的网络成员关联密度、节点大小不同，具有高关联密度、处于中心节点的企业的履责评价在很大程度上决定着整个平台的履责评价，特别是从行为角度来看，由于平台经济背景下平台与平台之间的开放程度大大提高，平台主体间的社会责任缺失、伪社会责任行为、责任寻租也具有了新的载体与形式。如平台主体与平台主体的消费者信息交易、流量交易，从而营造虚假的点击数据、评价数据，造成平台主体与平台主体之间形成不正当交易。尤其是在决定采用平台的过程中，网络规模成为平台吸引力的重要质量参数。

就平台主体责任寻租而言，一些新兴平台因急于吸引买卖双方以获取相应的市场绩效，从而向市场中具有优势地位的平台企业进行责任寻租，这些平台企业无论是在顾客端（买方）还是供给端（卖方）往往积累了良好的责任口碑或责任绩效，因而新兴企业通过与这类中心企业达成寻租同盟，标榜自身拥有与这类中心企业相同的"责任标签"，从而产生了劣币驱逐良币的责任市场逆向选择效应，进而影响了网络平台下可持续的商业责任生态圈的构建。而平台与买方之间的责任寻租主要表现在平台主体与买方达成相应利益串谋，买方成为平台主体的虚假用户甚至网络水军，就伪社会责任与社会责任缺失行为而言，平台经济背景下买卖双方能够在平台互动交易并给出相关评价，因而买方与卖方通过联合串谋形成数据舞弊造假,形成虚假责任市场绩效,如购物平台企业中的卖方通过好评返现等方式进行数据造假,获取虚假好评,从而间接影响平台内其他消费者与供应商的利益,进而影响到平台企业整体的可持续发展(见表8-2)。

表 8-2 平台企业社会责任异化行为及其具体表现

主体划分	社会责任异化行为	具体表现
平台与平台之间	社会责任寻租	获取优势平台负责任"标签" 用户信息交易
	社会责任缺失 伪社会责任	联合虚假宣传 价格同盟 垄断定价
平台方与平台内卖方	社会责任寻租	流量交易 信用交易
	社会责任缺失	卖方信息伪造 卖方信息披露不完备 虚假卖方
平台方与平台内买方	社会责任寻租	信用交易 流量交易
	社会责任缺失	买方信息伪造 买方信息披露不完备 虚假买方
平台内买方与卖方	社会责任寻租	信用交易(虚假好评) 流量交易

四、平台企业社会责任治理:模式选择与路径机制

(一)平台企业社会责任治理模式

治理在一定程度上是解决不同利益偏好或利益驱动型主体冲突并协调采取持续联合的行动,对于平台企业社会责任而言,尽管平台企业与各类社会主体、利益相关方等存在价值趋同的一面,但更多的是价值差异的一面,从而平台企业在履行社会责任过程中不可避免地出现责任异化现象。

1. 平台企业社会责任的"个体自治"

在管理领域，自我治理的形式不仅局限于企业内部治理机制的构建，也可能在此过程中寻求联盟组织形成更为广泛的自治共同体，即企业社会责任治理的实质就是构建企业履责的自组织网络，它是一个围绕共同的利益与目的，由企业个体组成的介于"公域"与"私域"之间的多元且自主的领域，在平台经济背景下，网络节点大小与关系联结密度是集群网络中最为重要的分析单元。网络节点大小即反映平台内企业的规模大小、资源存量（隐性与显性资源），一个拥有较大网络节点的组织受平台网络内其他组织的约束较小；相反，网络节点较小的组织受平台网络内其他组织的约束则较大。成员联结密度则反映企业在平台网络内的中心程度，一般而言，联结密度越大，说明网络中的其他成员的互联度越高，影响力也越广泛。由于平台内企业不同成员在平台界面中的网络节点大小、联结密度有所差异，因此对其社会责任治理也必然需要依据不同的类别进行分类治理。笔者根据网络节点大小与联结密度（网络中心度）两个重要测度对平台网络企业进行分类，从而构造出平台经济下不同的企业网络结构特征，为后续的分类治理机制提供理论前提（见图8-1）。

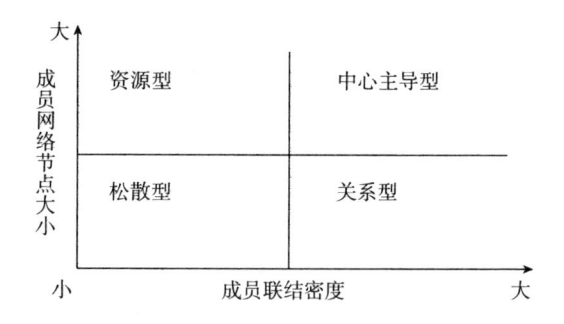

图8-1 平台网络企业结构类型

如图8-1所示，在网络联结密度较低、网络节点较小的情况下，这类网络平台企业往往具有松散型的网络结构，在网络价值链条中由于缺乏网络成员关系资源，同时因其自身规模与资源的局限性，无法在责任市场中发挥相应的影响力或领导力，这类平台企业往往处于创建的初期，难以在短期内拥有行业的中心地位，缺乏解决社会问题所需要的网络关系资源，因此对这类平台企业社会责任"个体治理"而言，重点在于培育企业履责实践所需要的知识积累与知识学习，分析企业履责实践所需要的隐性与显性知识，从而基于自身平台服务特点分析与梳理本平台企业履责所需要的网络社会关系构成要素，加强对同类平台企业的履责实践进行学习或参与其履责管理与实践，从而在这一过程中有效形成社会责任实践所需要的知识资源与关系资源，发挥学习机制与激励机制的作用，形成适宜于自身平台的用户参与规则、用户双方网络交易服务规则、用户权益维护规则，以及新创履责平台的内部规则秩序，完成责任内生秩序的构建。对于网络联结密度较小、网络节点较大的平台型企业而言，其内部成员关联密度较小，但自身拥有的成员数量较多、规模较大，这类企业往往属于资源型平台企业，但由于其缺乏网络关联密度，从而无法在平台网络范围内进行大规模传递履责经验与实践知识，因此其考虑的应该是如何组织平台内众多数量成员进行协同化的规则构建，构建统一的面向社会价值的履责界面规则（如交易规则），建立基于成员个体差异的统一履责规范，调整与优化平台内成员的价值偏好，有效带动平台内成员对平台履责规则的吸收与应用，并在实践运行过程中进行履责合作，从而发挥此类资源型平台企业在社会责任"个体治理"中的渗透效应与扩散效应。对于网络联结密度较大、网络节点较小的平台型企业而言，其内部成员的关联密度较大，因而各成员之间的联系程度较高，可以利用平台系统内部联结关系中的主导性节点成员，促进与引导平台内各成员主体之间履责信息的传播与流转，开展履责共建、共享活动，通过构建激励和共享协调机制可有效解决由于成员之间关联密度较大带来的协调难题。对于成员网络节点大和成员联结密度大的平台网络中心主导型企业而言，需要充分发挥节点企业的个体影响力，包括资源影响力、社会责任影响力对其他成员的社会责任治理效能，以可持续的动态节点激励机制确保企业社会责任治理的可持续性。

2. 平台企业社会责任的"政府治理"

企业社会责任政府治理模式主要是基于政府公共领域价值提供者与社会领域价值创造者这一天然使命定位，从而在企业社会责任治理过程中发挥"元功能"的作用，元治理理论强调政府在社会责任治理体系中发挥社会责任战略愿景规划、社会责任制度供给、社会责任实践行动协调等重要作用。在企业社会责任治理过程中，政府及其相关部门扮演着维护社会公众利益的角色以及监督者、推进者的角色，因而政府在监管并推进企业社会责任的过程中，主要的考量因素应当是社会价值与社会收益，对于个体价值与社会价值的权衡将决定其对社会责任推进与监管的力度。政府在平台企业社会责任治理角色演绎中发挥着企业社会责任制度供给的重要功能，从而规范平台企业运营与责任实践，为平台企业社会责任管理与实践提供良好的外部环境。

在平台企业的社会责任制度供给过程中，由于平台企业不仅与非平台企业具有显著的差别，且平台企业主体与主体之间也存在显著差别，如金融平台企业、购物平台企业之间的交易规则、信息披露机制都具有很大程度的不同，因此也会导致不同平台企业产生的社会责任行为具有差异性，从而给经济社会环境的不同利益相关方群体带来不同程度的影响，如以购物平台的销售假货为特征表现的社会责任缺失行为，以金融平台的客户信息交易、交易数据造假为特征表现的社会责任寻租行为等。因此，一方面，政府在推进平台企业社会责任制度供给时需充分考虑到不同平台类别属性的社会责任缺失行为的相对危害程度，建立面向不同分类的法律惩戒制度，建立不同平台的责任负面清单，明确列出不同性质类型的平台在运营过程中不可触碰的底线责任，从而实现法律制度的规制惩戒作用；另一方面，由于平台经济作为一种崭新的商业模式与经济业态，需要加快研究制定面向平台企业的法律规范体系，对平台企业的性质认定、类型划分与权责体系做出精准界定，从而更好地对不同类型的平台企业如贸易型平台企业、服务型平台企业（打车平台、金融平台、订餐平台）、娱乐型平台企业（直播平台、游戏平台）制定监管制度与选择监管方式。

3. 企业社会责任的"多中心网络治理"

实践表明，以企业自我为中心的个体治理模式依赖于企业自身社会责任制度构建的主动性与完善性，并非所有企业都主动认知到需要构筑企业社会责任制度，需要将社会责任融入企业运营与管理过程中，因而单纯地靠企业"个体自治"模式不能彻底解决企业的社会责任缺失行为与伪社会责任行为，而以政府为主导的政府对企业社会责任治理依赖于政府部门公权力的边界限度与制度约束，在企业社会责任领域公权力的处理不当如社会责任权力过度干预、干预方式不得当、执行信息不公开都可能无法彻底解决企业社会责任缺失、企业社会责任寻租等行为，因此寻求他者力量以形成合力成为一种理性选择，将各种社会组织、各类利益相关方纳入人们的视野。多中心网络治理模式基于企业与社会性利益相关方的网络结构，整合了企业个体自我治理的企业中心论与政府治理的公共权力主导论两种对企业社会责任的治理模式，各个多元治理主体之间通过共享公共权力的良性互动形成社会责任治理网络。与此同时，企业社会责任治理过程中的多元参与主体通过资源的相互依赖与互动，培育出共同治理价值观，形成一套解决社会责任缺失行为、伪社会责任行为以及社会责任寻租行为的方式。

在多中心网络治理模式中，政府监管机构、平台企业、新闻媒体、社会组织等治理主体等要素有机结合，形成协同治理的战略合作伙伴关系，进而搭建出全方位的治理网络。政府作为外部治理的主导性力量，为平台企业的社会责任的长效治理和可持续发展奠定了制度基础；平台企业作为治理的主体和"治理受体"，做好内部企业责任管理制度自治工作；作为第三方治理主体力量的社会性利益相关方如社会公众、新闻媒体、公共协会组织等以一般性交流互惠与选择性监督为准则构建网络化沟通关系，通过构建信任机制促进企业的行动并与其协调、沟通，从而有利于保障企业面向社会集体行动的决策的真实性、一致性与科学性。在治理的过程中，要允许不同利益的代表参与企业运营与决策的沟通、交流、协商以及谈判，充分表达各自的意见；新闻媒体对于促进企业对社会责任的认知，扩大对社会责任的宣传，引导各类企业关注自身的社会责任发挥着不可替代的作用，同时，其对各类平台企业的社会责任缺失事件、寻租事件、伪社会责任行为进行重点曝光，揭露缺乏社会责任感的平台企业，促进具有公信力的新闻媒体发挥社会舆论对企业社会责任行为的正面引导，从而引起公众对各类平台企业社会责任的关注与评价；公共协会组织作为评价社会责任绩效的第三方机构，定期开展各类平台企业的社会责任履责绩效评价，并公开发布社会责任评价操作流程与相关指标数据，形成社会责任评价操作报告，从而实现将第三方力量转变为企业社会责任治理主体的重要组成部分，推动和引导企业重视社会责任制度建设以及社会责任履行实践。通过多方的协同合作治理，构建出完整的企业社会责任的多中心治理模式。

4. 三种企业社会责任治理模式的比较与评析

平台企业社会责任治理的三种模式的差异主要表现在治理主体、治理手段、协调方式以及主要机制等方面。从治理主体来看，平台企业社会责任"个体自治"模式依赖于企业微观个体是否将社会责任嵌入公司治理与运营管理的过程中，治理的手段在于是否建立企业社会责任内部管理模式，因而在此背景下其协调的方式依赖于内部各个职能部门、组织成员之间共同的准则与规则，其管理模式的建立很大程度上是为了实现组织的经济价值，这是企业社会责任"个体自治"下的最终使命。正是出于"经济人"角色的最大程度发挥，出于成本最低以实现经济价值的最大化，其主要的机制是基于市场价格的成本机制与竞争机制，因而在此过程中单纯地依靠平台企业社会责任"个体自治"容易产生企业社会责任治理失灵，可能产生企业社会责任缺失、企业社会责任寻租等行为。平台企业社会责任"政府治理"其实质上是利用政府在社会责任市场的公权力，通过对各类不同类型的社会责任异化行为进行准确界定，出台各类平台企业社会责任制度与规则，从而通过科层权威，命令式地协调企业与社会资源。一个典型的体现是企业社会责任的制度供给首先针对我国的大型央企与国有企业而建立，从而快速实现企业的社会价值创造，因此在这一过程中主要是通过政府公权力下的监督机制与协调机制实现，其治理成本相对较高，甚至无法及时有效地监督各类平台企业的履责实践，尤其是由于公权力边界缺乏界定或权力干预方式不当容易成为社会责任设租主体，从而加剧平台企业社会责任寻租现象。而平台企业社会责任多中心网络治理则是以商业生态圈成员为治理主体，各主体尽管有着各自的价值偏好与价值诉求，但是通过自组织的协调方式以及基于平台价值共创与共享的网络信任机制,来实现动态多元的各类价值主体的利益诉求与价值期望,但是其也存在缺陷,主要表现为价值协调与共享间各主体的冲突,容易导致网络治理失败。

(二) 平台企业社会责任治理路径

1. 明确平台企业价值生态系统中的治理要素

在平台企业价值生态系统中,各个成员主体间的关系既有竞争又有合作,核心企业是指构建平台企业价值生态系统的主导者,在价值生态系统的形成初期,作为行业龙头的大企业一般扮演着核心企业的角色,如海尔集团,因为其可以运用前期积累的资源和优势,去开拓新的市场领域,并且有能力去吸引和选择大量优秀的员工和企业加入自己,逐渐建立起以自身为中心的价值生态系统,并为系统提供一个稳定的、可供成员企业赖以生存的平台,使系统内的成员互相帮助,从而实现系统的整体目标,构建自己的竞争优势。在平台价值生态系统的治理中,处于核心业务平台中心地位的企业是核心企业,即治理主体;上下游企业、能力互补企业以及其他相关主体是平台企业价值生态系统中的系统成员,即治理对象。通过界定治理对象,明确平台企业价值生态系统中的各个要素,从而对平台价值系统内的成员的行为进行有效的协调、约束和激励机制的构建,调动平台系统内不同价值偏好的成员共同参与某一价值创造活动,避免道德问题和信任危机的发生,从而有效避免社会责任寻租行为以及社会责任缺失行为,确保平台企业内部价值生态系统的高效有序运行。而在价值生态系统的成熟期,随着平台企业的用户不断增多,平台之间的竞争日趋激烈,以平台企业为主体的"个体自治"模式无法有效治理平台内部用户之间寻租、责任缺失与伪社会责任行为,从而需要政府通过制定规则以介入平台治理机制中。

2. 构建面向平台企业的社会责任分类治理机制

由于不同类型的平台企业所产生的社会责任异化行为表现有所差异,需要厘清各个平台主体的治理重点和边界,根据社会责任异化行为的具体表现和危害程度构建分类治理机制。对于平台企业的企业社会责任缺失行为而言,由于缺失的原因是组织外部所面临的宏观社会责任制度环境、组织内的治理结构以及微观层面的个体因素所导致的结果,如缺乏外部环境相应规制、组织内部缺乏责任管理及企业本质属性的认知、组织中的领导者与管理者缺乏良好的责任态度倾向,从而引发企业社会责任缺失现象,给企业利益相关方与社会环境带来严重危害。因此,对于平台企业社会责任缺失行为的治理主体应当是政府与企业的利益相关方,治理的主要目标在于规避企业社会责任缺失行为,并引导企业培育内生性的履责动力。组织的领导者通过价值共享平台的构建,组织的内部与外部的利益相关者能够参与组织决策、计划的相关流程，明晰组织在运营的各个环节的价值流向，如组织中的成员在做出决策时不仅要考虑组织内部其他成员的利益，也要考虑组织外部利益相关者的利益与期望，通过一种合意性的利益共享机制创构，追求组织的利益相关方的利益的动态平衡，从而实现责任型领导。对于企业社会责任缺失行为的治理重点应当是加强负面责任清单制度建设，对责任缺失型企业并给社会环境带来严重危害的企业予以惩治。对于企业社会责任缺失行为的治理机制主要是外部监督机制与激励机制。对于平台企业社会责任寻租行为而言，主要是平台获取优势平台负责任"标签"、用户信息交易以及平台内买卖方的信用交易（虚假好评）、流量交易等具体表现，因此对这类寻租的治理方式主要是曝光治理与声誉治理，利用新闻媒体传播力与监督力，加大对平台企业内主要核心成员的常态化跟踪并提高关注力度，一旦发现相应的责任寻租事件就进行重点曝光报道，从而大大降低平台价值系统内各成员要素的市场声誉，形成声誉的扩散治理效应。因此就治理手段方式而言，总体包括平台类各要素成员的边界界定与约束、利益相关方监督与媒体曝光。治理的焦点在于破解社会责任寻租的隐蔽性，这一过程需要政府、企业、社会组织、企业利益相关方与社会公众的协调与监督，因此治理的机制主要在于协调机制与监督机制。对于伪社会责任治理而言，由于伪社会责任体现为平台企业在社会责任实践过程中或者企业运营管理过程中呈现"说一套、做一套"的行为，导致对利益相关方呈现出言行不一以及履责维度完全失衡等局面。从这个意义上讲，平台企业伪社会责任治理的重点在于最大程度激活平台企业履责意愿与可持续动力，其主要治理机制在于平台企业家精神牵引机制以及平台责任型领导机制。其中，平台企业家精神牵引机制依赖于平台企业家主动形成或者社会生态孵化与催化形成具有社会责任意义的社会企业家精神乃至共益型企业家精神，以平台企业家精神牵引整个平台企业运营管理具备道德基因与向善基因，承担对多元利益相关方的社会责任；平台责任型领导机制在于充分发挥平台内各类管理者以及领导型用户的责任领导力，驱动用户与平台企业、平台企业与互补者、平台企业与其他利益相关方形成共生互惠关系，以正反馈（价值正反馈、声誉正反馈）促进平台企业在价值创造过程中对利益相关方"表里如一""言行一致"。

3. 构建与完善面向平台企业的社会责任治理工具

在平台经济背景下，一个重要的技术变革是数据信息的平台化运作，通过构建平台企业社会责任信息披露平台，形成网络信息平台的技术治理工具更新，建立有监督力的技术体系。全面信息发布平台不仅能够将企业的内部信息与外部信息进行整合，有利于内外部利益相关方全方位及时了解企业的运营与管理活动；也有利于企业管理者及时面对利益相关方的期望与要求进行动态调整，更好地进行利益相关方管理，提高企业运营与管理效率。尤其是全面社会责任信息披露平台使得任何平台系统内的社会责任行为都"有迹可循"，这有效提高了社会责任异化行为治理的针对性，通过充分应用大数据识别社会责任缺失行为和社会责任寻租行为，使平台企业内的各要素成员的运营行为更加公开透明。平台企业社会责任信息披露平台一方面要建立平台企业、内部商家与个人用户的信誉数据库，基于信誉信任机制构建信誉评级的治理工具，向社会适时公布存在社会责任异化行为的平台企业或内部价值成员的评价记录，从而形成声誉治理的扩散效应；另一方面需要利用信息技术创新社会责任沟通方式，推动平台企业与平台价值系统内的各成员要素以平台企业为核心发布社会责任报告，同时，需要推动不同治理主体之间如政府、平台企业、社会性利益相关方的治理工具的衔接，如政府监管部门的"负面清单"式的社会责任治理工具与平台企业本身的平台交易行为的规则制度的衔接，明确各类平台企业的社会责任缺失行为、社会责任寻租行为的分类治理，从而规范平台企业的社会责任行为。

实证检验篇

企业社会责任治理的驱动机理检验

第九章　企业社会责任治理的政府注意力演化

——基于1978~2019年《政府工作报告》的文本分析*

一、引言

　　自企业社会责任的合法性得到基本确立后，西方学术界对于企业社会责任的理论体系进行了深入研究，最终形成了企业社会责任基本内容维度、企业社会责任的影响因素、企业社会责任的影响效应以及企业社会责任综合评价的研究脉络体系。从企业社会责任推进的历史来看，在20世纪50年代后受到社会责任思潮的广泛影响，在欧美发达国家出现了一系列企业社会责任运动并波及全球。西方社会掀起的一系列企业社会责任运动不仅促进了企业重视社会责任理念，更为重要的是引起了政府在治理企业履行社会责任中的定位与功能反思，即对政府在促进企业加深企业社会责任理念、推进企业社会责任实践过程中应该扮演什么样的角色，应该发挥何种功能与作用的反思？从世界范围来看，基于政府能力与社会能力的相对强弱，国家（政府）与社会的相对关系一般分为"强政府与强社会""强政府与弱社会""弱政府与强社会"以及"弱政府与弱社会"四种典型模式。进一步地，从政府推进企业社会责任的模式来看，主要存在以美国为代表的"弱政府—强社会"下的"社会主导，政府协同参与"模式，以及以英国为代表的"政府主导，社会参与"模式。② 自改革开放以来，我国政府也逐步开启了围绕国有企业与民营企业的社会责任推进历史进

---

　　* 本文原载于《当代经济科学》2020年第6期，有修改。
　　② "社会"在本章中特指相对于政府、企业（市场）的概念，包括非营利社会组织（第三部门组织）、社会个体与兼具营利性与公益性的社会组织等。

程,并在这一进程中逐步形成了基于强制性制度与诱导性制度双轮驱动的制度供给轨迹。同时,基于政府与社会相对状态下的"强政府—弱社会"格局,中国政府在推进企业社会责任历史进程中形成了"政府组织主导,社会组织协同"的混合推进模式,并呈现出"以国有企业为主,民营企业为辅"的双轮递进式推进特征。在上述推进模式中,政府与企业在推进企业社会责任的过程中扮演的角色与发挥的作用也有很大差异。实质上,政府推进企业社会责任治理模式的异质性的背后反映出政府作为公共决策主体注意力的差异性,自管理学大师西蒙(Simon)将注意力(Attention)这一概念引入管理学研究以来,学术界基于注意力视角为解释现代企业管理者以及公共决策主体的决策行为与决策过程提供了新的理论基础。

企业社会责任作为微观市场主体参与社会治理的重要实现方式,企业社会责任治理是政府推进国家治理体系与治理能力现代化的重要内容。党的十八届三中全会提出"坚持和完善中国特色社会主义制度,推进国家治理体系和治理能力现代化"的总体目标,党的十九届四中全会围绕这一目标做出了重大战略部署。① 国家治理体系与治理能力现代化包含了治理理念、治理主体、治理手段与治理工具的全方位变革②,其中"善治"成为国家治理的重要理念变革。③ 因此,在国家治理体系与治理能力现代化的导向下,一方面,企业社会责任实践的本质目标在于为多元利益相关方创造涵盖经济、社会与环境的综合价值与共享价值,这与国家政府的"善治"理念与目标具有天然的契合性,尤其是在治理主体多元化与治理能力现代化背景下,对企业基于社会责任实践参与社会治理提出了更高的能力要求;另一方面,基于市场逻辑主导的商业组织在企业社会责任实践过程中难以获得可持续动力,即单纯依靠企业自我社会责任管理模式驱动企业社会责任实践难以避免陷入企业"嵌入、脱嵌、再嵌入"的反复循环的怪圈,导致

---

① 俞可平(2014)认为国家治理体系是规范社会权利运行和维护社会秩序的一系列规则、制度与程序,主要包括政府治理、市场治理以及社会治理三个层次体系,治理能力则体现为各类治理体系下的治理主体在治理过程中呈现的活动质量。

② 从治理主体来看,国家治理能力与治理体系的现代化天然地包含了由传统的单一政府公共治理主体向政府、企业与社会多元经济性与社会性治理主体协同治理转变,企业推进社会治理高质量发展的作用愈加突出;治理手段更加强调法治化,基于法治手段形成治理新秩序;治理工具更加强调数字化技术在国家治理能力建设中的重要作用,基于数字化技术实现治理赋能,以有效应对相应的公共社会问题的复杂性与不确定性。

③ "善治"意味着传统治理理念从过于强调工具理性转向强调工具理性与价值理论的融合。俞可平(2011)将"善治"界定为公共利益最大化的公共管理,其国家政府在管理公共事务与社会事务的过程中,以追求公共价值与社会利益最大化为本质目标,构建"政府与社会""政府与市场"基于公共利益与社会价值为导向的新型治理关系,最终实现国家政府、市场企业以及公民社会共同参与国家政府的公共事务治理的全过程。

企业社会责任缺失与异化现象难以消解。因此，依赖于传统企业个体属性为逻辑的原子式企业社会责任单边管理逐步转向基于多元利益相关方的多中心企业社会责任治理，基于"企业社会责任治理共同体"的新范式驱动企业社会责任实践的可持续。由此来看，不管是政府推进企业基于企业社会责任实践更好地参与社会治理，还是有效治理情境各异的企业社会责任缺失与异化行为，都是政府在微观层面推进企业社会责任可持续，最终实现国家治理体系与治理能力现代化的重要构面。在企业社会责任治理过程中，政府作为企业社会责任实践的元治理主体，扮演着社会责任制度供给者及社会责任实践行为的引导者、协调者与监督者等多重治理角色，其中推进企业社会责任实践成为政府治理企业社会责任的重要内容（阳镇和许英杰，2017）。从这个意义上看，政府推进企业社会责任的过程也是政府作为公共政策的决策者推进企业社会责任注意力分配的过程。因此，在国家治理体系与治理能力现代化的背景下，如何更好地配置注意力资源以推进企业基于社会责任实践参与社会治理，助推国家治理体系与治理能力现代化成为企业社会责任治理过程中政府注意力配置的新指向。

正因为政府基于注意力资源以推进企业社会责任实践参与社会治理的重要性，学术界围绕政府如何有效治理企业社会责任缺失与异化行为以及推进企业社会责任实践可持续开展了大量的研究。其中，主要的研究视角包括组织制度主义视角下，政府基于企业社会责任治理过程中的制度供给角色为推进企业社会责任建设一个合意的制度环境，包括政治环境、法律环境与经济文化环境，基于供应链/价值链内市场激励的视角下为有效激励企业开展社会责任实践构建良好的行为激励与评估机制，基于协同治理视角下政府搭建以政府、社会组织与公众媒体为一体的协同性与整合式企业社会责任外部治理框架，构建企业社会责任治理共同体，进而有效监督与治理企业社会责任缺失与异化行为，促进企业开展可持续的企业社会责任实践。也有学者关注到迈入平台经济新经济形态下，政府推进平台型企业社会责任行为可持续的角色定位问题，基于平台商业生态圈的视角提出了政府基于制度共演与能力共演的社会责任协同与动态治理机制，认为平台情境下基于平台商业生态圈中的主要生态位与扩展型生态位动态协同共治的生态化治理范式能够有效推进平台型企业社会责任实践的可持续。总体而言，学术界既有对政府推进企业社会责任管理与实践的研究侧重于单一的情境切片，即以某一特定的企业社会责任实践情境（企业个体公司治理情境、供应链/价值链情境、战略联盟与集群情境与平台商业生态圈情境等）为逻辑单元，讨论政府在具体的情境中如何发挥相应的企业社会责任治理功能。但鲜有研究从政府作为企业社会责任元治理主体的角色定位出发，基于政府注意力资源配置的视角动态化地考察政府推进企业社会责任的注意力演化过程，具体包括企业社会责任内容维度的注意力演化、企业社会责任实践议题的注意力演化以及企业社会责任语义关联网络的注意力演化等,进而难以在纵向历史层面观测到政府在推进企业社会责任治理过程中注意力分配的动态演化特征,也难以较好地透视政府推进企业社会责任以来制度变迁的动态过程。

基于上述研究不足,笔者立足于中央政府在企业社会责任治理过程中的元治理主体的基础角色,以每年"两会"期间由中央政府公开发布的具有统领性的政策文本即《政府工作报告》为研究文本,通过文本分析方法对中央政府推进我国企业社会责任管理与议题实践的注意力进行了基本测量,全面考察在以政府为决策主体的注意力视角下,政府对推进企业社会责任内容维度的注意力演变,清晰展现改革开放以来中央政府推进企业社会责任注意力的逻辑与特征演化。同时,基于企业社会责任语义网络分析,清晰地透视中央政府在推进企业社会责任管理与实践过程中聚焦于哪些基本议题,进而为全面展现中国企业社会责任发展的基本历史进程、内容维度与实践议题的逻辑演变提供可靠的证据,也为在国家治理体系与治理能力现代化背景下,深化推进未来企业社会责任管理与实践的政府注意力配置提供方向与启示。

二、研究的理论基础

(一)企业社会责任、企业社会责任治理与企业社会责任议题

企业社会责任概念提出已近百年,学术界对企业社会责任内涵的解读视角也纷繁多样。企业社会责任"元定义"将企业社会责任定义为在特定的制度安排下,企业通过透明和道德的行为,有效管理自身决策和活动,产生对社会、利益相关方、自然环境的正向影响,追求在预期存续期内最大限度地增进社会福利的意愿、行为和绩效。从这个意义上讲,企业社会责任的本质归宿是创造涵盖经济、社会与环境的综合价值与共享价值。进入21世纪,在欧美发达国家,为了响应日趋社会化的商业实践,企业家们逐步由单一的经济价值创造导向或社会价值创造导向转向了强调经济与社会二者紧密交织的双重价值创造导向以获取可持续的竞争优势。因而组织由单一性的经济或社会使命目标逐步转向了经济、社会与环境三者紧密交织的三重价值导向下的综合型目标。在微观组织形态层面,基于多重目标混合下的混合型组织不断付诸于日常的商业实践。在混合型组织中,以共益企业为新型社会责任内生性组织载体的新一轮社会责任组织运动也由

此掀起。[①]

企业社会责任治理作为推进企业社会责任实践可持续的新的理论范式，企业社会责任治理的前置性逻辑在于在以商业组织为逻辑元点的社会责任实践过程中，由于商业组织天然的经济逐利属性，依靠个体基于企业社会责任道德逻辑下的道德自律、社会回应逻辑下的回应性社会责任、工具竞争性逻辑下的战略性企业社会责任都难以摆脱企业社会责任实践的异化困局，企业社会责任缺失、企业伪社会责任以及企业社会责任寻租行为久久难以消解。从这个意义上讲，基于商业组织单边式的企业社会责任管理模式或可持续性商业模式建构难以产生可持续性的企业社会责任实践。企业社会责任治理则是将企业社会责任实践过程中涉及的多元利益相关方主体纳入统一的治理框架中，其目标在于一方面最大程度地推进各类商业组织增进履行社会责任的意愿与动力，协调各类商业组织为解决共同的经济、社会与环境问题发挥相应的资源与能力优势，并通过建构合意的治理环境推进企业社会责任实践的可持续；另一方面在于有效监督与治理商业组织的各类社会责任缺失与异化行为，确保各类商业组织的市场行为能够最大程度地降低机会主义倾向，规避社会福利损失。实际上，在企业社会责任治理过程中，政府作为企业社会责任治理的元治理主体，"元治理"理论强调政府在推进企业社会责任实践以及治理企业社会责任缺失与异化行为的过程中，发挥相应的社会责任战略愿景规划、社会责任制度供给（强制性制度与诱导性制度供给）、社会责任实践主体培育与社会责任实践行动协调等多重功能，进而促进企业在社会责任实践过程中创造更加高阶的综合价值与共享价值。因此，面对日益复杂的商业环境，如何有效推进各类商业组织（民营企业、国有企业）增进履行社会责任的意愿与动力，更好地推进各类商业组织基于社会责任实践参与社会治理与公共治理，最终助推国家治理体系与治理能力现代化成为当前政府"元治理"角色下企业社会责任治理的重点战略方向。

议题（Issue）最早是公共关系与公共政策领域的术语，后来经过发展逐步被引入组织与管理学研究领域。从企业社会责任实践过程来看，企业社会责任理念的实现归根结底要通过企业社会责任实践主题与议题予以落地，进而为企业的利益相关方创造综合价值与共享价值。在这一过程中，企业社会责任主题则是企业社会责任内容边界的重要反映，而在企业社会责任主题之下，则是一个个具体

[①] 共益企业（Benefit Corporation）在实践层面是由美国非营利组织共益企业实验室（B-lab）率先提出的一种新型混合组织理念，其基本的理论内核是打破传统商业组织或在非营利组织、社会企业等的价值创造过程中经济价值与社会环境价值的相互割裂分离或低水平的均衡局面，基于双元融合型的制度逻辑推进企业双重价值的高阶均衡，最终为组织所有利益相关方而非单一性利益相关方创造综合共赢价值与共享价值。

的企业社会责任议题。因此，企业社会责任议题的范围源于企业自身对企业社会责任内容维度的边界界定。① 实际上，根据企业社会责任议题的来源可以分为社会责任理论的主题和外部性社会责任标准倡议两种方式。更进一步地，企业社会责任行为作为企业融入社会的一种基本方式，其内在的理论逻辑强调企业与社会之间的相互依存性、嵌入性与共生性。但是，企业与社会之间融合度的差异性的背后是企业链接社会过程中社会责任实践议题的差异性，并主要表现为自内而外的链接（基于企业社会责任内生性链接）和自外而内的链接两种形式（基于外部利益相关方驱动的外生性链接）。前者指的是企业将日常业务运营活动嵌入、嫁接与根植到社会需求之中；后者指的是不仅企业的日常经营活动会影响社会，反过来，外部的社会条件（利益相关方诉求与社会制度压力）也会影响企业的运营行为（Porter and Kramer，2006）。类似地，企业与社会责任议题之间的关联性也能区分为自内而外的链接和自外而内的链接两种方向，这两种方向的不同组合就能划分出不同类型的社会责任议题。

（二）注意力基础观与政府注意力

注意力最早是心理学中的一个概念，泛指行为主体在一定的情景下所表现出的心理活动的指向性，体现为直觉、思维和知觉的集中指向；认知心理学认为注意力是指在与决策相关的众多刺激的外界环境因素中，占据决策者意识层面的最刺激的因素。此后，心理学中的注意力被逐步引入经济学与管理学的研究中。但是，经济学与管理学中的注意力的研究对象仍然存在一定的差异性。具体体现为：在经济学研究中，注意力主要研究经济主体（理性经济人）在进行市场决策中的对相应客体进行关注的持续能力，这种能力也是一种稀缺性资源，其内在的原因在于个体认知能力与信息的有限性，在注意力的配置过程中只能把最为稀缺的资源配置到最受刺激的因素的解决过程中。新古典经济学下的偏好理论认为个体消费行为具有完备性、可传递性以及非饱和性，但偏好理论难以解释行为个体在不同时间对同一问题的态度变化（注意力的变化）。琼斯（Jones）对此进行了解释，认为在偏好稳定的情况下，行为主体的态度发生变化的内因在于其注意力发生了位移，并提出了注意力驱动公共经济政策决策的"琼斯倒转选择模型"。

---

① 企业社会责任主题的划分一般存在两种主要的方式：一种方式是基于 Freeman（1984）提出的利益相关方主体构成框架，将企业在运营管理过程中的利益相关方分为内部利益相关方与外部利益相关方，从利益相关主体的角度生成对股东、员工、顾客、政府、社区以及社会环境的社会责任主题；另一种方式则是基于 Carroll（1979）提出的企业社会责任金字塔模型将企业社会责任主题按照内容维度予以分解，包括经济责任、法律责任、社会责任与道德伦理责任。

在管理学研究中，对于注意力的配置更多的是立足于有限理性假设，认为管理本质上就是决策，而决策的过程则是面对琳琅满目的信息资源，管理决策者做出有助于实现组织目标的决策并实施相应的资源配置决策过程。由此，注意力基础观是西蒙在行为心理学与组织决策学上的一个理论延伸，但是西蒙认为信息本身并不是稀缺资源，处理信息的能力才是稀缺资源。因此，决策者首要面对的问题便是如何配置处理信息的注意力，进而能够做出有助于实现组织目标的价值决策。管理决策领域的注意力基础观也由此形成，并关注以下三大原则：第一，注意力的焦点，即管理决策者在做出决策的过程中需要将自身的注意力聚焦在某个议题与解决的方案上，进而做出相应的决策；第二，注意力的情境，即决策者在注意力的分配过程中关注的议题领域与解决方案需要放置于特定的组织内外部环境中，管理决策者个体所处的环境以及其个体特质决定了对注意力配置的焦点；第三，注意力配置过程需要注重与组织内外利益相关者的沟通以及程序性的控制，决策者注意力配置过程的有效性与沟通程序、控制程序紧密相关。

从注意力研究的三大学科（心理学、经济学与管理学）来看，其立足的微观单元依然是决策主体，不管是经济学还是管理学中的注意力的分配主体依然是立足于决策主体（个体心理决策者与组织管理决策者）。因此，基于传统心理学与组织管理学中的注意力基础观也广泛应用于公共管理与公共政策领域的研究分析中，原因在于在公共管理与公共政策领域，政府是区别于市场决策主体（企业）、心理决策主体（行为个体）的公共权力与公共资源的决策与配置主体。政府在管理公共事务以及参与社会治理的过程中，会根据自身面对的公共信息形成一定的决策认知，在不同的决策动机引导下产生异质性的决策行为。同样地，由于政府的决策信息来源也具有有限性甚至不对称性，因而政府在决策过程中无法得到所需要的完全信息。从这个意义上看，在政府注意力配置过程中，必然产生相应的关注焦点，意味着被政府重点关注的相关领域与议题将被重点聚焦，这些领域与议题也必然被整个经济与社会中所涉及的相关行为主体予以重点关注并贯彻执行。实质上，政府注意力本身也是一种稀缺资源，政府基于公共目标与利益最大化的角度对注意力资源进行充分合理配置，从而实现基于注意力下的资源配置与制度供给的最优化，实现帕累托效率或帕累托改进。因此，立足于注意力基础观，政府在管理公共事务与主导社会公共治理的过程中，必然伴随着政府决策主体的周期性变化与决策环境的动态性变化而产生注意力指向的变化性，体现为在我国由于政策理念、政府任期因素以及决策环境等方面的变化，政府决策者会对某一市场与社会领域中的公共议题的注意力（政府的发展指导理念、政策目标等）产生指向性与周期性变化，进而影响公共决策主体对相应经济社会资源（财政资源与社会资源）的投入，最终实现基于特定的注意力资源配置对市场主体与公共社会主体的指向性治理。

因此，综合决策心理学中的注意力的基本概念以及组织管理学中的注意力基础观，笔者进一步提出基于政府决策的分析框架。如图9-1所示，立足于我国独特的"强政府—弱社会"的政社关系形态下，在政府主导的公共社会治理领域中，面对琳琅满目与动态复杂的公共社会问题，政府必须基于主导性的发展理念与政策理念，以有限的注意力资源关注相应的公共社会议题，最终在所关注的公共政策与社会议题场域内聚焦于相应的政府政策的执行。值得注意的是，政府作为公共社会治理领域中的公共资源决策者与配置者，也必然存在相应的政府作为个体行为人的动机，具体体现为官员个体的动机对政府理念的吸收与认同程度的异质性产生政策理念执行过程中的差异性。从这个意义上讲，基于有限注意力的政府决策理念与政府决策动机与政策执行紧密相关；政策执行的效果又会形成一定的公共信息，对政府注意力产生一定的反馈效应，从而形成"公共社会问题—政府公共决策注意力—公共与社会政策"的闭环系统。

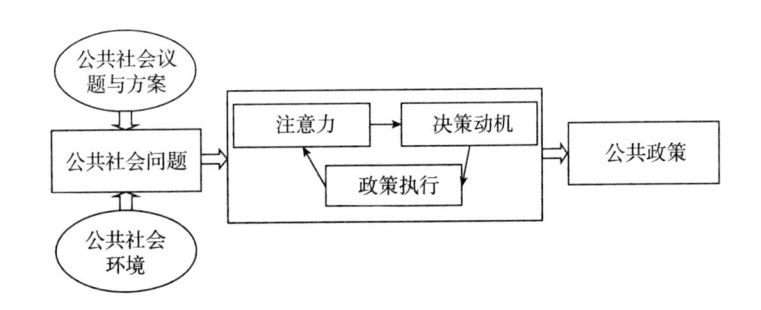

图9-1 基于"注意力"的政府政策决策过程分析框架

实质上，在政府注意力差异化的情景下，即使是同一政府决策主体，在不同的情景下所选择的政策组合也具有差异性，并形成异质性与多样化的政策空间与政策样态（吴宾和杨彩宁，2018）。根据注意力的连续、中断或转折，可以将注意力分为持续性的注意力、注意力转移、注意力波动以及注意力迭代。一般而言，持续性的注意力会形成相对均衡的政策结构。随着时间的推移，持续性的注意力下的公共政策制定所呈现的自我复制和自我强化趋势被称为"路径依赖"或"制度黏性"。注意力转移则会引发决策者的资源配置与行为选择发生转变，引起决策过程中的资源配置的全面修正，如外部社会宏观经济条件的变化、社会舆论的变更、突发性群体性社会事件等均可能成为注意力转换的外源性压力。在这一矛盾转换过程中，新的参与者逐渐被吸纳到政策论辩场域，推动制度的更新和变革。注意力波动则是政策的间歇性停滞或异化，背后的原因在于涉及的利益相关方的关系较为复杂，执行难度相对较大，未有先前案例可以作为参考，只能"摸着石头过河"，继而难以瞄准注意力焦点，出现了注意力模糊条件下的模糊情境。特别是在传统政府基于科层制管理模式下，政府决策的形成过程与实施过程一般是自上而下式。在自上而下的政策形成与实施过程中，政府高层注意力的频繁波动或注意力的突然衰减，极易导致地方政府或政策执行过程中的执行主体无所适从，引发与政策相关的决策主体对政策导向的认知混乱，以及引发决策者制定决策过程中的注意力偏离。由此将导致政策异化，甚至政策停滞现象。注意力的迭代是指当政府决策者注意到的某一问题具有相当的动态性且问题的解决需要不断进行政策调整与动态跟进时，政府会在该领域强化注意力资源配置力度，反映在公共政策与制度层面即是"政策迭代"或"制度更迭"。如近年来对于新经济下（共享经济）的一些新的业态的监管政策，在一定程度上伴随着政府对这一新型业态的注意力的动态跟进。从制度主义观来看，对共享经济的市场合法性地位从无到有、从严格管制到放松规制、从直线型监管到动态型监管，都无不体现着政府注意力的调整与更迭。

（三）基于政府元治理主体下的企业社会责任推进模式与机制

从企业社会责任治理的已有研究来看，学术界主要从政府、公民社会以及企业三大层面对推进企业社会责任的主要模式与机制进行了研究。在这三大层面中，政府作为推进企业社会责任的公共性"元治理"主体，在企业社会责任制度供给与企业社会责任监督评价中扮演着企业社会责任制度与政策的决策者、企业社会责任议题实践的动员组织者、企业社会责任行为监督者与治理者等多重角色。但是，由于政府参与推进企业社会责任的意愿、资源与动力的差异，基于政府能力与社会能力的相对强弱，国家（政府）与社会的相对关系一般分为强政府与强社会、强政府与弱社会、弱政府与强社会以及弱政府与弱社会。实质上，政府在世界范围内推进企业社会责任的模式并不一致。从政府推进企业社会责任的主要模式来看，主要存在"强政府—强社会""弱政府—强社会"与"强政府—弱社会"三类主要的企业社会责任推进模式（见表9-1）。

表9-1 政府推进企业社会责任的主要模式及其特征

主要特征	"强政府—强社会"模式	"弱政府—强社会"模式	"强政府—弱社会"模式
政府角色	协同式治理者	参与式治理者	主导式治理者
公民社会角色	协同参与者	主导式治理者	参与式治理者

续表

主要特征	"强政府—强社会"模式	"弱政府—强社会"模式	"强政府—弱社会"模式
主要实现机制	社会责任制度供给、社会责任政策激励、社会责任监督评价、社会责任行为治理	社会责任制度供给（非正式制度供给）、社会责任监督评价	社会责任制度供给、社会责任政策激励、社会责任监督评价
内在动力	企业行为创造公共价值	企业行为符合社会期望	企业行为创造公共价值
典型国家	欧洲国家：英国、丹麦、意大利等	美国	新兴经济体：中国
主要缺陷	政府推进企业社会责任成本较高	政府推进企业社会责任的主动性较弱，政府元治理功能发挥不足	企业社会责任设租寻租 企业社会责任制度供给不足与供给失衡 企业社会责任监管缺失与缺位

资料来源：笔者整理而成。

首先，三类主要的企业社会责任推进模式体现在政府在推进企业社会责任治理过程中发挥的主导作用的异质性。在"强政府—强社会""强政府—弱社会"与"弱政府—强社会"三类模式中，政府在企业社会责任治理中扮演的角色分别为协同式治理者、主导式治理者以及参与式治理者。具体体现为在"强政府—强社会"与"强政府—弱社会"的模式中，政府在推动企业社会责任治理过程中分别扮演着协同者与主导者角色，这两类角色体现为政府在企业社会责任正式制度供给、企业社会责任实践政策以及企业社会责任评价体系等一系列社会责任政策供给与社会责任监督治理中起着决定性的作用。因此，在这两类模式下，政府都能通过强制性企业社会制度供给与相应的社会责任实践激励政策引导并深化企业对社会责任的认知理念以及增进企业开展社会责任实践议题的意愿与动力，推动企业社会责任实践行为的可持续。但是，"强政府—强社会"与"强政府—弱社会"两类企业社会责任治理推进模式仍然存在本质性差异，体现为由于公民社会的发育程度以及参与企业社会责任治理意愿的差异性，"强政府—强社会"与"强政府—弱社会"的本质差别在于："强政府—强社会"模式下公民社会发育程度也相对成熟，能够很好地对政府推进企业社会责任过程进行有效的监督，有效规避强政府推进企业社会责任实践过程中的"政府失灵"。而在"弱政府—强社会"模式下政府主要扮演的企业社会责任治理角色则是参与式治理角色，即企业社会责任治理主要依赖于企业自身的道德力量的觉醒与对企业社会责任的内生性认知，以及企业外部的社会性利益相关方的价值期望的引导与社会约束。政

第九章　企业社会责任治理的政府注意力演化

府对于有效监督与评价企业社会责任实践的意愿以及动力相对较弱，因此在推动企业社会责任治理过程中的机制体现为基于企业的内部社会责任管理机制以及基于公民社会的社会责任监督评价机制，基于政府主导的强制度供给相对较弱。

其次，三类主要的企业社会责任推进模式体现在公民社会组织在推进企业社会责任治理过程中发挥的主导作用的异质性。在治理主体多元化的背景下，公民社会成为区别于传统政府组织与市场企业组织参与公共社会治理的第三种主导性力量，公民社会能够在推进企业社会责任实践过程中扮演公共社会舆论的引导者，公共社会绩效的监督者、评价者以及公共社会价值需求的生产者等多重治理角色。在"强政府—强社会""弱政府—强社会""强政府—弱社会"三类企业社会责任治理模式中，公民社会分别扮演着协同参与者、主导式治理者、参与式治理者的异质性角色。具体体现在"强政府—强社会"与"弱政府—强社会"的模式中，公民社会在推动企业社会责任治理过程中分别扮演着协同者与主导者角色，这两类角色体现为公共社会在企业社会责任非正式制度供给以及企业社会责任监督与评价体系等一系列社会责任政策供给与社会责任监督治理中起着决定性的作用。因此，在这两类模式下，公民社会通过非正式制度供给如社会文化、社会信仰等非正式制度引导并深化企业对社会责任的认知理念以及增进企业开展社会责任实践议题的意愿与动力，推动企业社会责任实践行为的可持续。而在"强政府—弱社会"的企业社会责任推进模式下，公民社会主要扮演的企业社会责任治理角色是参与式治理角色。同时，由于弱社会的存在，使得对政府推进企业社会责任过程缺乏有效的公民社会监督，政府与公民社会之间难以形成有效的推进企业社会责任实践的协同机制，造成企业社会责任制度供给不足与供给结构失衡、企业社会责任监管与评价缺失缺位的双重局面。

最后，从实际案例来看，"强政府—强社会"这一模式的典型国家是欧盟国家。如英国政府自2000年设立了企业社会责任事务的大臣与专项管理部门，后在2005年提升为国务大臣，将企业社会责任放置于政府工作的重要部门与重要地位，从而实现企业社会责任的强制度供给。同时，在推进企业社会责任治理的公共政策方面，英国政府通过制定大量的企业社会责任激励政策推进企业履行社会责任，如对环保、劳工实践、就业等社会责任议题实践进行财政奖励以驱动企业履行社会责任；在企业社会责任监督评价方面，2000年，在政府主导下制定了企业社会责任评价体系公司社会责任指数，其由环境保护、社区活动、销售市场以及工作环境等多维评价指标构成，政府通过定期发布企业社会责任指数值以在监督评价层面驱动企业重视社会责任，维持企业良好的市场声誉与经济绩效。而"弱政府—强社会"的典型国家如美国，其主要通过提供法律保障的形式来增强企业社会责任实践的制度合法性。如从20世纪70年代开始美国各州相继通过了企业社会责任在公司法中的合法性地位，要求企业对股东负责的同时需要对企业的多元利益相关方承担社会责任。同时，积极制定企业社会责任的标准规范，并通过设立各类企业社会责任议题奖项如企业优秀环保奖、优秀企业奖等鼓励企业履行社会责任。总之，在"弱政府—强社会"模式下，政府主要是配合参与公民社会中的各类企业社会责任组织推进企业社会责任实践。

而我国则是"强政府—弱社会"这一模式的典型体现。从政府正式制度供给层面来看，在法律环境中自2006年新公司法将企业社会责任作为企业必须履行的义务，并制定了企业社会责任标准规范《社会责任指南》(GB/T36000-2015)，同时明确推进企业社会责任制度供给首先应基于国有企业展开。2008年我国政府陆续出台推进国有企业履行社会责任的相关指导意见如《关于中央企业履行社会责任的指导意见》，以及在社会责任评价层面积极推进沪深上市公司的社会责任披露体系建设。但是我国区别于"强政府—强社会"下的企业社会责任推进模式，在"强政府—弱社会"模式下，基于理性人假设下政府在推进企业社会责任过程中难以避免地存在自利动机，而公民社会对政府行为存在难以逾越的监督屏障，因此在推进企业社会责任过程中如政策激励制度设计过程中，政府可能由于"自利"动机不以公共价值最大化为优先目标，存在偏离创造公共价值与社会福利的最优点，导致的后果是引发社会福利的整体损失以及破坏了企业社会责任实践的正常秩序。其主要的表现是通过政府与企业存在广泛的关联行为，以设立企业社会责任显性租金与隐性租金的方式引发企业社会责任寻租行为，降低对企业社会责任制度执行的强度，使得企业社会责任制度供给执行弱化与监督评价失效。如显性租金的典型体现是基于官员的"政治锦标赛"，不顾社会环境后果通过政策性优惠引来具有较大负社会外部性的企业，以及为企业通过社会责任寻租的方式获取政策优惠与政府补贴以创造期望的经济价值。

(四) 研究框架

笔者主要基于中央政府在推进企业社会责任实践中的元治理角色定位，考察企业社会责任治理过程中政府注意力的基本演化。元治理角色强调中央政府在企业社会责任制度供给、政策制定与监督评价中发挥主导性作用。同时，在政府注意力视角下，在不同时期政府对企业社会责任的内容维度聚焦具有差异性，因而结合政府注意力视角考察不同阶段中央政府推进企业社会责任的历史演化具有较好的时空透视性。在我国，《政府工作报告》是每年"两会"期间由中央政府公开发布的具有施政纲领性的政策文本文件。其具体内容既包括对过去政治、经济、社会与文化各领域发展的总体性回顾，也包括对未来阶段的各领域的整体式布局与具体政策制度安排，通过文本的形式向经济社会的各类主体与公众公开宣告在特定阶段内政府的资源配置重点、资源配置领域以及资源配置方式。因此，政府在特定年度阶段下的注意力具有稀缺性。在一定程度上，《政府工作报告》是政府在未来阶段内资源配置的指挥棒。因此，笔者选择《政府工作报告》为研究样本，分析改革开放以来中央政府推进企业社会责任注意力的演化过程。具体则通过计算各个时期中央推进企业社会责任注意力的总体数值与企业社会责任各维度注意力数值，以及通过展现各个时期中央政府推进企业社会责任的议题关键词演变与语义网络关联特征演变，清晰地呈现中央政府推进企业社会责任注意力的总体演变、内容维度演变、特征关联演变与实践议题演变，并为未来推进企业社会责任实践提供启示（见图9-2）。

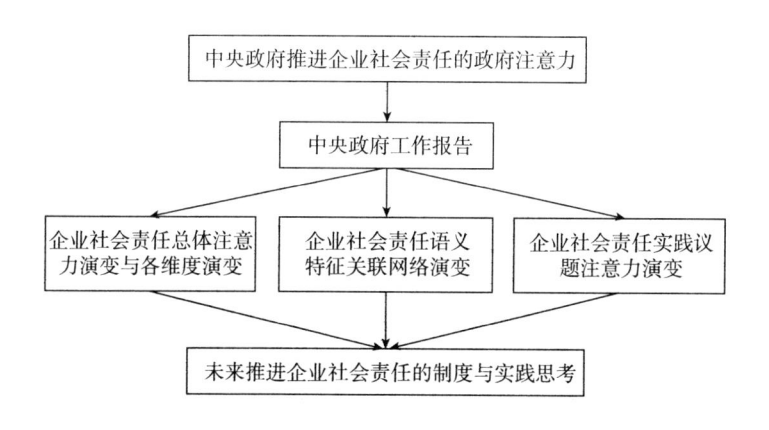

图9-2 本章研究的概念框架

三、研究设计

（一）主要研究方法

文本分析方法（Text Analysis）是基于文本内容的关键词提炼、比较、分析与综合的研究方法，被广泛运用于政治学、管理学、经济学以及传播学等社会科学中的质性研究过程中。文本分析方法的优越性在于结合了基于定义概念的文本定性解读与基于文本关键词挖掘的定量描述，能够将已有的政策文件、研究报告与相关期刊报纸中的文本资料以量化的形式呈现内容信息，在一定意义上属于定性与定量研究方法的综合。近年来，大量的研究将政策文本分析应用于经济学与管理学的研究。在文本分析的应用软件方面，主要存在两大软件，通过ROSTCM6软件对文本进行分词，统计出相关的高频词汇，所得出的分词排名能够与所研究的主题维度相结合，进而建立主题下的一级关键词、二级关键词等，基于QSR Nvivo11能够对文本的关键词的相关节点进行编码，最终统计关键词的相关频率与句子数。因此，笔者基于文本分析方法，通过ROSTCM6将文本进行分词，筛选出与企业社会责任相关的关键词，邀请相关专家将符合企业社会责任维度的高频词纳入本章所研究的企业社会责任的具体维度的关键词节点中，最终通过QSR Nvivo11对企业社会责任关键词语抓取、梳理企业社会责任的维度编码，[①]并分析它在所掌握的文件资料中出现的频度、背景等信息，来分析中央政府对企业社会责任议题领域的注意力变化。

（二）样本选择与数据处理

本章主要选取了1978~2019年政府公开发布的《政府工作报告》作为样本来源，共计42篇《政府工作报告》。鉴于政府任期5年为一周期，本章进一步以5年作为一个基本的分析单元，将5年为一周期的《政府工作报告》予以合并且进行分阶段分析。基于此，本章利用相关软件从文本中科学地提取与企业社会责任各个维度下的议题领域紧密相关的关键词，并基于三重底线理论、Carroll提出的社会责任金字塔理论以及Freeman提出的利益相关方理论将企业社会责任维度分为经济责任、社会环境责任、法律责任与慈善伦理责任四大维度，在各大维度的社会责任议题领域上，按照已有的政策文件、企业社会责任指南中的社会责任议题选取各维度下的企业社会责任议题关键词。按照一级关键词，利用ROS-Tcm6分词软件再选取二级关键词，最终形成关键词汇总表。

具体来看，本章中的企业社会责任各个维度下的议题领域主要选取范围来源基于社会责任理论的主题和基于社会责任标准倡议（见表9-2）。从前者来看，最具代表性的划分依据是三重底线理论、金字塔理论和利益相关理论中的社会责任主题，将企业社会责任维度分为经济责任、社会环境责任、法律责任与慈善伦理责任四大维度；从后者来看，最具代表性的划分依据包括社会责任国际标准ISO 26000、联合国可持续发展目标（2030年）、联合国全球契约十项基本原则、

---

① 在编码之前，由于质性研究中存在一定的主观性，因此本章基于企业社会责任领域的两名不同研究者对同种维度下的议题进行编码所得的每一个研究文本下的相同议题的一致性程度进行信度检验，基于王霞等（2012）的计算方法得出的信度检验通过率为80%以上，因而本章分析中的企业社会责任各类维度类别下的社会责任议题编码具有可靠性。

可持续发展报告编写标准（GRI4.0）、社会责任国家标准 GB/T 36000-2015《社会责任指南》、《关于中央企业履行社会责任的指导意见》中的企业社会责任主题领域下的关键词，如在社会环境责任维度，一级关键词是消费者责任、政府责任、社区责任、员工责任、供应商责任、社区责任与环境责任，相应的二级关键词则是合作伙伴、公平竞争、诚信合作、合同履约、资源节约、资源可持续、生物多样性、减少污染、减少排放、环境治理、节能环保、降低能耗、减少噪音、生态环境、生态保护等。

表9-2 企业社会责任议题选取范围的主题依据

	社会责任主题划分依据	社会责任主题
理论依据	三重底线理论	经济责任、社会责任、环境责任
	金字塔理论	经济责任、法律责任、伦理责任、慈善责任
	利益相关方理论	股东责任、政府责任、客户责任、员工责任、伙伴责任、社区责任等
政策标准依据	ISO 26000	组织治理、人权、劳工实践、环境、公平运营实践、消费者问题、社区参与和发展
	联合国可持续发展目标（2030年）	消除贫困，消除饥饿，良好健康与福祉，优质教育，性别平等，清洁饮水与卫生设施，廉价和清洁能源，体面工作和经济增长，工业、创新和基础设施，缩小差距，可持续城市和社区，负责任的消费和生产，气候行动，水下生物，陆地生物，和平、正义与强大机构，促进目标实现的伙伴关系
	联合国全球契约十项基本原则	人权、环境、劳工、反腐败
	GRI 4.0	经济、环境、劳工实践、人权、社会、产品责任
	GB/T 36000-2015《社会责任指南》	组织治理、人权、劳工实践、环境、公平运营、消费者问题、社区参与和发展
	《关于中央企业履行社会责任的指导意见》	坚持依法经营诚实守信、不断提高持续盈利能力、切实提高产品质量和服务水平、加强资源节约和环境保护、推进自主创新和技术进步、保障生产安全、维护职工合法权益、参与社会公益事业

资料来源：笔者基于肖红军（2017）整理归类而成。

立足于上述关键词,本章首先通过专家咨询、共同判断等环节,从词库中选取与上述相关测量维度含义相近的词语作为文本分析的关键词,最终形成关键词汇总表;① 其次,在确定关键词的基础上,利用文本分析软件对《政府工作报告》进行文本分析,按照关键词建立节点,得出含有关键词的句子数;最后,统计文本总句子数,按照绝对注意力的计算公式,即绝对注意力=包含关键词的句子数/文本句子总数,得出关键词在文本中出现的频率,进而得到政府推进企业社会责任各维度议题领域的注意力。

(三) 注意力测算结果

以每一周期内的《政府工作报告》为一个分析单位,对选定的企业社会责任维度下的一级关键词建立相应的一级节点并进行编码。在各个节点下,依次编码选定二级关键词,为其选定的社会责任议题计数。在编码过程中,需要按照文本情景对关键词的语义进行判断,符合相关企业社会责任议题实践含义范围的计入编码,不符合的则不计入。当一个句子中出现多个关键词时,每个关键词只能编码一次,当一个句子中关键词的含义不同时,则对这个句子重复编码计数。通过建立节点和对相关节点下编码计数,最后得出各个维度中含有相关关键词的句子数,并统计文本总句子数,最终得到表9-3。

表9-3 企业社会责任各维度下的主要高频议题关键词

年份	主要关键词	经济效益	技术进步	产品质量	员工工资	守法合规	环境保护	节能减排	慈善道德	扶贫共享
1978~1982年	参照点数	44	17	18	5	2	2	15	0	1
	句子点数	2034	2034	2034	2034	2034	2034	2034	2034	2034
1983~1987年	参照点数	61	19	10	7	2	2	10	1	1
	句子点数	2012	2012	2012	2012	2012	2012	2012	2012	2012
1988~1992年	参照点数	67	14	16	9	10	6	21	2	1
	句子点数	2430	2430	2430	2430	2430	2430	2430	2430	2430
1993~1997年	参照点数	56	20	7	7	11	10	12	1	2
	句子点数	2143	2143	2143	2143	2143	2143	2143	2143	2143
1998~2002年	参照点数	42	21	7	11	12	16	7	1	2
	句子点数	2171	2171	2171	2171	2171	2171	2171	2171	2171

---

① 受篇幅所限,关键词汇总表可向笔者索取。

续表

年份	主要关键词	经济效益	技术进步	产品质量	员工工资	守法合规	环境保护	节能减排	慈善道德	扶贫共享
2003~2007年	参照点数	20	7	4	6	14	19	33	4	6
	句子点数	2816	2816	2816	2816	2816	2816	2816	2816	2816
2008~2012年	参照点数	23	10	17	3	7	42	47	7	6
	句子点数	2821	2821	2821	2821	2821	2821	2821	2821	2821
2013~2017年	参照点数	31	5	6	2	4	66	26	7	19
	句子点数	2437	2437	2437	2437	2437	2437	2437	2437	2437
2018~2019年	参照点数	12	4	3	1	3	35	11	3	32
	句子点数	1153	1153	1153	1153	1153	1153	1153	1153	1153

资料来源：笔者整理而成。

更进一步地，基于本章的企业社会责任关键词汇总，通过计算出企业社会责任各个维度中的关键议题词在文本中出现的频率，即在文本中有多少个句子含有选取的关键词，并结合文本语义剔除歧义词频和在一句中重复出现的词频，计算出包含关键词的句子数占文本句子总数的百分比，就能得到政府对企业社会责任各个维度下的相关议题方面的注意力数值（见表9-4）。从注意力数值来看，自改革开放以来，中央政府对企业社会责任注意力不断攀升，从1978~1982年的9.34%逐步上升到2018~2019年的14.74%。尽管在这一过程中也经历过注意力下降的阶段，如1983~1987年和1988~1992年，呈现出的企业社会责任注意力数值较前一阶段有所下降，1983~1987年和1988~1992年的总体注意力分别为7.80%与7.74%。但总体而言，中央政府推进企业社会责任的注意力基本呈现出稳步上升的态势，尤其是2003年后中央政府推进企业社会责任注意力的上升趋势更为明显。足以说明，中央政府推进企业社会责任管理与实践的过程是一个渐进式的过程，渐进式地推进企业履行社会责任有利于避免推进的步伐过于激进而给企业的"生产性"功能带来过重的社会压力。实质上，由于我国改革开放以来资源配置逐步转变为以市场在资源配置中起决定性作用，在这一过程中，相当长一段时间内企业的发展与改革处于探索之中，而企业社会责任作为一种外部"舶来品"，过于激进地推进企业履行涵盖经济、社会与环境的企业社会责任不利于企业的平稳发展，也容易引起企业过高的运营成本与社会压力。因此，中央政府在推进企业社会责任的注意力波动上升的过程中也充分体现了中央政府推进企业社会责任的制度弹性。

表 9-4　政府对企业社会责任各维度的注意力数值　　　单位:%

年份	总体注意力数值	经济责任	法律责任	社会与环境责任	慈善道德责任
1978~1982 年	9.34	5.46	0.15	3.74	0.00
1983~1987 年	7.80	4.67	0.20	2.88	0.05
1988~1992 年	7.74	3.70	0.66	3.29	0.08
1993~1997 年	7.98	4.53	0.51	2.89	0.05
1998~2002 年	8.38	4.15	0.64	3.55	0.05
2003~2007 年	7.07	1.63	1.07	4.23	0.14
2008~2012 年	9.68	2.16	0.50	6.77	0.25
2013~2017 年	15.59	4.43	0.66	10.22	0.29
2018~2019 年	14.74	2.60	0.69	11.19	0.26

资料来源:笔者整理而成。

四、中央政府推进企业社会责任的注意力演化过程

基于文本的语义网络分析能够阐释《政府工作报告》中的与企业社会责任内容、主题与关键词相关的知识特征,形象地呈现出各个特征之间的客观联系。本节进一步剖析1978~2019年《政府工作报告》各统计周期下的语义网络,进而更有效地阐释各个时期下基于《政府工作报告》文本中企业社会责任内容、主题与关键词的演变特征。

(一) 1978~1982 年中央政府推进企业社会责任的注意力

在1978~1982年《政府工作报告》中,主要以企业、技术、质量、管理与经济、工业、改造作为核心簇布,其中,从特征词关联度来看,企业与经济(45)、企业与技术(44)、企业与工业(43)、质量与企业(35)、企业与能耗(29)、企业与职工(28)、企业与效益(24)、企业与自主权(20)为基本特征关联[1](见图9-3),因此能够得出政府在推进企业社会责任各维度注意力中,主要是以企业经济责任维度为高频特征词。究其原因,自1978年开始随着全国拉开了改革开放的伟大序幕,国有企业改革也开启,国有企业由完全计划经济时期的政治附属物逐步转变为基本的生产单位。国有企业拥有自主的经济权限与经

---

[1] 括号中的数字表示特征词之间的关联强度,主要选取强度大于20的特征网络词,下同。

济利益，这符合弗里德曼对企业社会责任中的企业经济责任的本质定义，即企业有且只有一种社会责任，那就是获得最大化的经济利润。这一时期对于企业的本质与功能认知由完全计划经济时期的经济、政治与社会三重功能的重叠体逐步转变为社会主义市场经济下的经济角色，与这一时期蒋一苇（1979）所提出的企业本位论不谋而合，认为企业是现代经济的微观单元，是具有自主独立经营、自主发展的能动权利与义务相结合的经济主体。因此，这一时期政府围绕国有企业经济效率开展了一系列赋予国有企业经济自主权的实践，以实现企业的经济角色与经济功能，主要实现方式则是通过经济责任制、资产经营责任制等放权让利措施充分调动企业的经营积极性，实现国有企业经济责任下的经济功能。从 1978~1982 年中央政府推进企业社会责任的分维度注意力数值来看，中央政府推进企业经济责任的注意力较其他维度如社会与环境责任、慈善道德责任而言处于主导地位，且政府推进企业社会责任实践组织载体的注意力以国有企业为主，主要聚焦于国有企业的经济责任，促进国有企业树立和不断增强"经济责任"意识。

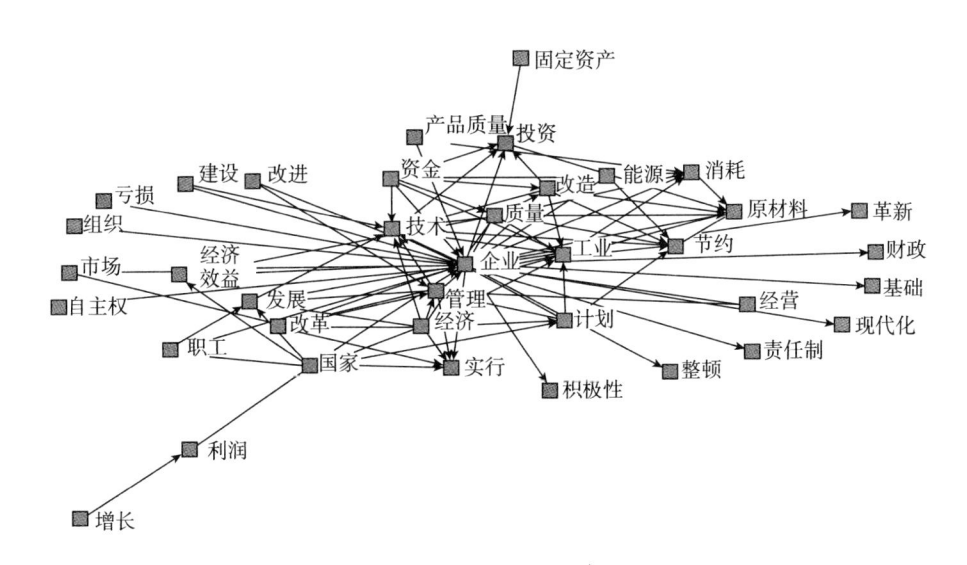

图 9-3　1978~1982 年《政府工作报告》的语义网络

（二）1983~1987 年中央政府推进企业社会责任的注意力

在 1983~1987 年《政府工作报告》中，主要以企业、改革、技术、职工、经济效益、经营、质量作为核心簇布，其中，从特征词关联度来看，企业与改革（65）、企业与技术（50）、企业与经营（49）、企业与职工（45）、企业与经济效益（39）、改革与经济效益（31）、企业与质量（30）为主要特征关联（见图9-4）。因此，可以看出，政府在推进企业社会责任各维度注意力中，仍然以进一步强化国有企业经济责任为核心，主要通过国有企业改革释放企业的经济潜力，具体可以通过提高企业自主运营与管理、提升企业产品质量、加快企业技术改造与技术升级，从而实现企业的内部经营与管理能力的提升，最终提升国有企业的经济效率。从政府制度层面来看，1984年10月党的十二届三中全会通过了《中共中央关于经济体制改革的决定》，进一步将国有企业改革放置于经济工作的重要环节，提出"要使企业真正成为相对独立的经济实体，成为自主经营、自负盈亏的社会主义商品生产者与经营者，具有自我改造和自我发展的能力，成为具有一定权利和义务的法人"。因此，这一时期的企业社会责任语义网络也基本围绕着国有企业改革（"改革"为语义网络中的关键特征）、国有企业的自主经营与自主管理（"运营管理"为语义网络中的关键特征）。因此，这一时期企业社会责任的经济责任维度仍然是政府推进社会责任注意力的主要指向，其内在的原因在于这一时期政府着重将国有企业由计划经济时期的"政企不分体""企社不分体"转变为自主经营与自负盈亏的独立经济实体组织。

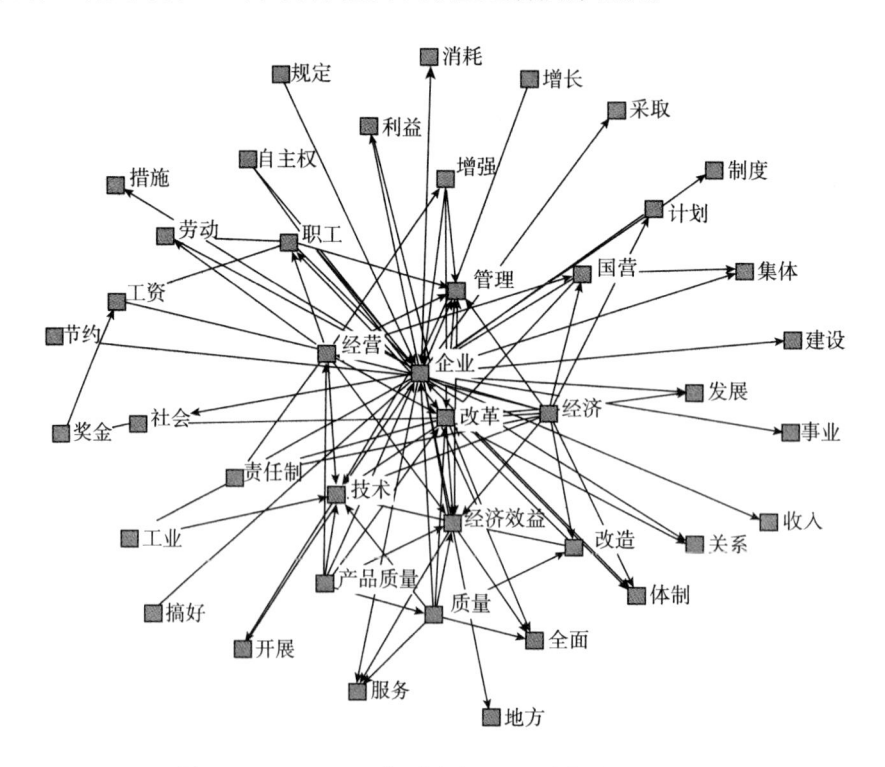

图9-4 1983~1987年《政府工作报告》的语义网络

(三) 1988~1992 年中央政府推进企业社会责任的注意力

在 1988~1992 年《政府工作报告》中，主要以企业、发展、经营、技术、经济效益与管理作为核心簇布，其中，从特征词关联度来看，企业与发展（67）、企业与经营（54）、企业与技术（49）、企业与经济效益（47）、企业与管理（47）、企业与改革（37）、企业与制度（30）为主要特征关联（见图9-5）。因此，这一时期政府在推进企业社会责任各维度注意力中，仍然以国有企业的经济责任作为政府推进国有企业改革的重要主线，通过完善国有企业的经济制度以及经营管理流程破解长期以来国有企业在"政企不分"与"政资不分"的情况下的经济责任迷失。这一时期国有企业与企业制度成为《政府工作报告》中的关键特征关联，这进一步意味着从制度供给特征来看，赋予国有企业经济责任下的各项改革制度措施都以国有企业的"经济改革"为中心，对于企业社会责任的其他维度如社会与环境责任呈现缺失状态。由此产生的后果是，尽管国有企业的经济责任得到一定程度的强化，但这一时期，政府缺乏关注企业非经济性利益相关方的价值诉求，对于承担企业社会责任中的其他责任维度相对匮乏。总体而言，此阶段推进国有企业的社会责任内容维度处于社会责任的错位阶段，企业与社会的关系仍然没有褪去小社会的色彩，以及企业社会责任的实践方式也缺乏合理有效性。因此，这一时期政府推进企业社会责任注意力内容维度继续聚焦国有企业的经济责任，但是在注意力导向层面，中央政府在制度层面推进企业社

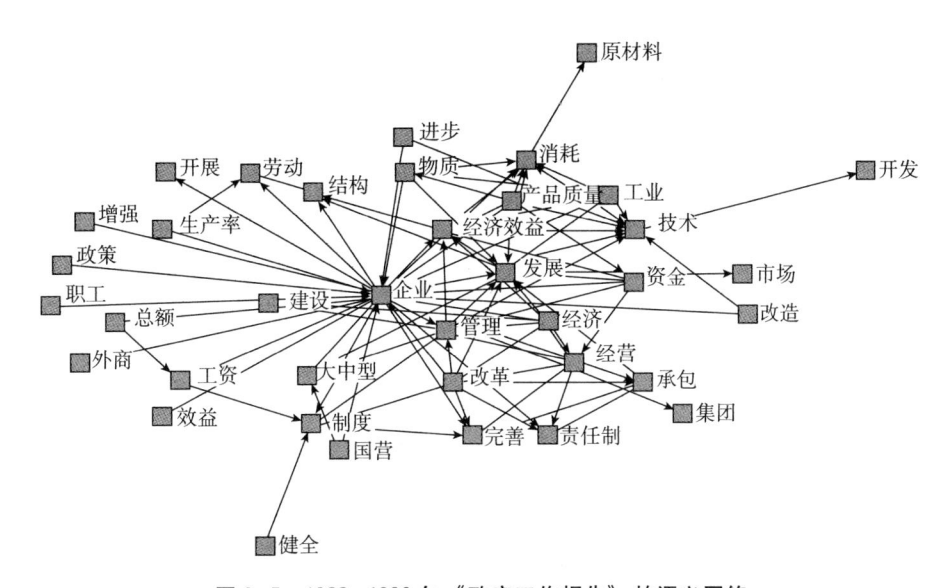

图 9-5 1988~1992 年《政府工作报告》的语义网络

会责任注意力导向也逐步转向了企业社会责任合法性导向。如 20 世纪 90 年代以来我国政府陆续出台了相关企业社会责任正式制度，1989 年制定出台的《中华人民共和国环境保护法》为企业履行环境责任提供了基本的法律遵循，基于合法性制度同构（强制性同构力、模仿性同构力以及规范性同构力）推进企业社会责任的进程由此逐步开启。

（四）1993~1997 年中央政府推进企业社会责任的注意力

在 1993~1997 年《政府工作报告》中，主要以企业、经济效益、市场、技术、改革作为核心簇布，其中，从特征词关联度来看，改革与企业（70）、企业与市场（55）、企业与经济（47）、企业与技术（41）、企业与竞争（34）、市场与竞争（34）、企业与社会（31）为主要特征关联（见图 9-6）。因此，政府在推进企业社会责任各维度注意力中，仍然以企业的经济责任作为中心维度，但在这一时期强调企业与市场的关系的重新定位对企业的经济责任予以重塑。具体表现为：政府通过完善企业的市场竞争机制与运营管理机制实现企业与市场关系的调适，进而创造合意的经济效益。尤其是 1993 年 11 月党的十四届三中全会明确了国有企业改革的方向，正式提出国有企业成为自主经营、自负盈亏、自我发展、自我约束的法人实体和市场竞争主体。同时，《中华人民共和国公司法》在 1993 年 12 月正式通过，进一步为国有企业建立现代企业制度，为真正意义上的市场竞争主体提供了法律依据，因此企业经济责任的合法性得到根本确立。

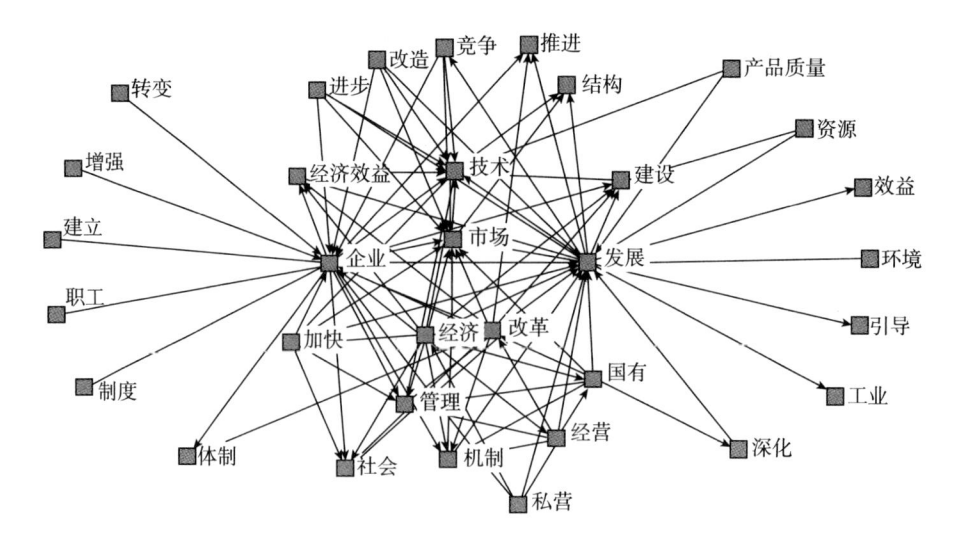

图 9-6 1993~1997 年《政府工作报告》的语义网络

这一时期，中央政府推进企业社会责任伴随着企业社会责任制度同构下合法性导向。在制度层面，我国政府陆续出台了相关企业社会责任制度，进一步基于制度合法性理论（规范合法性）推进企业社会责任的法律制度供给走向深化与实化。需要注意的是，这一时期民营（民营）企业也在图9-6的语义网络中出现，民营企业的市场合法性逐步得到确立，这意味着民营企业的经济责任意识也逐步得到强化。究其原因，与这一时期的邓小平"南方谈话"、党的十四届三中全会通过的《中共中央关于建立社会主义市场经济体制若干问题的决定》以及两次宪法修正案以国家最高法律的形式确认了非公有制经济（民营经济、个体经济等）在社会主义制度中的地位（市场地位与法律地位）紧密关联（肖红军和阳镇，2018b）。此外，环境也在语义网络中出现，说明在政府注意力视角下，推进企业环境责任维度下的责任议题也开始得到重视。

（五）1998~2002年中央政府推进企业社会责任的注意力

这一时期政府推进企业社会责任的注意力逐步回升，总体数值回升到8.38%。尤其是政府推进企业社会环境责任与经济责任两大维度的注意力逐步趋于平衡状态。从这一时期的语义特征关联网络来看，1998~2002年《政府工作报告》中主要以企业、经济效益、市场、技术、改革作为核心簇布（见图9-7），其中，从特征词关联度来看，国有企业（108）、企业与市场（69）、企业与改革（64）、企业与管理（53）、企业与技术（52）、企业与职工（50）、企业与制度（44）、企业与社会（42）成为关键特征关联。因此，可以看出，政府在推进企业社会责任各维度注意力逐步呈现多元化，企业的经济责任不再是政府推进企业社会责任注意力的唯一聚焦维度。在语义网络中，企业对于员工（职工）的社会责任成为这一时期的关注焦点。究其原因，从国际社会背景来看，自20世纪90年代中后期由发达国家主导的新一轮企业社会责任运动波及全球，基于跨国公司的社会责任国际标准开始被我国东南沿海地区的企业所关注，它们逐步开始关注社会责任国际标准下的国际劳工等员工社会责任议题。同时，从我国的制度背景来看，我国于1995年与1999年制定了《中华人民共和国劳动法》与《中华人民共和国公益事业捐赠法》，企业社会责任思潮在整个社会层面更加得到重视。更为关键的是，这一时期产生了国有企业的大量下岗与安置风潮，对国有企业的离退休人员以及下岗工人等员工的社会责任注意力开始增强。更进一步地，基于政府注意力下企业与社会关系也开始得到重新审视，即摆脱过去国有企业的"单位社会"与"小社会"色彩。总体来看，这一时期国有企业与社会之间的关系逐步形成"嵌入性"关系，即企业的行为嵌入特定的市场结构、社会结构与社会网络关系，产生与外部利益相关方的嵌入性关系（肖红军和阳镇，2019b）。

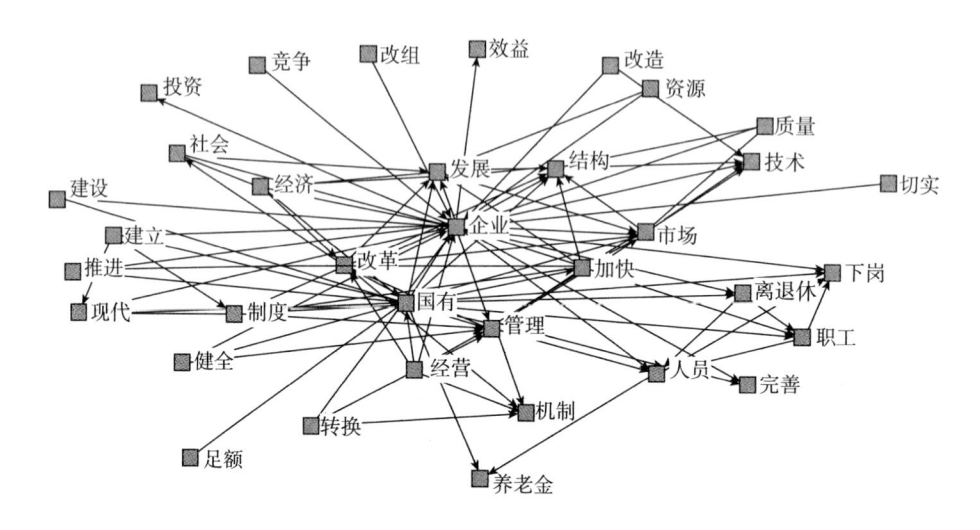

图 9-7　1998~2002 年《政府工作报告》的语义网络

(六) 2003~2007 年中央政府推进企业社会责任的注意力

这一时期政府在推进企业社会责任各维度注意力中，企业社会与环境责任的注意力超过了经济责任注意力。基于语义网络分析发现，主要以企业、经济效益、市场、技术、改革作为核心簇布，其中，从特征词关联度来看，国有企业 (69)、企业与职工 (48)、企业与制度 (47)、企业与改革 (43)、企业与社会 (33) 成为主要特征关联 (见图 9-8)。同时，在语义网络中，非公有制企业、民营企业 (民营企业) 也成为核心特征节点。因此，这一时期政府在推进履责主体维度中，逐步表现为国有企业与民营企业双轮推进的局面。同时，政府推进企业社会责任的内容维度逐步由企业内部利益相关方 (职工) 向企业外部利益相关方 (政府、社会与资源环境) 下的具体议题转变，这在图 9-8 中的语义网络中皆有所呈现。究其原因，从国际背景来看，2002 年以来第一个社会责任意义上的国际标准 SA8000 在我国开始广泛传播，基于国际社会责任标准的本土化适应进程不断加快。从国内的制度背景来看，自 2003 年我国政府提出了"以人为本，树立全面、协调、可持续"的科学发展观以来，企业社会责任成为推进可持续发展的重要社会思潮。尤其是这一时期大量的社会组织与研究机构对企业社会责任展开了大量研讨与研究，其中，2005 年 1 月中国企业联合会成立全球契约推进办公室，并在我国召开全球契约峰会，号召大量的企业加入到全球契约中；2005 年以中欧企业社会责任北京国际论坛召开为起点，此后国际性的社会组织进一步加速推进企业履责意识的提升。更为关键的是，我国政府在 2004 年党的十六届四中全会上提出构建社会主义和谐社会的新命题。在制度层面，2006年我国新《公司法》正式实施，在总则中明确规定公司需承担社会责任。由此，政府推进企业社会责任的注意力进一步增强，在企业社会责任语义特征关联中也呈现出企业与社会的特征关联。

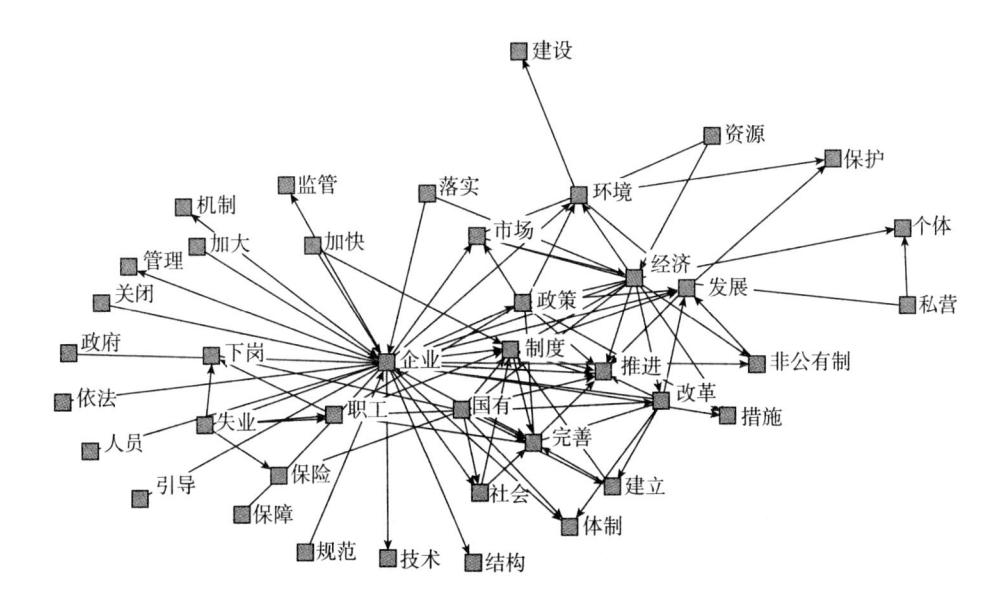

图9-8 2003~2007年《政府工作报告》的语义网络

（七）2008~2012年中央政府推进企业社会责任的注意力

这一时期政府推进企业社会责任的注意力继续攀升，且企业社会责任与环境责任维度的注意力数值持续上升。同时，从推进企业社会责任实践组织载体注意力来看，自1978年以来政府推进民营企业社会责任注意力稳步提升，并在这一时期达到顶峰。究其原因，这一时期民营企业的社会责任管理与实践在快速发展的过程中产生了诸多企业社会责任缺失与异化事件，如2008年"三聚氰胺"事件、2011年双汇"瘦肉精"事件使得部分民营企业陷入了企业社会责任缺失的舆论旋涡。基于语义网络分析发现，中央政府对于民营企业的社会责任议题关注程度进一步上升。在制度层面，围绕民营企业的社会责任制度供给如上市公司的社会责任披露制度建设进程逐步加快。更进一步地，基于语义网络分析发现，2008~2012年《政府工作报告》中主要以国有企业、经济、改革、发展、环境作为核心簇布，其中，从特征词关联度来看，国有企业（43）、企业改革（41）、环境保护（35）为核心特征关联（见图9-9）。这一阶段，在基于企业经济、社会与环境责任维度的三重特征关联中，政府对企业社会责任的注意力已经发生了重大转变，企业的环境责任维度逐步上升到一个新的高度，强调企业在履行经济责任的同时应充分重视与社会环境利益相关方的关系，通过资源节约、降低能耗、节能减排履行企业的环境责任。这与2008年国务院国资委在《关于中央企业履行社会责任的指导意见》中所提出的中央企业社会责任八项议题①基本吻合。

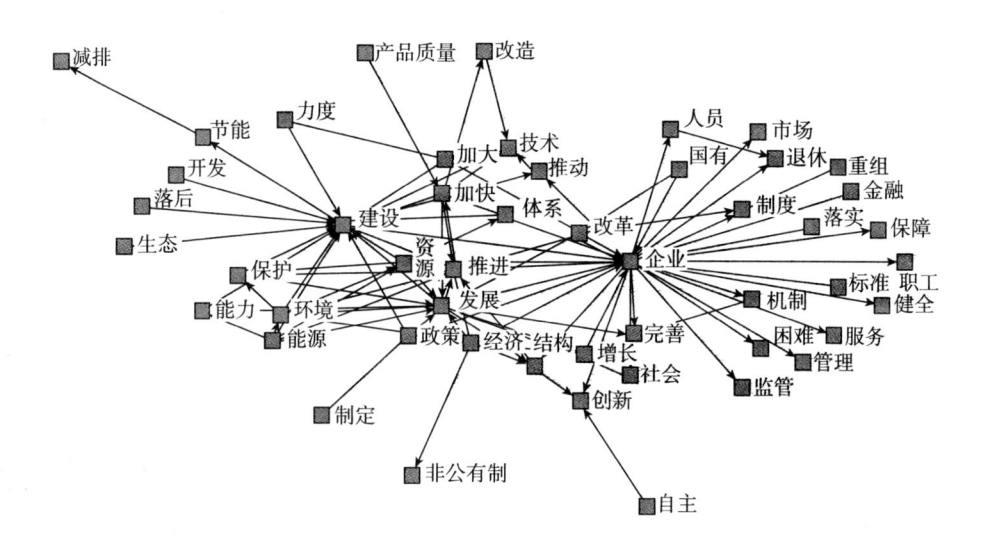

图9-9　2008~2012年《政府工作报告》的语义网络

（八）2013~2017年中央政府推进企业社会责任的注意力

自党的十八大以来，我国的经济体制改革已经步入深水区与攻坚区，改革过程中涉及的主要领域已经远远超出了党的十一届三中全会开启的经济体制改革的单一领域，而是涵盖经济体制、政治建设、社会治理与军事建设等综合领域。尤其是当前中国整体上处于迈向中等收入国家的经济社会转型期，各类社会矛盾复杂交织，由此在客观上对企业履行社会责任参与社会治理助推国家治理体系与治理能力现代化提出了更高的要求。从这一时期政府推进企业社会责任的注意力来

---

① 《关于中央企业履行社会责任的指导意见》提出企业社会责任的八项议题，即坚持依法经营诚实守信、不断提高持续盈利能力、切实提高产品质量和服务水平、加强资源节约和环境保护、推进自主创新和技术进步、保障生产安全、维护职工合法权益、参与社会公益事业。

看，中央政府对企业社会责任注意力由 2008~2012 年的 9.68% 上升到 2013~2017 年的 15.59%，可以看出，中央政府推进企业社会责任的相关维度与议题领域的注意力也相应地得到前所未有的增强，尤其是中央政府推进企业社会与环境责任的注意力远远高于其他维度注意力。在推进企业社会责任实践组织载体层面，2014 年中共中央通过《中共中央关于全面推进依法治国若干重大问题的决定》，首次将企业社会责任（涵盖国有企业与民营企业）上升到国家战略高度，且首次提出了企业社会责任立法问题。因此，一方面，从企业社会责任治理的政府注意力导向来看，企业社会责任制度的法治化与规范化成为推进企业社会责任实践可持续的着力点，即在治理企业社会责任缺失与异化行为中，更加趋向于基于法治思维、强制性制度与诱导性制度安排推动国有企业与民营企业社会责任行为的可持续。另一方面，2013 年党的十八届三中全会发布的《中共中央关于全面深化改革若干重大问题的决定》（以下简称《决定》）提出国有企业是国家治理现代化的重要力量，国有企业须以承担社会责任为重点，进一步深化国有企业改革；同时，《决定》进一步肯定了民营经济在我国社会主义市场经济中的重要作用，推动民营企业转型升级成为民营企业充分履行经济责任助力社会创新的注意力新指向。因此，从这个意义上看，国有企业基于企业社会责任实践参与公共治理与社会治理成为国家治理现代化的全新导向，在企业社会责任实践层面，中央政府推进国有企业与民营企业社会责任实践议题的关注度逐步平衡，呈现出国有企业与民营企业社会责任实践的双轮驱动与共同演化的局面。

更进一步地，基于《政府工作报告》文本的语义网络分析发现，2013~2017 年《政府工作报告》主要以企业、改革、经济发展、食品安全、环境、社会发展、生态建设作为核心簇布，其中，从特征词关联度来看，经济发展（58）、企业发展（36）、食品安全（34）、环境发展（31）、生态建设（31）、药品安全（31）成为主要特征关联（见图 9-10）。这一时期，国有企业改革逐步深入"深水区"与"攻坚区"。这意味着政府推进企业社会责任注意力也基于新一轮国有企业分类改革进入新阶段，主要表现为政府对国有企业的功能本质从单一性认知逐步拓宽为多重制度逻辑下的混合型组织[①]。尤其是党的十八届三中全会指出国

[①] 2015 年 9 月，中共中央、国务院印发了《中共中央、国务院关于深化国有企业改革的指导意见》，首次明确提出将国有企业分为商业类和公益类两大类实行分类改革。按照谁出资谁分类的原则，由履行出资人职责的机构负责制定所出资企业的功能界定和分类方案，报本级政府审批；各地区可结合实际，划分并动态调整本地国有企业功能类别。其中，商业类国有企业以市场逻辑为导向与利益相关方建立市场竞争为关联的基本规则，公益类国有企业则以社会逻辑为导向与利益相关方建立社会价值与公共服务为关联的基本规则。与此同时，商业一类的国有企业也同时具备"盈利性市场使命"与"公共政策性社会使命"，由此形成多重制度逻辑混合的混合组织场域。

有资本投资运营要服务于国家战略目标，发展重要前瞻性战略性产业、保护生态环境、支持科技进步和保障国家安全，这与语义网络的特征关联词生态、环境与安全等基本吻合（见图9-10）。总体来看，这一时期中央政府推进企业履行经济责任逐步由过去注重粗放式经济价值创造转变为注重基于经济、社会与环境效应的综合价值创造。政府在推进企业社会责任内容维度注意力中，企业经济责任、社会责任与环境责任的注意力数值更加协调，且更加突出企业的环境责任。尤其是在党的十八大提出的"创新、协调、绿色、开放、共享"五大发展理念指引下，政府推进企业社会责任实践由强调企业自主性、合法性、合理性转变为社会合意性。在企业经济责任维度，这一时期突出地表现在以化解产能过剩、淘汰落后产能、驱动企业层面的生产要素由传统要素驱动向创新要素驱动转变。在企业社会与环境责任维度中，绿色发展、可持续发展、社会高质量发展等议题是与新时代社会发展要求相符合的企业社会责任注意力配置的主要焦点。

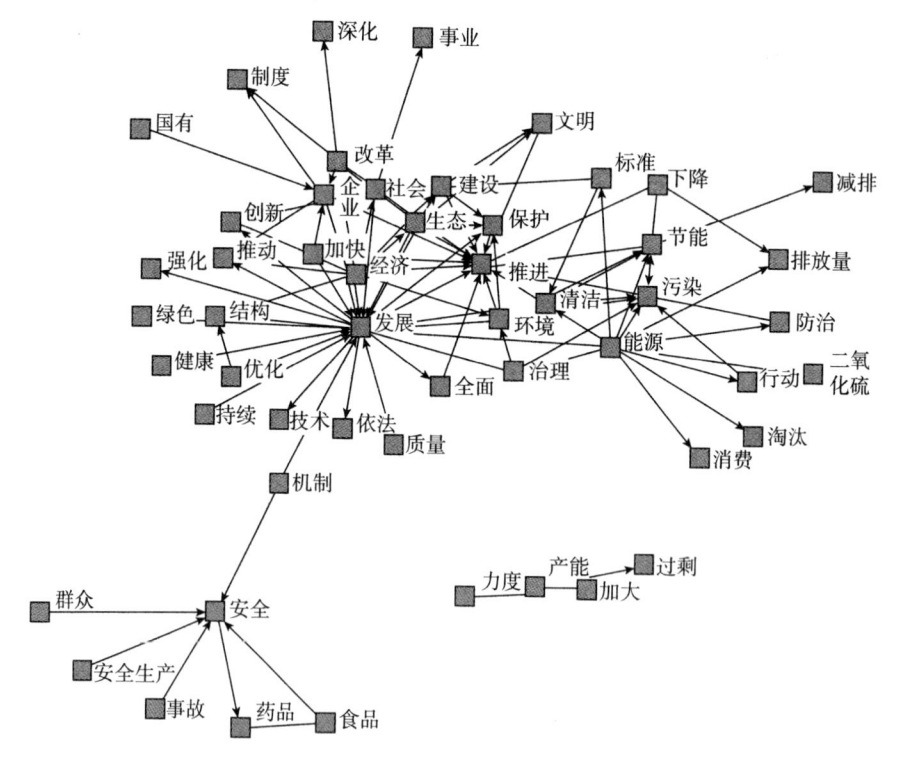

图9-10　2013~2017年《政府工作报告》的语义网络

（九）2018~2019年中央政府推进企业社会责任的注意力

2018年以来，中央政府推进企业社会责任的注意力继续攀升，此阶段伴随着党的十九大以来中国特色社会主义进入了新时代，我国社会主要矛盾也发生了变化，"已经转化为人民日益增长的美好生活需要和不平衡不充分的发展之间的矛盾"。中央政府推进企业社会责任的注意力导向逐步演变为符合社会情景与企业情景并重的社会责任行为实践合意性阶段。主要体现为：一方面，这一时期，中国共产党第十九届中央委员会第四次全体会议通过的《中共中央关于坚持和完善中国特色社会主义制度 推进国家治理体系和治理能力现代化若干重大问题的决定》，着重提出了实现国家治理体系和治理能力现代化的时间方略与路线图，并系统指出："必须加强和创新社会治理，完善党委领导、政府负责、民主协商、社会协同、公众参与、法治保障、科技支撑的社会治理体系。"[①] 企业是国家治理体系中的有机组成部分，也是社会治理的重要主体，如何实现基于企业社会责任实践方式推动社会治理创新成为国家治理能力与治理现代化背景下的企业社会责任注意力新指向。另一方面，在这一时期全面建成小康社会的战略目标下，在企业社会责任各维度下的实践议题中，自主创新、脱贫攻坚与社会共享成为新时代企业社会责任实践的重要议题，也是企业破解新时代情景下发展不平衡不充分新社会矛盾的社会责任实践的基本焦点。

基于2018~2019《政府工作报告》的企业社会责任治理的语义网络分析发现，这一时期主要以企业、创新、经济发展、改革、质量、脱贫、污染、安全作为核心簇布，其中，从特征词关联度来看，企业与创新（15）、企业与改革（12）、企业与质量（9）、脱贫与攻坚（9）、防治污染（8）、食品与安全（8）成为主要特征关联（见图9-11）。随着中国特色社会主义进入新时代，经济由中高速增长转变为高质量发展。在微观层面，国有企业作为新时代经济体制改革的主要组织载体，在国有企业经历放权让利、制度创新、国资监管和分类改革四个重大历史改革阶段后（黄群慧，2018），在新时代的战略目标应该自觉向高质量发展阶段下企业产品与服务高质量（产品层）、企业运营管理高质量（运营层）、企业综合价值创造高质量（价值层）等核心特质转变（黄速建等，2018）。在2018年《政府工作报告》中明确提出"国有企业要通过改革创新，走在高质量发展前列"。因此，在新时代背景下，政府推进企业社会责任的注意力结构与导向逐步融入企业行为切片中。政府推进企业社会责任各维度的综合价值创造具有

---

① 中共中央关于坚持和完善中国特色社会主义制度 推进国家治理体系和治理能力现代化若干重大问题的决定［N］.人民日报，2019-11-06（001）．

了更高质量要求，不仅要求企业创造涵盖经济、社会与环境的综合价值，而且要求企业的综合价值创造要对标世界一流企业、高质量发展的核心要义与核心标准。同时，在党的十八大提出"创新、协调、绿色、开放、共享"五大发展理念的指引下，政府推进企业社会责任实践议题的注意力必然向企业创新、企业绿色环保、企业价值共创与共享等实践议题转变。在五大发展理念指引下，扶贫共享、乡村振兴等社会责任实践议题成为新时代政府推进企业社会责任实践的主要焦点，更加强调经济与社会资源的协调共生以及社会共享。

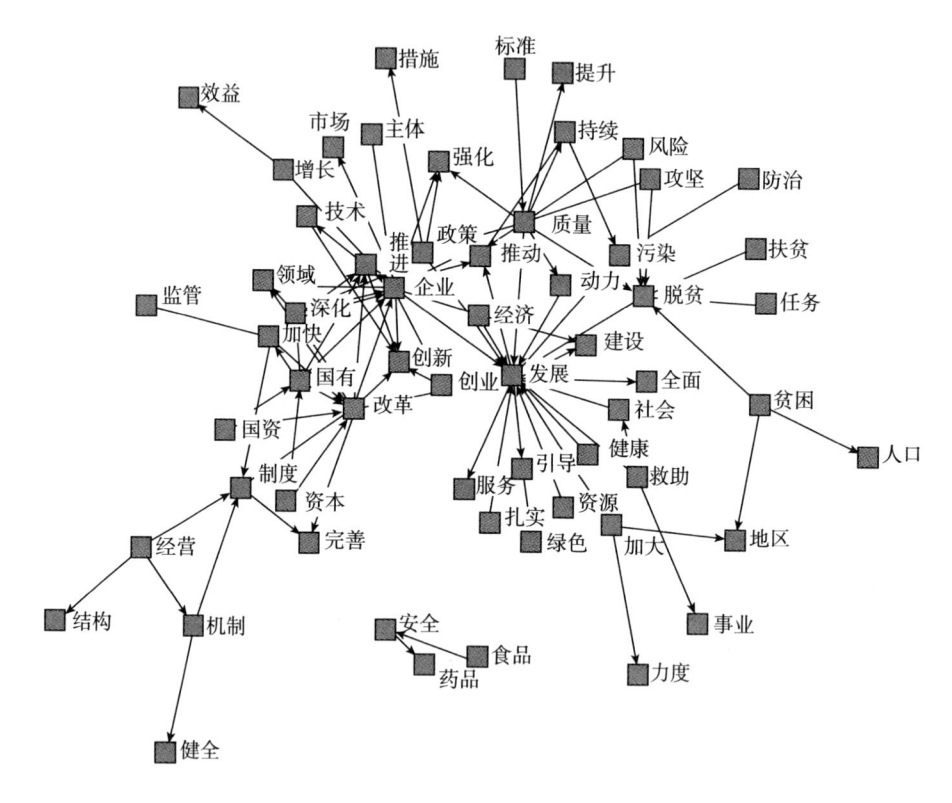

图9-11 2018~2019年《政府工作报告》的语义网络

五、未来推进企业社会责任管理与实践的思考与建议

随着中国特色社会主义步入新时代，我国经济社会的矛盾已经发生了重大转变。国家治理体系与治理能力现代化首要面临的问题是对"不平衡与不充分"

引发的系列经济与社会问题予以治理，推进社会治理主体、治理手段、治理工具与治理模式创新，强化在微观层面企业为市场主体参与社会治理，助推企业在参与社会治理中发挥重要作用，寻求以政府为主体的公共治理主体下的公共价值创造目标与企业为市场型治理主体的经济价值创造目标形成最大公约数，实现经济与社会层面的高质量发展。因此，在新的发展理念、发展矛盾与发展要求的时代背景下，未来中国政府推进企业社会责任需在宏观制度与微观实践范式两个层面重点推进企业社会责任管理与实践，转变企业社会责任制度供给逻辑以及创新企业社会责任治理与实践范式，以契合新时代下的新发展理念、新发展矛盾以及新发展要求。

（一）宏观制度推进：面向新时代与新组织情景转变企业社会责任制度供给逻辑

新时代，未来政府推进企业社会责任制度供给必须围绕解决新时代情景下的经济与社会矛盾展开。具体来看，一方面，中央政府需加强宏观层面的社会责任推进的顶层制度设计，针对经济社会的主要矛盾来积极制定和出台国家层面的企业社会责任战略性文件，从国家战略层面上，中国政府需要重新认知新时代下的企业社会责任的战略导向与推进思路，着力推进企业社会责任融入企业战略管理、运营管理与业务实践体系之中，基于企业社会责任理念下的可持续发展思路推进企业价值创造的高质量，并且基于高质量发展的新要求着力推进企业社会责任的宏观制度供给，引导、激励与规范各类企业将自身的价值创造理念与价值创造目标自觉契合于新时代下的新发展理念与发展要求，进而引导企业自身的价值创造目标服务于新时代背景下高质量发展战略目标。另一方面，围绕国有企业分类改革背景下国有企业不同制度逻辑融合程度的异质性，差异化推进区分的商业一类、商业二类与公益类国有企业的社会责任制度供给，推进在组织场域层面，国有企业实现外部不同制度逻辑（市场逻辑与社会逻辑）之间的调适与优化，进一步基于双元制度融合探索推进我国国有企业与民营企业向融合双元制度逻辑下的共益企业转变过程中的共益型企业家精神培育与社会平台支持机制。

同时，政府在推进企业社会实践的制度设计中，需要有效平衡政府与企业之间由于权责关系或"委托—代理"关系产生的复杂性治理制度安排。改革开放40余年来，我国经济社会已经步入全面转型期，这一阶段各类社会矛盾错综复杂，各类改革阻滞因素纵横交织，对于我国国家治理而言提出前所未有的巨大挑战，突出地体现在新的社会矛盾即发展不平衡与不充分的矛盾成为我国迈入中高收入国家行列过程中的巨大难题，包括区域经济发展不平衡、城乡发展不平衡以及社会阶层发展不平衡等。而国家治理体系与治理能力现代化不仅是政治层面的中央与地方关系的治理，更是涵盖经济、社会与环境等全方位多领域的综合治理。在社会治理层面，单一依靠政府作为治理主体不足以实现治理能力的现代化，需要基于"善治"思维理念，发挥各类主体的治理资源与功能优势，在广泛的市场主体中培育与激发企业参与社会治理的热情以及创新企业参与社会治理的方式，基于多元主体协同共治推进国家治理体系与治理能力的现代化。

因此，在企业参与社会治理的过程中，政府推进企业基于社会责任实践制度供给面临两大层面的变革：一方面，需要基于新时代的主要经济社会矛盾的变化，深化面向不同所有权性质企业的社会责任强制性制度与诱导性制度相结合的社会责任制度供给，促进国有企业与民营企业在解决不平衡与不充分的发展矛盾中贡献力量。通过强制性制度安排突出强调分类改革下国有企业的"国家使命"的异质性，并在企业社会责任的动力培育、监管制度体系以及评价体系等方面对国有企业与民营企业的社会责任推进过程予以差别化审视。另一方面，政府在治理企业社会责任实践过程中，需要清晰界定政府与企业之间的关系，既要避免过度强调政府推进社会治理的主导性作用，又要避免过度夸大企业参与社会治理的角色与功能，尤其是当前我国处于整体上的经济社会转型期，企业成为承载各类社会压力与复杂社会矛盾的微观市场组织，政府推进企业社会责任的制度安排应避免赋予企业过度的非经济责任与不合理的社会期望，如在经济转型过程中由于政府利益导向忽视企业的本真性生产功能，过度期望企业充当社会治理的"救世主"，损害企业的"生产性功能"，给企业的可持续成长带来难以承受的制度压力，不利于企业可持续性地参与社会治理。同时，需要遏制企业对政府公共价值导向的刻意性迎合，避免出现企业"投政府所好，行政府所为"而产生的一系列企业社会责任寻租行为，导致企业社会福利整体损失。此外，在经济社会高质量发展的宏观战略导向下，中央政府需进一步通过一系列诱导性制度与强制性制度安排，促使国有企业、民营企业、混合所有制企业的社会责任实践议题主动与社会共享、乡村振兴、生态文明、企业创新以及高质量发展等经济性与社会性议题融合，从而实现新时代企业社会责任与经济社会高质量发展战略目标导向下的价值契合性与社会合意性。

（二）微观实践范式推进：面向新经济情景创新企业社会责任治理与实践范式

进入21世纪，新一轮工业革命的纵深演化将人类社会带入了基于"互联网+"的新经济、平台经济与共享经济时代。在平台情境下，平台企业成为市场中的新型微观组织载体，但区别于传统企业，平台企业基于独特的互联网平台搭建双边网络市场，以同边网络效应与跨边网络效应最大程度地聚合市场中的各类经济性与社会性组织成员（企业用户与个体消费者用户），形成"平台个体—社会"与"平台个体—平台商业生态圈—社会"两种嵌入社会的主要路径。由此来看，平台型企业在所搭建的公共组织场域中，不仅是作为"经济人"创造双边用户之间的链接价值与服务价值，更多的是在平台商业生态圈这一独特的公共组织场域内基于"类政府"角色成为社会治理场域中的新型微观组织载体，进而有效治理商业生态圈内的各类组织成员的社会责任行为，推进商业生态圈内的组织成员的社会责任实践符合平台综合价值与共享价值创造导向，最终产生可持续的企业社会责任实践。

但不容忽视的是，平台经济下的微观组织即平台企业所呈现的综合价值与共享价值创造效应并不完全理想。主要体现为部分平台企业尽管创造了巨大的经济价值，但是社会与环境价值创造能力严重偏低，甚至在价值创造的过程中平台企业的社会责任行为走向了对立面，企业社会责任异化问题层出不穷。从政府制度供给层面看，平台企业社会责任异化行为屡屡发生且难以消解的背后，一方面反映出政府对于平台企业社会责任的特殊性缺乏清晰地认知，在制度供给层面仍然停留在传统企业的社会责任制度供给体系，缺乏平台情景下面向平台企业这一具有双元属性（私人属性与公共属性、个体独立属性与商业生态圈耦合属性）组织的社会责任的倡议、指南与规范。在社会责任制度供给严重缺失的情景下，政府对于平台企业所面对的利益相关方边界与社会责任内容维度缺乏相应的厘定，使得平台企业社会责任内容维度识别与行为实践处于"黑箱"状态。另一方面反映出基于政府传统科层治理体系难以有效应对高度动态化的平台场域，如事后监管与事后治理的方式难以消除平台企业社会责任异化行为的根源，并在事后治理过程中呈现出治理主体缺位、错位与治理手段滞后与失效等。总体上，平台企业社会责任缺失与异化行为治理呈现出治理碎片化的困境局面。

因此，在新经济情景下，一方面，政府需重点推进平台企业社会责任异化行为的治理。主要方式是通过对各类互联网平台企业的社会责任缺失与异化行为进行分类治理，并转变传统的基于政府一元主导的社会责任治理模式。其中对于平台企业的社会责任治理理念亟须转向多方企业社会责任治理主体之间的协同与共生共融，进而打造企业社会责任治理共同体。另一方面，平台企业需推进企业社会责任实践范式的创新，在政府层面需要面向独特的平台商业生态圈情景重塑社会责任实践激励制度，促进平台企业在解决经济社会问题中提升履责意愿、贡献社会爱心资源与扩展履责范围，进而推进新经济情景下的平台企业所搭建的平台商业生态圈嵌入更大范围的社会生态圈。具体方式可以采取平台嵌入式、平台嫁接式、平台撬动式与平台新创式等多种企业社会责任实践范式的组合与创新,从而推动平台企业在新经济情景下创造更大的综合价值与共享价值,最终实现商业生态圈向平台企业社会责任生态圈的转变。

第十章 监管距离与企业社会责任[*]

一、引言

企业社会责任作为一种微观层面实现企业可持续发展的重要认知理念与管理实践，近年来，学术界继续围绕如何推进企业更好地履行社会责任开展研究（肖红军、阳镇，2021），尤其是在社会责任实践组织范式变革层面，学术界倡导共益企业（Benefit Corporations）作为一种全新的企业社会责任实践组织范式推动企业社会责任的可持续，其以全新的制度逻辑相容观驱动企业创造可持续的综合价值与共享价值。正因为企业社会责任不仅作为微观企业实现可持续发展的底层逻辑，而且是企业有效嵌入社会并参与社会治理的有效方式，从这个意义上讲，如何驱动企业家发挥企业家精神（如社会企业家精神与共益型企业家精神），以更好地推动企业有效嵌入社会并创新企业社会责任实践范式，为社会创造更加高阶的综合价值，成为新时代经济与社会高质量发展下的重要研究议题。

更为突出的是，在21世纪基于新一轮信息技术革命驱动下的数字化与智能化时代，平台化履责与履责平台化两种全新范式实现了传统履责范式的系统超越（肖红军和李平，2019；阳镇，2018）。但不容忽视的现实是，不管是在传统情境还是数字化情境中，与企业社会责任行为相对立的企业社会责任缺失与社会责任异化行为依然此起彼伏，履行社会责任的内在动力依然相对匮乏（肖红军和阳镇，2018a）。从整个中国企业社会责任总体发展进程来看，中国社会科学院企业社会责任研究中心发布的《中国企业社会责任研究报告（2019）》显示，2019年中国企业300强社会责任发展指数为32.7分，整体上处于起步阶段，且约五

---

[*] 本文原载于《财贸经济》2021年第10期，有修改。

成企业发展指数过低，仍处于"旁观"阶段。而上市公司作为我国企业中备受利益相关方关注尤其是投资者关注的市场微观主体，其履行社会责任的绩效表现深刻影响到整个资本市场的可持续发展进程。但遗憾的是，目前大多数上市公司并非充分重视企业社会责任的必要性，仍然处于企业社会责任的基础建构期以及观察探索期，出现了企业社会责任管理与企业业务运营实践的"两张皮"现象。更为严重的是，部分嵌入企业社会责任理念与管理实践或者宣传自身是"好公司"的上市公司也难逃企业社会责任脱嵌的窠臼，由此导致近年来诸如操纵市场、内幕交易、财务造假、资本漂白与漂绿等企业社会责任缺失行为频发，严重损害了利益相关方乃至社会的经济利益，对资本市场的可持续健康发展带来了深刻的不良影响（张新民和陈德球，2020；Cumming et al.，2015）。

近年来，政府一方面不断强化上市公司的社会责任制度规范，如2018年9月30日发布修订后的《上市公司治理准则》，此次制度修订强化了上市公司在环境保护、社会责任方面的引领作用，[①] 确立了环境、社会责任和公司治理（ESG）信息披露的基本框架；另一方面不断强化上市公司企业社会责任缺失与异化行为的监督惩戒力度。总体而言，近年来围绕上市公司以及资本市场的企业社会责任监管与治理强度呈现出不断强化的态势。从既有的研究来看，近年来围绕证监会对资本市场的监管与企业社会责任治理问题的研究包括四类研究视角：第一，从企业社会责任治理的视角构建一个合效合意的企业社会责任治理环境，以推进企业社会责任实践的可持续（阳镇和许英杰，2017；邹萍，2020）。第二，从监管制度类型考察特定监管制度的出台对企业社会责任的影响（朱焱和王玉丹，2019）。第三，从公司治理结构的视角，围绕如何规避内部的委托代理问题，降低高管的机会主义行为驱动企业的战略决策更加符合长期可持续导向，为涵盖股东以及股东之外的利益相关方创造合意的经济、社会与环境价值（郑琴琴和陆亚东，2018）。第四，围绕企业家个体特质，即充分注重企业家精神在驱动内生性企业社会责任管理与实践范式建构中的重要作用，如近年来围绕共益型企业家精神驱动的共益企业这一全新的企业社会责任内生性组织开展了大量的探索性研究（Hiller，2013；肖红军和阳镇，2018a）。

实际上，从监管主体的视角考察企业社会责任的影响效应依然存在一定的局限性，主要体现为证监会对上市公司的监管制度执行效应不仅取决于监管主体的

[①] 修订后的《上市公司治理准则》共十章98条，在企业社会责任层面上的内容重点包括三大方面：第一，要求上市公司在公司治理中贯彻落实创新、协调、绿色、开放、共享的发展理念，增加上市公司党建要求，强化上市公司在环境保护、社会责任方面的引领作用。第二，推动机构投资者参与公司治理，强化董事会审计委员会作用，确立环境、社会责任和公司治理信息披露的基本框架。第三，要求上市公司强化信息披露以及更加注重保护中小投资者的利益。

愿意与监管强度，更与监管主体与监管对象的距离相关。公共监管理论认为，在监管资源与监管注意力既定的情境下，企业与被监管机构之间的地理距离成为影响监管成本以及监管注意力强度的重要因素。由此，从地理经济学的视角，监管地理距离成为影响信息不对称程度和降低企业机会主义行为的重要因素。遗憾的是，既有研究对现有制度环境下监管主体与上市公司之间的空间距离引致的制度成本（交易成本与执行成本）以及信号强弱缺乏审视，由此对推进与治理企业社会责任行为方面的效果评估存在相应的偏离。基于此，笔者从监管距离的视角研究我国资本市场中证券监管组织与上市公司之间的地理距离差异，以及这一差异与上市公司企业社会责任之间的具体关系与边界条件。本章的研究贡献在于：在理论层面，基于地理监管距离的视角弥补了已有研究关于企业社会责任驱动影响因素的不足，同时基于地理经济学的理论视角丰富了传统基于"制度环境—产业/行业竞争—企业高管"驱动企业社会责任的研究框架，为审视当前我国资本市场中社会责任的监管与治理环境提供了一种全新的理论视角；在实践层面，为完善我国当前资本市场中上市公司的企业社会责任实践与信息披露制度，提高监管主体对微观企业社会责任行为的监管动态性与监管效率进而驱动上市公司与资本市场的高质量发展提供了经验启示与政策参考。

二、制度背景与研究假说

（一）制度背景

从企业社会责任治理的视角来看，监管从属于企业社会责任治理体系中的内容，政府作为企业社会责任治理的元治理主体，在推进企业社会责任的过程中发挥着宏观制度供给、舆论引导以及企业社会责任缺失与异化行为的矫正等多重治理功能（阳镇和许英杰，2017）。从政府作为公共主体的视角来看，企业社会责任监管主体不仅包括中央政府以及与企业社会责任议题相关的国家部委，也包括地方各级政府等多层次的监管主体层级体系。从企业社会责任监管制度历程来看，由于企业社会责任在我国是个"舶来品"，我国企业社会责任监管制度体系经历了从国有企业逐步走向民营企业的制度建构历程，并形成了"强政府—弱社会"下的国有企业与民营企业双轮驱动的社会责任监管格局（肖红军和阳镇，2020a）。实际上，中国证监会是中国上市公司运营管理行为的重要监管主体，也是推进中国上市公司社会责任发展的重要制度供给主体。自2008年上海证券交易所与深圳证券交易所陆续推进上市公司建立企业社会责任信息披露与发布企业社会责任报告制度以来，中国证监会围绕上市公司企业社会责任指数建构、企业社会责任负责任投资制度建设和社会责任行为引导与激励等开展了大量的制度探索。

近年来，中国证监会围绕上市公司社会责任的制度建设进一步加快，在2018年发布修订后的《上市公司治理准则》，提倡以环境、社会与公司治理为框架的治理准则强化上市公司的企业社会责任认知与内部控制体系建设，为新时代上市公司更好地履行社会责任，更好地保护资本市场中的其他利益相关方的利益提供全新的制度遵循。但是，由于我国面向资本市场的监管制度体系的复杂性与不健全，我国资本市场的企业社会责任缺失事件的响应时效性依然较低（Yiu et al.，2014）。尤其是，我国国土面积辽阔，上市公司数量庞大且分散于各个地区，政府监管机构尤其是证券监管部门面临较大的监管信息不对称性，难以全面掌握资本市场中上市公司高度动态化的创新融资以及运营管理信息，基于资源有限性难以全面掌握微观市场主体的一系列违规行为。公共监管理论认为，在监管资源与监管注意力既定的情境下，企业与被监管机构之间的地理距离成为影响监管成本以及监管注意力强度的重要因素，对上市公司普遍存在的企业社会责任缺失与机会主义行为，如高管的盈余管理、逃税避税、财务欺诈、坏消息隐藏、财务造假、对利益相关方信息披露不健全等一系列违规问题具有重要的作用（Uysal et al.，2008；Almazan et al.，2010；Hollander and Verriest，2016）。

（二）监管距离与企业社会责任

距离是邻近性（Proximity）研究中的重要概念，邻近性是一个多维概念，包括基于地理距离主导的地理邻近性、基于制度距离主导的制度邻近性、基于政治意识形态主导的政治邻近性以及基于文化距离主导的文化邻近性等（Whittington et al.，2009）。从地理距离主导的地理邻近性来看，地理邻近性（Geographical Proximity）是新经济地理学以及空间经济学研究的重要话题，目前围绕企业间的地理邻近性、产业集群之间的网络节点的地理邻近性、技术类型之间的邻近性以及创新知识主体之间的邻近性开展了大量的研究。即使在全球化与数字化不断深化的21世纪，地理距离仍然是影响微观经济主体之间交易互动的重要变量。就我国上市公司履行社会责任的制度主体而言，其最为直接的制度监管与供给主体是中国证监会，[①] 证监会以及驻派机构在上市公司企业社会责任制度供给、评价

[①] 中国证监会在各省、自治区、直辖市和计划单列市派出了监管机构（证监局）负责证券市场的一线监管工作，尤其是自2004年以来，中国证监会在全国设置了36个监管派出机构，对上市公司的信息披露、社会责任以及日常运营管理进行及时监督与检查。

监督与社会动员以及激励过程中仍然扮演着主导性角色（阳镇和许英杰，2018）。因此，从制度监管的距离视角来看，证券监管机构与上市公司之间的地理距离成为影响公司社会责任披露信息传递、社会责任行为监督与惩戒、社会责任绩效评价的重要因素。

监管机构能够以"震慑效应"与"执行协调效应"影响上市公司的企业社会责任行为。具体来看：第一，基于注意力资源基础观，在监管资源基础与监管注意力有限的前提下，证券监管机构基于既定的监管资源用于特定空间范围内的监管强度相对较高，而距离较远的上市公司由于监管主体的监管难度如监管成本与监管动态时效性不足，上市公司社会责任行为尤其是具有高度隐蔽性的企业伪社会责任行为难以得到有效监管（田利辉和王可弟，2019）。相应地，企业机会主义行为的倾向也随之增大。第二，基于交易成本理论，地理距离越大，监管主体搜寻与处理上市公司运营管理信息过程中的成本越高（Agarwal and Hauswald，2010；罗进辉等，2017），且监管主体与上市公司之间对推进企业社会责任制度的执行与协调成本也就越高，进而增强了监管主体对上市公司的信息不对称程度，证监会对上市公司的社会责任监管可能失效，并潜在地增大了企业的机会主义倾向，不利于上市公司履行社会责任。反之，监管主体与上市公司距离较近，可以有效降低定期考察上市公司企业社会责任实践的协调与执行成本，降低双方的制度环境的不确定性与信息的不对称性，增进监管的有效性与合意性。第三，从被监管对象对监管主体的感知视角来看，距离越近，上市公司面对监管主体的监管心理压力与监管制度感知强度越大，对监管的动态性具有更为深刻与及时的了解。监管距离近能促进企业高管付出较多的精力开展企业社会责任管理与实践，充分注重回应与满足投资者、消费者以及社会环境等多元利益相关方的价值诉求。综上所述，笔者从交易成本理论与信号理论的视角认为监管距离能够影响上市公司企业社会责任表现，并提出以下研究假设：

H1：监管距离抑制了企业社会责任，即证监会驻派监管机构离企业越远，企业社会责任表现越差。

（三）监管距离、高管经历与企业社会责任

高阶梯队理论将高管的个体认知因素、价值观以及个体偏好等因素纳入企业战略决策的分析框架，尤其是能够表征高管认知特征与风险偏好的显性人口统计学特征如高管的教育背景、工作经历以及社会经济地位乃至社会网络成为考察高管战略决策行为异质性的重要因素。海外经历作为影响高管对企业社会责任认知结构、价值观念与思维方式的重要经历，其内在的原因在于企业社会责任的发展

进程本质上是在海外发达国家的引领过程中不断迭代与创新的,[①] 中国的企业社会责任发展实质上是从改革开放后起步的,不管是从商业伦理的社会责任教育还是公司层面的企业社会责任制度化以及外部监管主体的正式制度建构过程[②],中国企业社会责任理念与实践发展实质上是逐步吸收引进西方先进企业的社会责任理念并实现中国情境下的企业社会责任本土化的学习与创新过程(肖红军和阳镇,2018b)。从这个意义上看,拥有海外学习经历与工作经历的高管,由于长期接受西方发达国家社会责任教育以及发达国家企业社会责任实践的熏陶,且基于切实的个体认知式与学习式的企业社会责任认知结构与实践模式的学习,会在企业社会责任战略决策过程中更具备对企业社会责任的认同感(文雯和宋建波,2017),引领企业社会责任管理与实践能够对标国际先进企业的社会责任价值理念与实践模式。基于此,即使中国证监会下属的监管机构与上市公司距离过远,拥有海外经历高管的企业也能够基于自身的社会责任认知驱动与社会责任学习驱动在战略决策过程中自觉开展企业社会责任实践。笔者认为,拥有海外经历的高管能够在监管距离与企业社会责任之间产生正向调节效应。综上所述,笔者进一步提出以下研究假设:

H2a:高管海外工作经历正向调节监管距离与企业社会责任的关系,即拥有海外工作经历高管的企业,证监会驻派监管机构与企业距离对企业社会责任表现的负向影响会有所缓解。

H2b:高管海外学习经历正向调节监管距离与企业社会责任的关系,即拥有海外学习经历高管的企业,证监会驻派监管机构与企业距离对企业社会责任表现的负向影响会有所缓解。

(四)监管距离、企业社会责任与企业创新

从委托代理的视角来看,监管距离成为影响企业高管战略决策过程中机会主义倾向与行为的"震慑器",能够降低企业委托代理风险下创新战略决策的机会主义倾向。相较于一般的企业运营管理活动,企业创新活动本质上是一种具有

[①] 从企业社会责任运动与全球发展史的角度来看,每一轮的企业社会责任运动背后都是企业社会责任思想与实践模式的传播,如在20世纪80年代围绕全球化进程中的企业跨国生产的伦理与责任问题开展了一系列的消费者运动、人权运动以及生产守则运动逐步波及全球,以跨国公司为组织载体在传播企业社会责任理念中发挥了重要作用。迈入21世纪以来,由美国非营利组织"共益企业实验室"(B-Lab)发起了以共益企业为全新企业社会责任新实践组织范式的全球社会责任与混合型组织运动,进一步重塑了社会公众以及投资者对商业组织的基本认知。

[②] 2020年11月,美国证交会出台了一条新规,提出鼓励员工向政府监管部门举报企业违规以及社会责任缺失行为,在外部正式制度层面依然是国外推进企业社会责任的强制性与诱导性制度处于相对前瞻地位。

较大投入、较长周期与市场风险的企业市场行为，企业创新战略决策依赖于高管的创新投入意愿以及创新动力（李井林和阳镇，2019）。但是，在现代公司治理两权分离的治理结构下，高管从事高风险的创新研发活动往往会加剧企业的经营风险，高管基于职业生涯声誉与创新风险的考虑，在机会主义倾向下往往不能做出有效的创新战略决策，甚至转向企业社会责任的对立面来粉饰企业业绩获取利益相关方的支持（李四海等，2018）。因此，从监管距离的视角来看，证监会及其驻派机构与上市公司越近，上市公司面对监管主体的监管心理压力（震慑效应下的心理压力）与监管制度感知强度越大，进而促进企业高管付出较多的精力开展企业运营管理活动，降低由于机会主义倾向对于具有长期导向、风险性的创新活动的努力程度，规避企业粉饰业绩等机会主义行为，最终提高企业的创新绩效。

同时，战略性企业社会责任理论认为企业社会责任本质上是在企业运营管理过程中充分考虑利益相关方的价值诉求，通过调适与满足多元利益相关方的价值诉求获取利益相关方对企业运营管理过程中的资源支持（Porter and Kramer, 2006, 2011）。尤其是对于企业创新活动这一具有高风险、长周期的市场活动，企业利益相关方的经济资源与社会资源的支持效应显得尤为重要。因此，战略性企业社会责任本质上将企业社会责任视为企业运营管理过程中的经济工具或社会工具，基于工具理性主导为企业创新提供相应的社会网络与价值互惠，如为企业创新过程中提供融资支持与消费者购买意向支持等（阳镇、李井林，2020）。因此，基于战略性企业社会责任工具视角，监管距离越近，企业社会责任强制性与规范性制度感知越强，企业社会责任战略的意愿与动力越强。因此，在企业社会责任实践过程中，工具主义逻辑下企业社会责任实践能够为企业创新提供资源基础与社会网络支持。综上所述，笔者认为企业社会责任在监管距离与企业创新之间产生中介作用，且进一步提出以下研究假设：

H3a：监管距离能够抑制企业创新绩效。

H3b：企业社会责任在监管距离与企业创新绩效之间产生中介效应。

三、研究设计

（一）样本数据

考虑到证监会驻派机构的制度实践，本章样本主要选取2010~2017年的上市公司，主要解释变量监管距离为通过手工搜集监管主体的经纬度坐标计算整理其与上市公司的相应距离，主要的被解释变量为企业社会责任，数据来自和讯网，由笔者手工搜集整理。企业财务与公司治理等控制变量主要来自 CSMAR 数据库和 WIND 数据库。借鉴已有研究的做法，按如下标准对初始样本进行筛选：①剔除金融、保险行业样本；②剔除期间被 ST 或 PT 的样本；③剔除资不抵债的样本；④剔除相关变量缺失的样本。经过上述标准筛选后，最终得到 3012 家上市公司，共计 14552 个样本观察值的非平衡面板数据。为了排除极端值的影响，笔者对连续变量均进行了上下 1% 的 Winsorize 缩尾处理。

（二）主要模型设计与变量选择

笔者为检验研究假设监管距离对企业社会责任的具体影响以及边界影响机制，分别建立了四个研究模型。其中，模型（10-1）中的 CSR 为企业社会责任。模型（10-2）检验高管海外经历情境下监管距离对企业社会责任的影响。模型（10-3）和模型（10-4）分别检验监管距离对企业创新以及企业社会责任在监管距离与企业创新绩效之间的中介效应，将监管距离分别和企业社会责任纳入模型，检验两者对企业创新的影响，探究企业社会责任在监管距离与企业创新之间产生的中介效应。

$$\ln CSRhx_{i,t} = \alpha_0 + \alpha_1 \ln Dist_{i,t} + \sum \alpha_j Control_{i,t} + \sum Year + \sum Ind + \varepsilon_{i,t} \tag{10-1}$$

$$\ln CSRhx_{i,t} = \beta_0 + \beta_1 \ln Dist_{i,t} + \beta_2 Oversea_{i,t} + \beta_3 Dist_{i,t} Oversea_{i,t} + \sum \beta_j Control_{i,t} + \sum Year + \sum Ind + \varepsilon_{i,t} \tag{10-2}$$

$$\ln Apply_{i,t} = \gamma_0 + \gamma_1 \ln Dist_{i,t} + \sum \gamma_j Control_{i,t} + \sum Year + \sum Ind + \varepsilon_{i,t} \tag{10-3}$$

$$\ln Apply_{i,t} = \beta_0 + \beta_1 \ln Dist_{i,t} + \beta_2 \ln CSRhx_{i,t} + \beta_3 Dist_{i,t} CSR_{i,t} + \sum \beta_j Control_{i,t} + \sum Year + \sum Ind + \varepsilon_{i,t} \tag{10-4}$$

其中，模型（10-1）和模型（10-2）的被解释变量 lnCSRhx 为企业社会责任，核心解释变量 lnDist 为监管距离，调节变量 Oversea 为 CEO 海外经历，包括海外工作经历与学习经历；模型（10-1）和模型（10-2）的被解释变量 lnApply 为企业创新绩效，核心解释变量 lnDist 为监管距离，调节变量 lnCSRhx 为企业社会责任。

模型的控制变量（Controls）包括公司财务成长特征变量与公司治理特征变量。此外，笔者还控制了产权（State）、年度固定效应和行业固定效应。基于此，本章的主要变量选择以及说明如表 10-1 所示。

表 10-1 变量定义

变量	变量符号	变量定义
被解释变量	lnCSRhx	ln（1+和讯企业社会责任评级总得分）
	lnApply	ln（1+专利申请数）
解释变量	lnDist	上市公司注册地与所在地证监局地理距离的自然对数
	DistD50	如果监管距离大于 50 千米，则取 1，否则取 0
	DistD100	如果监管距离大于 100 千米，则取 1，否则取 0
调节变量	OverSea1	若 CEO 曾在海外工作任职，则取 1，否则取 0
	OverSea2	若 CEO 曾在海外求学，则取 1，否则取 0
控制变量	Size	总资产的自然对数
	Age	企业上市年限
	Lev	总负债/总资产
	Roa	净利润/总资产
	Top1	第一大股东持股比例
	Inst	机构持股比例
	State	如果实际控制人为国有企业，则取 1，否则取 0
	Board	董事会人数的自然对数
	Dual	如果 CEO 和董事长为同一人，则取 1，否则取 0

四、实证结果及解释

（一）描述性统计分析

从本章主要变量的描述性统计分析来看，[①] 主要因变量企业社会责任（lnCSR）的最小值为 1.56，最大值为 4.351，均值为 3.216，标准差为 0.516，说明样本上市公司中企业社会责任表现存在较大的不一致性。从主要自变量监管距离来看，上市公司与各监管局的地理距离的均值为 3.470，方差为 1.493，最小值为 0.065，最大值为 6.786，说明不同地区的上市企业与监管机构的地理距离存在较大的异质性，反映出上市公司与监管机构在地理距离上的广泛差异，存在"近水楼台"与"山高皇帝远"两种极端情形。从主要的调节变量来看，海外工作经历的均值为 0.052，方差为 0.221，说明上市公司中 CEO 存在海外经历的企

[①] 限于篇幅，描述性统计结果未展示，感兴趣的读者可向笔者索取。

业相对较少，不足6%公司的CEO存在海外工作经历。从海外学习经历来看，均值为0.046，方差为0.209，说明拥有海外学习经历的CEO比例依然偏低。在公司控制变量中，在样本公司间也存在着不同特征，说明企业社会责任表现可能受到内部公司治理结构特征与企业绩效特征等因素差异的影响。

（二）基准回归分析

基于模型（10-1）的设定，使用OLS回归方法对研究假设H1进行实证检验，即考察监管距离（Dist）对企业社会责任表现（CSR）的具体影响，从而验证H1是否成立。表10-2的回归结果表明，在未加入任何公司层面控制变量的前提下，探究监管距离对企业社会责任的具体相关性，表10-2列（1）显示监管距离与企业社会责任之间呈现负向影响关系，且通过了1%水平下的显著性检验；在逐步加入公司财务特征与公司治理特征等公司层面控制变量后，监管距离对企业创新绩效的影响始终为负，列（3）监管距离（lnDist）对企业社会责任（lnCSR）的影响系数为-0.015，且通过了1%水平下的显著性检验，说明证监会派出监管机构与上市公司的地理距离越远，企业社会责任表现越差，验证了监管距离的"鞭长莫及"假说，即由于地理距离增大，制度执行的协调成本加大，对企业社会责任制度的潜在震慑效应下降，导致监管机构难以完全顾及企业的相关社会责任管理与实践动态信息。反之，监管主体与上市公司之间的地理距离越近，相应的监管机构能够及时动态了解上市公司社会责任管理与实践动态，能够更好地监督企业开展企业社会责任实践如披露高质量的企业社会责任报告，基于信号传导机制与制度合法性的压力机制增强企业的社会责任信息披露质量，进而能够为企业的外部投资者、社会提供足够真实有效的判别企业质量的积极信号，提升企业社会责任的整体表现，更好地为企业的内外部利益相关方创造涵盖经济、社会与环境的综合价值。

表10-2 基准回归结果

变量	(1) lnCSRhx	(2) lnCSRhx	(3) lnCSRhx
lnDist	-0.029*** (0.003)	-0.017*** (0.003)	-0.015*** (0.003)
公司财务特征变量	否	是	是
公司治理特征变量	否	否	是
常数/年度、行业固定效应	是	是	是

续表

变量	(1) lnCSRhx	(2) lnCSRhx	(3) lnCSRhx
样本量	14552	1.5e+04	14552
R^2	0.084	0.336	0.338

注：括号内为经异方差调整后的 t 值；***、**、* 分别表示双尾检验在 1%、5%、10%下的统计显著水平；下表同。

（三）稳健性检验

为确保本章监管距离正向影响企业社会责任的研究结论更加可靠，笔者主要采取两种方式进行稳健性检验：第一种方式是对主要自变量与因变量予以替换；第二种方式主要是排除替代性解释以及采取工具变量法在缓解内生性问题后考察主要研究结论是否依然稳健。

1. 变量替代检验

考虑到企业社会责任表现第三方评级指数的构建方式与指标权重的不一致性，最终不同企业社会责任表现可能存在一定的差异性，笔者进一步基于润灵环球企业社会责任评级指数替换基准回归中的企业社会责任表现，基于模型（10-1）进一步考察监管距离对企业社会责任表现的具体影响，表10-3列（1）回归结果显示，监管距离对企业社会责任表现依然产生显著的负向抑制效应，进一步验证了监管距离的"鞭长莫及"假说。此外，本章对主要解释变量监管距离以上市公司注册地距所在地证监会派出机构的地理距离是否大于50千米和100千米（是=1，否则=0）作为监管距离的替代测度方式，列（2）和列（3）回归结果表明，企业监管距离对企业社会责任表现的影响依然显著为负，进一步支持了研究假设H1。

2. 内生性问题的控制

本章的内生性问题主要体现为互为因果与遗漏变量等造成的内生性问题，即有可能是潜在的企业社会责任表现越好，其越愿意与监管距离保持较近的地理距离。笔者采取工具变量法基于二阶段回归的方式对核心研究假设H1予以再次检验。笔者选取地区监管距离的均值作为工具变量，由于地区层面的平均监管距离与企业个体与证监会的监管距离存在一定的相关性，表10-3列（4）检验了二者之间的相关性，发现地区监管距离均值与企业个体监管距离存在较大的相关性，但是平均距离与企业个体层面的创新绩效不存在直接逻辑关联。列（5）的排他性检验结果表明同时将工具变量与监管距离纳入回归模型探究对企业社责任的影响，发现工具变量并不显著，说明可以作为合适的工具变量。基于此，列（6）的两阶段回归结果表明：工具变量法的所有检验统计量均符合预期，rk LM 统计量表明在1%水平上显著拒绝"工具变量识别不足"的原假设，Wald F 统计量远大于临界值16.38，故不存在弱工具变量问题，同时本章内生变量和工具变量的个数均为1个，故不存在过度识别的问题。列（6）显示，监管距离（lnDist）对企业社会责任表现依然产生显著的负向影响，影响系数为-0.013，通过了1%的显著性水平检验，证明研究假设 H1 依然成立。此外，本章考虑到企业注册地存在变更的可能性，① 因此将变更后的样本予以剔除，进一步检验监管距离对企业社会责任的具体效应，发现研究结论依然支持研究假设 H1。

表 10-3 稳健性检验结果

变量	（1）lnCSRrl（润灵）	（2）lnCSRhx（和讯）	（3）lnCSRhx（和讯）	（4）相关性检验	（5）排他性检验	（6）IV 检验
lnDistm				0.985*** (0.008)	0.003 (0.005)	
lnDist	-0.014*** (0.003)				-0.016*** (0.003)	-0.013*** (0.004)
DistD50		-0.039*** (0.008)				
DistD100			-0.046*** (0.008)			
常数/控制变量/年度、行业固定效应	是	是	是			
rk LM 检验						2941***
Wald F 检验						9402***
样本量	3605	14552	14552			
R^2	0.321	0.338	0.338			

为了更好地处理内生性问题，笔者把监管距离分为四个分位数，将下1/4分位点视为监管距离更小、监管力度更强的处理组，剩余样本视为控制组，采用倾

---

① 考虑到篇幅所限，相应检验结果供感兴趣的读者备索。

向得分匹配方法（PSM）估计监管距离对企业社会责任履行的"震慑效应"。在此之前笔者进行了平衡性检验，结果表明匹配前后所有变量的标准差均大幅缩小，而且匹配后所有协变量的标准化偏差均小于10%，不能拒绝处理组和控制组无系统差异的原假设，即通过了平衡性检验。[①] 在处理组和控制组的特征差异得到较大程度消除的基础上，笔者分别采用一比一匹配、邻近匹配、卡尺匹配、半径匹配、核匹配、局部线性回归匹配以及马氏匹配等方法进行处理，[②] PSM 后样本回归估计结果表明，所有匹配结果显示 ATT 系数均在5%水平上显著为正，进一步验证了本章的结论，即监管距离近能显著提高企业社会责任的履行。

五、进一步分析

（一）调节机制检验

为进一步验证研究假设 H2a 和 H2b，高管海外经历是否在监管距离与企业社会责任表现之间产生相应的调节作用，以验证具有海外经历的高管能够弱化监管距离对企业社会责任的抑制效应的边界情境机制假说。遵循调节效应检验的一般程序，基于模型（10-2），分别考察高管工作经历与高管海外经历在监管距离与企业社会责任表现之间的调节效应，研究结果见表10-4，列（1）表明高管工作经历在监管距离与企业社会责任表现之间产生显著的正向调节效应，其中海外工作经历与监管距离的交互项（lnDist×OverSea1）的系数为0.029，通过了5%水平下的显著性检验，研究假设 H2a 得到实证结果的支持。足以说明，在海外工作过的 CEO 具备发达市场经济体系下的企业社会责任认知理念与社会责任实践经验，能够在监管距离较远的情况下有效基于自身的社会责任认知驱动企业更好地履行社会责任，在开展企业战略与运营管理的决策过程中更能够促进企业社会责任融入企业战略制定过程中。但是，CEO 的海外学习经历并未能在监管距离与企业社会责任之间产生显著的调节效应，未能通过10%水平下的显著性检验，说明 CEO 的学习经历难以形成真实情境下的社会责任战略认知，其情境的转换依然存在实践的鸿沟。

[①] 限于篇幅，平衡性检验结果表和协变量标准化偏差图供感兴趣的读者索取。
[②] 限于篇幅，PSM 估计结果供感兴趣的读者索取。

表10-4 高管海外经历的调节机制检验

变量	(1) lnCSRhx	(2) lnCSRhx
lnDist	-0.016*** (0.003)	-0.016*** (0.003)
OverSea1	-0.075 (0.047)	
OverSea2		-0.060 (0.041)
lnDist×OverSea1	0.029** (0.013)	
lnDist×OverSea2		0.012 (0.011)
常数/控制变量/年度、行业固定效应	是	是
样本量	14552	14552
R^2	0.339	0.338

（二）企业社会责任分维度检验

为进一步考察监管距离对企业社会责任不同内容维度的具体影响，基于利益相关方理论，企业社会责任本质上是承担对股东、员工、供应商、客户、环境与社会等多元利益相关方的经济、社会与环境责任，基于此，笔者进一步基于企业社会责任的不同维度，替换主回归中的主要因变量，考察监管距离对不同维度企业社会责任的异质性。从表10-5的回归结果可以看出，监管距离对股东，员工，供应商、客户和消费者，社会的社会责任表现通过了5%以下的显著性检验，且对员工，社会，供应商、客户和消费者的社会责任的影响系数较高。但是，监管距离对企业环境责任并没有通过显著性检验，说明地理经济学视野下证监会作为企业社会责任的推进监管主体对企业环境责任难以产生相应的"震慑效应"。其可能的解释在于，上市公司对企业环境维度的社会责任实践重视依然不够，即使距离较近，也难以起到一个较好的促进效应。

为进一步检验研究假设H3a和H3b，一方面考察监管距离对企业创新的影响，另一方面考察企业社会责任是否基于工具竞争价值在监管距离与企业创新之间产生一定的中介效应。基于模型（10-3）和模型（10-4），表10-5列（6）回归结果表明，监管距离对企业创新的影响系数为-0.023，通过了1%水平下的显著性检验，说明监管主体与企业的距离越远，企业与监管主体之间的信息不对称与协同成本越高，企业相对而言越具机会主义倾向，对于具有长远导向意义的企业创新行为难以产生相应的激励效应。进而验证了研究假设 H3a。更进一步地，基于战略性企业社会责任理论，企业社会责任能够基于声誉效应与价值互惠效应，为企业运营管理与市场竞争过程提供相应的资源支撑以及社会网络支持。基于此，本章进一步检验了企业社会责任在监管距离与企业创新之间的中介效应，遵循中介效应的一般检验程序，列（8）结果表明，同时将监管距离与企业社会责任纳入对企业创新影响的回归模型后，监管距离对企业创新绩效的回归系数变为 −0.022，且通过了1%水平下的显著性检验，企业社会责任的影响系数依然显著为正，监管距离的影响系数较列（6）的系数有所下降，说明企业社会责任在监管距离与企业创新绩效之间产生了部分中介效应，验证了社会责任作为监管距离与企业创新绩效之间的可能中介机制，研究假设 H3a 和 H3b 得到实证结果的支持。

表 10-5　企业社会责任分维度以及经济后果检验结果

变量	（1）股东	（2）员工	（3）供应商、客户和消费者	（4）环境	（5）社会	（6）lnApply	（7）lnCSRhx	（8）lnApply
lnDist	−0.009*** (0.002)	−0.022*** (0.004)	−0.012** (0.005)	−0.008 (0.005)	−0.012*** (0.003)	−0.023*** (0.007)	−0.015*** (0.003)	−0.022*** (0.007)
lnCSRhx								0.072*** (0.024)
常数/控制变量/年度、行业固定效应	是	是	是	是	是			
样本量	14552	14552	14552	14552	14552	14552	14552	14552
R^2	0.529	0.218	0.203	0.213	0.222	0.347	0.338	0.347

六、异质性讨论

（一）产权异质性

从产权的视角来看，由于国有企业天然的公共社会使命，被认为是社会的

"公器",其具备涵盖市场逻辑主导的经济使命与社会逻辑主导的社会使命,在企业运营管理过程中具备内生式的社会责任制度建构要求。民营企业则是纯粹市场逻辑主导的工具理性逻辑,民营企业对于外部监管主体更为敏感,其进行企业社会责任战略决策过程更具工具理性与机会主义特征,因此监管主体与民营企业之间的地理距离成为有效"震慑"民营企业社会责任的重要因素。基于此,笔者结合国有企业与民营企业主导使命与运行制度逻辑的差异性,进一步区分审视监管距离对企业社会责任的异质性影响,表10-6列(1)~(2)的回归结果表明,监管距离对民营企业社会责任的影响产生了显著的负向抑制效应,而国有企业难以产生相应的显著抑制效应,说明民营企业在产权异质性市场逻辑下的社会责任倾向更需要外部监管主体的有效监管。

(二) 披露制度与外部治理环境的异质性

从企业社会责任披露制度环境来看,自2008年以来,中国证监会、上交所与深交所联合发布通知要求部分上市公司必须披露企业社会责任报告。一般而言,从信息效应的角度,强制性企业社会责任报告披露意味着给企业社会责任信息环境提供一个更强的制度合法性信号,能够缓解企业与外部制度监管主体的信息不对称,强化监管主体更好地判断企业是否真正做到对社会负责任,监管距离对企业社会责任的信息效应与震慑效应会得到一定程度的削弱。因此,笔者进一步检验了披露制度环境异质性下监管距离与企业社会责任之间的关系。从表10-6列(3)~(4)可以看到,相比于强制披露制度环境,非强制披露制度环境下监管距离的影响系数为-0.016,且通过了5%水平下的显著性检验,而强制披露制度环境下监管距离对企业社会责任的影响效应不再显著,说明在非强制披露制度环境下监管距离对企业社会责任的影响效应更为显著,企业社会责任披露作为一种信息效应能够缓解监管主体与企业之间的信息不对称,弱化监管主体基于地理空间的监督成本与制度执行的交易成本。

从企业社会责任治理环境的视角来看,近年来随着可持续投资的理念在全球得到蔓延,可持续投资的全球规模也不断扩张,机构投资者相比于一般的个体投资者而言,更能够将环境、社会与治理等因素纳入整个资本市场的投资决策之中。相应地,机构投资者相比于一般性的投资者而言,对企业社会责任的外部治理与信号效应也越敏感。因此,笔者将机构持股比例作为外部监督的代理变量,按照机构持股比例的年度行业中位数,将全样本划分为外部治理较好和外部治理较差样本,进一步考察机构投资者驱动的外部治理环境异质性下的监管距离与企业社会责任之间的关系。表10-6列(5)~(6)的研究结果表明,相较于外部治理环境较好的样本,在外部治理较差的环境中,监管距离对企业社会责任的负向效应更为显著,影响系数为-0.019,通过了1%水平下的显著性检验,足以说明在外部治理环境较差的条件下,更需要基于政府监管的震慑效应以更好地推动企业履行社会责任。

(三) 行业异质性

从行业的视角来看,企业的利益相关方对企业社会责任的敏感性与注意力强弱与行业高度相关。在五大发展理念以及微观层面企业绿色化转型的管理实践背景下,社会公众尤其是媒体对高污染、高能耗以及高排放的企业注意力不断强化,处于此行业的上市公司相对而言受到的社会压力与外部治理强度也较高,对企业社会责任的注意力强度也随之增大。笔者进一步按照《上市公司环保核查行业分类管理名录》,将研究样本划分为重污染行业与轻污染行业,① 考察行业异质性下监管距离对企业社会责任的影响。由表10-6列(7)~(8)的回归结果可以看到,相比于重污染行业,在轻污染行业中监管距离对企业社会责任的负向影响更显著,影响系数为-0.021,通过了1%水平下的显著性检验。足以说明,即使重污染行业中的上市公司距离监管主体较远,也依然能够通过外部社会治理的合法性压力驱动企业履行社会责任,基于证监会为监管主体的地理距离带来的震慑效应不再明显。

表 10-6 异质性检验结果

变量	(1) 非国有企业	(2) 国有企业	(3) 非强制披露	(4) 强制披露	(5) 外部治理较差	(6) 外部治理较好	(7) 轻污染行业	(8) 重污染行业
lnDist	-0.022*** (0.005)	-0.003 (0.009)	-0.016** (0.008)	-0.010 (0.007)	-0.019*** (0.006)	-0.010 (0.006)	-0.021*** (0.005)	-0.003 (0.009)
常数/控制变量/年度、行业固定效应	是	是	是	是	是	是	是	是
样本量	9660	4892	2018	1280	7277	7275	9744	4808
R^2	0.332	0.360	0.349	0.240	0.317	0.350	0.366	0.307

---

① 按照《上市公司环保核查行业分类管理名录》,把 B03、B05、B07、B09、B49、C01、C03、C05、C11、C14、C31、C41、C43、C47、C48、C49、C61、C65、C67、C69、C81、C85、D01 划分为重污染行业,其余划分为轻污染行业。

七、研究结论与启示

（一）研究结论及局限性

近年来，学术界围绕企业社会责任的前置性因素、企业社会责任的推进与治理范式、企业社会责任实践的影响效应以及数字化时代下的企业社会责任实践等多条研究主线开展了大量的理论与实证研究（肖红军和阳镇，2020a）。笔者以2010~2017年中国A股上市公司为研究样本，实证检验了监管距离对企业创新绩效的影响及其内在机理。研究结果一方面证实了监管机构对企业社会责任的"鞭长莫及"效应，监管距离总体上对企业社会责任各个维度呈现出"鞭长莫及"效应；另一方面证实了CEO海外工作经历在监管距离与企业社会责任之间产生显著的正向调节效应，且经济后果机制检验结果表明企业社会责任的战略竞争工具性价值得到实证结果的支持。此外，监管距离对企业社会责任的抑制效应在民营企业、非强制性披露、外部治理较差的环境以及轻污染行业中更显著。

本章的研究依然存在一定的局限性，主要体现在两大层面：第一大层面为监管距离抑制企业社会责任表现的内在机制依然有待检验；第二大层面为本章仅从企业社会责任理论的前沿背景视角探究了高管海外经历在监管距离与企业社会责任之间可能产生的正向调节效应，忽视了其他可能的边界机制，包括董事会结构、性别多元化以及高管其他经历可能产生的调节效应。本章探究的高管海外经历忽视了因高管海外经历持续时间可能导致的调节效应的异质性，受制于披露数据的局限性，未来的研究可以精细化考察其持续时间带来的异质性效应。

（二）研究启示

第一，在宏观制度层面，进一步优化上市公司企业社会责任制度建设与供给强度，为推进我国上市公司企业社会责任的创新发展提供合意的制度环境支撑。从我国企业社会责任整体发展指数来看，大量的上市公司尚处于企业社会责任的观望期与等待期，尤其是在当前宏观经济下滑与微观企业转型双重压力的挤兑下，不少企业将企业社会责任作为一种非主营业务的额外负担与成本支出，抛弃社会责任成为"瘦身"的一种可能选择。因此，制度供给主体需要持续为增进企业履行社会责任提供更加合意的制度支撑，基于高质量发展的战略思路，分类设计面向不同类型的企业社会责任制度供给体系，尤其针对民营企业社会责任的特殊性，需要细化企业社会责任立法制度、行业性规范、经济性激励制度以及社会文化等非正式制度之间的制度合法性融合机制，为新时代推动企业可持续地开展企业社会责任提供制度支持。

第二，在监管执行的监管过程层面，进一步加快数字化时代数字信息技术对企业社会责任行为监管的赋能效应。基于交易成本与委托代理两种理论视角，当前监管机构需要基于信息化手段尤其是在当前数字信息社会不断演进的新一轮工业革命的浪潮中加速推进资本市场监管的方式，通过现代信息科技技术赋能监管机构，规避监管主体与企业之间的信息距离与制度执行距离对企业社会责任的负向效应。尤其是在数字化情境下，证券监管机构需要深度运用新一轮数字与智能技术的重大数字化契机，将新一轮数字信息革命下的移动互联网、大数据、云计算、人工智能、区块链等数字智能技术深度嵌入传统科层监管体系中，着力打造数字化情境下的"数字监管平台"，提高利益相关方对上市公司在数字监管平台的动态参与性与响应性，基于数字化平台等平台网络效应重新建构利益相关方有效参与企业重大战略决策的动态响应、即时沟通的机制，进而为构建健康有序的资本市场提供治理制度基础。

第三，在微观企业内部治理结构层面，进一步优化高管的选聘机制建设。从企业战略的视角来看，企业社会责任行为本质上是企业战略决策者意图与价值观的深刻体现，尽管战略性企业社会责任理论强调构建以战略引领、认知驱动、管理嵌入与议题嵌入的全新企业社会责任内部驱动模式。对于企业的战略决策者尤其是企业的高管而言，需要进一步重视对发达国家企业社会责任内部制度建设的系统实践学习，企业社会责任理论与实践依然处于一个西方发达国家主导的思想引领与实践推进阶段，对于我国企业社会责任治理正式制度尚不健全的新兴经济体国家而言，依然需要高度重视高管选聘过程中的海外高层次人才的社会责任引领效应，合理搭配海外经历与本土经历的高管团队，基于可持续导向有效融入企业社会责任战略理念，促进我国上市公司能够自觉契合与对标世界一流企业的社会责任实践体系，最终自主构建面向中国情境下特定公共社会问题的本土化企业社会责任管理与实践体系。

第十一章　制度的合法性牢笼：
媒体关注会驱动人工智能企业
履行社会责任吗？*

一、引言

  21世纪以来最为显著的技术变革在于以大数据、移动互联网、人工智能以及区块链等数字智能技术突飞猛进，不管是对经济形态还是社会治理都产生了深远的变革。在经济形态层面，数字与智能技术直接驱动了以数字经济为核心的经济形态，表现为平台经济、共享经济以及新经济等新形态，也包括传统经济形态下的各类产业加速数字化转型，推动传统产业的加速触网实现产业数字化，并最终基于数字产业与产业数字化双轮驱动实现数字经济的引领与变革效应。尽管目前对数字经济的统计口径存在一定的争议性以及难以统一的因素（许宪春和张美慧，2020），但是数字经济已经成为驱动国民经济发展的主导性力量，未来甚至可能为 GDP 增长贡献半壁江山。① 不管是数字产业还是产业数字化，人工智能技术作为数字智能技术的前沿技术领域，正成为支撑产业内生产组织模式、商业模式、运营管理以及创新研发等数字智能化的关键技术，且人工智能技术的深入演化也推动了一大批人工智能企业的兴起，相应地，人工智能企业成为支撑数字形态中产业数字化与数字产业的关键组织支撑。党的十九大报告明确提出"推动互

---

* 本文原载于《南京大学学报（哲学·人文科学·社会科学）》2022年第4期，有修改。
 ① 中国信息通信研究院认为数字经济可以分为数字产业化与产业数字化两个部分，其中数字化产业主要指信息产业的增加值，而产业数字化则主要是应用数字技术所带来的生产数量和生产效率的提升。《中国数字经济发展研究报告（2023）》数据显示，中国数字经济增加值规模已由2005年的2.62万亿元扩张到2022年的50.2万亿元，同比增长10.3%，已连续11年显著高于同期GDP名义增速，2022年数字经济占GDP比重达41.5%，这一比重相当于第二产业占国民经济的比重。

联网、大数据、人工智能和实体经济深度融合",随后2019年《政府工作报告》首次将"智能+"发展上升为国家战略。相应地,人工智能技术迅速发展,在赋能机械制造、金融、交通运输、医疗卫生、安防等传统行业的同时,人工智能企业也成为一种全新的基于算法建构、开发与应用的新型数智企业,拥有数据、算力和资本的人工智能企业在国民经济体系中进行要素集成和资源配置的作用愈加凸显,人工智能企业在机器学习、智能机器人、算法开发等人工智能技术领域进行深入布局。中国信息通信研究院数据研究中心发布的《全球人工智能产业数据报告(2019Q1)》数据表明,我国人工智能企业数位列全球前五,且主要分布在北京、浙江、上海与广东等发达地区,2019年搜狐科技与天眼查联合发布了《2019中国AI创新报告》,数据显示我国人工智能企业总量近82万家,约占全国企业总量的0.43%,且人工智能企业新创企业的竞争日益严峻,约84%的企业成立时间小于或等于5年。从人工智能企业的类型来看,主要存在以开发智能技术基础(基础设施与数据集)、技术模型(算法模型、运算能力、计算机视觉、自然语言理解等)以及技术应用(智能机器人、自动驾驶、智能客服、智能安防、智慧金融、智能家居)等多种类型的人工智能企业。第四届世界智能大会发布的《中国新一代人工智能科技产业发展报告(2020)》数据显示,截至2019年底,我国人工智能企业数量占全球总数近15%,且面向基础层和技术层的人工智能企业占比分别为3.4%和23.8%,应用层企业占比则高达72.8%,处于主导地位,这足以说明人工智能企业基于数字智能技术的渗透与赋能效应实现了实体经济与传统业态的加速跨边界融合。

正是由于人工智能技术驱动的人工智能企业等新兴组织形态的加速变革,学术界对人工智能所衍生的赋能效应展开了大量的研究,包括人工智能对经济增长(陈彦斌等,2019;Graetz and Michaels,2018)、对企业参与全球价值链的分工地位(吕越等,2020)、对劳动收入份额(郭凯明,2019;王林辉等,2020)以及人工智能对企业管理变革以及创新绩效的影响(徐鹏和徐向艺,2020;杨祎等,2021;陈岩等,2020)。也有学者关注到人工智能企业的特殊性,主要是对人工智能企业技术创新过程以及创新生态系统的特殊性开展了研究,关注人工智能企业的颠覆式技术创新以及创新生态系统与非人工智能企业生成轨迹的差异性(张光宇等,2021;杨伟等,2020)。实际上,在经济社会学层面,从企业社会责任管理与实践的组织载体与主要的外部履责情境来看,企业社会责任管理实践情境也从传统产业集群情境迈向数字智能技术驱动的平台情境。一方面,体现为互联网平台企业成为驱动经济社会发展的主要微观市场组织,也成为链接数据资源以及社会生产要素的主要履责主体,一大批互联网平台型企业如阿里巴巴、腾讯、百度、滴滴出行、美团点评、字节跳动等不断推动数字化背景下的新经济的不断向前发展，人类社会也逐步从传统的工业经济时代系统地迈向了互联网平台经济时代（肖红军和阳镇，2019b）。平台型企业基于平台嵌入式、平台撬动式、平台嫁接式以及平台新创式多种企业社会责任实践范式实现传统企业社会责任管理与实践范式的系统超越（肖红军和阳镇，2020b；阳镇，2018）。另一方面，近年来人工智能企业在对新经济、平台经济与传统产业深度赋能的过程中，其本质上是基于大数据、人工智能与区块链等数智技术的深度赋能重塑传统产业的生产率，无论是在传统产业还是在新兴产业，人工智能技术或人工智能产品均得到了不同程度的应用，大大提升了整个经济社会的生产效率（郭凯明，2019）。但是，在数智化时代以人工智能与互联网大数据为底层数智技术的互联网平台企业与人工智能企业也引发了一系列的经济社会问题，包括互联网平台企业的社会责任缺失与异化问题（肖红军和阳镇，2020a）、平台企业社会责任治理问题（阳镇，2018），以及人工智能技术驱动下，大量的互联网平台企业能够大量采集用户的动态行为数据，利用智能算法与大数据技术推算用户的性格特征、兴趣爱好、社交倾向以及经济收入、消费能力等个体属性，从而准确地描绘出基于数智技术下的商业模式维度中的用户"数据画像"，传统用户的"隐私"在人工智能技术下被暴露无遗。更为关键的是，由于人工智能技术的本质是算法驱动，然而算法的设计与建模过程是由少数研发人员设计，这使得社会公众、消费者、政府以及整个社会难以知晓算法的潜在社会后果，人工智能技术具有"算法黑箱"等特征，产生了大量的算法歧视、算法伦理以及算法偏见等一系列人工智能引发的企业社会责任治理的新型企业社会责任研究议题（贾开和蒋余浩，2017）。从这个意义上讲，正因为人工智能企业的特殊性及其对整个数字化下的生产组织的渗透性，如何从制度层面撬动数智化背景下人工智能企业履行社会责任成为数智化时代推动数字经济与数字社会可持续发展的关键。

从既有对企业社会责任驱动因素的研究来看，对于驱动企业履行社会责任的研究大致存在着二重视角：第一重视角主要是"由外而内"，一方面聚焦于外部的制度环境对企业社会责任的制度约束与激励作用，尤其是正式制度环境对企业行为的规范与引导的重要治理功能，具体体现为政府通过制定推进企业社会责任的相应制度规范，包括企业社会责任意义上的法律制度（环境保护、劳动法等）、激励制度、评价制度以及监督惩戒制度，进而有效发挥制度供给主体对推进企业社会责任的元治理功能（颜克高和井荣娟，2016；阳镇和许英杰，2017）；另一方面聚焦于利益相关方的价值导向驱动，如自 Freeman（1984）提出企业的利益相关方不仅是企业的股东，也包含更为广泛意义上的顾客、员工、行业组织、社会公众、政府与环境等，形成经济性与社会性的利益相关方主体构成的内外部利益相关方结构，其中外部利益相关方中的行业组织（协会）与社会公众

第十一章 制度的合法性牢笼：媒体关注会驱动人工智能企业履行社会责任吗？

（媒体）对于驱动企业履行社会责任发挥着不可替代的作用，陈贵梧等（2017）基于 2010 年中国民营企业调查数据证实了行业协会作为驱动企业履行社会责任的重要利益相关方，内在的机制是通过嵌入党组织影响企业的社会行为；Stelios 等（2012）发现媒体关注作为一种社会压力，能够有效地驱动企业披露更多的社会责任信息，基于社会压力机制保持企业与社会之间的透明度，进而促进企业履行社会责任。第二重视角则是"由内而外"，即一方面聚焦于企业家精神对企业履行社会责任的重要作用，认为企业家精神不仅聚焦于创新与冒险特质，以创业企业家精神获取相应的经济绩效，更是在创业过程中充分注重社会价值与社会诉求，寻求以经济价值与社会价值的融合为核心的社会企业家精神以及综合价值共创、共享与共益为目标的共益型企业家精神，最终驱动企业注重社会责任，推进企业社会责任行为的可持续（肖红军和阳镇，2019a）；另一方面则是聚焦于企业的管理者因素对于驱动企业履行社会责任的重要作用，体现为基于高阶梯队理论下管理者的经历、性别因素与认知因素作为其心理印记驱动其后期的战略决策行为，包括管理者的社会责任认知、贫困经历等对企业社会责任的促进作用（朱文莉和邓蕾，2017；程雪莲等，2018；许年行和李哲，2016）。已有的研究仍然存在进一步研究的空间，一方面，尽管"由外而内"的研究视角证实了制度环境尤其是正式制度驱动企业履行社会责任的重要作用，但是对于制度环境的研究和非正式制度环境的研究较少（陈冬华等，2013）。实际上，非正式制度长期以来是被忽略的驱动企业社会责任管理与实践的重要变量（辛杰，2014）。近年来，非正式制度环境作为企业行为的重要规范与治理机制已经引起了学术界的广泛关注，尤其是社会信任作为非正式制度的重要组成部分，在整个宏观市场经济运行与微观企业价值创造过程中发挥着不可替代的作用（张维迎和柯荣住，2002；Li et al.，2017）。另一方面，不难发现，既有对企业社会责任的驱动因素的研究集中于研究传统情境下的传统企业，忽视了数智化时代下人工智能企业与互联网平台型企业社会责任的特殊性问题，对数智化时代下的人工智能企业、互联网平台企业的企业社会责任驱动因素缺乏研究（肖红军和阳镇，2019a）。

因此，笔者试图沿着上述研究缺口，以中国 A 股上市公司的人工智能企业为研究样本，首先，探讨媒体关注对企业社会责任的具体影响，实证检验媒体关注作为一种非正式制度环境中的制度合法性压力驱动人工智能企业履行企业社会责任的重要作用。其次，基于制度融合的视角，一方面探究正式制度在媒体关注与企业社会责任关系中的作用机制，即正式制度究竟是媒体关注（媒体报道）这一非正式制度下的制度合法性驱动企业履行社会责任过程中的协同互补机制，还是作为非正式制度的一种替代机制，进而证实驱动企业履行社会责任的制度融合或替代理论；另一方面探究外部非正式制度环境即社会信任这一社会合法性与媒体关注形成的非正式制度层面的"制度融合"驱动人工智能企业履行社会责任的影响效应,进而丰富传统研究中基于单一正式制度(市场制度、法律制度与政治制度)中的相应因素或非正式制度环境对于企业社会责任的影响研究。基于此,本章研究的边际贡献在于:在理论层面,笔者对于媒体关注与人工智能企业社会责任之间的关系的研究弥补了传统研究忽视制度环境中非正式制度对企业社会责任的影响效应研究的不足,同时基于制度融合的视角进一步验证了正式制度与非正式制度在媒体关注与企业社会责任之间的制度协同互补效应,扩展了单一"由外而内"或"由内而外"的企业社会责任驱动因素研究,基于制度融合观以及"外部制度合法性压力——内部企业高管战略决策导向"的内外结合视角探究人工智能企业社会责任的驱动效应,且在外部制度合法性层面基于不同制度合法性取向以及正式制度与非正式制度的融合视角为审视异质性的制度合法性类型对人工智能企业社会责任的驱动效应提供了新的理论框架。在实践层面,针对传统研究对人工智能企业社会责任的特殊性以及研究情境的关注不足,本章丰富了数智化时代下的人工智能企业社会责任实践影响因素研究,基于制度合法性下的制度融合观最终为促进人工智能企业履行社会责任提供了经验思考。

二、理论分析与研究假设

(一)媒体关注与人工智能企业社会责任

自制度经济学提出以来,制度成为约束与引导组织行为的重要因素(科斯等,2002)。其中,正式制度包括企业在运营管理过程中面对的宏观法律制度、政治制度以及经济制度等,而非正式制度更多的是一种社会规范、价值观、社会文化等隐性层面的制度环境。新制度经济学的代表人物诺斯对制度进行了阐述,认为制度是通过相应的正式规制与非正式约束以及实施特征构成的,对人们的日常行为产生一定的约束,制度的目的在于约束社会行为人在日常的经济行为与社会行为中符合伦理规范、社会规范以及法律规范等。更进一步地,制度的类型也存在相应的等级层次,正式制度中包括基础性的制度安排如宪法,次级制度安排包括国家政治、经济、法律与社会中各行业的基础性制度、细则等;而非正式制度同样也具有相应的等级层次结构,其中处于核心地位的是整个社会意识形态,而社会道德、社会伦理规范、社会心态以及各地社会习俗处于次生结构之中。从这个意义上讲,在制度经济学理论中,社会舆论被认为是一种非正式的制度环境(North,1990)。同时,组织社会学理论中的制度主义观则强调媒体社会舆论是

第十一章 制度的合法性牢笼：媒体关注会驱动人工智能企业履行社会责任吗？

一种社会规范机制，其作为制度环境影响组织战略与组织行为的三大合法性机制中的规范与认知合法性机制，进而驱动企业开展相应的战略响应与组织行为调整（Dimaggio and Powell，1983；Scott，2001）。

一般而言，从利益相关方的视角来看，外部媒体不管是社会媒体还是官方媒体，其作为企业股东之外的独立监督者与治理者，基于外部监督惩戒与社会声誉激励两种机制促进企业积极履行社会责任，是推进企业社会责任发展的重要动力与重要机制。尤其是当前中国正处于经济社会的转型期，在转型期我国的正式制度相对不健全，对于企业社会责任缺失与异化行为的惩戒与监督力度不足，尤其是当前数字化、智能化与网络化的数字经济与平台经济范式下，对于人工智能企业的相应法律规制尤其是企业社会责任规制尚处于相对空白状态，外部的社会媒体作为一种非正式制度在对人工智能企业开展相应的数字技术的报道、企业社会责任披露信息的报道以及其他各类企业社会责任缺失行为的报道过程中，有助于从社会舆论与社会期望的角度引导人工智能企业更好地开展企业社会责任管理与实践，尤其是对于人工智能企业的主要产品与服务"算法"的信息能够最大程度地披露于企业的主要利益相关方，最大程度地减少人工智能企业与利益相关方的信息不对称性，进而有助于人工智能企业与外部利益相关方形成一个较为透明的企业行为空间，助推人工智能企业更好地开展企业社会责任行为。同时，从声誉激励的视角来看，根据制度合法性理论，在一个由社会构建的规范、价值、信念和定义的体系中，合法性是社会公众、社会媒体对企业的社会评价。利益相关者在可持续发展导向与企业社会责任意识越来越强的情况下，能够通过政府、媒体、环保协会、工会、消费者协会等渠道，通过法律法规的制定、伦理道德的规范、社会舆论的监督等方式，增强人工智能企业的社会责任行为，引导人工智能企业更好地履行社会责任。考虑到制度合法性理论的三大合法性机制的差异性，DiMaggio 和 Powell（1983）认为组织的商业实践主要受到制度环境中三类作用机制的影响：第一类作用机制主要是基于强制性的法律法规等制度安排以强制性的压力使组织的商业符合制度规范；第二类机制主要是基于规范性制度如行业标准、守则、公约等形成规范压力进而塑造组织的商业实践行为；第三类机制主要是通过社会价值、文化认同等认知性制度规范以模仿压力塑造企业的商业行为。媒体类型主要是政策导向型的官方媒体，也有市场导向与社会导向的市场型与社会型媒体，前者主要体现为一种基于政府公共媒体的规范性制度压力，后者主要体现为一种社会价值与文化认同形成的认知性制度合法性压力，两类制度合法性对于人工智能企业社会责任的战略响应与行为调整具有一定的差异性。基于此，笔者提出以下研究假设：

H1a：在其他条件不变的情景下，媒体关注对人工智能企业社会责任产生正向影响,即媒体报道与关注程度越高,人工智能企业履行社会责任的意愿越强烈,企业社会责任绩效表现越好。

H1b:在其他条件不变的情景下,考虑媒体类型的异质性,政策导向型与市场导向型的媒体关注对人工智能企业社会责任产生正向影响,且两种不同导向的媒体所代表的合法性压力驱动人工智能企业履行社会责任具有异质性影响。

(二)媒体关注、正式制度与人工智能企业社会责任

在推进企业社会责任的过程中,政府作为企业社会责任的元治理主体,意味着政府在企业社会责任的正式制度供给过程中扮演着元功能的角色。尤其是在"强政府—弱社会"的模式下,即意味着社会组织的发展程度相对不完善,在推进企业社会责任实践的过程中难以产生较大的约束性力量或激励性力量,由此政府在企业社会责任制度供给,包括强制性制度供给与诱导性制度供给中发挥着主导性的作用。

自2008年以来,我国政府系统性地出台了大量推进企业社会责任治理的指导性意见,为我国国有企业系统开展社会责任实践提供了指导框架与实践方向,明确了企业履行社会责任的议题选择、利益相关方对象以及综合价值创造目标。同时,在法律制度环境方面,政府颁布具有保护企业利益相关方权益性质的法律,通过强制性的法律制度的正向规范与负面制裁功能有效推进企业履行社会责任。尤其是对于上市公司而言,2008年5月,上交所发布《关于加强上市公司社会责任承担工作的通知》《上海证券交易所上市公司环境信息披露指引》,鼓励上市公司积极披露社会责任报告,此后上市公司积极履行社会责任,上市公司的社会责任信息披露制度成为外部制度中的重要正式制度安排,由此进一步促进企业增强企业运营管理的透明度,促进企业履行社会责任。基于此,正式制度作为促进企业社会责任的重要机制。但是在正式制度环境较为薄弱的地区,非正式制度的隐性激励与约束作用将更加明显。辛杰(2014)认为正式制度与非正式制度在推进企业履行社会责任方面更多地呈现出协同互补关系。笔者认为,在制度环境较为完善的地区,即地区的市场化环境与合同契约执行制度越完善,企业需要在市场运营过程中保持更高的透明度,企业会愈加重视维持与利益相关方之间的良性关系,呈现出正式制度(市场化环境)与非正式制度(社会信任)对人工智能企业履行社会责任的协同倍增效应。基于此,笔者提出以下研究假设:

H2a:在其他条件不变的情景下,正式制度在媒体关注与人工智能企业社会责任之间产生正向调节作用,即在正式制度越完善的地区,媒体关注对人工智能企业社会责任的正向影响将更加明显,正式制度与非正式制度之间对驱动人工智能企业社会责任呈现协同倍增效应。

第十一章 制度的合法性牢笼：媒体关注会驱动人工智能企业履行社会责任吗？

H2b：在其他条件不变的情景下，正式制度在政策导向型媒体关注与人工智能企业社会责任之间产生正向调节作用。

H2c：在其他条件不变的情景下，正式制度在市场导向型媒体关注与人工智能企业社会责任之间产生正向调节作用。

（三）媒体关注、社会信任与人工智能企业社会责任

社会信任作为一种区别于正式制度下的社会资本，具有隐含性的社会心态、社会伦理道德等非正式制度元素。因此，在宏观层面，社会信任甚至被认为是决定一国经济增长的重要因素，是市场经济运行中的主要道德基础（张维迎和柯荣住，2002）。在微观层面，社会信任作为一种对企业的日常管理与运营行为产生着隐性的制度约束，会潜在地影响企业的战略决策导向，并潜在地对企业内部管理者的思维方式与价值理念产生潜移默化的影响。实质上，社会信任的形成过程是社会群体共同认同的相应价值规范，降低行为人之间互动交易的不确定性，促进企业之间或者个体之间达成相应的经济或社会契约，产生一致性的期望行为，降低彼此的道德风险。基于信任理论，在社会信任程度较高的区域，企业的运营管理环境更加趋向于相互信赖，企业的日常运营管理行为更具"道德属性"，这种"道德属性"不仅体现在企业与企业之间的市场交易或社会互动层面，更体现在企业内部的组织文化、企业内部的管理者战略决策与员工个体的微观组织行为层面。尤其是对于企业内部的高管而言，更具有真诚互惠、相互信任理念的管理者愈加重视企业与利益相关方之间的价值互惠关系，更能将潜在的内在道德属性转化为实际的道德行为，如企业慈善捐赠等社会责任议题等。

基于利益相关方理论，企业在运营管理过程中不仅需要对股东产生相应的价值互惠行为，即对股东承担相应的社会责任，更为重要的是，企业更需要对其他利益相关方包括企业的供应商、消费者、员工、政府、社区与环境等多元经济性与社会性主体承担相应的社会责任。因此，一方面，在社会信任制度环境较好的区域，基于组织文化的内在"道德属性"与责任基调，以及组织内管理者与员工的价值导向，企业更有自我驱动力即内在动机与组织的内外部利益相关方建立可持续的价值互惠关系，即在社会信任更完善的区域中，企业基于经济属性与社会属性的融合，融合外部利益相关方的价值诉求，积极承担对利益相关方的社会责任，以更好地为外部利益相关方创造综合价值与共享价值（肖红军和阳镇，2018b）。另一方面，企业履行社会责任本身也是一种积极的信号，基于信号传递功能与社会声誉效应，企业不仅通过积极履行社会责任展示出企业对社会的价值贡献，更展示出企业良好的声誉与可持续的经营管理理念，基于战略性企业社会观（Porter and Kramer，2006，2011），企业履行社会责任的目的在于获取企

业可持续的竞争优势,即将传统的纯粹道德慈善议题的社会回应活动转变为内嵌于组织业务实践中的战略竞争活动。因此,在社会信任条件更好的地区,企业基于战略竞争导向更坚信企业通过履行社会责任将促进市场各类主体之间对企业价值的回馈,基于社会声誉效应巩固企业的战略竞争优势。因此,在社会信任更好的地区,媒体关注与报道更频繁的人工智能企业更有意愿与动力投入更多的经济性资源与社会性资源参与社会议题,充分打造与利益相关方的信息透明空间,进一步强化企业更好地开展企业社会责任行为。基于此,笔者提出以下研究假设:

H3a:在其他条件不变的情景下,社会信任作为一种非正式制度在媒体关注与人工智能企业社会责任之间产生正向调节作用,即在社会信任程度越完善的地区,媒体关注对人工智能企业社会责任的正向影响将更加明显,社会信任与媒体关注两种非正式制度之间对驱动人工智能企业社会责任呈现协同倍增效应。

H3b:在其他条件不变的情景下,社会信任作为一种非正式制度在政策导向型媒体关注与人工智能企业社会责任之间产生正向调节作用。

H3c:在其他条件不变的情景下,社会信任作为一种非正式制度市场导向型媒体关注与人工智能企业社会责任之间产生正向调节作用。

(四)媒体关注、高管海外经历与人工智能企业社会责任

从战略决策以及战略过程的视角来看,人工智能的企业社会责任行为本质上是企业高管的战略决策行为,因此影响人工智能企业社会责任管理与实践的主要决策主体在于高管的社会责任认知与社会责任实践偏好。从这个意义上讲,高管的个体偏好、学习与工作经历以及价值观等因素成为影响人工智能企业是否内嵌"道德"基因的重要变量,尤其是人工智能产品与服务的高度社会影响力以及伦理道德标准相对处于模糊状态。在正式制度层面,人工智能企业的相关道德准则、产品的伦理规范以及正式的法律制度规范体系依然处于探索阶段,外部制度环境的相对不成熟以及对人工智能社会责任的规范性制度与规制性制度尚处于空白状态,此时高管的个体社会责任导向以及道德基因便成为决定人工智能企业社会责任发展方向的重要变量。区别于一般的人口统计学特征,如性别、年龄以及收入等因素,高管个体的经历如学习经历与工作经历会对高管个体的价值观、思维方式、认知结构与战略决策的风险偏好等产生重要的影响。从企业社会责任社会运动与全球发展史的角度来看,自谢尔顿(1924)提出企业社会责任概念后,企业社会责任在西方发达国家经历了几次大的理论争议,逐步从单一股东受托责任转变到基于多元利益相关方的涵盖对经济、社会与环境的责任,这成为西方发达国家和地区如欧盟、美国等公司治理过程中的共同社会责任认知理念(Camp-

第十一章 制度的合法性牢笼：媒体关注会驱动人工智能企业履行社会责任吗？

bell，2007）。从企业社会责任运动视角来看，每一轮的企业社会责任运动背后都是企业社会责任思想与实践模式的传播，如在20世纪80年代围绕全球化进程中的企业跨国生产的伦理与责任问题开展了一系列的消费者运动、人权运动以及生产守则运动逐步波及全球，以跨国公司为组织载体在传播企业社会责任理念上发挥了重要的作用。进入21世纪以来，由美国非营利组织"共益企业实验室"（B-Lab）发起了以共益企业为全新企业社会责任新实践组织范式的全球社会责任与混合型组织运动，倡导一种全新的融合组织经济属性与社会属性的双元混合型组织，以共益企业为社会责任新组织范式的新一轮社会责任运动不断扩大，进一步驱动全球商业的社会化以及纯市场逻辑主导的商业组织向混合型组织以及双元混合逻辑均衡的共益型企业转变（肖红军和阳镇，2018a）。

因此，企业社会责任的发展进程本质上是在发达国家的引领过程中不断迭代与创新，中国的企业社会责任发展实质上是从改革开放后起步的，不管是从商业伦理的社会责任教育还是公司层面的企业社会责任制度化以及外部监管主体的正式制度建构，中国企业社会责任发展实质上是逐步吸收引进西方先进企业的社会责任理念并实现中国情境下的企业社会责任本土化的学习与创新过程（肖红军和阳镇，2019b）。从这个意义上来看，由于海外学习与工作经历的高管具备一段时期接受西方发达国家社会责任教育以及发达国家企业社会责任实践的熏陶，且基于切实的个体认知式与学习式的企业社会责任认知结构与实践模式的学习，会在企业社会责任战略决策过程中更具备对企业社会责任的认同感（文雯和宋建波，2017），引领其在后期的职业生涯中更好地将先进的企业社会责任理念融入自身的战略决策过程中，在开展企业社会责任管理与实践议题过程中能够更好地对标国际先进企业的社会责任价值理念与实践模式，更好地规避高管自身机会主义倾向与社会责任缺失行为。从这个意义上讲，即使人工智能企业外部的非正式制度环境较为薄弱，即媒体关注的力量相对薄弱，在人工智能企业高管具备社会责任导向与内生的社会责任价值观下，能够在人工智能企业社会责任外部规范合法性压力相对空白与薄弱状态下，驱动人工智能企业自觉履行社会责任，更好地推动人工智能企业日常的运营管理以及业务体系融入企业社会责任的基因，反思人工智能企业产品与服务的道德伦理属性，尤其是在算法设计与算法开发中能够更好地基于责任型创新标准推动企业社会责任融入创新战略决策过程中，推动人工智能企业更好地履行社会责任。基于此，笔者提出以下研究假设：

H4a：在其他条件不变的情景下，高管学习经历正向调节媒体关注与人工智能企业社会责任的关系，即拥有海外学习经历高管的企业，媒体关注对人工智能企业社会责任表现的正向影响会有所强化。

H4b：在其他条件不变的情景下，高管海外工作经历正向调节媒体关注与人工智能企业社会责任的关系，即拥有海外工作经历高管的企业，媒体关注对人工智能企业社会责任表现的正向影响会有所强化。

三、研究设计

（一）样本选择与数据来源

笔者选取 2010~2019 年中国 A 股人工智能上市公司为研究样本。虽然目前对人工智能企业的定义依然较为模糊，但人工智能企业所从事的业务范围以及经营领域具有一般共性特征。根据《人工智能安全标准化白皮书（2019 版）》以及相关研究报告，人工智能企业主要从事人工智能基础设施供给、人工智能技术开发、人工智能技术应用等多个层面的全新组织，其中人工智能基础层面主要是从事大数据、数据服务以及云计算等人工智能通用技术服务的企业。人工智能技术设计与开发层主要是算法模型、运算数据集、自然语言处理以及人际交互等企业，其中，人工智能的技术应用主要包括人工智能技术的行业与商业场景的应用，涵盖智能机器人、交通领域的自动驾驶、安防与消费领域的人脸识别、智能客服、智能家居等多种商业场景。笔者主要选择上市公司中的人工智能企业样本，一方面主要是基于上市公司面临较大的外部治理压力；另一方面上市公司社会责任的披露较为完整与连续，且第三方市场与社会机构对上市公司的社会责任评级也相对完善。

因此，笔者主要在上市公司企业中筛选符合人工智能技术范围的人工智能企业样本，由于涉及人工智能的企业在企业名称与经营范围中将有所体现，尤其是在其经营业务中一般是与大数据、云计算、算法、机器人与智能硬件等产品和服务密切相关，因此，笔者基于企查查数据识别 A 股上市公司中的人工智能企业，如果企查查数据中的企业名称和经营范围中包含了与人工智能有关的关键词，则视该企业为人工智能企业。具体来说，与人工智能有关的关键词包括"人工智能""智能化""智能硬件""云计算""云平台""云端""大数据""数据服务""数据科学""物联网""机器人""机器学习"等。基于文本检索结果与上市公司数据进行相互匹配，最终得到人工智能企业的研究样本。① 媒体报道数据来源于中国研究数据服务平台（CNRDS），使用爬虫软件爬取和讯网有关企业社

---

① 在匹配后，本章进一步对匹配后的样本公司的年报进行逐一筛查，进一步剔除与人工智能行业或者未从事人工智能业务的上市公司，以降低人工智能行业的样本的偏差性。

会责任的数据，同时使用润灵环球评级数据作为稳健性检验。正式制度数据来源于《中国分省份市场化指数报告（2018）》和《2008中国营商环境报告》，非正式制度数据来源于"2000年中国企业家调查系统"和《中国城市商业信用环境指数》，其他数据来源于CSMAR数据库。为了保证研究结果的可靠性，对初始研究样本做如下处理：①剔除金融保险行业样本；②剔除研究期间曾被ST或*ST的样本；③剔除资不抵债的样本；④剔除相关变量缺失的样本。最终得到557家公司3573个样本观察值的非平衡面板数据。同时，为了排除异常值对回归结果的影响，所有连续变量均在1%的水平进行Winsorize缩尾处理。

（二）模型设定与变量定义

1. 模型设定

笔者设定模型（11-1）至模型（11-4），分别用于检验假设H1至假设H3，具体模型设定如下：

$$CSR_{it} = \alpha_0 + \alpha_1 Media_{it} + a_i \sum Control_{it} + \varepsilon_{it} \tag{11-1}$$

$$CSR_{it} = \alpha_0 + \alpha_1 Media_{it} + \alpha_2 Formal_{it} + \alpha_3 Media_{it} \times Formal_{it} + a_i \sum Control_{it} + \varepsilon_{it} \tag{11-2}$$

$$CSR_{it} = \alpha_0 + \alpha_1 Media_{it} + \alpha_2 Trust_{it} + \alpha_3 Media_{it} \times Trust_{it} + a_i \sum Control_{it} + \varepsilon_{it} \tag{11-3}$$

$$CSR_{it} = \alpha_0 + \alpha_1 Media_{it} + \alpha_2 OverSea_{it} + \alpha_3 Media_{it} \times OverSea_{it} + a_i \sum Control_{it} + \varepsilon_{it} \tag{11-4}$$

其中，模型（11-1）主要是检验研究假设H1，即被解释变量为企业社会责任（CSR），解释变量为媒体关注（Media）；模型（11-2）的被解释变量为企业社会责任（CSR），解释变量为媒体关注（Media），调节变量为正式制度（Form Institution），包括市场化环境（Market）和强制执行契约时间（Contract），以检验研究假设H2；模型（11-3）的被解释变量为企业社会责任，解释变量为媒体关注（Media），调节变量为社会信任（Trust），以检验研究假设H3；模型（11-4）的被解释变量为企业社会责任（CSR），解释变量为媒体关注（Media），调节变量为高管海外经历（Oversea）。模型（11-1）至模型（11-4）中的$Control_{it}$为控制变量。

2. 变量定义

（1）被解释变量：企业社会责任（CSR）。在企业社会责任绩效的衡量中，一般存在三种度量企业社会责任绩效的方式：第一种方式是基于利益相关方综合绩效表现衡量企业社会责任绩效（肖红军和李井林，2018；李井林和阳镇，2019）。第二种方式是基于第三方企业社会责任评级数据库予以衡量（权小锋等，2015）。第三种方式是基于企业慈善捐赠额来衡量企业社会责任（王新等，2015）。本章主要参考第二种方式基于第三方机构对企业社会责任表现（披露绩效）的相关研究，通过第三方企业社会责任评级数据——和讯网的上市公司企业社会责任评分来衡量企业社会责任表现；在稳健性检验中，笔者参考大部分学者采用的润灵环球企业社会责任评级数据库所披露的社会责任评价综合结果衡量企业社会责任绩效表现。

（2）解释变量：媒体关注（Media）。媒体对一个事件的关注程度，可以用媒体报道中与该事件相关的新闻总量来衡量，现有文献对媒体关注的度量方法主要采用互联网的新闻搜索引擎对相关公司进行检索以获得其新闻报道次数。由于媒体报道的内容千差万别，不同的报道内容、报道倾向对受众的影响呈现显著差异，进而对企业社会责任呈现不同效应。由于报道繁多，网络搜索方法无法进一步对其内容进行识别。另一种衡量方式则是针对媒体报道的语言特征展开相关研究，将媒体关注按照报道的态度倾向分为正面报道、中性报道与负面报道等，其主要是使用少数几个代表性纸质报刊中的报道进行深度文本分析。但这种衡量方式的主要缺点在于纸质报刊的公众覆盖率是有限的，不能完全衡量媒体关注的程度。除了考虑媒体倾向，越来越多的学者将媒体报道的内容与其研究主题紧密联系起来。本章主要借鉴李培功和沈艺峰（2010）、戴亦一等（2011）的方法，基于中国研究数据服务平台中的媒体报道数据中报纸的媒体报道作为媒体关注文本来源，为避免少数代表性媒体的选择性偏误，本章的报纸范围涵盖主要的财经类报纸，通过人工整理与计算上市公司媒体关注总量。考虑到媒体类型异质性，笔者还对有关媒体报道的数据做了进一步细分：①将证监会指定上市公司信息披露平台的"七报一刊"作为政策导向类媒体；②将其他媒体报刊视为市场导向类媒体。

（3）调节变量。①正式制度（Market）。本章采用王小鲁等（2019）编制的《中国分省份市场化指数2018》中的市场化指数作为衡量制度环境的指标，能够代表整个市场发育、法律制度、要素市场发育以及产品市场发育的制度建设总体状况。笔者用市场化指数总评分来衡量市场化进程，该评分越高代表市场化程度越高，相应的正式制度也就越完善。②强制执行契约时间（Contract）。笔者主要参考黄先海和吴屹帆（2020）的研究，我国各省的正式制度质量数据见于世界银行发布的《2018中国营商环境报告》，这份报告对中国30个省级行政区通过法律手段强制执行契约合同的绩效进行了评估。该报告汇报了这些省份处理一项商业纠纷平均花费的时间、消耗的成本占标的物的比重以及根据时间长短和成本计算的综合排名（耗时越短、成本消耗越低者，排名越靠前）。③社会信任

第十一章 制度的合法性牢笼：媒体关注会驱动人工智能企业履行社会责任吗？

(Trust)。在社会信任的衡量方式中，笔者根据张维迎和柯荣住（2002）的社会信任调查数据，以及刘宝华等（2016）、钱先航和曹春芳（2013）的相关研究，基于城市层面的社会信任数据作为本章社会信任的替代指标。④高管海外经历（Oversea）。目前研究对高管的范围存在一定的模糊性，在企业战略决策过程中，真正起到决定性作用的是首席执行官即CEO，因此本章主要基于CEO的视角衡量高管的海外经历。参考Giannetti等（2015）、文雯和宋建波（2017）的相关研究，本章主要选取高管的海外工作经历与海外学习经历定义高管的海外经历，基于国泰安中的高管简历数据库、公司年报与手工搜索三者结合与三角验证的方式得到高管的海外经历类型，笔者将高管在学习期间处于海外高校与研究机构、高管存在海外机构如海外公司、学术单位等工作经历定义为1，否则为0，进而形成海外工作经历与学习经历的0~1虚拟变量。

（4）控制变量。借鉴逯东等（2015）、阳镇和李井林（2020）、凌鸿程和孙怡龙（2019）的研究，主要选取公司财务特征与公司治理特征层面的变量作为控制变量，包括企业规模（Size）、财务杠杆（Lev）、盈利能力（Roa）、上市年龄（Age）、产权性质（State）、董事会规模（Board）、分析师跟踪（lnAnalyst）。此外，本章还控制了年度固定效应和行业固定效应。

基于此，本章的主要变量以及相应测量方式如表11-1所示。

表11-1 变量选择与定义

变量类型	变量名称	变量符号	变量定义
被解释变量	和讯企业社会责任	HXScore	来源于和讯网
	润灵企业社会责任	RLScore	来源于润灵环球评级
解释变量	媒体报道	lnMedia	ln（1+全部媒体报道总量）
	政策导向类媒体	lnMediaP	ln（1+政策导向类媒体报道总量）
	市场导向类媒体	lnMediaM	ln（1+市场导向类媒体报道总量）
调节变量	市场化指数	Market	来源于《中国分省份市场化指数报告（2018）》
	强制执行契约时间	Contract	730[①]-强制执行契约时间
	社会信任	Trust	来源于2000年中国企业家调查系统
	城市商业信用	CityCredit	来源于《中国城市商业信用环境指数》
	高管海外经历	Oversea1	存在海外工作经历赋值为1，否则为0
		Oversea2	存在海外学习经历赋值为1，否则为0

---

① 730是指该指标统一用730个小时对数据进行处理，即用730减去强制执行契约的天数，最终得到时间花费变量。

续表

变量类型	变量名称	变量符号	变量定义
控制变量	公司规模	Size	公司总资产的自然对数
	企业年龄	Age	公司上市年限
	资产负债率	Lev	公司总负债/总资产
	盈利能力	Roa	净利润/总资产
	产权性质	State	如果实际控制人类型为国有控股时取1，否则取0
	董事会规模	Board	ln（1+董事会人数）
	分析师跟踪	lnAnalyst	ln（1+分析师跟踪人数）
	年度哑变量	Year	年度虚拟变量
	行业哑变量	Ind	行业虚拟变量

四、假设检验与结果分析

（一）描述性统计分析

表 11-2 报告了主要变量的描述性统计结果。从表 11-2 中可以看出，在被解释变量中，和讯企业社会责任绩效（HXScore）的均值为 23.703，最大值为 83.800，标准差为 14.592，足以说明样本企业的企业社会责任绩效表现具有较大的差异，整体上企业社会责任绩效表现不佳，平均值未能超过 50；在主要解释变量中，媒体报道（lnMedia）的均值为 3.126，最大值为 8.518，标准差为 1.238，说明不同人工智能企业的媒体关注程度具有较大差异；细分媒体报道类型中的政策导向型媒体报道（lnMediaP）的均值为 1.479，最大值为 5.642，标准差为 1.039；市场导向型媒体报道（lnMediaM）的均值为 2.945，最大值为 8.463，标准差为 1.324，说明两类不同制度合法性导向的媒体类型关注程度具有明显的异质性。在调节变量中，市场化环境（Market）的均值为 8.140，最大值为 9.970，标准差为 1.513，说明我国不同区域的市场化环境差异较大，不同地区的正式制度环境具有明显的异质性；强制契约执行（Contract）代表了各地区通过法律手段强制执行契约合同的绩效，均值为 484.214，最大值为 618.000，标准差为 102.356，说明各省处理一项商业纠纷平均花费的时间具有明显的异质性；社会信任（Trust）的均值为 92.562，最小值为 4.100，标准差为 61.216。在高管海外经历均值中，不管是高管海外工作经历或者学习经历的比重均较低，说

明当前上市的人工智能企业中具有海外工作与学习经历的高管并不占据主要成分。在公司特征变量中，不同企业的规模、负债能力以及成长性水平不尽一致，且总体样本中产权性质（State）标准差为0.449，说明研究样本中大部分民营企业与国有企业处于相对均衡的态势。

表11-2 描述性统计分析

变量	样本量	均值	标准差	最小值	p25	中位数	p75	最大值
HXScore	3539	23.703	14.592	-7.270	16.470	21.730	26.810	83.800
RLScore	542	38.231	10.777	15.560	30.600	36.783	43.663	70.612
lnMedia	3539	3.126	1.238	0.589	2.303	2.996	3.784	8.518
lnMediaP	3539	1.479	1.039	0.000	0.693	1.386	2.197	5.642
lnMediaM	3539	2.945	1.324	0.000	2.079	2.773	3.664	8.463
Size	3539	21.896	1.108	18.479	21.106	21.763	22.571	26.553
Age	3539	8.453	6.622	1.000	3.000	7.000	13.000	28.000
Lev	3539	0.394	0.194	0.008	0.234	0.382	0.541	0.998
ROA	3539	0.039	0.079	-1.859	0.018	0.042	0.070	0.408
State	3539	0.279	0.449	0.000	0.000	0.000	1.000	1.000
Board	3539	2.231	0.180	2.079	2.303	2.303	2.303	2.890
Dual	3539	1.684	0.465	1.000	1.000	2.000	2.000	2.000
lnAnalyst	3539	1.535	1.156	0.000	0.693	1.609	2.485	4.025
Market	2092	8.140	1.513	2.370	7.040	8.690	9.350	9.970
Contract	3539	484.214	102.356	190.000	390.000	445.000	610.000	618.000
Trust	3539	92.562	61.216	4.100	24.300	117.200	118.700	218.900
CityCredit	3302	77.547	5.894	62.801	73.552	76.838	82.133	90.630
OverSea1	3539	0.048	0.214	0.000	0.000	0.000	0.000	1.000
OverSea2	3539	0.038	0.190	0.000	0.000	0.000	0.000	1.000

（二）相关性分析

更进一步地，对各变量进行相关性分析，笔者采用皮尔森（Pearson）相关系数进行变量间的相关性检验，表11-3报告的检验结果显示主要因变量和自变量、控制变量之间的相关系数较小，可以认为变量之间不存在严重的多重共线性问题。从表11-3中可以看到，主要解释变量媒体关注（lnMedia）与被解释变量人工智能企业社会责任（HXScore）的相关系数为0.267，通过了1%水平下的显

表 11-3 相关系数分析

	HXScore	lnMedia	lnMediaP	lnMediaM	Size	Age	Lev	ROA	State	Board	Dual	lnAnalyst	Market	Contract	Trust	CityCredit	OverSea1	OverSea2
HXScore	1																	
lnMedia	0.267***	1																
lnMediaP	0.278***	0.692***	1															
lnMediaM	0.240***	0.975***	0.585***	1														
Size	0.213***	0.450***	0.261***	0.472***	1													
Age	−0.012	0.217***	0.104***	0.234***	0.489***	1												
Lev	−0.014	0.217***	0.125***	0.229***	0.498***	0.396***	1											
ROA	0.397***	0.096***	0.105***	0.078***	0.009	−0.131***	−0.256***	1										
State	0.149***	0.228***	0.163***	0.227***	0.363***	0.468***	0.291***	0.011	1									
Board	0.162***	0.236***	0.192***	0.227***	0.278***	0.180***	0.180***	0.041**	0.280***	1								
Dual	0.067***	0.128***	0.126***	0.119***	0.209***	0.254***	0.174***	−0.011	0.316***	0.186***	1							
lnAnalyst	0.351***	0.326***	0.333***	0.307***	0.330***	−0.113***	−0.042**	0.335***	−0.005	0.133***	0.026	1						
Market	−0.021	−0.182***	−0.224***	−0.152***	0.022	−0.123***	−0.081***	0.060***	−0.220***	−0.096***	−0.138***	0.014	1					
Contract	−0.032*	−0.133***	−0.086***	−0.132***	−0.071***	−0.140***	−0.079***	0.047***	−0.170***	−0.091***	−0.115***	0.033*	0.480***	1				
Trust	0.024	−0.074***	−0.009	−0.083***	0.002	−0.063***	−0.069***	0.056***	−0.075***	−0.009	−0.055***	0.015	0.664***	0.310***	1			
CityCredit	0.079***	0.024	0.081***	0.012	0.034*	−0.055***	−0.053***	0.036**	0.034*	0.012	−0.041**	0.051***	0.360***	−0.108***	0.659***	1		
OverSea1	0.064***	0.062***	0.066***	0.056***	−0.021	−0.025	−0.085***	0.008	−0.055***	−0.01	−0.057***	0.074***	0.036**	0.066***	0.066***	0.039**	1	
OverSea2	0.055***	0.040**	0.062***	0.035**	−0.008	−0.042**	−0.084***	0.026	−0.017	−0.006	0.035**	0.048***	−0.029*	0.005	−0.015	−0.02	0.337***	1

著性检验,说明媒体关注与人工智能企业社会责任存在显著的正相关关系。调节变量正式制度环境(Market)与企业社会责任存在负相关关系,非正式制度环境中的社会信任(Trust)与企业社会责任存在正相关关系,且城市层面的社会信任(CityCredit)与企业社会责任相关系数为0.079,通过了1%水平下显著性检验。足以说明,制度环境(正式制度与非正式制度)与人工智能企业社会责任存在相关关系,但媒体关注、制度环境(正式制度与非正式制度)与人工智能企业社会责任之间的影响关系仍然有待进一步通过回归分析予以检验。

(三)回归结果分析

1. 主效应:媒体关注对人工智能企业社会责任影响的假设检验与结果讨论

基于模型(11-1)的设定,通过多元回归模型考察媒体关注对企业社会责任的影响,即媒体关注能否作为企业运营环境中的非正式制度安排或者制度合法性中的社会规范与认知合法性,人工智能企业在外部制度环境的约束下以及制度合法性的驱动下更有自我驱动力与组织的内外部利益相关方建立可持续的价值互惠关系,能够基于声誉激励与增进企业对利益相关方的信任程度促进企业更加重视与利益相关方的社会网络,从而验证研究假设H1是否成立。由表11-4列(1)可以看到,媒体关注(lnMedia)对人工智能企业社会责任产生显著的正向影响,通过了1%水平下的显著性检验,研究假设H1a得到实证结果的支持。进一步地,基于制度合法性理论中的异质性合法性机制,政策导向类媒体和市场导向型媒体作为差异性的合法性机制,前者一般作为一种规范合法性,后者体现为社会认知合法性在驱动人工智能企业履行社会责任具有异质性后果,由表11-4列(2)和列(3)发现,政策导向型媒体关注与市场导向型媒体关注对人工智能企业社会责任绩效产生显著性正向促进效应,都通过了1%水平下的显著性检验,但是政策导向类媒体关注对人工智能企业社会责任绩效表现的影响效应更强,其影响系数为0.877,而市场导向型人工智能企业社会责任影响系数为0.719。研究假设H1a和H1b得到实证结果的支持。

表11-4 基准回归结果

变量	被解释变量:和讯企业社会责任		
	媒体报道	政策导向类媒体	市场导向类媒体
	(1)	(2)	(3)
lnMedia	0.859***		
	(0.202)		

续表

变量	被解释变量：和讯企业社会责任		
	媒体报道	政策导向类媒体	市场导向类媒体
	（1）	（2）	（3）
lnMediaP		0.877***	
		(0.263)	
lnMediaM			0.719***
			(0.188)
Size	2.395***	2.529***	2.427***
	(0.301)	(0.298)	(0.303)
Age	-0.179***	-0.179***	-0.178***
	(0.045)	(0.045)	(0.045)
Lev	-1.358	-1.368	-1.335
	(1.440)	(1.447)	(1.440)
ROA	58.056***	58.321***	58.177***
	(8.589)	(8.582)	(8.601)
State	1.937***	2.108***	1.917***
	(0.658)	(0.654)	(0.659)
Board	3.471***	3.690***	3.524***
	(1.116)	(1.114)	(1.117)
Dual	0.158	0.142	0.175
	(0.425)	(0.425)	(0.425)
lnAnalyst	1.532***	1.543***	1.555***
	(0.266)	(0.267)	(0.266)
_cons	-25.673	-28.110*	-25.654
	(16.480)	(16.450)	(16.498)
Year FE	Yes	Yes	Yes
Industry FE	Yes	Yes	Yes
N	3539.000	3539.000	3539.000
r^2_a	0.322	0.321	0.321

注：①括号内为经异方差调整后的稳健标准误；②***、**、*分别表示双尾检验在1%、5%、10%下的统计显著水平；③下表同。

为进一步考察不同类型媒体关注下报道语义倾向（积极报道与消极报道）

第十一章 制度的合法性牢笼：媒体关注会驱动人工智能企业履行社会责任吗？

对人工智能企业履行社会责任的异质性影响，验证主要研究假设 H1a 和 H1b 结论的稳健性，本章分别考察了两类媒体关注（市场类与政策类媒体关注）下的积极报道与消极报道分别对人工智能企业社会责任的驱动效应，从表 11-5 的回归结果可以看出，不管是正向报道还是负向报道，政策导向媒体关注与市场导向媒体关注对人工智能企业社会责任的驱动效应都通过了 1% 水平下的显著性检验，说明本章研究结论基本稳健。从表 11-5 列（1）~（4）可以看出，政策导向媒体的负面报道比政策导向媒体的正面报道对人工智能企业的社会责任驱动效应更为明显。相比于市场导向的媒体报道（正面与负面），政策导向的负面报道对人工智能企业履行社会责任的驱动效应更为明显，说明政策媒体关注对人工智能企业履行社会责任的规制合法性压力更为强烈。

表 11-5 不同类型媒体关注的报道语义倾向对企业社会责任的回归结果

变量	政策导向媒体正向（积极）报道 (1)	政策导向媒体负向报道 (2)	市场导向媒体正向（积极）报道 (3)	市场导向媒体负向报道 (4)
lnMediaPPos	1.168*** (3.692)			
lnMediaPNeg		1.479*** (4.334)		
lnMediaMPos			0.653*** (3.430)	
lnMediaMNeg				1.065*** (4.809)
Size	2.492*** (8.340)	2.486*** (8.382)	2.447*** (8.035)	2.390*** (8.083)
Age	-0.178*** (-3.971)	-0.182*** (-4.072)	-0.177*** (-3.948)	-0.182*** (-4.066)
Lev	-1.400 (-0.968)	-1.317 (-0.914)	-1.281 (-0.890)	-1.262 (-0.878)
ROA	58.178*** (6.783)	58.614*** (6.833)	58.116*** (6.774)	58.524*** (6.777)

续表

变量	被解释变量：和讯企业社会责任			
	政策导向媒体正向（积极）报道	政策导向媒体负向报道	市场导向媒体正向（积极）报道	市场导向媒体负向报道
	(1)	(2)	(3)	(4)
State	2.063***	2.199***	1.908***	1.990***
	(3.150)	(3.379)	(2.892)	(3.039)
Board	3.636***	3.654***	3.577***	3.496***
	(3.268)	(3.292)	(3.201)	(3.141)
Dual	0.139	0.175	0.158	0.172
	(0.326)	(0.411)	(0.373)	(0.405)
lnAnalyst	1.511***	1.552***	1.568***	1.562***
	(5.662)	(5.866)	(5.908)	(5.863)
_cons	−26.718	−27.029	−25.240	−24.200
	(−1.622)	(−1.642)	(−1.528)	(−1.466)
Year FE	Yes	Yes	Yes	Yes
Industry FE	Yes	Yes	Yes	Yes
N	3539.000	3539.000	3539.000	3539.000
r^2_a	0.322	0.323	0.321	0.323

2. 稳健性检验

首先，笔者进一步考察研究假设H1a，即媒体关注与人工智能企业社会责任之间的正向关系的稳健性，本章采用变量替代方法对企业社会责任指标予以替代，基于和讯网对不同利益相关方的评级结果，分为股东责任，员工责任，供应商、客户和消费者责任，环境责任以及社会责任等多个维度，进一步考察媒体报道对不同企业社会责任维度绩效的影响。表11-6和表11-7的回归结果表明，媒体关注对细分维度下的企业社会责任绩效产生显著性影响，其中对供应商、客户和消费者责任，环境责任，社会责任都通过了1%水平下的显著性检验，说明研究假设H1a的研究结论比较稳健。同时，笔者选取不同来源的企业社会责任评价指标，基于润灵环球企业社会责任评价结果进一步对本章企业社会责任绩效进行替代，发现研究假设H1a依然成立。

表 11-6 被解释变量替代后的稳健性检验

变量	股东责任	员工责任	供应商、客户和消费者责任	环境责任	社会责任
	（1）	（2）	（3）	（4）	（5）
lnMedia	0.109*	0.111**	0.277***	0.233***	0.215***
	(0.060)	(0.046)	(0.061)	(0.066)	(0.070)
Size	0.528***	0.635***	0.601***	0.623***	-0.053
	(0.100)	(0.070)	(0.092)	(0.105)	(0.105)
Age	-0.125***	-0.013	-0.029**	-0.039***	0.024
	(0.014)	(0.010)	(0.014)	(0.015)	(0.015)
Lev	-4.604***	0.416	0.241	0.904**	1.889***
	(0.595)	(0.308)	(0.404)	(0.434)	(0.489)
ROA	45.126***	1.767***	0.113	0.639	9.761***
	(6.524)	(0.567)	(0.620)	(0.656)	(1.316)
State	0.883***	0.392**	0.441**	0.581***	-0.290
	(0.181)	(0.154)	(0.202)	(0.220)	(0.201)
Board	1.323***	0.785***	1.029***	0.489	-0.139
	(0.363)	(0.274)	(0.339)	(0.350)	(0.416)
Dual	-0.018	0.152	-0.052	0.048	0.037
	(0.143)	(0.094)	(0.129)	(0.138)	(0.153)
lnAnalyst	1.082***	0.189***	0.115*	0.143**	-0.048
	(0.146)	(0.048)	(0.061)	(0.068)	(0.078)
_cons	8.023	-12.528***	-13.786***	-13.288***	6.556*
	(12.016)	(1.545)	(2.023)	(2.174)	(3.417)
Year FE	Yes	Yes	Yes	Yes	Yes
Industry FE	Yes	Yes	Yes	Yes	Yes
N	3539.000	3539.000	3539.000	3539.000	3539.000
r^2_a	0.610	0.194	0.173	0.161	0.114

其次，笔者进一步考察研究假设 H1b，即分别考察政策导向型媒体关注与市场导向型媒体关注对人工智能企业社会责任不同维度的影响效应。从表 11-7 和表 11-8 的回归结果可以看出，政策导向型媒体关注对人工智能企业的员工责任，供应商、客户和消费者责任，环境责任产生显著的促进效应；市场导向型媒体关注对人工智能企业的员工责任，供应商、客户和消费者责任，环境责任，社会责

任产生显著的正向促进效应。说明研究假设 H1b 的研究结论基本稳健，印证了不同合法性取向的媒体关注类型对人工智能企业履行社会责任的驱动效应。

表 11-7 解释变量替代性检验结果（政策导向型媒体关注）

变量	股东责任	员工责任	供应商、客户和消费者责任	环境责任	社会责任
	解释变量：媒体报道				
	(1)	(2)	(3)	(4)	(5)
lnMediaP	-0.130*	0.235***	0.399***	0.316***	0.059
	(0.076)	(0.061)	(0.082)	(0.090)	(0.087)
Size	0.614***	0.617***	0.611***	0.637***	0.027
	(0.096)	(0.069)	(0.092)	(0.103)	(0.102)
Age	-0.124***	-0.013	-0.029**	-0.040***	0.025
	(0.014)	(0.010)	(0.014)	(0.015)	(0.015)
Lev	-4.562***	0.392	0.216	0.887**	1.916***
	(0.596)	(0.308)	(0.405)	(0.435)	(0.491)
ROA	45.161***	1.800***	0.197	0.710	9.828***
	(6.525)	(0.566)	(0.617)	(0.654)	(1.313)
State	0.871***	0.431***	0.512**	0.638***	-0.270
	(0.180)	(0.153)	(0.200)	(0.220)	(0.200)
Board	1.405***	0.786***	1.074***	0.530	-0.048
	(0.363)	(0.273)	(0.337)	(0.347)	(0.416)
Dual	-0.006	0.143	-0.064	0.039	0.042
	(0.143)	(0.094)	(0.129)	(0.138)	(0.153)
lnAnalyst	1.118***	0.173***	0.102*	0.134*	-0.023
	(0.146)	(0.048)	(0.062)	(0.069)	(0.078)
_cons	6.690	-12.330***	-14.077***	-13.615***	5.265
	(12.049)	(1.522)	(2.011)	(2.143)	(3.394)
Year FE	Yes	Yes	Yes	Yes	Yes
Industry FE	Yes	Yes	Yes	Yes	Yes
N	3539.000	3539.000	3539.000	3539.000	3539.000
r^2_a	0.610	0.197	0.174	0.161	0.111

第十一章 制度的合法性牢笼：媒体关注会驱动人工智能企业履行社会责任吗？

表 11-8 解释变量的替代性检验结果（市场导向型媒体关注）

变量	股东责任 (1)	员工责任 (2)	供应商、客户和消费者责任 (3)	环境责任 (4)	社会责任 (5)
lnMediaM	0.057 (0.056)	0.072* (0.043)	0.215*** (0.057)	0.178*** (0.061)	0.182*** (0.065)
Size	0.549*** (0.100)	0.650*** (0.071)	0.620*** (0.093)	0.640*** (0.106)	-0.046 (0.105)
Age	-0.125*** (0.014)	-0.013 (0.010)	-0.028** (0.014)	-0.039*** (0.015)	0.024 (0.015)
Lev	-4.595*** (0.594)	0.422 (0.308)	0.251 (0.404)	0.913** (0.434)	1.894*** (0.489)
ROA	45.149*** (6.525)	1.787*** (0.568)	0.155 (0.620)	0.675 (0.657)	9.791*** (1.318)
State	0.883*** (0.181)	0.392** (0.154)	0.436** (0.203)	0.577*** (0.221)	-0.296 (0.201)
Board	1.347*** (0.363)	0.803*** (0.275)	1.055*** (0.339)	0.511 (0.351)	-0.127 (0.416)
Dual	-0.015 (0.143)	0.155* (0.094)	-0.046 (0.129)	0.053 (0.138)	0.041 (0.153)
lnAnalyst	1.090*** (0.147)	0.195*** (0.048)	0.125** (0.061)	0.152** (0.068)	-0.043 (0.078)
_cons	7.733 (11.988)	-12.712*** (1.557)	-13.924*** (2.032)	-13.425*** (2.195)	6.582* (3.426)
Year FE	Yes	Yes	Yes	Yes	Yes
Industry FE	Yes	Yes	Yes	Yes	Yes
N	3539.000	3539.000	3539.000	3539.000	3539.000
r^2_a	0.609	0.194	0.172	0.160	0.113

最后，笔者进一步采用变更回归模型检验本章核心研究假设的稳健性。笔者参考刘柏和卢家锐（2018）的研究，基于分位数回归模型进一步研究媒体关注对企业社会责任的影响效应，表 11-9 的结果显示，随着媒体关注程度不断加强，在前 25%、前 50% 与前 75% 样本中，媒体关注对人工智能企业社会责任的正向影响不断增强，进一步证明了本章研究结论的稳健性。此外，列（1）和列（2）也显示出，不论是正面报道还是负面报道，对企业社会责任的正向促进效应存

在，说明媒体关注作为社会合法性机制在促进人工智能企业履行社会责任中具有重要作用。

表 11-9 解释变量替代及分位数回归稳健性检验

变量	被解释变量：润灵企业社会责任	被解释变量：和讯企业社会责任				
	媒体报道	正面报道	负面报道	Q25	Q50	A75
	(1)	(2)	(3)	(4)	(5)	(6)
lnMedia	1.406***			-0.050	0.561***	0.844***
	(0.387)			(0.157)	(0.129)	(0.221)
lnMediaPos		0.622***				
		(0.197)				
lnMediaNeg			1.000***			
			(0.226)			
Size	2.655***	2.477***	2.417***	1.008***	1.193***	2.171***
	(0.659)	(0.304)	(0.296)	(0.176)	(0.183)	(0.307)
Age	0.023	-0.177***	-0.182***	-0.134***	-0.120***	-0.181***
	(0.082)	(0.045)	(0.045)	(0.027)	(0.029)	(0.039)
Lev	-7.477***	-1.292	-1.299	-1.374*	-0.847	-1.724
	(2.704)	(1.441)	(1.439)	(0.792)	(0.563)	(1.233)
ROA	-10.119	58.094***	58.563***	91.006***	85.431***	70.588***
	(8.676)	(8.582)	(8.623)	(3.068)	(4.446)	(3.689)
State	0.822	1.934***	2.037***	0.710**	0.591*	1.639*
	(0.955)	(0.659)	(0.654)	(0.280)	(0.358)	(0.943)
Board	4.091*	3.593***	3.554***	2.519***	1.065	2.697**
	(2.413)	(1.118)	(1.112)	(0.899)	(0.773)	(1.368)
Dual	0.648	0.154	0.173	-0.115	0.189	-0.152
	(0.892)	(0.425)	(0.425)	(0.190)	(0.253)	(0.352)
lnAnalyst	1.133**	1.566***	1.563***	0.743***	0.460***	0.397***
	(0.473)	(0.266)	(0.266)	(0.163)	(0.144)	(0.136)
_cons	-62.271***	-26.112	-25.346	-11.445	-12.723**	-24.501
	(12.762)	(16.518)	(16.494)	(35.327)	(6.091)	(50.937)
Year FE	Yes	Yes	Yes	Yes	Yes	Yes
Industry FE	Yes	Yes	Yes	Yes	Yes	Yes
N	542.000	3539.000	3539.000	3539.000	3539.000	3539.000
r^2_a	0.400	0.320	0.323			

3. 内生性检验——PSM 与工具变量法

考虑到媒体关注与企业社会责任存在较为明显的内生性问题，主要是互为因果带来的估计偏误，因此笔者基于 PSM 匹配方法，对媒体关注程度按照中位数进行分组，大于中位数为高强度媒体报道（定义为1），低于中位数为低强度媒体报道（定义为0），形成虚拟变量分组后，进一步基于 PSM 的邻近匹配方法寻找同时被中央与地方产业政策支持的样本，以本章选取的控制变量中的企业特征因素寻找相应的匹配组与控制组。在模型估计之前首先需要检验匹配后各变量实验组和控制组是否变得平衡。也就是说，实验组和控制组协变量的均值在匹配后是否具有显著差异。如果不存在显著差异，则支持使用 PSM 方法。共同支撑假设检验结果如表 11-10 所示，从本章选取的各协变量的检验结果看，匹配后所有变量均不存在显著性差异。在具体估计中，本章使用邻近匹配法进行估计，以检验媒体关注对人工智能企业社会责任的促进作用是否稳健。在估计之前，笔者还需要检验实验组和控制组匹配效果，通过画倾向得分值概率密度函数图发现，在匹配后实验组和控制组倾向得分值的概率密度已经比较接近，说明本章的匹配效果较好。因此，在共同支撑假设基础上进一步证明了 PSM 方法的可行性和合理性。在 PSM 匹配后，笔者以匹配的样本作为回归样本考察媒体关注对人工智能企业社会责任的实际影响，由表 11-11 列（1）发现主要结论依然稳健。

表 11-10 匹配变量与平衡性检验结果

变量	匹配阶段	平均值 处理组	平均值 控制组	偏离度%	偏离度降低程度	T 检验 t 值	T 检验 P 值
Size	匹配前	22.355	21.454	88.8	98.3	26.49	0.000
	匹配后	22.355	22.34	1.5		0.40	0.693
Age	匹配前	9.6507	7.3016	36.0	98.3	10.72	0.000
	匹配后	9.6507	9.6108	0.6		0.17	0.863
Lev	匹配前	0.4305	0.35835	37.8	99.0	11.24	0.000
	匹配后	0.4305	0.42978	0.4		0.11	0.912
ROA	匹配前	0.04303	0.03598	8.9	45.8	2.65	0.008
	匹配后	0.04303	0.03921	4.8		1.36	0.174
State	匹配前	0.36427	0.19789	37.7	87.8	11.22	0.000
	匹配后	0.36427	0.3439	4.6		1.25	0.210
Board	匹配前	2.2656	2.1986	37.9	93.1	11.28	0.000
	匹配后	2.2656	2.261	2.6		0.81	0.419

续表

变量	匹配阶段	平均值 处理组	平均值 控制组	偏离度%	偏离度降低程度	T检验 t值	T检验 P值
Dual	匹配前	1.7274	1.6425	18.4	99.3	5.45	0.000
	匹配后	1.7274	1.7268	0.1		0.04	0.970
lnAnalyst	匹配前	1.8554	1.2267	56.4	98.2	16.80	0.000
	匹配后	1.8554	1.8443	1.0		0.29	0.772

表 11-11 PSM 后回归结果及 IV 估计结果

变量	被解释变量：和讯企业社会责任 PSM后回归 (1)	第一阶段 (2)	第二阶段 (3)
MediaD	0.973** (0.441)		
LlnMedia		0.776*** (0.015)	
lnMedia			1.070*** (0.303)
Size	1.643*** (0.337)	0.099*** (0.019)	2.297*** (0.357)
Age	-0.174*** (0.049)	0.005** (0.003)	-0.181*** (0.050)
Lev	-0.191 (1.575)	0.176** (0.084)	-2.012 (1.647)
ROA	56.290*** (10.272)	0.221 (0.170)	56.957*** (8.853)
State	3.533*** (0.700)	-0.005 (0.035)	1.940*** (0.727)
Board	6.412*** (1.288)	0.092 (0.072)	3.376*** (1.251)
Dual	0.389 (0.468)	0.001 (0.029)	0.125 (0.483)
lnAnalyst	2.354*** (0.300)	0.067*** (0.013)	1.523*** (0.288)

续表

变量	被解释变量：和讯企业社会责任		
	PSM 后回归	第一阶段	第二阶段
	（1）	（2）	（3）
_cons	-33.079***	-1.267***	-6.103
	(7.142)	(0.436)	(24.829)
Year FE	Yes	Yes	Yes
Industry FE	Yes	Yes	Yes
N	3223.000	2846.000	2846.000
r^2_a	0.239	0.736	0.323

在 PSM 匹配的基础上，笔者进一步纳入工具变量法缓解研究假设 H1a 的内生性问题，参考逯东等（2015）的相关研究，选取滞后一期的媒体关注程度作为工具变量进一步基于 2SLS 回归方法考察媒体关注对人工智能企业社会责任的影响，表 11-11 列（2）~（3）的结果表明，本章的媒体关注对企业社会责任的影响效应为 1.070，通过了 1% 水平下的显著性检验，说明考虑内生性问题后本章的主要研究结论依然成立。

（四）拓展性分析

1. 调节效应检验：正式制度在媒体关注与人工智能企业社会责任之间的调节作用

为进一步检验研究假设 H2a 和 H2b，笔者基于模型（11-2），分别检验外部正式制度中的市场化环境与法律合同强制执行契约时间在社会信任与企业社会责任之间产生的正向调节作用（见表 11-12）。表 11-12 列（1）和列（4）表明正式制度中的市场化环境与法律合同强制执行契约时间在媒体关注与企业社会责任之间产生显著的正向调节效应，其中，市场化环境的调节效应（lnMedia×Formal）为 0.751，通过了 5% 水平下的显著性检验；强制执行契约时间的调节效应（lnMedia×Formal）为 0.481，通过了 5% 水平下的显著性检验。细分两种不同类型的制度合法性来看，基于政策导向的规范合法性下的媒体关注与市场化环境的交互项（lnMediaP×Formal）在媒体关注与企业社会责任之间的影响效应没有通过 10% 水平下的显著性检验，而市场（社会）导向的规范合法性下的媒体关注与市场化环境的交互项（lnMediaM×Formal）在媒体关注与企业社会责任之间的影响效应通过了 5% 水平下的显著性检验；对于强制执行契约时间为代表的正式制度环境也存在同样的规律。足以说明，正式制度环境下媒体关注的不同合法性导向对人工智能企业社会责任绩效的协同互补效应需要区分审视,其中政策导向型的媒体关注本身作为一种规制与规范合法性压力,其具有正式制度层面的合法性压力,在正式制度环境的调节下难以对人工智能企业社会责任产生相应的显著性效应,说明制度环境与政策导向型媒体关注下的制度合法性具有同质性的效应。而市场(社会)导向型媒体关注作为一种社会认知层面的认知合法性压力,其与正式制度层面的合法性压力具有协同互补效应。

表 11-12　正式制度调节效应

变量	被解释变量:和讯企业社会责任						
	市场化指数			强制执行契约时间		
	(1)	(2)	(3)	(4)	(5)	(6)
lnMedia	1.736***			1.047***		
	(0.442)			(0.252)		
lnMediaP		0.843*			0.896***	
		(0.436)			(0.275)	
lnMediaM			1.445***			0.926***
			(0.422)			(0.249)
Formal	0.535	0.352	0.505	-0.217	-0.233	-0.241
	(0.345)	(0.355)	(0.344)	(0.201)	(0.204)	(0.201)
lnMedia×Formal	0.751**			0.481**		
	(0.314)			(0.209)		
lnMediaP×Formal		0.506*			0.028	
		(0.306)			(0.224)	
lnMediaM×Formal			0.782**			0.617***
			(0.305)			(0.206)
Size	3.687***	4.103***	3.775***	2.394***	2.535***	2.427***
	(0.466)	(0.467)	(0.467)	(0.300)	(0.298)	(0.302)
Age	-0.061	-0.063	-0.057	-0.177***	-0.181***	-0.176***
	(0.075)	(0.075)	(0.075)	(0.045)	(0.045)	(0.045)
Lev	-0.449	-0.380	-0.355	-1.280	-1.392	-1.232
	(2.229)	(2.246)	(2.233)	(1.441)	(1.450)	(1.440)
ROA	89.135***	89.457***	89.457***	58.016***	58.377***	58.109***
	(11.725)	(12.246)	(11.840)	(8.562)	(8.597)	(8.559)

续表

变量	被解释变量：和讯企业社会责任					
	市场化指数			强制执行契约时间		
	(1)	(2)	(3)	(4)	(5)	(6)
State	2.072**	2.155**	2.006**	1.875***	2.065***	1.843***
	(0.953)	(0.960)	(0.955)	(0.659)	(0.657)	(0.659)
Board	4.381**	4.895***	4.536***	3.392***	3.633***	3.438***
	(1.717)	(1.717)	(1.716)	(1.121)	(1.115)	(1.124)
Dual	0.199	0.133	0.226	0.135	0.116	0.146
	(0.671)	(0.672)	(0.672)	(0.424)	(0.425)	(0.424)
lnAnalyst	1.645***	1.751***	1.718***	1.544***	1.546***	1.573***
	(0.416)	(0.427)	(0.416)	(0.266)	(0.267)	(0.266)
_cons	-69.131***	-79.751***	-71.308***	-23.317	-27.053	-23.940
	(9.610)	(9.560)	(9.645)	(16.455)	(16.490)	(16.429)
Year FE	Yes	Yes	Yes	Yes	Yes	Yes
Industry FE	Yes	Yes	Yes	Yes	Yes	Yes
N	2092.000	2092.000	2092.000	3539.000	3539.000	3539.000
r^2_a	0.301	0.296	0.300	0.323	0.321	0.323

2. 调节效应检验：非正式制度在媒体关注与人工智能企业社会责任之间的调节作用

为进一步检验研究假设 H2a 和 H2b，笔者基于模型（11-3），分别检验省级层面的社会信任与地市级层面的社会信任程度在媒体关注与人工智能企业社会责任之间产生的正向调节作用（见表 11-13）。表 11-13 列（1）和列（4）表明非正式制度中的社会信任在媒体关注与企业社会责任之间产生显著的正向调节效应，其中省级层面的社会信任的调节效应（lnMedia×Informal）为 0.844，通过了 1% 水平下的显著性检验，城市层面的社会信任的调节效应（lnMedia×Informal）为 0.555，通过了 5% 水平下的显著性检验，研究假设 H3a 得到实证结果的支持。细分两种不同类型的制度合法性来看，基于政策导向的规范合法性下的媒体关注与社会信任的交互项（lnMediaP×Informal）在媒体关注与企业社会责任之间的影响效应没有通过 10% 水平下的显著性检验，而市场（社会）导向的规范合法性下的媒体关注与社会信任的交互项（lnMediaM×Informal）在媒体关注与企业社会责任之间的影响效应通过了 1% 水平下的显著性检验。足以说明，非正式制度环境下媒体关注的不同合法性导向对人工智能企业社会责任的协同互补效应需要区分审视，其中政策导向型的媒体关注本身作为一种规制与规范合法性压力，其具有正式制度层面的合法性压力，在非正式制度环境的调节下难以对人工智能企业社会责任产生相应的显著性效应。而市场（社会）导向型媒体关注作为一种社会认知层面的认知合法性压力，其与非正式制度层面的合法性压力具有协同互补效应。

表 11-13　非正式制度的调节作用

变量	被解释变量：和讯企业社会责任					
	社会信任			城市商业信用		
	（1）	（2）	（3）	（4）	（5）	（6）
lnMedia	1.109***			1.009***		
	(0.247)			(0.254)		
lnMediaP		0.909***			0.902***	
		(0.273)			(0.279)	
lnMediaM			1.015***			0.943***
			(0.245)			(0.252)
Informal	0.332	0.253	0.343	0.509**	0.458**	0.526***
	(0.211)	(0.210)	(0.212)	(0.203)	(0.206)	(0.203)
lnMedia×Informal	0.844***			0.555**		
	(0.232)			(0.226)		
lnMediaP×Informal		0.267			0.307	
		(0.232)			(0.230)	
lnMediaM×Informal			0.966***			0.555**
			(0.230)			(0.226)
Size	2.213***	2.453***	2.224***	2.274***	2.421***	2.292***
	(0.300)	(0.298)	(0.302)	(0.312)	(0.310)	(0.314)
Age	-0.156***	-0.172***	-0.152***	-0.170***	-0.176***	-0.171***
	(0.045)	(0.045)	(0.045)	(0.046)	(0.046)	(0.046)
Lev	-1.030	-1.245	-0.975	0.476	0.402	0.488
	(1.433)	(1.447)	(1.433)	(1.380)	(1.389)	(1.380)
ROA	57.849***	58.189***	58.018***	68.202***	68.454***	68.337***
	(8.509)	(8.576)	(8.513)	(8.518)	(8.603)	(8.536)
State	1.980***	2.108***	1.972***	1.681**	1.831***	1.656**
	(0.656)	(0.655)	(0.657)	(0.665)	(0.662)	(0.666)

第十一章 制度的合法性牢笼：媒体关注会驱动人工智能企业履行社会责任吗？

续表

变量	被解释变量：和讯企业社会责任					
	社会信任			城市商业信用		
	(1)	(2)	(3)	(4)	(5)	(6)
Board	2.977***	3.600***	2.955***	3.030***	3.441***	3.094***
	(1.101)	(1.109)	(1.100)	(1.122)	(1.127)	(1.124)
Dual	0.196	0.175	0.208	0.426	0.439	0.428
	(0.423)	(0.424)	(0.422)	(0.422)	(0.423)	(0.422)
lnAnalyst	1.607***	1.574***	1.640***	1.453***	1.440***	1.472***
	(0.265)	(0.266)	(0.266)	(0.268)	(0.268)	(0.267)
_cons	-18.463	-25.056	-18.389	-25.210***	-29.691***	-25.741***
	(16.451)	(16.460)	(16.449)	(9.484)	(9.443)	(9.530)
Year FE	Yes	Yes	Yes	Yes	Yes	Yes
Industry FE	Yes	Yes	Yes	Yes	Yes	Yes
N	3539.000	3539.000	3539.000	3302.000	3302.000	3302.000
r^2_a	0.325	0.321	0.326	0.338	0.336	0.338

3. 调节效应检验：高管海外经历在媒体关注与人工智能企业社会责任之间的调节作用

基于模型（11-4），进一步检验高管海外经历在媒体关注与人工智能企业社会责任之间的调节效应，验证研究假设 H4a 和 H4b。首先，从海外求学的经历来看，考察海外求学对媒体关注与人工智能企业社会责任的调节效应，从表 11-14 列（1）可以看出，高管海外学习经历对媒体关注与人工智能企业社会责任产生正向调节效应，媒体关注与高管海外学习经历交互项（lnMediaP×OverSea）的系数为 2.498，通过了 5% 水平下的显著性检验，说明高管海外学习经历能够影响高管社会责任价值取向，有助于在媒体关注的过程中进一步驱动人工智能企业更好地履行社会责任，这意味着高管海外学习经历能够强化媒体关注的规范合法性对人工智能企业的制度驱动效应，即使媒体关注主导的社会规范性压力较低，但是高管具备海外学习经历也能够强化人工智能企业的道德基因，促进人工智能企业更好地履行社会责任。其次，从区分媒体关注的合法性类型来看［见表 11-14 列（2）和列（3）］，市场导向型媒体关注与高管学习经历的交互项（lnMediaM×OverSea）的回归系数为 2.488，通过了 5% 水平下的显著检验，但是政策导向型媒体关注与高管学习经历的交互项（lnMediaP×OverSea）的回归系数并没有通过 10% 水平以下的显著性检验，说明相比于政策导向型媒体的规范合法性，高管学习经历对市场导向型媒体关注与人工智能企业社会责任的正向调节效应更为明显。总体上，高管学习经历在媒体关注与人工智能企业社会责任之间的正向调节效应得到了经验证据的支持，研究假设H4a得以验证。

表11-14 高管海外经历在媒体关注与人工智能企业社会责任之间的调节效应检验结果

变量	被解释变量：和讯企业社会责任					
	海外求学			海外任职		
	（1）	（2）	（3）	（4）	（5）	（6）
lnMedia	0.905***			0.918***		
	（0.255）			（0.248）		
lnMediaP		0.793***			0.763***	
		（0.278）			（0.277）	
lnMediaM			0.791***			0.817***
			（0.254）			（0.247）
OverSea	2.543**	2.658**	2.650***	1.053	0.831	1.264
	（1.018）	（1.065）	（1.026）	（1.104）	（1.073）	（1.143）
lnMedia×OverSea	2.498**			3.601**		
	（1.201）			（1.450）		
lnMediaP×OverSea		2.259			3.199***	
		（1.462）			（1.239）	
lnMediaM×OverSea			2.488**			3.097**
			（1.127）			（1.453）
Size	2.378***	2.497***	2.418***	2.396***	2.521***	2.426***
	（0.301）	（0.298）	（0.303）	（0.300）	（0.297）	（0.302）
Age	-0.187***	-0.187***	-0.186***	-0.179***	-0.178***	-0.178***
	（0.044）	（0.044）	（0.044）	（0.044）	（0.045）	（0.045）
Lev	-1.063	-0.976	-1.069	-1.223	-1.183	-1.212
	（1.445）	（1.451）	（1.444）	（1.441）	（1.448）	（1.442）
ROA	58.654***	58.789***	58.781***	58.191***	58.478***	58.292***
	（8.658）	（8.635）	（8.671）	（8.593）	（8.592）	（8.605）
State	2.082***	2.241***	2.062***	1.861***	2.028***	1.852***
	（0.655）	（0.650）	（0.656）	（0.656）	（0.652）	（0.658）
Board	3.559***	3.723***	3.601***	3.603***	3.794***	3.660***
	（1.117）	（1.116）	（1.119）	（1.110）	（1.109）	（1.112）

第十一章 制度的合法性牢笼：媒体关注会驱动人工智能企业履行社会责任吗？

续表

变量	被解释变量：和讯企业社会责任					
	海外求学			海外任职		
	（1）	（2）	（3）	（4）	（5）	（6）
Dual	0.189	0.207	0.209	0.115	0.124	0.136
	(0.426)	(0.426)	(0.426)	(0.423)	(0.424)	(0.423)
lnAnalyst	1.528***	1.538***	1.547***	1.519***	1.522***	1.548***
	(0.267)	(0.268)	(0.267)	(0.266)	(0.267)	(0.267)
_cons	-22.805	-26.326	-23.480	-23.292	-26.909	-23.804
	(16.617)	(16.552)	(16.627)	(16.523)	(16.510)	(16.523)
Year FE	Yes	Yes	Yes	Yes	Yes	Yes
Industry FE	Yes	Yes	Yes	Yes	Yes	Yes
N	3539.000	3539.000	3539.000	3539.000	3539.000	3539.000
r^2_a	0.325	0.323	0.324	0.324	0.323	0.323

笔者通过高管的工作经历对媒体关注与人工智能企业社会责任之间的调节效应来验证研究假设H4b。从表11-14列（4）可以看出，高管海外工作经历对媒体关注与人工智能企业社会责任产生正向调节效应，媒体关注与高管海外工作经历交互项（lnMediaP×OverSea）的系数为3.601，通过了5%水平下的显著性检验，说明高管海外工作经历能够影响企业社会责任实践，有助于在媒体关注的过程中进一步驱动人工智能企业更好地履行社会责任，在海外工作过的CEO具备发达市场经济体系下的企业社会责任认知理念与社会责任实践经验，能够在外部制度合法性压力下基于自身的社会责任认知驱动企业更好地履行社会责任，在开展企业战略决策与运营管理的决策过程中更能够促进企业社会责任融入企业战略制定过程之中，强化媒体关注的规范合法性压力下对人工智能企业的制度驱动效应，即使媒体关注主导的社会规范性压力较低，但是高管海外工作经历也能够强化人工智能企业履行社会责任。更进一步地，从区分媒体关注的合法性类型来看[见表11-14列（5）和列（6）]，政策导向型媒体关注与高管工作经历的交互项（lnMediaP×OverSea）的回归系数为3.199，通过了1%水平下的显著检验；市场导向型媒体关注与高管工作经历的交互项（lnMediaM×OverSea）的回归系数为3.097，通过了5%水平下的显著性检验，说明相比于政策导向型媒体的规范性、合法性，高管海外工作经历对政策导向型媒体关注与人工智能企业社会责任的正向调节效应更为明显。总体上，高管工作经历对媒体关注与人工智能企业社会责任之间的正向调节效应得到经验证据的支持，研究假设H4b得以验证。从高管

海外经历的类型差异来看，高管海外工作经历相较于学习经历而言，其在媒体关注与人工智能企业之间的正向调节效应更为明显，说明高管的海外工作经历能够形成真实情景下的社会责任战略认知，相比于高管海外学习经历，其在媒体关注的合法性压力下对人工智能企业社会责任的真实战略决策情境下的强化效应更为明显。

五、研究结论与启示

（一）研究结论

企业社会责任的演化历程已近百年，已经由要不要履行社会责任的社会责任行为的必要性与合法性，逐步向如何更好地与可持续性地履行社会责任的合理性与社会合意性转变；企业社会责任思想也由基于商人的道德慈善观、基于社会压力与社会风险防范的社会回应观向基于战略竞争的工具竞争观以及基于平台价值共创与共享的社会责任观转变（肖红军和阳镇，2018b）。从这个意义上讲，如何更好地驱动企业履行社会责任以及更持续性地履行社会责任成为学术界与业界关注与研究的重大现实课题。尤其是在数字化背景下，传统社会责任组织载体被较大程度的颠覆，突出地表现在以人工智能、大数据、区块链以及互联网等数字化、智能化、信息化与网络化技术驱动下的传统组织向智能化组织转型，并塑造了全新的经济形态，其中人工智能企业与互联网平台企业成为数智化时代下的全新企业社会责任管理与实践组织载体。

人工智能深度嵌入互联网平台企业，为经济社会各领域创造了巨大的经济价值，为整个社会生活带来了诸多便利，但同时也为用户、公众、政府部门以及其他利益相关者带来了一系列数字化下的企业与社会冲突。这其中既有传统企业社会责任治理问题在平台经济中显现，如企业运营过程中的负外部性、虚假信息和数据泄露等，也有因数智化时代下人工智能与大数据技术不断应用与发展所带来或加剧的新兴问题（如个人信息隐私保护、算法伦理、算法歧视和算法引发的社会责任分担等）。在上述背景下，人工智能企业围绕用户数据的争夺以及算法的开发与使用已诱发了一系列数智化时代下的企业社会责任治理的新议题，如何驱动平台型企业以及人工智能企业更好地履行社会责任，更好地向利益相关方披露企业的运营管理信息尤其是算法可能带来的社会负面问题与潜在负面问题成为社会关注与学术界研究的焦点议题。从目前已有的研究来看，驱动企业履行社会责任的研究依然立足于传统企业，缺乏对数智化时代下的平台型企业与人工智能企

第十一章 制度的合法性牢笼：媒体关注会驱动人工智能企业履行社会责任吗？

业的充分关注，且尽管驱动企业社会责任的研究存在多重视角，包括"由外而内"的外部制度驱动与外部利益相关方驱动，以及"由内而外"的内部企业家精神与管理者社会责任认知驱动。但是从制度驱动的视角来看，已有研究忽视了非正式制度环境作为宏观经济运行与微观企业市场与社会活动中的"润滑剂"，在规范企业市场与社会行为方面发挥着不可替代的作用（张维迎和柯荣住，2002）。现有的研究尽管已经关注到了媒体关注、社会信任对企业融资约束、风险承担、并购绩效以及企业创新等市场意义上的经济性行为的重要作用（凌鸿程和孙怡龙，2019；申丹琳，2019），但是对企业社会属性意义上的企业社会责任行为的关注极度匮乏，对正式制度与非正式制度在驱动企业社会责任过程中产生的替代还是互补协同作用也缺乏相应的研究。更为重要的是，既有研究忽视了媒体关注作为一种制度合法性压力在驱动企业社会责任实践中产生的重要作用，尤其是数字化时代下对媒体关注的异质性与合法性类型（政策导向型的规制合法性和市场导向型的规范与认知合法性）驱动人工智能企业社会责任方面缺乏研究。

本章以2010~2019年中国A股上市公司为研究样本，实证考察了媒体关注对人工智能企业社会责任的影响效应，并检验了外部正式制度（市场化环境与合同契约执行）与非正式制度（社会信任）对媒体关注与人工智能企业社会责任的调节效应。研究结果表明：①媒体关注对人工智能企业社会责任产生显著的正向影响，政策导向型媒体关注相较市场导向型媒体关注对人工智能企业履行社会责任的驱动效应更强，说明当前在我国制度环境政策导向下的规制合法性相较市场与社会导向下的规范与认知合法性更能驱动人工智能企业履行社会责任，在考虑内生性问题后研究结论依然成立。②外部正式制度（市场化环境与契约执行时间）在媒体关注与人工智能企业社会责任之间产生正向调节作用，呈现出正式制度与非正式制度对企业社会责任的协同倍增效应，但是从合法性细分类型来看，正式制度仅在市场与社会导向型媒体关注与人工智能企业社会责任之间产生正向调节效应，对于政策导向型媒体关注与人工智能企业社会责任之间的调节效应不明显。③社会信任作为一种非正式制度在媒体关注与人工智能企业社会责任之间产生正向调节作用，呈现出外部非正式制度与媒体关注对企业社会责任的协同效应；且社会信任作为一种非正式制度对于政策导向型媒体关注与人工智能企业社会责任之间的协同互补效应不明显。

诚然，本章的研究也存在诸多不足之处：首先，本章的媒体关注主要是基于报刊报道作为衡量媒体关注的主要指标，忽视了互联网媒体对人工智能企业的关注，未来可以进一步将互联网媒体报道作为社会合法性机制纳入研究；其次，由于主要调节变量即非正式制度的社会信任难以清晰观察，本章的社会信任调查数据可能难以准确衡量社会信任的相对变化程度，未来的研究需要寻找更加合意的衡量与识别社会信任的外生事件或相应动态数据，以进一步验证本章主要假设的可靠性；最后，媒体关注驱动人工智能企业社会责任的内在机理，即媒体关注如何影响人工智能企业内部的社会责任认知以及利益相关方的价值互惠关系仍有待未来进一步实证检验。

(二) 政策与管理启示

本章以人工智能企业这一全新的企业社会责任管理与实践组织载体为研究情境，实证分析了媒体关注对人工智能企业履行社会责任的影响效应，即实证分析了非正式制度环境驱动人工智能企业履行社会责任的重要作用，并证实了正式制度环境以及非正式制度环境中的社会信任在媒体关注与企业社会责任之间发挥的重要调节作用，探究了媒体关注不仅作为企业市场行为的一种外部利益相关方监督机制，更作为一种制度合法性压力，是有效规范、激励与治理人工智能企业社会行为的一种"润滑剂"与"催化剂"，有利于驱动企业与外部利益相关方之间形成价值互惠的网络关系，进而驱动人工智能企业的"道德向善"与"社会自律"。

因此，本章的政策启示如下：第一，我国当前处于全面的经济社会转型期，我国的正式制度尤其是面向新经济与数字经济背景下的企业社会责任治理正式制度建设并不充分与健全，需要高度重视社会媒体对数智经济时代下的互联网平台企业与人工智能企业社会责任管理与实践以及数字化背景下的人工智能企业社会责任治理等问题的监督与治理功能。媒体关注作为非正式制度因素，要充分发挥其对人工智能企业履行社会责任的重要推动作用，进一步弥补我国现有法律制度体系对人工智能发展过程中衍生出的人工智能企业的算法偏见、算法伦理以及企业社会责任缺失等负面社会问题所不能覆盖的方面，尤其是国家应该建立面向人工智能企业的社会媒体与专业性行业协会，基于非正式制度中的社会合法性压力，对人工智能企业运营管理过程中的产品规范与算法应用可能产生的问题加强关注与报道，鼓励媒体对人工智能企业的公允报道，充分发挥媒体关注对人工智能企业的企业社会责任治理的重要作用。

第二，外部制度供给主体如政府需要重视正式制度对驱动企业履行社会责任的重要作用，即通过完善市场化环境，尤其是加强对数智化时代下的人工智能企业全新的企业社会责任规制与社会责任立法环境建设，为驱动人工智能企业更好地履行社会责任提供直接性的正式制度环境支持。此外，政府对数智化时代下的人工智能企业的企业社会责任治理问题的治理范围也更加宽泛，不仅包括传统虚假信息、假冒伪劣等问题，也更关注大数据技术与人工智能技术应用过程中的隐私保护和算法歧视等新问题。例如，2019年《中华人民共和国电子商务法》实施，规定收集和使用个人信息需要明示目的、方式和范围，并经过被收集者的同意，不得收集与其提供的服务无关的个人信息，而且用户有权对用户信息进行查询、更正、删除以及注销。虽然政府部门已经尝试引入高技术手段对数智化时代下的具有高度动态性的互联网平台进行治理与监管，但由于人员、技术和治理理念等方面仍旧存在很大的滞后性，政府部门很难对平台企业的一些行为进行监测和判断，需要通过媒体关注这一非正式制度作为社会合法性的协同互补机制来充分发挥对人工智能企业社会责任的协同治理效应。

第三，面对规范人工智能技术应用的算法规制与行业规范等正式制度的相对缺失状态，政府也需要逐步健全整个社会的宏观信任环境等非正式制度环境建设，建立健全面向"国家—政府—社会—企业—个人"的全面征信体系，塑造一个更为优越的社会信任环境，从而充分驱动人工智能企业与整个社会场域的利益相关方建立价值互惠的信任环境，包括对人工智能企业的产品、算法服务以及数据服务的信任环境建设。尤其是健全企业层面的社会信任体系，为企业在市场活动中提供一个更加健全的社会信任环境如社会融资环境，具体则通过企业征信与社会征信体系发挥对失信企业、违背社会伦理规范与伦理道德的人工智能企业进行制裁，并给予持续遵守社会规范与社会价值观的人工智能企业相应的物质与精神激励，进而发挥正式制度与非正式制度在驱动人工智能企业履行企业社会责任以及开展企业社会责任治理过程中的协同互补作用。

第四，强化人工智能企业内部的高管选聘与内部治理制度设计。由于人工智能企业的产品研发与生产相较于其他企业的特殊性，人工智能企业不管是从事技术开发层或者技术应用层，其"智能属性"都在一定程度上超越了传统管理的二重属性，且人工智能技术应用于特定商业场景的过程中存在因智能决策带来的系列社会道德规范、社会伦理以及社会公共价值的潜在冲突性或者难以耦合性，处于弱人工智能阶段的人工智能企业在生产与提供人工智能技术或者应用开发人工智能产品的过程中不可回避人工智能企业社会责任的特殊性与社会公共期望的社会压力问题。因此，人工智能企业需要更加注重企业内具有强社会责任导向与社会责任价值观的高管，在人工智能企业的创业期与成长期需充分注重具有先进企业社会责任理念的高管选聘机制与晋升机制建设，基于高管的负责任导向推动整个人工智能企业内的负责任的产品技术创新以及在商业应用与赋能过程中的责任导向，包括开发负责任型人工智能算法、打造负责任型的人工智能企业商业生态圈赋能整个社会场域可持续发展。更为关键的是，对于企业的战略决策者尤其是企业的高管而言，需要进一步重视对发达国家企业社会责任内部制度建设的系统实践学习，强化人工智能企业员工尤其是算法模型开发人员的负责任导向，将企业社会责任理念真正融入人工智能产品与服务的研发中，真正实现负责任创新与负责任运营，助推人工智能企业真正做到对社会负责任。

第十二章 企业家综合地位、家族涉入与企业社会责任

——来自中国民营企业调查的微观证据*

一、引言与文献综述

企业家作为市场资源要素的组织者与生产要素的配置者,对市场经济与社会发展的重要性不容置疑(Schumpeter, 1934; Glaeser et al., 2015; 马忠新和陶一桃,2019)。党的十八大以来,市场与政府的功能定位与边界逐步清晰,相应地,企业家在市场活动中的作用也日趋重要,如何培育、激发与保护企业家的创造力与企业家精神以更好地撬动市场体系的有效运转与完善,对于实现经济与社会的高质量发展具有重要的理论意义与现实价值。党的十九大报告指出:"激发和保护企业家精神,鼓励更多社会主体投身创新创业,建设知识型、技能型、创新型劳动者大军,弘扬劳模精神和工匠精神。"① 2020 年 7 月 21 日企业家座谈会上习近平总书记再次强调企业家精神对市场的重要作用,将保护市场主体地位与弘扬企业家精神摆在突出位置,并强调了企业家是社会的企业家,需要承担社会责任实现更大的发展。② 2021 年 8 月 17 日习近平总书记在中央财经委员会第十次会议对共同富裕的深刻内涵与实现途径进行了系统论述,指出"要坚持以人民为中心的发展思想,在高质量发展中促进共同富裕,正确处理效率和公平的关系,构建初次分配、再分配、三次分配协调配套的基础性制度安排。"③ 相应地,共同富裕的内涵至少包括富裕范围从少数群体转向全体人民,富裕标准从物质富裕转

---

* 本文原载于《经济学动态》2021 年第 8 期,有修改。
① 中国政府网, http://www.gov.cn/zhuanti/2017-10/27/content_5234876.htm。
② 人民网, http://theory.people.com.cn/n1/2020/0821/c40531-31831003.html。
③ 人民网, http://politics.people.com.cn/n1/2021/0817/c1024-32197305.html。

第十二章 企业家综合地位、家族涉入与企业社会责任

向物质与精神并重,且共同富裕的主要目的并不是消除收入差距或者平均主义,而是在"做大蛋糕"的基础上实现更大程度的公平。从共同富裕的实现过程来看,需要在坚持基本制度的基础上,更大程度地推动先富带动后富,这意味着企业家在推动共同富裕的实现以及参与三次分配的过程中发挥更大的作用,因此推动企业家更好地履行社会责任对于实现共同富裕显得尤为重要。从企业家驱动的经济增长与社会发展机理来看,在新古典经济增长框架下,企业家并不直接在生产函数中体现,但是配置、组织与优化以及运转新古典经济增长与企业生产函数的直接主体便是企业家,企业家是生产要素的组织与配置者,是生产函数组合优化与创新的直接性主体来源。更为重要的是,企业家也是链接社会资源、实现社会资源与生产要素优化配置的重要市场主体,其承载的创业企业家精神与社会企业家精神有助于企业更好地发挥企业经济与社会的融合属性,进而以企业为微观市场单元嵌入社会,承担对经济、社会、环境与伦理道德的多维责任。相应地,企业社会责任成为企业参与社会治理解决社会公共问题的重要实践方式,最终实现与社会环境共生融合发展(李伟阳和肖红军,2011;肖红军和阳镇,2018a)。基于此,在新时代迈向经济与社会高质量发展的过程中,更加需要保护好企业家的市场主体地位,发挥企业家的经济社会资源,并以推动企业家积极承担社会责任作为重要的战略导向。

追溯我国企业家市场主体地位与社会地位获取的制度历程,总体来看,企业家地位获取的历程并非是一蹴而就的。随着1978年12月党的十一届三中全会出台了解禁农村工商业、家庭事业和农村集贸市场的两个政策文件以及1979年中共中央、国务院先后发文鼓励农村发展社队企业(1984年改为"乡镇企业"),以个体经营与个体创业组织为基本单元的小生产者逐步突破了传统计划经济时期下的制度禁锢,改革开放以来真正意义上的企业家得以具备成长的市场条件,催生民营经济不断演化的重要市场条件与制度环境也逐步完善。1993年党的十四届三中全会提出"使市场在国家宏观调控下对资源配置起基础性作用",1997年党的十五大把非公有制经济对公有制的"补充"地位上升到"社会主义市场经济的重要组成部分",1999年第九届全国人大二次会议通过的《宪法修正案》第一次把"个体经济、民营经济等非公有制经济是社会主义市场经济的重要组成部分"写入宪法,在一定程度上,民营企业家地位的获取与合法性维持本质上是党对社会主义市场经济认知的飞跃。全国工商联2020年发布的《2020中国民营企业500强榜单及分析报告》显示,民营企业法人单位数已经占到全国的95%,全国民营经济就业人数占比已经实际超过80%,民营经济在我国的国民经济发展格局中的比重逐步攀升。相应地,民营经济已经成为驱动我国经济高质量发展的重要力量,且近年来民营企业家社会责任意识不断强化,在社会高质量发展中的作

用日益凸显。① 21 世纪以来，随着数字经济的不断发展，大量互联网平台企业与人工智能企业不断崛起，民营企业家基于独特的风险承担能力、数字领导力、平台领导力与资源配置的动态能力驱动我国数字经济的创新发展，成为推动产业数字化转型与数字社会治理的市场主体（肖红军，2020b；阳镇，2018）。从这个意义上讲，无论是传统工业经济情境还是数字经济情境，如何更好地撬动企业家的经济与社会资源，推动企业家更好地链接社会并承担对市场、政府、社会与环境的多维社会责任成为研究的热点话题。

学术界围绕民营企业承担企业社会责任的驱动因素的研究视角多样，总体可划分为"由外而内"与"由内而外"，前者将外部制度环境（正式制度与非正式制度）视为影响企业社会责任意愿与行为的重要前因变量（颜克高和井荣娟，2016；Scott，2001），其中非正式制度中的宗教文化、社会信任环境以及道德伦理规范成为驱动企业履行社会责任的重要影响因素（徐细雄等，2020；阳镇等，2020）。后者聚焦于组织内部的社会责任战略与社会责任议题实践制定者的视角，基于公司治理中的委托代理理论与高阶梯队理论，集中探究企业内部董事会、高管团队与战略决策者的社会责任导向对企业社会责任战略决策行为的影响（阳镇和李井林，2020），具体则包括董事会与高管团队的性别、年龄、学历以及经历（从军经历、学术经历等）对企业社会责任战略制定的影响（李井林和阳镇，2019；程雪莲等，2018；朱文莉和邓蕾，2017；许年行和李哲，2016）。但是，既有的研究依然存在不足，"由外而内"的视角忽视了不同制度合法性交替与冲突情境下的制度驱动企业社会责任的具体互补与替代效应，且对非正式制度的研究尚存在诸多空间；"由内而外"的视角忽视了企业家作为企业使命的主要制定者和组织战略的直接决策与影响者的重要作用，且忽视了企业家背后的社会支持、社会网络赋能与社会地位感知对企业家社会责任倾向与社会责任强度的异质性影响。此外，目前的研究主要聚焦于上市公司中的战略者与高管团队的研究情境，忽视了市场中大量的民营企业包括家族企业承担社会责任逻辑的特殊性。基于此，本章主要聚焦企业家因素尤其是企业家产生的社会条件——企业家综合地位，探究企业家地位感知对民营企业社会责任的重要作用，同时在研究情境层面弥补既有研究对民营企业社会责任情境的关注不足，立足民营企业的独特公司治理情境，探究家族涉入（股权涉入与管理涉入）在企业家地位感知与民营企业履责意愿之间的调节效应，进一步丰富民营企业履责逻辑的经验研究。

本章的研究贡献包括三个层面：第一，弥补对民营企业社会责任研究情境的

---

① 《2018 年度中国慈善捐助报告》显示，民营企业的捐赠比重高达 50.55%，且远超外资企业与国有企业的捐赠额度。

不足，从企业家综合地位的视角丰富民营企业履行社会责任的微观机理。第二，扩展企业社会责任驱动因素的前置因素，从企业家的视角丰富了"由内而外"驱动企业社会责任的理论逻辑链，并扩展了经济社会学中社会地位的经济效应研究，形成了"综合地位—社会行为—经济效应"的逻辑传导链，探究了社会学研究中个体地位的影响效应。第三，在实践层面不仅为提高民营企业家主体地位，构筑与完善面向民营企业的制度环境与政策供给提供了经验支持，也从企业家地位与企业家精神视角为推动民营企业更好地嵌入社会，推动社会高质量发展提供了政策启示。

二、理论分析与研究假设

（一）企业家地位与企业社会责任

地位认同是心理学与经济社会学中的重要理论分支，其主要指社会个体都存在一定的阶层之中（包括经济阶层、社会阶层与政治阶层）等，处于不同社会阶层中的社会个体会根据自身的收入水平、消费习惯以及价值导向判断自身的日常行为是否符合所处阶层的普遍特征。因此，从心理学的视角来看，地位认同本质上是社会个体对于自身的一种社会认知与信念，其背后则是立足于个体拥有的经济社会资源与个体拥有的能力特征（人力资本与社会资本），进而对自身嵌入的经济与社会阶层形成一个较为系统的认知评价，最终在特定的经济与社会场域内形成一定的相对地位。从这个意义上讲，地位不仅在客观上蕴含了个体的人力资本与社会资本存量，也包括个体对自身所处经济与社会阶层的综合判断，一定程度上代表了个体在社会中的相对位置判断。相应地，地位包括主观地位与客观地位，对于企业家地位而言，企业家地位感知直接体现了企业家的主观地位综合评判，但是背后则是来源于个体在客观层面的教育水平、收入分布、社会权利以及社会影响力中的相对客观判断。从企业家地位的制度赋能来看，自改革开放以来，我国面向市场经济的知识产权保护制度、市场交易制度、营商环境等不断优化，企业家个体的市场主体本位意识逐步强化，参与解决经济社会问题的主人翁意识以及创新创业的热情也不断强化，企业家从改革开放初期的"单位人"逐步演变为市场经济体制下的"经济人""社会人"与"共享人"（肖红军和阳镇，2019b），成为积极嵌入社会并有效影响社会的制度建构者、参与者与治理者，在我国市场化进程中发挥着越来越重要的作用。民营企业家个体地位感知实际上是伴随着外部制度环境的深刻变化而对自身所处的经济、社会与政治地位的综合感知与评判，蕴含了企业家个体人力与社会资本因素及制度环境中的制度支持与社会支持程度。既有的研究发现，个体社会地位感知即个体对社会阶层的判断与评价会对个体心理和行为，如对个体健康（徐淑一和王宁宁，2015；Adler et al.，1994）、偏好与主观幸福感（Diener et al.，2010）、利他行为等（马骏等，2019）产生重要影响。

笔者认为，企业家地位影响企业社会责任的内在原因如下：首先，从企业家个体的价值诉求视角来看，企业家地位感知越高代表了企业家认为自身所处的经济阶层与社会阶层越高，即具有高地位感知的民营企业家更可能是那些具有较好的教育背景、收入和政治身份的社会个体。根据马斯洛的需求层次理论，在个体的生理需要与生存需要得到有效满足后，人们越倾向于谋求更大范围与更高层次的发展需要，包括社会尊重与自我实现的需要（朱志强，1989）。而企业社会责任是企业嵌入社会，参与解决企业链接的经济与社会问题以实现可持续发展的重要方式，企业社会责任行为包括企业承担对股东、供应商、消费者、员工、政府与社区环境的多维责任，实现企业与利益相关方之间的价值共生与价值共创共享，最终获得组织内利益相关方（员工）与组织外利益相关方（政府、社会组织、消费者等）的广泛认可，成为负责任的社会细胞与社会微观单元（Freeman，1984）。因此，企业家通过履行社会责任无疑是在个体需要层次中实现发展与个人成就层面的高阶需要，企业家通过贡献自身的爱心资源与社会资源，积极承担社会责任获得社会认可，实现企业可持续发展。

其次，根据责任铁律理论，即随着个体与组织拥有的经济与社会资源的规模越大，社会个体与社会组织拥有的社会权利也越大，所承担的社会责任的边界范围也相应增大（Davis，1960；肖红军和李井林，2018）。从这个意义上讲，企业家综合地位感知越高，意味着其所处的经济与社会阶层越高，其财务自主权与社会权利也越容易获得，因此能够承担的社会责任范围也逐步延扩。企业家个体以及企业家所创建的民营企业，必然拥有相应的法人权利，在企业家地位感知较高的情景下企业肩负了更大的社会责任，且企业家所处的社会环境对企业家个体的社会期望与诉求也相应增强，需要企业家积极履行社会责任以实现个体社会资源与社会权利的相对平衡。

再次，根据社会认同理论，企业家地位感知的背后是在特定社会框架内的自我描述，认为自身的行为表现从属于特定的社会群体，其背后更是定位企业家个体与社会类别、社会地位或社会状态的关系，因此从社会认同的视角来看企业家地位感知越高，尤其是企业家的社会地位感知越高，其越能够感知到自身与社会状态之间联系的紧密性，在情感与行为上会更加强化自身对于相应社会行为的认可程度，从而获得社会认同下的自我强化效应（Hogg and Terry，2000，2006）。

从亲社会行为的角度来看，Penner 等（2005）发现高社会阶层个体相比于中低社会阶层个体更具有社会融入感，在社会志愿活动与亲社会行为中表现出更为明显的积极倾向。从这个意义上讲，企业社会责任作为一种企业有效链接社会及提高社会价值与社会地位的亲社会行为，企业家地位感知越高，企业家个体更能够形成对企业社会责任行为的社会认同效应，能够做出更加全面、更为高阶的企业社会责任战略行为，驱动自身与所在的组织更好地履行社会道德伦理规范。

最后，从制度与社会支持的角度来看，民营企业家个体地位获取具有独特的制度背景与社会条件，我国民营经济发展过程中，私有企业家的合法性获取历程本质上是对民营经济发展的制度合法性赋权与企业家成长的社会条件改善的过程，私有企业家综合地位感知的改善实质上反映了支撑企业家成长以及私有企业创新创业的外部制度环境与社会支持环境逐步改善。因此，民营企业家综合地位感知越高，意味着企业家所处的制度环境对企业家更好地发挥企业家的创业企业家精神及社会企业家精神的制度激励与制度赋能效应越强（张维迎和盛斌，2004）。相应地，民营企业承担对多元利益相关方社会责任的动力与支撑条件也越完善。因此，企业家综合地位感知提高能够改善企业社会责任表现。综上，笔者提出以下研究假设：

H1：限定其他条件，企业家综合地位感知（经济地位、社会地位与政治地位）对企业社会责任产生正向影响。

（二）企业家地位、家族涉入与企业社会责任

在产权层面，民营企业与国有企业由于成立主体的差异性，导致民营企业有相当一部分是家族企业，其主要特征在于民营企业中存在企业家所在家族参与企业管理的战略决策行为（李新春等，2016）。相应地，民营企业中的家族企业治理结构不同于一般企业，其最为显著的特征在于家族参与公司治理，主要表现为家族成员的股权涉入拥有相应的"投票权"。在具有家族股权的民营企业中，家族所有者成为企业战略决策的主要制定者，相应的家族所有者也就成为影响企业社会责任战略决策的重要微观主体，民营企业中的企业社会责任行为如慈善捐赠行为在很大程度上都有家族的印记（何轩等，2014）。基于社会情感财富理论，家族企业强调家族所有权的独特性，从企业使命目标的角度出发，家族所有权区别于其他股东的所有权更具明显的非经济导向，家族企业基于非经济目标实现家族企业的价值观的延续与基业长青，且对非经济目标的执行与实现更为重视（Zellweger and Astrachan，2008）希望通过企业的战略决策行为维持基于血缘关系的家族关系，因此在企业战略决策过程中更多地呈现出利他主义的倾向而非股东价值最大化（Berrone et al.，2012）。因此，在情感财富的驱动下，家族成员

以股权涉入家族企业治理，此时民营企业家具有更强的非经济战略决策的动机，如增强家族地位与满足家族期望和社会情感财富，非经济动机成为家族涉入背景下民营企业家进行企业社会责任战略决策的主要参考基点（李路路和朱斌，2014）。从这个意义上讲，一方面，家族涉入的民营企业通过家族股权和影响家族企业所有制的决策权，以家族股权赋予了民营企业家在战略决策过程中更大的战略定力，促使家族目标、企业战略目标与战术行为的合法性。在家族成员股权更大的民营企业中，民营企业家的战略决策地位受到其他股东的约束相对更少，其拥有更大的自由裁量权从事企业的非经济目标（Deephouse and Jaskiewic, 2013）。同时由于家族股权涉入也相应增大了家族成员监督企业的权利，因此，在选择与任命家族企业的管理层上，也更容易选择与家族目标相一致的战略决策者，有助于企业从事社会责任行为。

另一方面，家族涉入公司治理还表现在家族成员的管理涉入上（杨学儒和李新春，2009）。不同于一般企业公司治理下的委托代理关系，具有家族管理涉入的企业对公司进行治理的家族成员并非持股股东，而是通过担任重要决策管理部门的领导者与管理者，直接参与、执行与监督企业的重大战略决策与日常的运营管理。当民营企业家所在的企业中家族成员占据了主要的战略决策与管理模块的重要位置，意味着企业家地位感知越强，所做出的企业社会责任战略决策行为能够得到管理层的高度认同与一致执行，有助于保持企业家与管理层的价值目标一致性，促进企业更好地履行社会责任。此外，企业社会责任行为是一种契合于社会与公共价值目标的社会性行为，根据企业社会责任的风险防范观（李伟阳和肖红军，2011），民营企业积极承担社会责任能够作为社会风险防范策略以有效地降低企业面临的社会风险，即企业社会责任具有"类保险"效应可抵御民营企业在未来或者当前所受的社会舆论风波或者负面社会事件的影响，有助于企业形成更好的社会声誉与道德形象（李井林和阳镇，2019；Godfrey, 2005）。家族管理涉入程度越高意味着家族管理层与企业家之间的利益越一致，能够形成更强的身份认同与地位认同，身份与地位认知的高度重叠会促使民营企业与家族成员以及企业家的声誉形成共同体效应，任何不符合企业声誉的战略决策行为带来的企业负面损失都会牵连企业家个体与家族成员。因此，从企业社会责任的声誉与社会风险防范功能的视角来看，家族涉入会提高企业家对于企业综合声誉的重视程度，进一步促进民营企业提高企业社会责任表现。综上，笔者提出以下研究假设：

H2a：在其他条件不变的情景下，家族所有权涉入在企业家综合地位感知与企业社会责任之间产生正向调节效应。

H2b：在其他条件不变的情景下，家族管理涉入在企业家综合地位感知与企业社会责任之间产生正向调节效应。

三、研究设计

（一）样本选取与数据来源

本章的数据主要来自中央统战部、全国工商联、中国民（私）营经济研究会联合在 2012 年进行的第十次和 2014 年第十一次全国大规模民营企业家抽样调查数据库。两次大规模全国抽样调查包含了我国 31 个省份（不包含港澳台地区）不同规模、不同行业的民营企业，在全国范围内按 0.55% 的比例对民营企业进行多阶段抽样。笔者在研究样本中基于问卷题项的一致性对第十次和第十一次的全国大规模民营企业家抽样调查数据库进行合并处理，合并后的数据样本包含不同规模和行业的民营企业，具有较好的行业代表性与大数据特征。为了确保研究样本的准确性和合理性，笔者进一步对选取的数据进行如下处理：①剔除从事金融行业和房地产行业的民营企业；②剔除本章主要研究变量存在缺失或者明显失真的数据样本；③剔除实证分析过程中涉及的控制变量数据缺失的样本。通过以上处理最终获取 4625 个有效观测值。

（二）模型设定与变量定义

1. 模型设定

$$CSR\_Will_{it} = \alpha_0 + \alpha_1 Socialst_{it} + a_i \sum Control_{it} + \varepsilon_{it} \tag{12-1}$$

$$CSR\_Will_{it} = \alpha_0 + \alpha_1 Socialst_{it} + \alpha_2 FP_{it} + \alpha_3 Socialst_{it} \times FP_{it} + a_i \sum Control_{it} + \varepsilon_{it} \tag{12-2}$$

其中，模型（12-1）主要检验研究假设 H1，即被解释变量为企业社会责任（CSR_Will），解释变量为企业家综合地位（Socialst），包括企业家经济地位（Socialst1）、社会地位（Socialst2）与政治地位（Socialst3）。模型（12-2）的被解释变量为企业社会责任（CSR_Will），解释变量为企业家综合地位（Socialst），调节变量为家族涉入（FP），包括家族股权涉入（FO）和家族管理涉入（FM），进而检验研究假设 H2a 和 H2b。模型（12-1）和模型（12-2）中的 $Control_{it}$ 为控制变量。

2. 变量定义

（1）被解释变量：企业社会责任。企业社会责任是指企业承担对多维利益相关方的综合责任，涵盖对股东、消费者、政府、供应商、社区与环境的多维责任。在既有的研究中，一般存在三种度量企业社会责任绩效的方式：第一种方式是基于利益相关方综合绩效表现衡量企业社会责任绩效（肖红军和李井林，2018；李井林和阳镇，2019）；第二种方式是基于第三方企业社会责任评级数据库予以衡量（权小锋等，2015）；第三种方式是以企业慈善捐赠额或企业社会责任履责意愿来衡量企业社会责任（王新等，2015）。但上述测量主要是基于上市企业的公开财务数据文本测算或者第三方数据评级。考虑到本章研究对象为民营企业，结合全国民营企业的大规模问卷调查中的问卷题项，选取问卷中能够反映企业社会责任意愿和强度的综合题项。在主回归模型中主要选取企业履责意愿（CSR_Will）予以衡量，在全国民营企业综合调查问卷中设计了一个关于企业主对非公有制企业履行社会责任态度的问题，当企业主回答为"企业应当参与社会管理，这是企业应承担的社会责任"时，CSR_Will 记为 1，其余的回答时将 CSR_Will 定义为 0。

在稳健性检验中，本章一方面对企业社会责任履责意愿用企业社会责任披露意愿予以替代，即根据民营企业调查数据库中的"企业近两年来有没有发布过社会责任报告"（CSR_Disclosure），企业有发布社会责任报告，则 CSR_Disclosure 记为 1，否则为 0；另一方面为保证衡量企业社会责任实践维度的全面性，主要基于利益相关方主体视角将企业社会责任分为员工社会责任（CSR_Employee）、企业社会慈善责任（CSR_Donate）、企业环境责任（CSR_Environment），笔者主要参考许金花等（2018）、Wei 等（2017）、朱斌（2015）的相关研究，选取民营企业调查中的关于员工的社会保险（企业全年为员工人均缴纳社会保险费的自然对数）、慈善捐赠强度（慈善捐赠金额的自然对数）、环境治理投入强度〔企业为治理污染实际投入的金额（单位为万元）的自然对数〕进一步衡量企业社会责任多维度表现，以反映民营企业对多维利益相关方承担的社会责任，以保证本章主要研究结论的稳健性。

（2）解释变量：企业家地位感知（Socialst）。企业家地位主要分为主观测量与客观测量，其中，客观测量方法主要采用个体的人力资本特征（个体受教育程度、职业、个体的收入等）与社会资本特征（家庭收入、父母职业以及社会网络）等指标以反映社会个体的相对社会地位。国内也有相关研究对个体地位进一步情境化，包括嵌入权力、社会歧视以及是否体力劳动者等指标，进而反映个体在社会场域或经济场域中的客观地位（李春玲，2005；Lin and Xie，1988）；而主观测量方法主要是调查社会个体对于自身所处地位的综合感知与自我评价，反映社会个体的心理因素与客观地位的综合。本章对于企业家地位的测量主要参考韦伯的社会分层的基本思想，韦伯认为地位是人们相互之间所做的主观声望评价，且确定了社会分层的三个基本维度：经济地位（财富和收入）、政治地位

(权力)和社会地位(声望),这三者具有相对独立性,同时也会相互影响。本章在上述三个测量维度的基础上,参考马骏等(2019)的相关研究,以民营企业调查问卷中原始题项"同周围其他社会成员相比,您认为自己在下列三种社会阶梯上(经济地位、社会地位、政治地位)处在什么位置(1~10分,1代表最高,10代表最低)"的结果作为原始数据。笔者进一步对原始数据得分反向赋值,形成企业家经济地位(Socialst1)、社会地位(Socialst2)与政治地位(Socialst3),并基于主成分分析方法抽取主成分得出企业家综合地位(Socialst)。在稳健性检验中,笔者进一步选取企业家客观地位的测量指标(收入、受教育程度与政治身份)来反映企业家综合地位,以确保衡量企业家综合地位的全面性。

(3)调节变量:家族涉入。目前对于家族企业参与企业管理或者公司治理的研究主要从家族股权涉入与家族管理涉入两个视角予以衡量。参考 Deephouse 和 Jaskiewicz(2013)、陈凌和陈华丽(2014)的研究,家族股权涉入(FO)主要定义方式是以企业主和其家族成员的所有者权益总额比例予以衡量;家族管理涉入(FM)则主要考虑家族成员进入董事会参与企业的重大战略决策,因此主要定义方式是如果企业存在董事会,董事长由主要出资人的家族成员担任,且企业家重大决策由董事会做出,出现以上情况则赋值为1,否则为0。

(4)控制变量。借鉴高勇强等(2011)、戴亦一等(2014)、许金花等(2018)、马骏等(2019)的相关研究,主要选取企业家个体特征、民营企业财务特征与公司治理特征层面的变量作为控制变量,包括企业主的教育背景(edu)、性别(gender)、年龄(age)、政治关联(politicalconn)、企业家薪酬(logwage)、企业规模(staff)、资产负债率(lev)、企业年龄(firmage)、企业注册类型(firmtype)、是否为家族企业(family)、市场化程度(market)等;此外,本章还控制了地区固定效应和行业固定效应。

基于此,本章的主要变量以及相应测量方式如表12-1所示。

表12-1 变量选择与定义

变量类型	变量名称	变量符号	变量定义
被解释变量	企业社会责任意愿	CSR_Will	企业主对非公有制企业参与社会管理,履行社会责任的态度,认为应当需要履行社会责任则定义为1,否则为0
	企业社会责任披露	CSR_Disclosure	企业近两年来有没有发布过社会责任报告,发布过则定义为1,否则为0
	企业慈善责任	CSR_Donate	企业慈善捐赠金额的自然对数

续表

变量类型	变量名称	变量符号	变量定义
被解释变量	企业环境责任	CSR_Environment	企业为治理污染实际投入金额的自然对数
	企业员工社会责任	CSR_Employee	人均福利水平（企业全年为员工缴纳社会保险费除以员工数，取自然对数）
解释变量	企业家综合地位	Socialst	企业家的经济地位、社会地位和政治地位，通过主成分提取法，提取一个"企业家地位的公因子"
	企业家经济地位	Socialst1	同周围其他社会成员相比，您认为自己在经济阶梯上处在什么位置？（1~10分，1代表最高，10代表最低），予以反向赋值
	企业家社会地位	Socialst2	同周围其他社会成员相比，您认为自己在社会阶梯上处在什么位置？（1~10分，1代表最高，10代表最低），予以反向赋值
	企业家政治地位	Socialst3	同周围其他社会成员相比，您认为自己在政治阶梯上处在什么位置？（1~10分，1代表最高，10代表最低），予以反向赋值
调节变量	家族股权涉入	FO	企业主自己和家人2011年底的所有者权益占权益总额比例
	家族管理涉入	FM	如果企业存在董事会，董事长由主要出资人的家族成员担任，且企业家重大决策由董事会做出，以上情况赋值为1，否则为0
控制变量	企业家教育背景	edu	企业家初中及以下、高中、大专、大学及以上分别定义为1，2，3，4
	企业家年龄	age	被调查年份减去企业主出生年份
	企业家性别	gender	企业家为男性赋值为1，女性赋值为0
	企业家政治关联	politicalconn	企业家是否为人大代表或政协委员，或者在乡/镇/街道及以上政府单位任职，是则定义为1；否则为0
	企业家薪酬	logwage	企业家在本企业的年薪的自然对数
	公司规模	staff	公司总员工人数对数化
	企业年龄	firmage	被调查年份减去公司注册年份
	资产负债率	lev	公司的资产负债率
	企业注册类型	firmtype	企业注册时为独资企业取1，否则取0
	家族企业	family	企业主自己和家人所有者权益占权益总额比例大于50%定义为1，否则为0
	市场化程度	market	企业所在区域的市场化程度
	行业哑变量	Ind	行业虚拟变量
	地区哑变量	Region	地区虚拟变量

四、假设检验与结果分析

(一) 描述性统计分析

表 12-2 报告了主要变量的描述性统计结果。从表 12-2 中可以看出,被解释变量企业社会责任(Csr_Will)的均值为 0.5232,方差为 0.4995,足以说明样本民营企业中企业履责意愿强度较高,且不同民营企业之间的社会责任意愿差异性较大;被解释变量企业家综合地位(Socialst)的均值为 0.0925,方差为 1.5462,说明不同企业家地位感知的差异性较大,我国民营企业中企业家的综合地位具有较大的异质性;企业家经济地位、社会地位与政治地位的均值分别为 5.7639、5.7170 和 5.0720,方差分别为 1.7631、1.8278 和 2.1669,说明不同企业家所处的经济地位、社会地位与政治地位具有明显的异质性。调节变量中的家族股权涉入与管理涉入的均值分别为 76.9724 和 0.4069,说明民营企业中的股权涉入程度较高,且管理参与度很强,反映出目前我国大部分民营企业具有家族企业的特征,方差分别为 29.7701、0.4913,说明不同民营企业的家族股权涉入与管理涉入程度具有较大的异质性,不同民营企业家族涉入程度不一。在企业家个体特征变量中,企业家的年龄均值在 45 岁,且以男性和接受过高中教育文化程度为主;在公司特征变量中,不同企业的规模、负债能力以及成长性水平不尽一致。

表 12-2 描述性统计分析

变量	样本量	均值	方差	25 分位	50 分位	75 分位
Csr_Will	4625	0.5232	0.4995	0.0000	1.0000	1.0000
Csr_Disclosure	4625	0.0584	0.2345	0.0000	0.0000	0.0000
Socialst	4625	0.0925	1.5462	-0.8969	0.2656	1.1325
Socialst1	4625	5.7639	1.7631	5.0000	6.0000	7.0000
Socialst2	4625	5.7170	1.8278	5.0000	6.0000	7.0000
Socialst3	4625	5.0720	2.1669	3.0000	5.0000	6.0000
FO	4262	76.9724	29.7701	55.2600	99.4200	100.0000
FM	4625	0.4069	0.4913	0.0000	0.0000	1.0000
age	4625	45.952	8.6353	40.0000	46.0000	51.0000

续表

变量	样本量	均值	方差	25分位	50分位	75分位
gender	4625	0.8508	0.3563	1.0000	1.0000	1.0000
edu	4625	4.0050	1.1080	3.0000	4.0000	5.0000
politicalconn	4625	0.1782	0.3827	0.0000	0.0000	0.0000
logwage	4625	2.6059	0.9598	1.9459	2.3979	3.0445
staff	4625	3.9496	1.7115	2.7081	3.9703	5.1930
lev	4625	28.3769	42.0485	0.0000	20.8000	50.0000
firmage	4625	10.157	5.7470	6.0000	10.0000	14.0000
firmtype	4625	0.1165	0.3209	0.0000	0.0000	0.0000
family	4625	0.8465	0.3605	1.0000	1.0000	1.0000
market	4625	9.8813	2.3746	7.8300	9.9400	12.1900

（二）回归结果分析

1. 主效应：企业家地位感知对企业社会责任影响的假设检验与结果讨论

在回归分析之前，本章采用皮尔森相关系数进行变量间的相关性检验，① 检验结果显示主要因变量和自变量、控制变量之间的相关系数较小，可以认为变量之间不存在严重的多重共线性问题。在此基础上，基于模型（12-1）的设定，由于本章的被解释变量企业社会责任是0~1变量，因此，本章基于Logit模型考察企业家综合地位（Socialst）对企业社会责任的影响，即在企业家地位提升下，企业家是否更有自我驱动力与组织的内外部利益相关方建立可持续的价值互惠关系，能够基于社会认同、声誉激励与增进企业对利益相关方的价值互惠程度进而促进企业重视社会责任，增强企业履责意愿，从而验证假设H1a是否成立。从表12-3列（1）可以看到，企业家综合地位（Socialst）对民营企业社会责任履责意愿（Csr_Will）产生显著的正向影响，通过了1%水平下的显著性检验，影响系数为0.1610，研究假设H1得到实证结果的支持。更进一步地，从企业家地位细分类型来看，企业家不同类型地位感知的提升均将提升民营企业履责意愿，三种企业家地位类型对企业社会责任意愿的影响系数分别为0.0959、0.1285和0.1128，都通过了1%水平下的显著性检验，说明企业家综合地位分维度中的经济地位、社会地位与政治地位感知对企业社会责任的影响依然显著为正，进一步验证了研究假设H1。从影响系数来看，企业家社会地位相比于其经济地位与政治

---

① 考虑到篇幅所限，变量间的相关性检验结果供读者备索。

地位，对企业履责意愿的影响更为强烈，验证了在企业家社会地位提升过程中，企业家更能够意识到自身与所处社会场域之间的共生关系，通过积极承担社会责任最终促进企业家个体所在的民营企业更好地嵌入社会并影响社会。

表 12-3 企业家地位对企业社会责任的基准回归结果①

变量	(1) Csr_Will	(2) Csr_Will	(3) Csr_Will	(4) Csr_Will
Socialst	0.1610*** (5.4405)			
Socialst1		0.0959*** (3.7835)		
Socialst2			0.1285*** (5.2613)	
Socialst3				0.1128*** (5.3139)
age	-0.0049 (-1.0176)	-0.0041 (-0.8453)	-0.0043 (-0.8896)	-0.0052 (-1.0640)
gender	0.0820 (0.7402)	0.0994 (0.8996)	0.0838 (0.7562)	0.0719 (0.6477)
edu	0.2468*** (6.2255)	0.2515*** (6.3555)	0.2496*** (6.2960)	0.2464*** (6.2197)
politicalconn	0.0969 (0.7939)	0.1481 (1.2199)	0.1131 (0.9319)	0.0684 (0.5556)
logwage	0.0767 (1.4957)	0.0841 (1.6356)	0.0855* (1.6771)	0.0846* (1.6616)
staff	0.1666*** (4.7695)	0.1767*** (5.0949)	0.1718*** (4.9410)	0.1751*** (5.0374)
lev	0.0006 (0.7236)	0.0006 (0.7220)	0.0005 (0.6851)	0.0007 (0.8838)
firmage	0.0079 (0.9264)	0.0093 (1.0923)	0.0083 (0.9730)	0.0068 (0.7988)

① 笔者对表12-3的各个回归进行了方差膨胀因子（VIF）检验，检验结果显示各变量的VIF值皆低于2，远远小于临界值10，可以认为不存在严重的多重共线性问题。

续表

变量	(1) Csr_Will	(2) Csr_Will	(3) Csr_Will	(4) Csr_Will
firmtype	0.0020 (0.0169)	0.0055 (0.0470)	0.0077 (0.0658)	-0.0055 (-0.0468)
family	-0.0311 (-0.2748)	-0.0295 (-0.2610)	-0.0269 (-0.2382)	-0.0325 (-0.2883)
market	-5.3858*** (-27.2059)	-5.4087*** (-27.2861)	-5.4076*** (-27.2371)	-5.3946*** (-27.2424)
常数项	59.1033*** (26.7270)	58.6567*** (26.6184)	58.5384*** (26.5279)	58.6259*** (26.6028)
行业效应	是	是	是	是
区域效应	是	是	是	是
Pseudo R^2	0.1223	0.1211	0.1229	0.1222
N	4625	4625	4625	4625

注：①括号内为经异方差调整后的 t 值；② ***、**、* 分别表示双尾检验在1%、5%、10%下的统计显著水平；③下表同。

2. 稳健性检验

笔者采用变量替代方法对企业家综合地位与企业社会责任指标予以替代。针对企业家综合地位的变量替代，本章主要基于企业家客观地位的视角测度企业家客观地位，主要测算方法则是基于企业家收入代表经济地位、受教育程度代表社会地位，而人大代表或政协委员身份代表政治地位，最终根据企业家的经济地位（收入水平）、社会地位（受教育程度）和政治地位（人大代表或政协委员），通过主成分提取法，提取一个企业家综合地位公因子替代原企业家综合地位感知纳入模型中再次检验。结果显示，企业家客观地位与企业社会责任均显著正相关，表明在替换了企业家地位感知的测量方式以后，本章的核心结论依然稳健，即企业家地位感知越高，企业履责意愿越强烈。表12-4列（1）结果表明，替换后的企业家综合地位（客观综合地位）对企业社会责任的影响依然显著为正，通过了5%水平下的显著性检验，说明本章企业家地位对企业社会责任的促进效应的研究结论较为稳健。

针对因变量企业社会责任替代，本章基于民营企业链接的不同利益相关方维度，将企业社会责任分为员工责任、慈善捐赠责任与环境责任等多个维度，进一步基于OLS回归方法考察企业家地位对不同企业社会责任维度绩效的影响结果。

表 12-4 列（2）~（5）的回归结果表明，企业家综合地位对企业社会责任细分维度产生显著性影响，其中对企业社会责任披露、企业环境责任、企业慈善捐赠责任、企业员工社会责任分别通过了 10%、5%、5%、1%水平下的显著性检验，说明研究假设 H1 的研究结论基本稳健。

表 12-4　企业家综合地位对企业社会责任各维度的检验结果

变量	（1）Csr_Will	（2）Csr_Disclosure	（3）Csr_Donnate	（4）Csr_Environment	（5）Csr_Employee
Socialst	0.1700** (2.2303)	0.0957* (1.8400)	0.0041** (2.4202)	0.0010** (1.9903)	0.0284*** (3.3773)
常数项	59.6638*** (26.8020)	−9.5148*** (−4.1895)	0.4731*** (2.7701)	−0.0379* (−1.9399)	6.6964*** (17.9550)
控制变量	是	是	是	是	是
行业效应	是	是	是	是	是
区域效应	是	是	是	是	是
R^2	0.3706	0.1212	0.2229	0.1838	0.1142
N	4625	4625	4421	4421	4625

此外，笔者进一步考察企业家地位中的分维度地位（客观经济地位、社会地位与政治地位），即分别以收入水平、受教育程度、人大代表或政协委员来衡量企业家经济地位感知、企业家社会地位感知与企业家政治地位感知，基于 Logit 模型分别考察企业家不同地位类型对企业社会责任的影响。表 12-5 列（1）~（3）的结果表明，企业家经济地位、社会地位都对企业社会责任产生了显著性的正向影响，影响系数分别为 0.1124 和 0.2589，分别通过了 5%和 1%水平下的显著性检验。企业家政治地位对企业社会责任的影响为正，但并不显著。足以说明，本章所探究的不同企业家地位类型对企业社会责任的正向促进效应相对稳健，研究假设 H1 得到实证结果的支持。

表 12-5　企业家不同地位类型对企业社会责任的稳健性检验结果

变量	（1）Csr_Will	（2）Csr_Will	（3）Csr_Will
logwage	0.1124** (2.2330)		

续表

变量	（1）	（2）	（3）
	Csr_Will	Csr_Will	Csr_Will
edu		0.2589*** (6.5600)	
politicalconn			0.1776 (1.4703)
常数项	58.9736*** (26.7613)	58.9736*** (26.7613)	58.9736*** (26.7613)
控制变量	是	是	是
行业效应	是	是	是
区域效应	是	是	是
Pseudo R^2	0.3761	0.3761	0.3761
N	4625	4625	4625

3. 内生性检验——工具变量法

考虑到本章对企业家地位与企业社会责任影响的估计存在较为明显的内生性问题，即互为因果以及遗漏变量带来的估计偏误。为缓解上述内生性问题，本章采取工具变量法来缓解企业家地位与企业社会责任的内生性问题。目前针对民营企业家调查的微观数据库，由于所调查的变量是基于企业家个体回答，所以不可避免地具有一定的主观色彩，且完全意义上的外生工具变量难以在既有的调查问卷中反映。从既有的研究来看，主要是以开办民营企业前的职业身份作为工具变量（马骏等，2019），但这类工具变量也很难满足严格的外生条件，即企业家创业前的经历在一定程度上也对企业社会责任行为产生影响。基于此，本章选取反映企业家感知到的外部经营环境作为工具变量，其在一定程度上相比于创业前的个体职业经历更具外生性。通过问询"您认为过去两年企业发展环境向好的程度"，基于5分赋值法，"很差"对应赋值为1，"很好"对应的值为5，最终形成企业家感知的外部营商环境工具变量。① 具体而言，企业家感知到的外部经营环境越好，意味着政府在民营企业的宏观制度供给、市场环境以及政策优惠等层面均有一定的改进，对民营企业家的制度合法性地位以及社会地位存在一定的关联效应（Dimaggio and Powell，1983），但是企业家感知到的外部经营环境变好与

---

① 由于这一变量测度仅在2014年民营企业调查问卷中有相应的问卷题项，因此在基于2SLS的检验过程中主要选取2014年中国民营企业调查数据为样本。

企业是否开展企业社会责任行为，承担民营企业对社会与环境的多维责任难以存在直接的逻辑联系。内在的原因在于企业社会责任行为本质是企业家基于社会属性主导的社会行为，基于社会属性充分将企业的社会行为嵌入市场场域中，最终创造更高阶的社会价值创造效应（肖红军和阳镇，2020a）。基于此，本章基于两阶段回归方法考察企业家地位对民营企业社会责任的影响，由表12-6可知，在第一阶段中，主观发展感知（Develop_feel）的系数在1%的水平上显著为正，意味着主观发展感知越好，企业家的主观社会经济地位越高，表明工具变量具有较强的相关性。在工具变量的外生性检验中，Wald外生性检验P值为0.0639，在10%的水平上显著，表明工具变量具有较强的解释力，工具变量选取具有合理性。在第二阶段中，企业家综合地位对企业社会责任的影响效应为0.5174，通过了1%水平下的显著性检验，说明考虑内生性问题后研究假设H1a依然成立。

表12-6 内生性检验结果

变量	(1) IV First-Stage Socialst	(2) IV Second-Stage Csr_Will	(3) 添加控制变量 Csr_Will	(4) PSM Csr_Will
Develop_feel	0.1729*** (4.1867)			
Socialst		0.5174*** (2.8196)	0.1440*** (4.7460)	0.1767*** (4.4244)
familiynum			-0.0036 (-0.1983)	
log（famliywage）			0.0587 (0.7847)	
常数项	-1.8093* (-1.7108)	-0.3319 (-0.2900)	57.5747*** (27.1240)	55.8943*** (18.0037)
控制变量	是	是	是	是
行业效应	是	是	是	是
区域效应	是	是	是	是
Pseudo R^2	—	—	0.3745	0.3745
N	1596	1596	4578	3692

考虑到本章可能存在遗漏变量造成估计结果偏误，笔者主要采用添加控制变量以及选取 PSM 近邻匹配方法进一步缓解内生性问题。一方面，本章将家庭特征的相关变量即家庭人口数量（familynum）与家庭总收入（familiywage）纳入初始回归模型（12-1），进一步考察企业家地位对企业社会责任的具体影响。基于表 12-6 列（3）发现，添加控制变量后，企业家地位对企业社会责任的影响系数为 0.1440，通过了 1% 水平下的显著性检验，即本章的研究结论依然稳健。另一方面，基于 PSM 近邻匹配方法，①将企业家主观经济地位按照得分高低分为处理组与对照组，在对照组中找寻与处理组企业家得分接近的企业家进行匹配，以消除选择性偏误，最后基于 PSM 匹配后的样本考察企业家地位对企业社会责任的影响，表 12-6 列（4）的研究结果表明，企业家地位对企业社会责任依然产生显著的正向促进效应，说明本章研究结论基本稳健。

（三）拓展性分析

1. 调节效应检验：家族涉入在企业家地位与企业社会责任之间的调节作用

为进一步考察家族涉入在企业家地位和企业社会责任之间的调节效应，笔者基于研究模型（12-2）的基本设定，考察民营企业中的家族所有权涉入与管理涉入在企业家地位和企业社会责任之间的调节效应。如表 12-7 所示，从股权涉入的角度来看，列（1）的回归结果表明，家族股权涉入在企业家综合地位与企业社会责任之间产生了显著的正向调节效应，交互项（S×FO）的影响系数为 0.0018，通过了 5% 水平下的显著性检验。从管理涉入的角度来看，表 12-7 列（5）的回归结果表明，家族管理涉入在企业家综合地位与企业社会责任之间产生了显著的正向调节效应，调节效应（S×FM）的影响系数为 0.1070，通过了 5% 水平下的显著性检验。这说明与管理涉入相比，股权涉入对民营企业家地位与企业社会责任之间的正向调节效应更为明显，验证了研究假设 H2a 和 H2b。足以说明，在社会情感财富理论驱动下，不管是股权涉入还是管理涉入，民营企业更加具有非经济利益导向，关注利益相关方视角的价值创造而非单一股东视角的价值创造效应。更进一步地，从企业家地位细分类型来看，表 12-7 列（2）和列（3）的回归结果显示股权涉入在企业家经济地位与企业社会责任之间产生显著的正向调节效应，影响系数分别为 0.0019 和 0.0015；列（6）～（7）的回归结果显示家族管理涉入在企业家经济地位、社会地位均与企业社会责任之间产生显著的正向调节效应，影响系数分别为 0.0951、0.0821，分别通过了 5% 和 10% 水平下的显著性检验，说明家族涉入在不同类型的企业家地位感知与企业社会责

---

① 由于篇幅所限，PSM 近邻匹配的平衡性检验结果的相关图表供读者备索。

第十二章　企业家综合地位、家族涉入与企业社会责任

表12-7　家族涉入在企业家地位与企业社会责任之间的调节效应检验结果

变量	(1) Csr_Will	(2) Csr_Will	(3) Csr_Will	(4) Csr_Will	(5) Csr_Will	(6) Csr_Will	(7) Csr_Will	(8) Csr_Will
Socialst	0.0187 (0.2570)				0.1201*** (3.3642)			
FO (FM)	0.0048** (2.3718)	-0.0061 (-1.2773)	-0.0036 (-0.7875)	0.0011 (0.2938)	0.0277 (0.3297)	-0.5136* (-1.8705)	-0.4350* (-1.6489)	-0.2357 (-1.1419)
S×FO (FM)	0.0018** (2.0262)				0.1070** (2.0087)			
Socialst1		-0.0580 (-0.8918)	0.0097 (0.1580)			0.0590* (1.9133)		
S1×FO (FM)		0.0019** (2.4620)	0.0015** (1.9961)			0.0951** (2.0420)		
Socialst2				0.0576 (1.0754)			0.0964*** (3.2105)	
S2×FO (FM)							0.0821* (1.8291)	
Socialst3								0.0918*** (3.5794)

· 259 ·

续表

变量	(1) Csr_Will	(2) Csr_Will	(3) Csr_Will	(4) Csr_Will	(5) Csr_Will	(6) Csr_Will	(7) Csr_Will	(8) Csr_Will
S3×FO（FM）				0.0007 (1.1239)				0.0544 (1.4269)
常数项	61.8809*** (25.4773)	62.2424*** (25.3580)	61.9580*** (25.1808)	61.7645*** (25.1489)	59.2350*** (26.7059)	59.0111*** (26.6673)	58.8505*** (26.5385)	58.7649*** (26.5568)
控制变量	是	是	是	是	是	是	是	是
行业效应	是	是	是	是	是	是	是	是
区域效应	是	是	是	是	是	是	是	是
Pseudo R^2	0.3944	0.3924	0.3941	0.3942	0.3814	0.3790	0.3810	0.3811
N	4262	4262	4262	4262	4625	4625	4625	4625

任之间产生异质性的调节效应。

2. 价值效应检验：社会责任嵌入下企业家地位对企业绩效的影响

为进一步检验企业家地位是否基于企业社会责任的工具价值效应促进企业提升企业的竞争能力，符合 Porter 和 Kramer（2006，2011）所提出的企业社会责任战略工具竞争效应，即企业社会责任能否给企业带来财务绩效或者经济竞争力。笔者选取销售收入/员工人数、净利润/员工人数、公司销售收入占行业份额来衡量企业在市场中的竞争能力（李国平等，2014），进一步考察企业家地位在企业社会责任调节效应下对企业竞争能力的影响。表12-8列（1）~（3）的回归结果显示，企业家综合地位基于企业社会责任的调节效应对企业销售收入、净利润与企业销售份额都产生了显著的正向调节效应，影响系数（Socialst×Csr_Will）分别为7.1147、0.3761、0.0014，分别通过了5%、1%和10%下的显著性检验。这说明企业社会责任在民营企业战略竞争过程中可以作为一种战略竞争工具，在企业家地位提升的背景下通过强化企业社会责任实践促进企业战略竞争能力的提升，最终获取企业的市场竞争优势。

表12-8 企业社会责任对企业家地位的价值效应检验

变量	(1) 销售收入/员工人数	(2) 净利润/员工人数	(3) 公司销售收入占行业份额
Socialst	3.2105	0.2787***	-0.0010**
	(1.6401)	(2.6931)	(-2.0815)
Csr_Will	24.2856***	0.6510**	0.0037**
	(3.9200)	(2.5389)	(2.4349)
Socialst×Csr_Will	7.1147**	0.3761***	0.0014*
	(2.2633)	(2.5794)	(1.9255)
常数项	-2.8e+02***	-6.0664	-0.0851**
	(-2.6515)	(-1.4325)	(-2.2523)
控制变量	是	是	是
行业效应	是	是	是
区域效应	是	是	是
R^2	0.0918	0.1158	0.1886
N	4625	4479	4625

3. 异质性分析：制度环境与企业规模异质性下企业家地位对企业社会责任的影响

实质上，企业家履行社会责任的意愿与动力受到组织外部制度环境的有效约束，同时也受到企业内部成长阶段的资源能力的限制，在不同的制度环境中以及不同的企业成长阶段（企业规模）下企业履行社会责任的意愿与强度不尽一致。一方面，在制度环境更为完善的区域，企业家受到企业社会责任正式制度与非正式制度所产生的规制合法性、规范合法性与认知合法性的驱动，更有意愿履行社会责任。企业家通过积极承担社会责任更好地满足组织场域内利益相关方的价值诉求，以维持组织在所处制度场域内的市场合法性与社会合法性。目前，我国不同区域的制度环境不尽相同，不少中西部地区的正式制度环境尚处于完善中，尤其是对于企业社会责任的强制制度与诱导性制度安排存在巨大差异。另一方面，根据责任铁律理论，企业的规模越大，拥有的社会权利越大，相应地，基于"社会权力—社会责任"的责任铁律，企业在规模更大的情况下更加需要承担对社会与环境的责任，满足企业所链接的更大社会场域内的利益相关方的价值诉求，以有效回应企业拥有的社会权利的来源主体。因此，为进一步考察制度环境与企业规模异质性视角下企业家地位对企业社会责任的影响，笔者一方面选取《中国分省份市场化指数报告》（王小鲁等，2019），基于市场化高低（按照区域市场化程度中位数进行分组）考察企业家综合地位对企业社会责任意愿的影响；另一方面基于企业规模大小［按照企业规模（所有者权益来衡量）的中位数进行分组］考察企业家综合地位在不同企业成长规模下对企业社会责任的异质性影响。

表 12-9 列（1）~（2）的研究结果表明，不同制度环境下企业家地位对企业社会责任存在异质性影响，在市场化强度更高的制度背景下，企业家地位对企业社会责任的影响效应更强，影响系数为 0.1744，通过了 1% 水平下的显著性检验，支持了企业家履行社会责任需要更为完善的正式制度环境的约束，强制性与规范性的合法性压力能够促进企业家重视社会责任，增强企业社会责任实践能力；从列（3）~（4）的结果可以看出，企业家综合地位在大规模企业中对企业社会责任的影响更为强烈，影响系数为 0.1877，通过了 1% 水平下的显著性检验，验证了规模更大的企业会更愿意承担对社会与环境的责任，有效回应了企业拥有的社会权力的来源主体。

表 12-9 规模异质性与制度环境异质性下企业家地位对企业社会责任的影响回归结果

变量	(1) 市场化强度低	(2) 市场化强度高	(3) 大规模企业	(4) 中小规模企业
Socialst	0.1391***	0.1744***	0.1877***	0.1366***
	(3.2110)	(4.1009)	(4.0157)	(3.4089)

续表

变量	(1) 市场化强度低	(2) 市场化强度高	(3) 大规模企业	(4) 中小规模企业
常数项	54.7577***	67.3612***	62.8465***	57.3636***
	(20.2547)	(16.6223)	(19.3215)	(17.4015)
控制变量	是	是	是	是
行业效应	是	是	是	是
区域效应	是	是	是	是
R^2	0.4053	0.3693	0.4290	0.3452
N	2312	2313	2304	2321

五、研究结论与启示

（一）研究结论

企业家作为区别于土地、劳动、资本要素的独特性经济主体，不管是在驱动经济增长还是社会发展过程中都有不可替代的作用。从收入分配的视角来看，党的十九届四中全会审议通过《中共中央坚持和完善中国特色社会主义制度 推进国家治理体系和治理能力现代化若干重大问题的决定》明确指出"重视发挥第三次分配作用，发展慈善等社会公益事业"。而公益慈善事业的实现离不开企业家的有效参与，且从慈善捐赠的来源来看，企业捐赠是慈善捐赠的主要来源。[1] 从这个意义上讲，积极有效撬动企业家所承载的创新创业企业家精神与社会企业家精神，推动企业家积极履行社会责任进而深入参与第三次分配是驱动经济与社会高质量发展、实现共同富裕的关键，因此，在当前全面高质量发展以及实现共同富裕的时代发展主题下，如何更好地驱动企业履行社会责任成为研究的焦点议题。

改革开放四十余年来，我国市场化制度不断完善，面向推动民营经济的制度体系也逐步完善，民营企业的制度合法性在党的十八大以来达到前所未有的高度。相应地，企业家在市场活动中的参与意识与主体意识越来越强，企业家在市

---

[1] 《2019年度中国慈善捐助报告》统计结果显示，慈善捐赠主要来源于中国企业捐赠，2019年企业捐赠占比为61.71%，约是个人捐赠的2.34倍。

场活动中的获得感也逐步提升。本章主要从企业家地位的视角探究企业家个体综合地位不断提升对企业社会责任的可能影响，以验证企业家驱动企业履行社会责任的重要动力机制，并基于我国民营企业独特的研究情境，探究民营企业中的家族涉入（家族股权涉入与管理涉入）在企业家地位与企业社会责任之间的调节效应。研究结果表明：①企业家综合地位对企业履责意愿产生显著的正向影响，相比于企业家经济地位与政治地位，企业家社会地位对企业履责意愿的影响更显著，在考虑内生性问题后依然成立。②从企业履责细分维度来看，企业家综合地位对企业社会责任披露、环境治理责任、慈善捐赠责任与员工社会责任都产生了显著的促进效应。③家族所有权涉入与管理涉入分别在企业家综合地位与企业履责意愿之间产生显著的正向调节效应；从企业家地位细分类型来看，家族所有权涉入在企业家经济地位、社会地位与企业履责意愿之间产生显著的正向调节效应。④价值效应检验结果表明企业社会责任在企业家地位与企业绩效之间产生显著的调节效应，说明企业社会责任的工具竞争价值得到实证结果的支持。⑤异质性分析表明，企业家综合地位对企业履责意愿的影响在市场化程度更高以及大规模民营企业中更为明显。

但是，本章研究依然存在三大局限：第一，受民营企业调查样本的限制，难以反映最新企业家地位的动态变化，未来对企业家地位的测度依然有待更为完善的动态数据。第二，企业家地位对企业社会责任的内在作用机制还需进一步挖掘，企业家地位可能强化企业对社会的认同感以及强化企业与外部社会性利益相关方的互动关系，因此基于社会认同理论与社会网络理论的中介机制依然有待深化研究。第三，民营企业的外部政策环境在企业家地位与企业社会责任之间的作用边界有待进一步明晰，需要进一步构建"宏观政策—企业家地位—企业综合价值创造"的内在逻辑传导链以考察企业家地位与企业社会责任之间传导关系的权变因素。

（二）研究启示

本章的实证结果验证了企业家地位对驱动企业社会责任的重要作用，对当前我国驱动经济社会高质量发展以及实现经济社会的系统性转型具有重要的实践启示，主要表现为三大层面：

第一，在宏观制度层面，企业家地位的提升离不开外部制度环境的优化，未来需要进一步完善市场化制度并深化营商环境变革，通过市场制度与契约的力量有效保护企业家的市场主体地位，包括企业家在市场活动中能够充分发挥企业家个体的创造性与家国情怀，驱动企业家更好地从事财富创造与社会创新活动，进而提升企业家的市场地位，增强企业家在市场活动中的获得感与幸福感。尤其是在企业营商环境层面需要通过简化行政审批制度变革，为企业家从事创新创业活动提供更为优越的行政关系，打造"亲和"型新型政商关系，切实落实尊重企业家的首创精神，保护企业家在市场活动中的所得，不断提升企业家从事创新创业活动的地位感知，让企业家意识到自身在商业场域、社会场域与政治场域中具有重要的位置感。尤其是在当前共同富裕的战略背景下，如何在宏观经济政策层面设计财政政策、税收政策以及产业政策等政策组合，强化企业家奉献社会以及参与三次分配的意愿与动力显得尤为重要。地方政府需要在充分考虑地方经济发展能力和财政承受能力的基础上，不断完善面向民营企业家的社会保障与政策激励体系建设，提高企业家的社会获得感与主人翁意识，进而驱动企业家不断增进社会贡献并创造综合价值，最终形成"外部制度环境改善—社会地位提升—企业家履责意愿与动力提升—企业战略竞争能力提升"的正向价值循环效应（邹立凯等，2020）。

第二，在社会生态层面，从企业与社会关系视角来看，首先，民营企业可持续的社会价值创造依赖于良性的社会生态建构，尤其是创业企业家精神与社会企业家精神的形成与成长有赖于良好的社会生态与社会支持。因此，民营企业在深度嵌入社会的过程中，社会性利益相关方对民营企业家的认同感举足轻重，在社会利益相关方层面需要切实尊重企业家在社会中的重要作用，进而从社会合法性与社会激励的视角推动民营企业家以多种形式有效嵌入与融入社会，实现商业与社会价值共创以及共生发展。其次，需要搭建企业家成长的社会平台，形成多种企业家精神（创新创业导向的商业企业家精神、社会创新创业导向的社会企业家精神及价值共享与共益导向的共益型企业家精神）的社会化社群和支持机制，以社会平台搭建并推动社会激励机制的建设，认可民营企业家在社会中尤其是应对社会问题及参与社会治理的重要作用。最后，对于具有良好社会责任表现与企业综合价值创造绩效的企业家需要出台相应的激励制度予以重点激励与重点报道，尤其是社会舆论媒体需要切实发挥媒体治理的重要作用，充分引导社会公众关注具有社会责任意识及价值共创与共享导向的企业家，并以社会声誉与社会舆论的信号效应支持具有不同类型企业家精神的企业家加速涌现与成长壮大，给予企业家在创新创业与价值创造过程中相应的社会融资支持。

第三，在微观组织层面，家族企业作为我国民营经济发展的重要力量，肩负着驱动经济转型过程中企业高质量发展的重要使命。从企业使命目标的角度来看，民营企业家利润最大化的市场逻辑本位可能对企业社会责任带来不利影响，但是在家族涉入的治理情景下，民营企业家能够强化战略决策过程中的家族逻辑与社会逻辑，更好地发挥自身的社会属性以及企业的社会功能，推动企业家基于经济属性与社会属性的融合效应做出更加符合社会价值导向的企业战略决策，基于企业家的社会价值导向撬动更多的企业家网络以及企业内的多元利益相关方参与第三次分配。从民营企业的家族战略决策与治理逻辑来看，家族涉入主要是通过家族管理涉入与家族股权涉入获得企业战略决策权，为企业家开展更大范围以及更高层次的企业社会责任行为提供了治理机制保障。因此，未来在驱动民营企业更好地履行社会责任与基于企业家精神推动经济社会高质量发展的过程中，需要进一步完善民营企业的家族内部治理机制，在股东治理与家族治理之间寻求共生融合机制，并在政府制度层面更好地保护民营企业家族治理的合法性地位，基于家族治理下的社会情感财富驱动民营企业更好地参与社会治理，面向更广泛的利益相关方承担更大范围的企业社会责任，最终实现民营企业与社会环境的共生发展。

第十三章 社会信任有助于企业履行社会责任吗？

——基于中国 A 股上市公司的实证检验*

一、引言

  企业社会责任思想在近百年的演化过程中，其逻辑起点认知仍然存在广泛的争议性，基于企业属性的异质性产生了对企业社会责任的内容维度与本质功能的异质性观点。学术界对企业社会责任的前置性逻辑起点认知不一，目前的研究大致存在二重视角：第一重视角主要是"由外而内"，一方面聚焦于外部的制度环境对企业社会责任的制度约束与激励作用，尤其是正式制度环境对企业行为的规范与引导的重要治理功能；另一方面聚焦于外部利益相关方的价值导向的驱动，其中外部利益相关方中的行业组织（协会）与社会公众（媒体）对于驱动企业履行社会责任发挥着不可替代的作用。第二重视角则是"由内而外"，即一方面聚焦企业家精神对企业履行社会责任的重要作用；另一方面则是聚焦高管战略决策视角下的高管异质性，体现为基于高阶梯队理论下管理者的经历、性别与认知等因素作为其心理印记驱动其后期的战略决策行为。

  已有研究仍然存在进一步研究的空间，一方面体现为尽管"由外而内"的研究视角对非正式制度环境的研究较少，尤其是对于驱动企业社会责任过程中的非正式制度缺乏关注；另一方面体现为"内外结合"的研究视角极度匮乏，即如何发挥外部制度因素与组织内部管理者治理制度因素的结合，基于内外双轮驱动企业履行社会责任的实证性研究目前仍然缺乏。因此，笔者试图弥补上述研究缺口，以 2009~2017 年中国 A 股上市公司为研究样本，首先实证检验社会信任

---

* 本文原载于《科研管理》2021 年第 5 期，有修改。

作为一种非正式制度驱动企业社会责任的重要作用。其次基于内外结合的视角，一方面探究正式制度与社会信任在驱动企业社会责任过程中的制度协同或替代理论；另一方面探究企业内的正式制度与外部的非正式制度在驱动企业社会责任过程中呈现的协同或替代效应。最后基于工具竞争观主导下的企业社会责任逻辑，验证社会信任驱动企业履行社会责任是否最终促进了企业创新，即企业社会责任是否在社会信任与企业创新之间产生相应的中介效应，进而验证企业社会责任作为战略性工具的价值效应。基于此，笔者在理论层面上基于"内外结合"的视角丰富了企业社会责任驱动因素的研究，验证了Porter和Kramer（2006）提出的竞争工具主导逻辑下的战略性企业社会责任观的工具竞争价值；在实践层面为政府与企业建立相应的正式制度安排形成"制度共演"双轮驱动企业社会责任机制提供了经验参考。

二、研究设计

（一）假设提出

1. 社会信任与企业社会责任

自制度经济学诞生以来，制度环境被认为是影响微观企业运营管理行为的主要因素。一般而言，制度分为正式制度与非正式制度。社会信任作为一种区别于正式制度下的社会资本，具有隐含性的社会心态、社会伦理道德等非正式制度元素。因此，在宏观经济层面，社会信任甚至被认为是决定一国经济增长的重要因素，是市场经济运行中的主要道德基础。社会信任的形成有助于降低行为人之间互动交易的不确定性，促进企业之间或者个体之间达成相应的经济或社会契约，产生一致性的期望行为，降低彼此的道德风险。基于利益相关方理论，企业在运营管理过程中不仅需要对股东产生相应的价值互惠行为，更需要对其他利益相关方承担相应的社会责任。因此，在社会信任制度环境较好的区域，基于组织文化的内在"道德属性"与责任基调，以及组织内管理者与员工的价值导向，企业更有自我驱动力与组织的内外部利益相关方建立可持续的价值互惠关系，积极承担对利益相关方的社会责任，更好地为外部利益相关方创造综合价值与共享价值。基于战略性企业社会责任观，在社会信任更好的地区，企业坚信投入社会责任能够获得利益相关方的价值互惠，更有意愿与动力投入更多的经济性资源与社会性资源参与社会议题，构筑企业的战略竞争优势。基于此，本章提出以下研究假设：

H1：在其他条件不变的情景下，社会信任对企业社会责任产生正向影响，即社会信任越高，企业履行社会责任的意愿更加强烈，企业社会责任绩效表现更好。

2. 社会信任、正式制度与企业社会责任

从微观企业角度来看，企业的行为往往内生于一定的制度环境中，并在既有的制度框架下做出相应的理性选择。不管是从推进企业融入社会责任理念还是有效治理企业社会责任缺失与异化行为，正式制度在促进企业社会责任行为可持续方面发挥着不可替代的作用。在推进企业社会责任过程中，政府作为企业社会责任的元治理主体，意味着其在企业社会责任的正式制度供给过程中扮演着元功能的角色。尤其是在"强政府—弱社会"的模式下，在推进企业社会责任实践的过程中难以产生较大的约束性力量或激励性力量，由此政府在企业社会责任制度供给，包括强制性制度供给与诱导性制度供给中发挥着主导性的作用。不管是对上市公司强制性的企业社会责任披露制度安排，还是对国有企业与民营企业差别化的社会责任的激励制度安排，正式制度对于优化企业社会责任实践环境、驱动企业社会责任实践均发挥着不可替代的作用。但是在正式制度环境较为薄弱的地区，非正式制度的隐性激励与约束作用将更加明显，其呈现出更多的协同互补作用。笔者认为，在制度环境较为完善的地区，即地区的市场化环境越完善，企业需要在市场运营过程中保持更高的透明度，企业会愈加重视维持与利益相关方之间的良性关系，呈现出正式制度（市场化环境）与非正式制度（社会信任）对企业履行社会责任的协同倍增效应。基于此，本章提出以下研究假设：

H2：在其他条件不变的情景下，正式制度在社会信任与企业社会责任之间产生正向调节作用，即在正式制度越完善的地区，社会信任对企业社会责任的正向影响将更加明显，正式制度与非正式制度之间对驱动企业社会责任呈现协同倍增效应。

3. 社会信任、管理者激励与企业社会责任

经典的代理理论认为，管理者激励作为企业内部的重要治理制度安排，通过减少委托人与代理人之间的代理成本，能够有效解决两权分离带来的经理层的机会主义倾向与道德风险问题，从而增强企业高管与委托人目标的一致性。因此，在高管激励制度的公司治理制度安排下，一方面，企业声誉与企业高管的个人职业生涯息息相关，高管出于自身的职业生涯风险规避的考量，能够做出有利于促进企业声誉的社会责任战略决策行为。同时，在高管激励制度安排中，一般分为股权激励与薪酬激励。股权激励既是将高管作为企业的长期运营管理者，又是将其作为企业的持股投资者，因此股权激励更能够使高管在战略决策过程中做出符合企业长期可持续的战略决策行为。但另一方面，高管持股也会增加企业高管在战略决策与运营管理中的个人权利，控制权的扩大成为高管持股的显著表现。当

高管个人权利越大时，其在战略决策过程中受到的外部约束作用越小，基于掘壕自守理论，当高管个人权利增大，管理者受到的外界约束作用相对减少时，高管通过个体膨胀的权力极力追求一己私利，最大化自身的财务绩效，在财务保护动机主导下做出的战略决策行为往往难以符合企业的可持续发展导向。因此，在高管股权激励的内部治理制度安排下，其在社会信任与企业社会责任的正向关系之间可能产生社会信任驱动企业社会责任的完全替代或者协同倍增两种不同效应。基于此，本章提出以下研究假设：

H3a：在其他条件不变的情景下，高管股权激励在社会信任与企业社会责任之间产生负向调节作用，即具有高管股权激励的公司内部治理制度安排，呈现出对社会信任的替代效应。

H3b：在其他条件不变的情景下，高管股权激励在社会信任与企业社会责任之间产生正向调节作用，即具有高管股权激励的公司内部治理制度安排，呈现出对社会信任的协同倍增效应。

4. 社会信任、企业社会责任与企业创新

不管是市场经济制度还是非市场经济制度，社会信任是整个宏观社会运行的润滑剂，大量研究已经证实，社会信任在宏观经济运行层面发挥着重要的作用，被认为是宏观经济发展与金融市场顺畅运行的关键因素，能够降低市场交易与互动过程中的潜在机会主义行为，减少相应的代理成本。具体来看，由于企业的创新活动无疑是一项具有高投资的项目活动，需要企业足够的资源供给。而社会信任能够为企业与外部投资者之间建立一种互惠的交易机制，并且企业对投资者的信息透明度会得到相应的提升，有助于企业与外部利益相关方的信息传递与信息共享，提高企业的外部融资环境以及相应的市场风险承担能力。既有的研究发现，由于面临较高的失信成本，社会信任水平对企业高管的财务操纵如盈余管理行为产生负向影响，Wu等（2014）认为企业与供应商的社会信任程度越高，企业能够在创新过程中获得更多的资源支持。

基于利益相关方理论，社会信任能够减少外部利益相关方在创新决策过程中的不确定性风险，为企业的利益相关方如投资者、供应商、消费者与社会融资机构提供更加可靠与丰富的信息，有助于利益相关方为企业的创新活动提供更大的经济性或社会性资源支持，进而有效缓解企业具有高风险与回报周期长的融资约束，进一步促进了高管追求企业长期发展的战略决策。

基于此，本章提出以下研究假设：

H4a：在其他条件不变的情景下，社会信任对企业创新产生正向影响。

H4b：在其他条件不变的情景下，企业社会责任在社会信任与企业创新之间产生中介作用。

（二）研究方法与模型

本章主要采用 OLS 估计方法设定模型（13-1）至模型（13-4），分别用于检验假设 H1 至 H4，具体模型设定如下：

$$CSR_{it} = a_0 + a_1 Trust_{it-1} + a_i \sum Control_{it-1} + \varepsilon_{it} \tag{13-1}$$

$$CSR_{it} = a_0 + a_1 Trust_{it-1} + a_2 Market_{it-1} + a_3 Trust_{it-1} \times Market_{it-1} + a_i \sum Contorl_{it-1} + \varepsilon_{it} \tag{13-2}$$

$$CSR_{it} = a_0 + a_1 Trust_{it-1} + a_2 MShare_{it-1} + a_3 Trust_{it-1} \times MShare_{it-1} + a_i \sum Contorl_{it-1} + \varepsilon_{it} \tag{13-3}$$

$$Patents_{it} = a_0 + a_1 Trust_{it-1} + a_i \sum Contorl_{it-1} + \varepsilon_{it}$$

$$Patents_{it} = a_0 + a_1 Trust_{it-1} + a_2 CSR_{it-1} + a_i \sum Contorl_{it1} + \varepsilon_{it} \tag{13-4}$$

（三）变量定义

（1）被解释变量：①企业社会责任（CSR）。本章主要参考权小锋等（2015）的相关研究，基于第三方企业社会责任评级数据衡量企业社会责任表现；在稳健性检验中，笔者参考肖红军和李井林（2018）的相关研究采用利益相关方综合绩效模型测度企业社会责任表现。②企业创新绩效（Patents）。由于企业的技术创新活动实质上是创新投入到创新产出的过程，本章基于企业专利申请量与专利授权量（包括发明专利、实用新型专利与外观设计专利）衡量企业创新绩效。

（2）解释变量：社会信任（Trust）。社会信任是整个社会形成的一种非正式制度，是一种较为稳定的社会价值观与社会信仰。本章参考刘宝华等（2016）、钱先航和曹春芳（2013）的相关研究，主要运用《中国城市商业信用环境指数蓝皮书》中的地级市信任环境指数，这一指数能够更好地反映社会信任在地级城市的差异性与动态性。① 在稳健性检验中，进一步选取两类社会信任的常用衡量指标予以替代：一类是运用中国综合社会调查（CGSS）中涉及的社会信任的题项，即被访者对某地区的平均社会信任程度赋值，分数区间为 1~5 分，最终以各省平均分数作为衡量该地区信任程度的指标；另一类是张维迎和柯荣住

---

① 由于部分年份数据缺失，基于社会信任的相对稳定性，在实际数据处理中对缺失年份如 2013 年用 2012 年数据代替，2014 年和 2016 年用 2015 年数据代替。

(2002）的社会信任调查数据。①

（3）调节变量：①正式制度（Market）。本章采用王小鲁等（2017）编制的《中国分省份市场化指数报告2016》中的市场化指数作为衡量制度环境的指标，这一指标能够代表整个市场发育、法律制度、要素市场发育以及产品市场发育的制度建设总体状况。②高管激励（MShare）。本章主要考察股权激励的制度意义，因此参考朱德胜和周晓珮（2016）的相关研究，采取高管是否持股为虚拟变量，若高管持股，赋值为1，否则为0。

（4）控制变量：借鉴凌鸿程和孙怡龙（2019）、申丹琳（2019）的研究，主要选取公司财务特征与公司治理特征层面的变量作为控制变量，包括企业规模（Size）、财务杠杆（Lev）、盈利能力（Roa）、上市年龄（Age）、产权性质（State）、第一大股东持股比例（Top1）、机构持股比例（Inst）、独立董事席位占比（Indep）。此外，本章还控制了年度固定效应（Year）和行业固定效应（Ind）。

（四）样本选取

本章主要选取2009~2017年中国沪深交易所A股上市公司为初始研究样本，但考虑到金融保险类行业公司财务指标的特殊性，剔除了该类上市公司，同时剔除资产负债率大于100%、事实上已经资不抵债的公司；考虑到异常值问题，笔者对连续变量上下1%进行了Winsorize处理，最终得到4461个公司样本形成的面板数据。表13-1提供了研究样本的描述性统计。

表13-1 主要变量的描述性统计分析

变量	变量名称	样本量	均值	标准差	最小值	25分位	中位数	75分位	最大值
CSR	企业社会责任	4461	39.781	13.229	18.838	30.55	36.671	45.993	80.339
Apply	企业专利申请	4461	2.910	2.091	0.000	1.099	2.996	4.369	8.054
Grants	企业专利授权	4461	2.622	1.975	0.000	0.693	2.639	4.007	7.499
Trust	城市社会信任	4461	76.821	6.593	64.635	71.583	76.205	82.676	90.630
Trust2000	企业家调查社会信任指数	4461	0.888	0.717	0.048	0.159	0.777	1.690	2.189
Trust2010	综合社会调查社会信任指数	4461	3.525	0.149	3.235	3.348	3.582	3.620	3.833

---

① 张维迎和柯荣住（2002）委托"中国企业家调查系统"在2000年进行问卷调查，基于企业家的调查数据结果获得我国31个省份（不含港澳台地区）的加权平均地区的企业信任指数。该调查问卷共向15000家企业展开调查，有效回收问卷5000多份，大量的国内外研究采用此问卷调查结果的数据作为衡量社会信任的主要指标。

续表

变量	变量名称	样本量	均值	标准差	最小值	25分位	中位数	75分位	最大值
Market	市场化水平	4461	7.782	1.576	3.490	6.670	7.930	9.080	9.880
Mshare	内部激励	4461	0.686	0.464	0.000	0.000	1.000	1.000	1.000
Size	公司规模	4461	22.738	3.275	14.618	21.748	22.960	24.372	30.600
Lev	财务杠杆	4461	0.513	0.211	0.075	0.359	0.519	0.666	0.944
Roa	盈利能力	4461	0.041	0.050	-0.143	0.013	0.033	0.064	0.201
Age	上市年龄	4461	2.266	0.709	0.000	1.946	2.485	2.773	3.178
State	产权性质	4461	0.637	0.481	0.000	0.000	1.000	1.000	1.000
Top1	第一大股东持股比例	4461	0.373	0.162	0.078	0.237	0.362	0.497	0.761
Inst	机构持股比例	4461	0.508	0.224	0.016	0.355	0.532	0.672	0.950
Indep	独立董事席位占比	4461	0.372	0.054	0.300	0.333	0.357	0.400	0.571

三、实证结果

（一）主效应：社会信任对企业社会责任的影响

由于本章探究的主要自变量与因变量都是连续型变量，基于模型（13-1）的设定，可以基于OLS回归方法通过多元回归模型考察社会信任对企业社会责任的影响，如表13-2所示，在被解释变量社会信任（Trust）分别逐步加入公司财务层面以及治理层面的控制变量的基础上［见列（1）和列（2）］，社会信任对企业社会责任绩效产生显著的正向影响，在表13-2列（2）中，社会信任对企业社会责任产生显著的正向影响，且通过了1%的显著性水平检验，说明社会信任是企业运营环境中的一种重要的隐性制度安排，有助于促进企业更加重视履行社会责任，促进企业与利益相关方之间形成正向的价值互惠关系。由此验证了研究假设H1。

表13-2 社会信任与企业社会责任

变量	(1)	(2)	(3)
	CSR	CSR	CSR
Trust	0.008***	0.006***	0.005***
	(11.89)	(9.32)	(8.69)

续表

变量	(1) CSR	(2) CSR	(3) CSR
公司财务特征		控制	控制
公司治理特征			控制
Constant	2.688*** (41.61)	2.352*** (36.61)	2.389*** (34.99)
年度和行业	控制	控制	控制
R^2	0.268	0.341	0.349
Observations	4461	4461	4461

注：①括号内为经异方差调整后的 t 值；②***、**、* 分别表示双尾检验在1%、5%、10%下的统计显著水平；③下表同。

（二）内生性检验

为缓解内生性问题对研究结论的影响干扰，即社会信任与企业社会责任之间可能存在的内生性问题，本章采用工具变量法进行检验。笔者参考凌鸿程和孙怡龙（2019）、潘越等（2009）的做法，主要采取2011年各省无偿献血率作为社会信任的工具变量，对本章的主效应研究假设 H1 进行重新估计。由于无偿献血量在一定程度上反映了整个区域的社会道德与心理距离，其所处区域的心理距离越低与社会道德水平越高，企业所处区域的社会信任水平就越高，更为重要的是地区无偿献血率对企业社会责任不存在明显相关性，因此在理论上无偿献血率能够作为一个有效的工具变量以消除缓解本章的内生性问题。基于无偿献血率（Blood）作为工具变量的 2SLS 回归结果如表13-3所示。从列（1）可以看出，无偿献血率（Blood）对社会信任产生显著的正向影响，在列（2）中，社会信任（Trust）与企业社会责任仍然呈现显著的正相关效应。因此，本章的主要假设社会信任对企业社会责任的影响在考虑内生性问题后仍然成立。

表13-3 社会信任与企业社会责任：内生性检验

变量	(1) Trust	(2) CSR
Blood	0.134*** (106.972)	

续表

变量	(1) Trust	(2) CSR
Trust		0.006*** (7.887)
公司财务特征	控制	控制
公司治理特征	控制	控制
截距项	56.851*** (80.447)	2.347*** (32.022)
年度和行业	控制	控制
Adj. R^2	0.743	0.348
F	56.851*** (80.447)	2.347*** (32.022)
N	4461	4461

(三) 稳健性检验

为确保本章探究的社会信任正向影响企业社会责任的研究结论更加可靠，笔者主要采取两种方式进行稳健性检验。[①] 第一种方式是改变主要因变量与自变量的衡量方式。在主要解释变量社会信任的衡量方式中，笔者进一步参考 Wu 等 (2014) 的相关研究，采用 2010 年中国综合社会调查获得的地区居民信任程度、张维迎和柯荣住 (2002) 的企业家调查地区信任指数，来衡量该地区的信任水平。企业社会责任因变量借鉴肖红军和李井林 (2018) 的利益相关方综合绩效模型，在变更主要自变量和因变量后，进一步重新回归研究假设 H1，社会信任 (Trust2010) 对企业社会责任的影响效应依然显著为正，本章的主要研究结论依然稳健。第二种方式主要是变更回归模型，本章参考刘柏和卢家锐 (2018) 的研究，基于分位数回归模型进一步研究社会信任对企业社会责任的影响效应，分位数回归发现随着企业社会责任表现不断加强，在前 25%、前 50% 与前 75% 样本中，社会信任对企业社会责任的正向影响不断增强，进一步证实了本章研究结论的稳健性。

[①] 由于篇幅所限，对稳健性结果感兴趣的读者可向笔者索取。

(四) 拓展性分析

1. 调节效应检验：正式制度与高管激励制度在社会信任与企业社会责任之间的调节作用

为进一步检验研究假设 H2 和 H3，即外部的正式制度安排与企业的高管激励制度安排到底是社会信任的一种协同互补机制还是替代机制有待进一步验证。本章基于回归模型（13-2）和模型（13-3），分别检验外部正式制度与企业内部高管激励制度在社会信任与企业社会责任之间产生的正向调节作用（见表 13-4）。

表 13-4 社会信任与企业社会责任：基于市场化和内部激励的调节作用

变量	(1) CSR	(2) CSR	(3) CSR	(4) CSR
Trust	-0.005 (-1.18)	0.009*** (8.79)	-0.003 (-0.79)	0.008*** (8.46)
Market	-0.065* (-1.74)		-0.048 (-1.28)	
Trust×Market	0.001** (2.15)		0.001* (1.67)	
MShare		0.403*** (4.52)		0.436*** (4.93)
Trust×MShare		-0.004*** (-3.72)		-0.005*** (-4.01)
公司财务特征	控制	控制	控制	控制
公司治理特征	—	—	控制	控制
截距项	-27.500** (-2.286)	-66.225*** (-13.401)	-28.859** (-2.381)	-63.227*** (-12.747)
年度和行业	控制	控制	控制	控制
Adj. R^2	0.321	0.324	0.325	0.328
F	51.261***	51.519***	47.580***	48.120***
N	3952	3952	3952	3952

在表 13-4 列（1）和列（3）中，考察了外部正式制度在社会信任与企业社会责任之间的调节效应，回归结果表明，调节变量 Trust×Market 的影响系数为 0.001，且通过了 10%显著性水平检验，足以说明外部正式制度（市场化制度）

作为非正式制度（社会信任）的一种重要协同共生机制，能够进一步促进社会信任对企业社会责任的正向影响，产生协同倍增效应，进而验证了研究假设H2。同时，在列（4）中，调节变量Trust×Mshare的影响系数为-0.005，通过了1%显著性水平检验，足以说明企业管理者股权激励在社会信任与企业社会责任之间产生负向调节作用，说明高管股权激励作为企业内的一种激励制度安排，能够有效替代外部非正式制度环境对企业社会的正向影响，呈现出内部激励制度对企业外部非正式制度的一种替代效应，进而验证了研究假设H3a。

2. 价值效应检验：社会信任是否通过促进企业履行社会责任进而促进企业创新

为进一步检验研究假设H4，笔者进一步基于模型（13-4）检验企业社会责任在社会信任与企业创新绩效之间的中介效应。如表13-5所示，在基于列（1）和列（2）的Path a中，社会信任对企业创新绩效（专利申请与专利授权）的影响系数分别为0.022和0.019，均产生显著的正向作用，验证了研究假设H4a。在自变量社会信任对中介变量（CSR）的Path b回归结果中，其影响系数为0.005，产生了显著的正向作用。在加入中介变量后的Path c回归结果中，社会信任对企业创新绩效（专利申请量与专利授权量）的影响系数分别为0.013和0.011，其影响系数低于在Path a中的系数（分别为0.022和0.019），足以说明，企业社会责任在社会信任与企业创新之间产生了部分中介作用，进而验证了研究假设H4b。更进一步地，基于Sobel Z中介效应的检验结果表明，本章提出的基于工具竞争观下的企业社会责任在社会信任与企业创新之间产生了中介作用，验证了研究假设H4。足以说明，在工具竞争逻辑主导下，企业社会责任的直接性目标为企业的利益相关方创造了更为广泛的综合价值与共享价值。

表13-5 社会信任、企业社会责任与企业创新

变量	Path a		Path b	Path c	
	(1)	(2)	(3)	(4)	(5)
	Apply	Grants	CSR	Apply	Grants
Trust	0.022***	0.019***	0.005***	0.013***	0.011***
	(5.48)	(4.97)	(8.69)	(3.39)	(2.99)
CSR				1.576***	1.413***
				(16.29)	(15.56)
公司财务特征	控制	控制	控制	控制	控制
公司治理特征	控制	控制	控制	控制	控制

续表

变量	Path a		Path b	Path c	
	(1)	(2)	(3)	(4)	(5)
	Apply	Grants	CSR	Apply	Grants
年度和行业	控制	控制	控制	控制	控制
间接效应				0.008***	0.008***
直接效应				0.013***	0.011***
Sobel Z				7.618***	7.543***
Sobel Z 的 P 值				0.000	0.000
Adj. R^2	0.455	0.461	0.349	0.489	0.492
F	149.7808***	138.0521***	51.068***	154.1064***	140.8105***
N	4461	4461	4461	4461	4461

（五）异质性分析

从产权异质性来看，在我国特殊的产权制度安排下，当考察社会信任作为一种非正式制度安排对企业社会责任的影响时，需要进一步区分产权的异质性。如表13-6所示，在考虑产权异质性的条件下，在国有企业中［列（1）］，社会信任（Trust）对企业社会责任的调节效应的影响系数为0.007，且通过了1%显著性水平检验；而民营企业中相应的系数为0.002，通过了5%显著性水平检验。足以说明，在国有企业中，社会信任对企业社会责任的影响更显著，可能是因为国有企业天然的"公共社会属性"，导致企业对以社会信任为主导的社会规范的感知与遵循更为强烈。

从目标企业与行业社会责任的异质性来看，不同的行业面临的社会约束与社会压力不尽一致。根据制度理论，处于同一组织场域的企业会对行业中领先型企业的组织实践存在行为模仿，进而产生制度同型或制度同构（Scott，2001；肖红军和阳镇，2019b）。笔者进一步将处于同一年度、同一行业非目标企业的企业社会责任平均值作为行业平均CSR水平，并将目标企业与MCSR的差值记作Gap，用"Gap>0"将样本企业分为"目标企业社会责任评分高于同行平均企业社会责任"组，以及用"Gap<0"表示"目标企业社会责任评分低于同行平均企业社会责任（MCSR）"组。从表13-6列（3）的回归结果来看，当Gap>0时，即目标企业社会责任评分高于同行平均企业社会责任时，社会信任对该类企业社会责任行为的驱动效应越明显（影响系数为0.005，通过1%水平下显著性检验）。

从社会责任信息披露制度异质性来看，存在不同形式的企业社会责任信息披露制度。在强制性企业社会责任披露政策环境下,其披露形式本身作为一种隐含的制度安排,导致企业追求制度合法性的意愿更高,进而能够强化正式制度与非正式制度对企业社会责任的促进效应。从表13-6列(5)和列(6)的回归结果来看,在强制性披露样本中(Force=1),社会信任(Trust)对企业社会责任的影响系数为0.006,且通过了1%水平下的显著性检验。足以说明,在强制性披露形式下,企业践行社会责任已经成为高管社会责任战略决策的隐性制度规范,进而在社会信任强度越大的环境下其履行社会责任意愿与动力越高。

表13-6 社会信任与企业社会责任的异质性分析

变量	(1) CSR State=1	(2) CSR State=0	(3) CSR Gap>0	(4) CSR Gap<0	(5) CSR Force=1	(6) CSR Force=0
Trust	0.007*** (8.79)	0.002** (2.07)	0.005*** (7.99)	-0.001 (-1.43)	0.006*** (7.74)	0.002 (1.61)
Size	0.017*** (8.67)	0.012*** (4.81)	0.010*** (5.95)	0.004*** (3.09)	0.019*** (8.45)	0.008*** (3.62)
Lev	0.263*** (8.89)	0.223*** (5.25)	0.137*** (4.78)	0.030 (1.52)	0.368*** (10.38)	0.043 (1.21)
Roa	0.484*** (4.07)	0.331** (2.38)	0.193* (1.94)	0.045 (0.63)	0.319** (2.50)	0.333** (2.52)
Age	-0.028*** (-3.19)	-0.063*** (-6.82)	-0.007 (-1.01)	-0.026*** (-5.50)	-0.041*** (-3.94)	-0.029*** (-3.41)
State			-0.011 (-1.11)	0.014* (1.92)	0.011 (0.85)	0.010 (0.69)
Top1	0.069* (1.85)	-0.155*** (-3.04)	0.003 (0.10)	0.001 (0.04)	-0.028 (-0.61)	-0.083** (-1.99)
Inst	0.129*** (3.97)	0.206*** (6.16)	0.083*** (3.45)	0.009 (0.52)	0.202*** (5.27)	0.160*** (5.00)
Indep	0.117 (1.29)	-0.191 (-1.61)	0.061 (0.83)	0.042 (0.77)	-0.029 (-0.31)	-0.092 (-0.81)
Constant	2.324*** (16.55)	2.855*** (25.80)	2.683*** (32.08)	3.095*** (54.60)	2.517*** (23.55)	3.047*** (28.91)

续表

变量	(1) CSR State=1	(2) CSR State=0	(3) CSR Gap>0	(4) CSR Gap<0	(5) CSR Force=1	(6) CSR Force=0
年度和行业	控制	控制	控制	控制	控制	控制
R^2	0.345	0.395	0.494	0.537	0.379	0.234
N	2841	1620	2186	2275	2344	1489

四、研究小结

基于本章的实证分析研究结果表明：①社会信任对企业社会责任产生显著的正向影响，但是在不同产权、不同行业以及不同社会责任披露制度下的影响具有异质性；②正式制度（市场化环境）在社会信任与企业社会责任之间产生正向调节作用，证实了正式制度与非正式制度在推进企业履行社会责任方面更多地呈现出协同互补作用；③高管股权激励在社会信任与企业社会责任之间产生了负向调节作用，说明企业内部的高管激励制度更多地呈现出对企业非正式制度的一种替代效应；④社会信任对企业创新具有显著的正向影响，且企业社会责任在社会信任与企业创新之间产生部分中介作用，进而验证了工具竞争观下企业社会责任能够作为一种获取企业创新资源的有效工具，有助于企业的可持续发展。

本章的研究在政策上存在三点启示：第一，外部制度供给主体如政府不仅需要重视正式制度对驱动企业履行社会责任的重要作用，也需要逐步健全整个社会的宏观信任环境，尤其是健全企业层面的社会信任体系，为企业在市场活动中提供一个更加健全的社会信任环境，进而发挥正式制度与非正式制度在驱动企业社会责任过程中的协同互补作用。第二，企业内部高管激励作为促进企业履行社会责任的重要内部激励制度，企业在推进社会责任实践过程中需要高度重视高管战略决策的重要作用，利用好股权激励这一内部的正式制度安排促进企业履行社会责任；同时，企业需要在内部培育一个有利于与利益相关方形成价值共创与共享的利益互惠环境，增强内部利益相关方与外部利益相关方的沟通交流，进而有效提升利益相关方对企业的信任程度，促进企业社会责任行为的良性循环与可持续。第三，高度重视企业社会责任的战略工具性价值，企业社会责任本身不仅能够为利益相关方创造涵盖经济、社会与环境的综合价值，而且能够基于社会网络理论与利益相关方理论获取相应的经济性与社会性资源,为企业创新提供可持续的资源支撑,最终获取可持续的竞争优势以驱动企业的可持续成长。

五、研究展望

企业社会责任本质上是基于企业为组织元点解决组织所处情境中的经济与社会环境问题,在全新的数字化情境下,企业社会责任理论与实践也具备了全新的研究情境与研究议题,未来的研究需要在数字化时代下对企业社会责任的基础性理论与实证研究两个层面予以深入探索。

第一,平台型企业社会责任实践的前置性理论仍然有待深入研究。平台型企业作为互联网平台经济时代下的全新组织载体,面对全新的社会责任实践主体、社会责任实践情境以及社会责任实践的利益相关方的巨大变革,未来研究应当突破传统企业社会责任理论,更多地依托平台经济学、商业生态系统理论、互联网经济理论、经济社会学、社会创新理论等,力求真正把握平台型企业及其社会责任的特殊性,更加有效地回答平台型企业社会责任的基础性理论问题:平台型企业社会责任面对的利益相关方主体边界是什么?平台型企业对利益相关方需要承担何种程度的社会责任?平台型企业以何种方式嵌入社会?平台型企业社会责任治理的边界在哪里?上述问题的理论构建不仅关系到未来平台型企业社会责任实践的基础理论支撑问题,也关系到能否为平台型企业社会责任实践的发展提供合意的理论框架。

第二,探索平台型企业社会责任实践范式差异背后的驱动因素。目前对平台型企业社会责任实践的研究仍然较少,已有的研究仅探讨了平台情境下企业社会责任范式的变革问题,缺乏对现实中各类异质性平台型企业社会责任实践范式选择差异背后的驱动因素进行研究。实际上,异质性平台型企业拥有不同的内容维度认知、实践资源基础、动态能力及实践意愿与动力。深入研究异质性平台型企业社会责任实践范式选择的驱动影响因素,对推动平台型企业社会责任实践的可持续性具有重要意义。平台型企业在实践中表现出来的社会责任行为差异,既有一般性企业社会责任行为的驱动因素,又受到平台型企业和平台生态系统的特殊性因素如平台结构、平台定价结构、平台规制以及平台领导力驱动。从研究方法来看,由于驱动因素和驱动机制尚不明确,因此未来可以重点采取扎根理论研究方法,对平台型企业社会责任实践差异背后的驱动因素和驱动机制开展基础性研究。

第三,开展平台型企业社会责任实践的影响效应与评价体系研究。价值效应既是平台型企业开展社会责任实践的正当性反映,也是平台型企业社会责任实践范式是否合意的体现。预期的价值效应和实现的价值效应贯穿于平台型企业社会责任认知与实践的全过程,价值效应对于平台型企业的社会责任决策和实践范式选择至关重要。未来应当重点关注并回答平台型企业社会责任的价值效应问题,包括平台型企业社会责任价值效应与传统企业的价值效应有何区别?平台型企业社会责任对平台自身、平台内双边用户、平台嵌入的社会生态圈的价值创造有何影响?对平台内卖方和买方具有何种价值创造效应?平台型企业社会责任实践对整个社会生态具有何种价值创造效应?对于这些问题的回答,学术界既要从更开阔的理论视角进行研究,也可以基于现实中的案例进行扎根研究,同时还可以通过问卷调查、大数据方法等开展实证研究。尤其是在平台型企业社会责任实践绩效的评价层面,由于平台型企业社会责任在实践的内容维度、扩展边界和实践行为方式上都区别于传统企业,因此衡量其社会责任实践的绩效效应也与传统企业存在较大差异,既要借鉴一般性企业社会责任评价体系的建构方法,也要针对平台情境创造性地寻求适宜的解决方案。

第四,平台型企业社会责任实践的跨层次研究。平台型企业社会责任实践创新的深化及其社会责任理论的建构不单一地指向其个体在运营管理过程中呈现出的各类管理现象与治理议题,更多的是探究平台型企业所处的商业生态系统以及制度系统,前者决定了商业生态圈能否向社会责任生态圈进行整体式转化,以及能否产生立足商业生态圈的平台型企业社会责任实践的整合式创新;后者决定了能否为平台型企业社会责任实践创造一个合意的制度系统,包括正式制度系统与非正式制度系统。尤其是在当前平台型企业合法性正处于相对波动阶段,大量平台型企业在运营管理与市场竞争过程中衍生出的社会责任缺失与异化行为,破坏了社会公众以及政府组织对平台型企业价值创造合法性的信任边界,导致平台型企业的价值创造逻辑受到社会各界的质疑。因此,在理论层面,如何跨层次、跨场域以及跨组织边界地构建面向平台型企业社会责任实践创新的理论范式及治理范式成为学术界必须直面的议题;在实践层面,如何寻求"组织个体—组织生态—制度系统"的共融空间、推动平台型企业社会责任实践范式创新的可持续,以及构建一个合意的平台型企业社会责任治理环境成为未来相关监管部门和社会责任推进机构值得关注与研究的现实问题。

参考文献

[1] Adler N E, et al. Socioeconomic status and health [J]. American Psychologist, 1994, 49 (1): 15-24.

[2] Agarwal S, Hauswald R. Distance and private information in lending [J]. Review of Financial Studies, 2010, 23 (7): 2757-2788.

[3] Almazan A, Motta A D, Titman S, Uysal V. Financial structure, acquisition opportunities, and firm locations [J]. The Journal of Finance, 2010, 65 (2): 529-563.

[4] Atkinson K, Bench-Capon T, McBurney P. Parmenides: Facilitating deliberation in democracies [J]. Artificial Intelligence and Law, 2006, 14 (4): 261-275.

[5] Amiram G. Corporate governance as social responsibility: A research agenda [J]. Berkeley Journal of International Law, 2008, 26 (2): 452-477.

[6] Angwin J, Larson J, Mattu S, et al. Machine bias: There's software used across the country to predict future criminals. And it's biased against blacks. ProPublica [EB/OL]. https://www.propublica.org/article/machine-bias-risk-assessment s-in-criminal-sentencing, 2016.

[7] Armstrong J S. Social irresponsibility in management [J]. Journal of Business Research, 1977: 5 (3): 185-213.

[8] Armstrong M, Wright J. Two-sided markets, competitive bottlenecks and exclusive contracts [J]. Economic Theory, 2007, 32 (2): 353-380.

[9] Barefoot K, Curtis D, Jolliff W A, et al. Research spotlight measuring the digital economy [J]. Survey of Current Business, 2019, 99 (5): 1-13.

[10] Bell D. The corporation and society in the 1970s [J]. The Public Interest, 1971, 24: 5-32.

[11] Berrone P, et al. Socioemotional wealth in family firms: Theoretical dimensions, assessment approaches, and agenda for future research [J]. Family Business Review, 2012, 25 (3): 258-279.

[12] Birkinshaw J, Gibson C. Building ambidexterity into an organization [J]. MIT Sloan Management Review, 2004, 45 (4): 47-55.

[13] Bovens M. Analysing and assessing accountability: A conceptual framework [J]. European Law Journal, 2007, 13 (4): 447-468.

[14] Bowen H R. Social responsibility of businessman [M]. New York: Harper and Row, 1953.

[15] Burrell J. How the machine 'thinks': Understanding opacity in machine learning algorithms [J]. Big Data and Society, 2016, 3 (1): 1-12.

[16] Campbell J L. Why would corporations behave in socially responsible ways? An institutional theory of corporate social responsibility [J]. Academy of Management Review, 2007, 32 (3): 946-967.

[17] Carroll A B. A Three-Dimensional conceptual model of corporate performance [J]. Academy of Management Review, 1979, 4 (4): 497-505.

[18] Cumming D J, Leung T Y, Rui O M. Gender diversity and securities fraud [J]. Academy of Management Journal, 2015, 58 (5): 1572-1593.

[19] Davis K. Can business afford to ignore social responsibilities? [J]. California Management Review, 1960 (2): 70-76.

[20] Deephouse D L, Jaskiewicz P. Do family firms have better reputations than non-Family firms? An integration of socioemotional wealth and social identity theories [J]. Journal of Management Studies, 2013, 50 (3): 337-360.

[21] Diener E, et al. Wealth and happiness across the world: Material prosperity predicts life evaluation, whereas psychosocial prosperity predicts positive feeling [J]. Journal of Personality and Social Psychology, 2010, 99 (1): 52-61.

[22] Dimaggio P J, Powell W W. The iron cage revisited: Institutional isomorphism and collective rationality in organizational fields [J]. American Sociological Review, 1983, 48 (2): 147-160.

[23] Donaldson T, Dunfee T W. Toward a unified conception of business ethics: Integrative social contract theory [J]. Academy of Management Review, 1994, 19 (2): 252-284.

[24] Duncan R B. The ambidextrous organization: Designing dual structures for innovation [J]. The management of organization, 1976, 1 (1): 167-188.

[25] Eisenmann T, Parker G, Alstyne M V. Platform envelopment [J]. Strategic Management Journal, 2011, 32 (12): 1270-1285.

[26] Elkington J. Cannibals with forks: The triple bottom line of 21st century

business [J]. Environmental Quality Management, 1998, 8 (1): 37-51.

[27] Felps W, Mitchell T R, Byington E. How, when, and why bad apples spoil the barrel: Negative group members and dysfunctional groups [J]. Research in Organizational Behavior, 2006, 27 (6): 175-222.

[28] Fudenberg D, Tirole J. Customer poaching and brand switching [J]. The RAND Journal of Economics, 2000, 31 (4): 634-657.

[29] Freeman R E. Strategic management: A stakeholder approach [M]. New York: Cambridge University Press, 1984.

[30] Freeman R E, Velamuri S R. A New approach to CSR: Company stakeholder responsibility [M] //Corporate Social Responsibility. New York: Palgrave Macmillan, 2006.

[31] Friedman M. Capitalism and Freedom [M]. Chicago: University of Chicago Press, 1962.

[32] Frooman J. Socially irresponsible and illegal behavior and shareholder wealth: A Meta-analysis of event studies [J]. Business and Society: Founded at Roosevelt University, 1997, 36 (3): 221-249.

[33] Frynas J G. Corporate social responsibility and societal governance: Lessons from transparency in the oil and gas sector [J]. Journal of Business Ethics, 2010, 93: 163-179.

[34] Gawer A, Cusumano M A. How companies become platform leaders [J]. MIT Sloan Management Review, 2008, 20 (2): 28-35.

[35] Giannetti M, Liao G, Yu X. The brain gain of corporate boards: Evidence from China [J]. The Journal of Finance, 2015, 70 (4): 1629-1682.

[36] Gibson C B, Birkinshaw J. The antecedents, consequences, and mediating role of organizational ambidexterity [J]. Academy of Management Journal, 2004, 47 (2): 209-226.

[37] Gillespie T. Algorithmically recognizable: Santorum's Google problem, and Google's santorum problem [J]. Information, Communication and Society, 2017, 20 (1): 63-80.

[38] Gillespie T. The Relevance of algorithms [M] //Gillespie P B, Foot K. Media Technologies. Cambridge: MIT Press, 2014.

[39] Glaeser E L, et al. Entrepreneurship and urban growth: An empirical assessment with historical mines [J]. Review of Economics and Statistics, 2015, 97 (2): 498-502.

[40] Godfrey P C. The relationship between corporate philanthropy and shareholder wealth: A risk management perspective [J]. Academy of Management Review, 2005, 30: 777-798.

[41] Gonin M, Palazzo G, Hoffrage U. Neither bad apple nor bad barrel: How the societal context impacts unethical behavior in organizations [J]. Business Ethics: A European Review, 2012, 21 (1): 31-46.

[42] Graetz G, Michaels G. Robots at work [J]. Review of Economics and Statistics, 2018, 100 (5): 753-768.

[43] Granovetter M. Economic action and social structure: The problem of Embeddedness [J]. American Journal of Sociology, 1985, 91 (3): 481-510.

[44] Grewal R, Chakravarty A, Saini A. Governance mechanisms in business-to-business electronic markets [J]. Journal of Marketing, 2010, 74 (4): 45-62.

[45] Groening C, Kanuri V K. Investor reaction to positive and negative corporate social events [J]. Journal of Business Research, 2013, 66 (10): 1852-1860.

[46] Guiso L, Sapienza P, Zingales L. Cultural biases in economic exchange [J]. Quarterly Journal of Economics, 2009, 124 (3): 1095-1131.

[47] Haigh N, Hoffman A J. Hybrid organizations: The next chapter in sustainable business [J]. Organizational Dynamics, 2012, 41 (2): 126-134.

[48] Hawlitschek F, Teubner T, Weinhardt C. Trust in the sharing economy [J]. Swiss Journal of Business Research and Practice, 2016, 70 (1): 26-44.

[49] Hellman J S, Jones G, Kaufmann D. Seize the state, seize the day: State capture and influence in transition economies [J]. Journal of Comparative Economics, 2003, 31 (4): 751-773.

[50] Hiller J S. The benefit corporation and corporate social responsibility [J]. Journal of Business Ethics, 2013, 118 (2): 287-301.

[51] Hollander S, Verriest A. Bridging the gap: The design of bank loan contracts and distance [J]. Journal of Financial Economics, 2016, 119 (2): 399-419.

[52] Hogg M A, Reid S A. Social identity, self-categorization, and the communication of group norms [J]. Communication Theory, 2006, 16 (1): 7-30.

[53] Hogg M A, Terry D J. Social identity and self-categorization processes in organizational contexts [J]. The Academy of Management Review, 2000, 25 (1): 121-140.

[54] Iansiti M, Levien R. Strategy as ecology [J]. Harford Business Review, 2004, 34 (3): 68-78.

[55] Jacobides M G, Cennamo C, Gawer A. Towards a theory of ecosystems [J]. Strategic Management Journal, 2018, 39 (8): 2255-2276.

[56] Katz M L, Shapiro C. Network externalities, competition, and compatibility [J]. American Economic Review, 1985, 75 (3): 424-440.

[57] Kodeih F, Greenwood R. Responding to institutional complexity: The role of identity [J]. Organization Studies, 2014, 35 (1): 7-39.

[58] Kooiman J. Modern Governance, new government - society interaction [M]. Sauzendoaks: SAGA Publications, 1993.

[59] Lange D, Washburn N T. Understanding attributions of corporate social irresponsibility [J]. Academy of Management Review, 2012, 37 (2): 300-326.

[60] Lau C, Lu Y, Liang Q. Corporate social responsibility in China: A corporate governance approach [J]. Journal of Business Ethics, 2016, 136 (1): 73-87.

[61] Lin-Hi N, Müller K. The CSR bottom line: Preventing corporate social irresponsibility [J]. Journal of Business Research, 2013, 66 (10): 1928-1936.

[62] Lin N, Xie W. Occupational prestige in urban China [J]. American Journal of Sociology, 1988, 93 (4): 793-832.

[63] Li X R, Wang S S, Wang X. Trust and stock price crash risk: Evidence from China [J]. Journal of Banking and Finance, 2017, 76: 74-91.

[64] Li Z F, Li T, Minor D. CEO power, corporate social responsibility, and firm value: A test of agency theory [J]. International Journal of Managerial Finance, 2015, 12 (5): 611-628.

[65] Lewis M W. Exploring paradox: Toward a more comprehensive guide [J]. Academy of Management Review, 2000, 25 (4): 760-776.

[66] March J G. Continuity and change in theories of organizational action [J]. Administrative Science Quarterly, 1996, 41 (2): 278-287.

[67] March J G. Exploration and exploitation in organizational learning [J]. Organization Science, 1991, 2 (1): 71-87.

[68] Marin L, Ruiz S, Rubio A. The role of identity salience in the effects of corporate social responsibility on consumer behavior [J]. Journal of Business Ethics, 2009, 84 (1): 65-78.

[69] Mason C, Simmons J. Embedding corporate social responsibility in corporate governance: A stakeholder systems approach [J]. Journal of Business Ethics, 2014, 119 (1): 77-86.

[70] Matten D, Moon J. Reflections on the 2018 decade award: The meaning

and dynamics of corporate social responsibility [J]. Academy of Management Review, 2020, 45 (1): 7-28.

[71] Meng X H, Zeng S X, Tam C M. From voluntarism to regulation: A study on ownership, economic performance and corporate environmental information disclosure in China [J]. Journal of Business Ethics, 2013, 116 (1): 217-232.

[72] Moore J F. Business ecosystems and the view from the firm [J]. The Antitrust Bulletin, 2006, 51 (1): 31-75.

[73] Moore J F, Predators and prey: A new ecology of competition [J]. Harvard Business Review, 1993, 71 (3): 75-83.

[74] North D C. Institutions, institutional change and economic performance [M]. Cambridge: Cambridge University Press, 1990.

[75] Nosko C, Tadelis S. The limits of reputation in platform markets: An empirical analysis and field experiment [R]. NBER Working Paper, 2015.

[76] OECD. Measuring the digital economy: A new perspective [R]. OECD, 2014.

[77] Pearce C L, Manz C C. Leadership centrality and Corporate Social Ir-Responsibility (CSIR): The potential ameliorating effects of self and shared leadership on CSIR [J]. Journal of Business Ethics, 2011, 102 (4): 563-579.

[78] Penner L, et al. Prosocial behavior: Multilevel perspectives [J]. Annual Review of Psychology, 2005, 56 (1): 365-392.

[79] Porter M E, Kramer M R. Creating shared value [J]. Harvard Business Review, 2011, 89 (1-2): 62-77.

[80] Porter M E, Kramer M R. Strategy and society: The link between competitive advantage and corporate social responsibility [J]. Harvard Business Review, 2006, 84 (12): 78-92.

[81] Prahalad C K, Ramaswamy V. Co-opting customer competence [J]. Harvard Business Review, 2000, 78 (1): 79-87.

[82] Richards C, Zen I S. From surface to deep corporate social responsibility: The Malaysian no plastic bags campaign as both social and organizational learning [J]. Journal of Global Responsibility, 2016, 7 (2): 275-287.

[83] Rochet J C, Tirole J. Two-sided markets: A progress report [J]. The RAND Journal of Economics, 2006, 37 (3): 645-667.

[84] Roger G, Vasconcelos L. Platform pricing structure and moral hazard [J]. Journal of Economics and Management Strategy, 2014, 23 (3): 527-547.

[85] Schumpeter J A. The theory of economic development [M]. Boston: Harvard University Press, 1934.

[86] Scott W R. Institutions and organizations [M]. Thousand Oaks: SAGE Publications, 2001.

[87] Selbst A D, Powles J. Meaningful information and the right to explanation [J]. International Data Privacy Law, 2017, 7 (4): 233-242.

[88] Sethi P. Dimensions of corporate social performance: An analytical framework [J]. California Management Review, 1975, 17 (3): 58-64.

[89] Sheldon O. The Philosophy of Management [M]. London: Sir Isaac Pitman and Sons Ltd, 1924.

[90] Simon H A. Administrative behavior: A study of decision-making processes in administrative organizations [M]. New York: Free Press, 1947.

[91] Stahl B C. Responsible research and innovation: The role of privacy in an emerging framework [J]. Science and Public Policy, 2013, 40 (6): 708-716.

[92] Stelios C, Zyglidopoulos S C, Georgiadis A P, Carroll C E, et al. Does media attention drive corporate social responsibility? [J]. Journal of Business Research, 2012, 65 (11): 1622-1627.

[93] Stilgoe J, Owen R, Macnaghten P. Developing a framework for responsible innovation [J]. Research Policy, 2013, 42 (9): 1568-1580.

[94] Suchman M C. Managing legitimacy: Strategic and institutional approaches [J]. Academy of Management Review, 1995, 20 (3): 571-610.

[95] Sutcliffe H, Director M. A report on responsible research and innovation [R/OL]. DG research and innovation of the European Commission. http://ec.europa.eu/research/sciencesociety/document_library/pdf_06/rri-report-hilarysutcliffe_en.pdf, 2011.

[96] Thornton P H, Ocasio W. Institutional logics [C] //Greenwood R, Oliver C, Sahlin K, et al. The SAGE handbook of organizational institutionalism. London: SAGE, 2008.

[97] Tiwana A, Konsynskib B, Bush A A. Research Commentary-platform evolution: Coevolution of platform architecture, governance, and environmental dynamics [J]. Information Systems Research, 2010 (4): 675-687.

[98] Tufekci Z. Algorithmic harms beyond Facebook and Google: Emergent challenges of computational agency [J]. Journal on Telecommunications and High Technology Law, 2015 (13): 203.

[99] Tushman M L, O'Reilly C A. The ambidextrous organization: Managing evolutionary and revolutionary change [J]. California Management Review, 1996, 38 (4): 1-23.

[100] Uysal V B, Kedia S, Panchapagesan V. Geography and acquirer returns [J]. Social Science Electronic Publishing, 2008, 17 (2): 256-275.

[101] Vos E. Business ecosystems: Simulating ecosystem governance [D]. Delft: Delft University of Technology, 2006.

[102] Wareham J, Fox P B, Cano Giner J L. Technology ecosystem governance [J]. Organization Science, 2014, 25 (4): 1195-1215.

[103] Wei Z, et al. How does environmental corporate social responsibility matter in a dysfunctional institutional environment? Evidence from China [J]. Journal of Business Ethics, 2017, 140 (2): 209-223.

[104] Whittington K B, Owen-Smith J, Powell W W. Networks, propinquity, and innovation in knowledge-intensive industries [J]. Administrative Science Quarterly, 2009, 54 (1): 90-122.

[105] Wu W, Firth M, Rui O M. Trust and the provision of trade credit [J]. Journal of Banking and Finance, 2014 (39): 146-159.

[106] Yiu D W, Xu Y, Wan W P. The deterrence effects of vicarious punishments on corporate financial fraud [J]. Organization Science, 2014, 25 (5): 1549-1571.

[107] Yang S B, Lee K, Lee H, et al. Trust breakthrough in the sharing economy: An empirical study of Airbnb [C] //Proceedings of the 20th Pacific Asia conference on information systems. Association for Information Systems, Chiayi, 2016.

[108] Zellweger T M, Astrachan J H. On the emotional value of owning a firm [J]. Family Business Review, 2008, 21 (4): 347-363.

[109] 晁罡, 林冬萍, 王磊, 申传泉. 平台企业的社会责任行为模式——基于双边市场的案例研究 [J]. 管理案例研究与评论, 2017, 10 (1): 70-86.

[110] 陈贵梧, 胡辉华, 陈林. 行业协会提高了企业社会责任表现吗？——来自中国民营企业调查的微观证据 [J]. 公共管理学报, 2017, 14 (4): 102-117+158.

[111] 陈冬华, 胡晓莉, 梁上坤, 新夫. 宗教传统与公司治理 [J]. 经济研究, 2013, 48 (9): 71-84.

[112] 陈冬梅, 王俪珍, 陈安霓. 数字化与战略管理理论——回顾、挑战与展望 [J]. 管理世界, 2020, 36 (5): 20+220-236.

[113] 陈凡,徐佳.技术人工物的功能理论及其重构[J].哲学研究,2014(12):94-100.

[114] 陈劲.迎接治理时代的新管理[J].清华管理评论,2019(11):1.

[115] 陈劲,李佳雪.数字科技下的创新范式[J].信息与管理研究,2020,5(Z1):1-9.

[116] 陈劲,阳镇.融通创新视角下关键核心技术的突破:理论框架与实现路径[J].社会科学,2021(5):58-69.

[117] 陈劲,尹西明.范式跃迁视角下第四代管理学的兴起、特征与使命[J].管理学报,2019,16(1):1-8.

[118] 陈凌,陈华丽.家族涉入、社会情感财富与企业慈善捐赠行为——基于全国民营企业调查的实证研究[J].管理世界,2014(8):90-101+188.

[119] 陈鹏.算法的权力:应用与规制[J].浙江社会科学,2019(4):52-58+157.

[120] 陈岩,张李叶子,李飞,张之源.智能服务对数字化时代企业创新的影响[J].科研管理,2020,41(9):51-64.

[121] 陈彦斌,林晨,陈小亮.人工智能、老龄化与经济增长[J].经济研究,2019,54(7):47-63.

[122] 程海东,王以梁,侯沐辰.人工智能的不确定性及其治理探究[J].自然辩证法研究,2020,36(2):36-41.

[123] 程华.互联网金融的双边市场竞争及其监管体系催生[J].改革,2014(7):66-74.

[124] 程雪莲,王夏阳,陈宏辉.企业管理者真的在意社会责任问题吗?[J].中山大学学报(社会科学版),2018,58(1):196-208.

[125] 池毛毛,赵晶,李延晖,王伟军.企业平台双元性的实现构型研究:一项模糊集的定性比较分析[J].南开管理评论,2017,20(3):65-76.

[126] 戴亦一,潘越,冯舒.中国企业的慈善捐赠是一种"政治献金"吗?——来自市委书记更替的证据[J].经济研究,2014,49(2):74-86.

[127] 戴亦一,潘越,刘思超.媒体监督、政府干预与公司治理:来自中国上市公司财务重述视角的证据[J].世界经济,2011(11):121-144.

[128] 邓少军,芮明杰,赵付春.组织响应制度复杂性:分析框架与研究模型[J].外国经济与管理,2018,40(8):3-16+29.

[129] 冯华,陈亚琦.平台商业模式创新研究——基于互联网环境下的时空契合分析[J].中国工业经济,2016(3):99-113.

[130] 冯然.竞争约束、运行范式与网络平台寡头垄断治理[J].改革,

2017（5）：106-113.

［131］浮婷，王欣.平台经济背景下的企业社会责任治理共同体——理论缘起、内涵理解与范式生成［J］.消费经济，2019，35（5）：77-88.

［132］高奇琦.就业失重和社会撕裂：西方人工智能发展的超人文化及其批判［J］.社会科学研究，2019（2）：64-73.

［133］高勇强，何晓斌，李路路.民营企业家社会身份、经济条件与企业慈善捐赠［J］.经济研究，2011，46（2）：111-123.

［134］龚丽敏，江诗松.平台型商业生态系统战略管理研究前沿：视角和对象［J］.外国经济与管理，2016，38（6）：38-50+62.

［135］顾险峰.人工智能的历史回顾和发展现状［J］.自然杂志，2016，38（3）：157-166.

［136］郭凯明.人工智能发展、产业结构转型升级与劳动收入份额变动［J］.管理世界，2019，35（7）：60-77+202-203.

［137］何大安，许一帆.数字经济运行与供给侧结构重塑［J］.经济学家，2020（4）：57-67.

［138］何轩，等.家族为何意欲放手？——制度环境感知、政治地位与中国家族企业主的传承意愿［J］.管理世界，2014（2）：90-101+110+188.

［139］贺明华，梁晓蓓.共享经济模式下平台及服务提供方的声誉对消费者持续使用意愿的影响——基于滴滴出行平台的实证研究［J］.经济体制改革，2018（2）：85-92.

［140］黄群慧."新国企"是怎样炼成的——中国国有企业改革40年回顾［J］.中国经济学人，2018，13（1）：58-83.

［141］黄群慧，余菁，王涛.培育世界一流企业：国际经验与中国情境［J］.中国工业经济，2017（11）：5-25.

［142］黄速建，肖红军，王欣.论国有企业高质量发展［J］.中国工业经济，2018（10）：19-41.

［143］黄先海，吴屹帆.正式制度、非正式制度质量与比较优势［J］.国际贸易问题，2020（3）：1-21.

［144］贾开.人工智能与算法治理研究［J］.中国行政管理，2019（1）：17-22.

［145］贾开，蒋余浩.人工智能治理的三个基本问题：技术逻辑、风险挑战与公共政策选择［J］.中国行政管理，2017（10）：40-45.

［146］姜丽群.企业社会失责行为的动因、影响及其治理研究［J］.管理世界，2016（3）：174-175.

[147] 蒋一苇. "企业本位论"刍议——试论社会主义制度下企业的性质及国家与企业的关系 [J]. 经济管理, 1979 (6): 20-27.

[148] 金星晔, 伏霖, 李涛. 数字经济规模核算的框架、方法与特点 [J]. 经济社会体制比较, 2020 (4): 69-78.

[149] 金帆. 价值生态系统: 云经济时代的价值创造机制 [J]. 中国工业经济, 2014 (4): 97-109.

[150] 科斯, 等. 财产权利与制度变迁——产权学派与新制度学派译文集 [M]. 上海: 上海三联书店, 上海人民出版社, 2002.

[151] 雷光勇, 邱保印, 王文忠. 社会信任、审计师选择与企业投资效率 [J]. 审计研究, 2014 (4): 72-80.

[152] 李四海, 陈旋, 宋献中. 穷则思"变"抑或穷则思"骗"?——基于业绩下滑企业业绩改善行为研究 [J]. 研究与发展管理, 2018, 30 (1): 22-33.

[153] 李新春, 张鹏翔, 叶文平. 家族企业跨代资源整合与组合创业 [J]. 管理科学学报, 2016, 19 (11): 1-17.

[154] 李春玲. 当代中国社会的声望分层——职业声望与社会经济地位指数测量 [J]. 社会学研究, 2005 (2): 74-102+244.

[155] 李广乾, 陶涛. 电子商务平台生态化与平台治理政策 [J]. 管理世界, 2018, 34 (6): 104-109.

[156] 李国平, 张倩倩, 周宏. 企业社会责任与财务绩效: 理论、方法与检验 [J]. 经济学动态, 2014 (6): 138-148.

[157] 李海舰, 陈小勇. 企业无边界发展研究——基于案例的视角 [J]. 中国工业经济, 2011 (6): 89-98.

[158] 李金华, 黄光于. 供应链社会责任的整合治理模式与机制 [J]. 系统科学学报, 2016 (1): 65-69.

[159] 李金良, 乔明哲. 基于全球供应链管理中企业的社会责任治理 [J]. 管理学刊, 2010, 23 (6): 38-41.

[160] 李井林, 阳镇. 董事会性别多元化、企业社会责任与企业技术创新——基于中国上市公司的实证研究 [J]. 科学学与科学技术管理, 2019, 40 (5): 34-51.

[161] 李立威, 何勤. 没有信任 何谈共享?——分享经济中的信任研究述评 [J]. 外国经济与管理, 2018, 40 (6): 141-152.

[162] 李路路, 朱斌. 家族涉入、企业规模与民营企业的绩效 [J]. 社会学研究, 2014, 29 (2): 1-21+242.

[163] 李培功, 沈艺峰. 媒体的公司治理作用: 中国的经验证据 [J]. 经济

研究，2010，45（4）：14-27.

[164] 李维安，吴德胜，徐皓，等.网上交易中的声誉机制——来自淘宝网的证据［J］.南开管理评论，2007（5）：36-46.

[165] 李伟阳.基于企业本质的企业社会责任边界研究［J］.中国工业经济，2010（9）：89-100.

[166] 李伟阳，肖红军.基于社会资源优化配置视角的企业社会责任研究——兼对新古典经济学企业社会责任观的批判［J］.中国工业经济，2009（4）：116-126.

[167] 李伟阳，肖红军.企业社会责任的逻辑［J］.中国工业经济，2011（10）：87-97.

[168] 李伟阳，肖红军.全面社会责任管理：新的企业管理模式［J］.中国工业经济，2010（1）：114-123.

[169] 李小玲，任星耀，郑煦.电子商务平台企业的卖家竞争管理与平台绩效——基于VAR模型的动态分析［J］.南开管理评论，2014，17（5）：73-82+111.

[170] 李震，王新新.互联网商务平台生态系统构建对顾客选择模式影响研究［J］.上海财经大学学报，2016，18（4）：67-82.

[171] 林建宗.企业社会责任综合治理机制研究［J］.经济管理，2011（11）：174-183.

[172] 凌鸿程，孙怡龙.社会信任提高了企业创新能力吗？［J］.科学学研究，2019，37（10）：1912-1920.

[173] 刘柏，卢家锐."顺应潮流"还是"投机取巧"：企业社会责任的传染机制研究［J］.南开管理评论，2018，21（4）：182-194.

[174] 刘宝华，罗宏，周微，杨行.社会信任与股价崩盘风险［J］.财贸经济，2016（9）：53-66.

[175] 刘德鹏，贾良定，刘畅唱，等.从自利到德行：商业组织的制度逻辑变革研究［J］.管理世界，2017（11）：94-111+188.

[176] 刘凤军，张梦洋.社会责任感知对互联网理财平台消费者使用意愿的影响机制研究［J］.财经论丛，2019（4）：81-91.

[177] 刘凤委，李琳，薛云奎.信任、交易成本与商业信用模式［J］.经济研究，2009（8）：130-133.

[178] 刘佳.人工智能算法共谋的反垄断法规制［J］.河南大学学报（社会科学版），2020，60（4）：80-87.

[179] 刘江鹏.企业成长的双元模型：平台增长及其内在机理［J］.中国工

业经济, 2015 (6): 148-160.

[180] 刘林青, 谭畅, 江诗松, 等. 平台领导权获取的方向盘模型: 基于利丰公司的案例研究 [J]. 中国工业经济, 2015 (1): 134-146.

[181] 刘重阳, 曲创. 平台垄断、劣币现象与信息监管——基于搜索引擎市场的研究 [J]. 经济与管理研究, 2018, 39 (7): 92-107.

[182] 逯东, 付鹏, 杨丹. 媒体类型、媒体关注与上市公司内部控制质量 [J]. 会计研究, 2015 (4): 78-85+96.

[183] 罗进辉, 黄泽悦, 朱军. 独立董事地理距离对公司代理成本的影响 [J]. 中国工业经济, 2017 (8): 100-119.

[184] 罗珉, 杜华勇. 平台领导的实质选择权 [J]. 中国工业经济, 2018 (2): 82-99+196.

[185] 吕越, 谷玮, 包群. 人工智能与中国企业参与全球价值链分工 [J]. 中国工业经济, 2020 (5): 80-98.

[186] 吕文晶, 陈劲, 刘进. 第四次工业革命与人工智能创新 [J]. 高等工程教育研究, 2018 (3): 63-70.

[187] 马骏, 罗衡军, 肖宵. 民营企业家地位感知与企业创新投入 [J]. 南开管理评论, 2019, 22 (2): 142-154.

[188] 马忠新, 陶一桃. 企业家精神对经济增长的影响 [J]. 经济学动态, 2019 (8): 86-98.

[189] 梅亮, 陈劲. 责任式创新: 源起、归因解析与理论框架 [J]. 管理世界, 2015 (8): 39-57.

[190] 潘越, 戴亦一, 吴超鹏, 等. 社会资本, 政治关系与公司投资决策 [J]. 经济研究, 2009, 44 (11): 82-94.

[191] 彭本红, 武柏宇. 平台企业的合同治理、关系治理与开放式服务创新绩效——基于商业生态系统视角 [J]. 软科学, 2016, 30 (5): 78-81+118.

[192] 彭刚, 赵乐新. 中国数字经济总量测算问题研究——兼论数字经济与我国经济增长动能转换 [J]. 统计学报, 2020, 1 (3): 1-13.

[193] 钱先航, 曹春方. 信用环境影响银行贷款组合吗——基于城市商业银行的实证研究 [J]. 金融研究, 2013 (4): 57-70.

[194] 权小锋, 吴世农, 尹洪英. 企业社会责任与股价崩盘风险: "价值利器" 或 "自利工具"? [J]. 经济研究, 2015, 50 (11): 49-64.

[195] 申丹琳. 社会信任与企业风险承担 [J]. 经济管理, 2019, 41 (8): 147-161.

[196] 沈伟伟. 算法透明原则的迷思——算法规制理论的批判 [J]. 环球法

律评论，2019，41（6）：20-39.

［197］苏治，荆文君，孙宝文.分层式垄断竞争：互联网行业市场结构特征研究——基于互联网平台类企业的分析［J］.管理世界，2018，34（4）：80-100+187-188.

［198］孙庆春，贾焕银.算法治理与治理算法［J］.重庆大学学报（社会科学版），2020（2）：1-10.

［199］陶文杰，金占明.企业社会责任信息披露、媒体关注度与企业财务绩效关系研究［J］.管理学报，2012，9（8）：1225-1232.

［200］田利辉，王可第.山高皇帝远：地理距离与上市公司股价崩盘风险的经验证据［J］.南方经济，2019（11）：34-52.

［201］汪怀君，汝绪华.人工智能算法歧视及其治理［J］.科学技术哲学研究，2020，37（2）：101-106.

［202］汪旭晖，郭一凡.平台型电商声誉对平台卖家绩效的影响研究——基于顾客关系质量的研究视角［J］.西南民族大学学报（人文社会科学版），2018，39（11）：124-131.

［203］汪旭晖，王东明.互补还是替代：事前控制与事后救济对平台型电商企业声誉的影响研究［J］.南开管理评论，2018，21（6）：67-82.

［204］汪旭晖，乌云，卢星彤.融媒体环境下互联网平台型企业现代治理模式研究［J］.财贸研究，2020（12）：72-84.

［205］汪旭晖，张其林.平台型电商声誉的构建：平台企业，平台卖家价值共创视角［J］.中国工业经济，2017（11）：174-192.

［206］汪旭晖，张其林.平台型网络市场"平台—政府"双元管理范式研究：基于阿里巴巴集团的案例分析［J］.中国工业经济，2015（3）：135-147.

［207］王楠，张士凯，陈劲.领先用户研究：概念，测量与影响因素［J］.科研管理，2019（1）：170-177.

［208］王小鲁，樊纲，余静文.中国分省份市场化指数报告（2018）［M］.北京：社会科学文献出版社，2019.

［209］王节祥.互联网平台企业的边界选择与开放度治理研究：平台二重性视角［D］.杭州：浙江大学，2017.

［210］王节祥，高金莎，盛亚，等.知识付费平台跨边网络效应衰减机制与治理［J］.中国工业经济，2020（6）：137-154.

［211］王林辉，胡晟明，董直庆.人工智能技术会诱致劳动收入不平等吗——模型推演与分类评估［J］.中国工业经济，2020（4）：97-115.

［212］王梦菲，张昕蔚.数字经济时代技术变革对生产过程的影响机制研究

[J]．经济学家，2020（1）：52-58．

[213] 王茜．论个性化信息推荐系统的运作逻辑及影响［J］．郑州大学学报（哲学社会科学版），2017，50（1）：155-157．

[214] 王玮，陈蕊．互联网情境下的信任研究评介及展望［J］．外国经济与管理，2013（10）：52-61．

[215] 王霞，郭兵，苏林．基于内容分析法的上海市科技政策演进分析［J］．科技进步与对策，2012，29（23）：104-107．

[216] 王新，李彦霖，李方舒．企业社会责任与经理人薪酬激励有效性研究——战略性动机还是卸责借口？［J］．会计研究，2015（10）：51-58．

[217] 王勇，冯骅．平台经济的双重监管：私人监管与公共监管［J］．经济学家，2017（11）：73-80．

[218] 王宇，王梅，黄广映．平台可以做到大而美吗——不同排序机制下的厂商质量选择研究［J］．中国工业经济，2019（4）：155-173．

[219] 文雯，宋建波．高管海外背景与企业社会责任［J］．管理科学，2017，30（2）：119-131．

[220] 吴宾，杨彩宁．住房制度、住有所居与历年调控：自1978-2017年中央政府工作报告观察［J］．改革，2018（1）：74-85．

[221] 武柏宇．网络平台企业开放式服务创新生成机理研究［D］．南京：南京信息工程大学，2017．

[222] 肖红军．共享价值、商业生态圈与企业竞争范式转变［J］．改革，2015（7）：129-141．

[223] 肖红军．国有企业社会责任的发展与演进：40年回顾和深度透视［J］．经济管理，2018（10）：5-26．

[224] 肖红军．企业社会责任议题管理：理论建构与实践探索［M］．北京：经济管理出版社，2017．

[225] 肖红军．算法责任：理论证成、全景画像与治理范式［J］．管理世界，2022，38（4）：200-226．

[226] 肖红军．责任型平台领导：平台价值共毁的结构性治理［J］．中国工业经济，2020a（7）：174-192．

[227] 肖红军．共享价值式企业社会责任范式的反思与超越［J］．管理世界，2020b，36（5）：13+87-115+133．

[228] 肖红军，李井林．责任铁律的动态检验：来自中国上市公司并购样本的经验证据［J］．管理世界，2018，34（7）：114-135．

[229] 肖红军，李平．平台型企业社会责任的生态化治理［J］．管理世界，

2019, 35 (4): 120-144+196.

[230] 肖红军, 阳镇. 共益企业: 社会责任实践的合意性组织范式 [J]. 中国工业经济, 2018a (7): 174-192.

[231] 肖红军, 阳镇. 中国企业社会责任40年: 历史演进、逻辑演化与未来展望 [J]. 经济学家, 2018b (11): 22-31.

[232] 肖红军, 阳镇. 多重制度逻辑下共益企业的成长: 制度融合与响应战略 [J]. 当代经济科学, 2019a, 41 (3): 1-12.

[233] 肖红军, 阳镇. 新中国70年企业与社会关系演变: 进程、逻辑与前景 [J]. 改革, 2019b (6): 5-19.

[234] 肖红军, 阳镇. 平台企业社会责任: 逻辑起点与实践范式 [J]. 经济管理, 2020a, 42 (4): 37-53.

[235] 肖红军, 阳镇. 平台型企业社会责任治理: 理论分野与研究展望 [J]. 西安交通大学学报 (社会科学版), 2020b, 40 (1): 57-68.

[236] 肖红军, 阳镇, 姜倍宁. 企业公益慈善发展的演化逻辑与未来展望 [J]. 南京大学学报 (哲学·人文科学·社会科学), 2020, 57 (2): 32-50+158.

[237] 肖红军, 张俊生, 李伟阳. 企业伪社会责任行为研究 [J]. 中国工业经济, 2013 (6): 109-121.

[238] 肖红军, 张哲. 企业社会责任悲观论的反思 [J]. 管理学报, 2017, 14 (5): 720-729.

[239] 肖红军, 张哲. 企业社会责任寻租行为研究 [J]. 经济管理, 2016 (2): 178-188.

[240] 谢佩洪, 陈昌东, 周帆. 平台型企业生态圈战略研究前沿探析 [J]. 上海对外经贸大学学报, 2017, 24 (5): 54-65.

[241] 辛杰. 企业生态系统社会责任互动: 内涵、治理、内化与实现 [J]. 经济管理, 2015, 37 (8): 189-199.

[242] 辛杰. 企业社会责任自律与型构: 非正式制度的嵌入 [J]. 当代财经, 2014 (5): 81-90.

[243] 徐鹏, 徐向艺. 人工智能时代企业管理变革的逻辑与分析框架 [J]. 管理世界, 2020, 36 (1): 122-129+238.

[244] 徐晋, 张祥建. 平台经济学初探 [J]. 中国工业经济, 2006 (5): 40-47.

[245] 徐淑一, 王宁宁. 经济地位、主观社会地位与居民自感健康 [J]. 统计研究, 2015, 32 (3): 62-68.

[246] 徐细雄, 龙志能, 李万利. 儒家文化与企业慈善捐赠 [J]. 外国经济

与管理，2020，42（2）：124-136.

[247] 许金花，李善民，张东.家族涉入、制度环境与企业自愿性社会责任——基于第十次全国民营企业调查的实证研究［J］.经济管理，2018，40（5）：37-53.

[248] 许年行，李哲.高管贫困经历与企业慈善捐赠［J］.经济研究，2016，51（12）：133-146.

[249] 许宪春，张美慧.中国数字经济规模测算研究——基于国际比较的视角［J］.中国工业经济，2020（5）：23-41.

[250] 颜克高，井荣娟.制度环境对社会捐赠水平的影响——基于2001—2013年省际数据研究［J］.南开经济研究，2016（6）：41-55.

[251] 阳镇.平台型企业社会责任：边界、治理与评价［J］.经济学家，2018（5）：79-88.

[252] 阳镇.全球商业化背景下的责任型领导——领导力变革的新趋势［J］.企业研究，2017（6）：20-23.

[253] 阳镇，陈劲.数智化时代下的算法治理——基于企业社会责任治理的重新审视［J］.经济社会体制比较，2021（2）：12-21.

[254] 阳镇，李井林.创新工具还是粉饰工具？——业绩下滑与企业社会责任的再检验［J］.科学学研究，2020，38（4）：734-746.

[255] 阳镇，许英杰.共享经济背景下的可持续性消费：范式变迁与推进路径［J］.社会科学，2019（7）：43-54.

[256] 阳镇，许英杰."互联网+"背景下企业社会责任变革趋势与融合路径［J］.企业经济，2017，36（8）：38-45.

[257] 阳镇，许英杰.平台经济背景下企业社会责任的治理［J］.企业经济，2018，37（5）：78-86.

[258] 阳镇，尹西明，陈劲.共益企业——使命驱动的第四代组织管理模式［J］.清华管理评论，2019（11）：26-34.

[259] 阳镇，尹西明，陈劲.国家治理现代化背景下企业社会责任实践创新：兼论突发性重大公共危机治理的企业社会责任实践范式［J］.科技进步与对策，2020（9）：1-10.

[260] 杨汉明，吴丹红.企业社会责任信息披露的制度动因及路径选择——基于"制度同形"的分析框架［J］.中南财经政法大学学报，2015（1）：55-62+159.

[261] 杨虎锋，张依凡.提高透明度能增强出借人对P2P网贷平台的信任吗？——基于管理层信息披露的分析［J］.金融发展研究，2019（1）：62-70.

[262] 杨伟,刘健,武健."种群-流量"组态对核心企业绩效的影响——人工智能数字创新生态系统的实证研究 [J].科学学研究,2020,38 (11):2077-2086.

[263] 杨学成,涂科.平台支持质量对用户价值共创公民行为的影响——基于共享经济背景的研究 [J].经济管理,2018,40 (3):128-144.

[264] 杨学儒,李新春.家族涉入指数的构建与测量研究 [J].中国工业经济,2009 (5):97-107.

[265] 杨祎,刘嫣然,李垣.替代或互补:人工智能应用管理对创新的影响 [J].科研管理,2021,42 (4):46-54.

[266] 俞可平.善治与幸福 [J].马克思主义与现实,2011 (2):1-3.

[267] 俞可平.推进国家治理体系和治理能力现代化 [J].前线,2014 (1):5-8+13.

[268] 虞青松.算法行政:社会信用体系治理范式及其法治化 [J].法学论坛,2020,35 (2):36-49.

[269] 曾珍香,王梦雅,张早春.企业社会责任报告质量、表现与治理机制——基于中国上市公司的实证研究 [J].软科学,2017,31 (10):66-70.

[270] 张光宇,欧春尧,刘贻新,刘安蓉.人工智能企业何以实现颠覆性创新?——基于扎根理论的探索 [J].科学学研究,2021,39 (4):738-748+757.

[271] 张兆国,陈华东,曹丹婷.企业社会责任与企业治理整合研究 [J].科学决策,2016 (3):27-37.

[272] 张维迎,柯荣住.信任及其解释:来自中国的跨省调查分析 [J].经济研究,2002 (10):59-70+96.

[273] 张维迎,盛斌.论企业家:经济增长的国王 [M].北京:生活·读书·新知三联书店,2004.

[274] 张欣.从算法危机到算法信任:算法治理的多元方案和本土化路径 [J].华东政法大学学报,2019,22 (6):17-30.

[275] 张新红,于凤霞,高太山,等.中国分享经济发展现状、问题及趋势 [J].电子政务,2017 (3):2-15.

[276] 张新民,陈德球.移动互联网时代企业商业模式、价值共创与治理风险——基于瑞幸咖啡财务造假的案例分析 [J].管理世界,2020,36 (5):11+74-86.

[277] 郑称德,于笑丰,杨雪,等.平台治理的国外研究综述 [J].南京邮电大学学报(社会科学版),2016,18 (3):26-41.

[278] 郑琴琴,陆亚东."随波逐流"还是"战略选择":企业社会责任的

响应机制研究[J].南开管理评论,2018,21(4):169-181.

[279] 周俊,薛求知.双元型组织构建研究前沿探析[J].外国经济与管理,2009,31(1):50-57.

[280] 周黎安.中国地方官员的晋升锦标赛模式研究[J].经济研究,2007(7):36-50.

[281] 周中胜,何德旭,李正.制度环境与企业社会责任履行:来自中国上市公司的经验证据[J].中国软科学,2012(10):59-68.

[282] 周祖城.企业社会责任的关键问题辨析与研究建议[J].管理学报,2017,14(5):713-719.

[283] 朱斌.自私的慈善家——家族涉入与企业社会责任行为[J].社会学研究,2015,30(2):74-97+243.

[284] 朱德胜,周晓珮.股权制衡、高管持股与企业创新效率[J].南开管理评论,2016,19(3):136-144.

[285] 朱文莉,邓蕾.女性高管真的可以促进企业社会责任履行吗?——基于中国A股上市公司的经验证据[J].中国经济问题,2017(4):119-135.

[286] 朱焱,王玉丹.卖空机制与企业社会责任承担——基于中国融资融券制度的准自然实验研究[J].会计研究,2019(12):58-64.

[287] 朱志强.马斯洛的需要层次理论述评[J].武汉大学学报(社会科学版),1989(2):124-126.

[288] 邹立凯,宋丽红,王博.世代效应:民营企业家群体的阶层地位变迁研究[J].经济管理,2020,42(4):54-71.

[289] 邹萍.儒家文化能促进企业社会责任信息披露吗?[J].经济管理,2020,42(12):76-93.